全 景 山 大 系 列 丛 书

图说山大

重温美好时光　再创辉煌未来

本书编写组　编著

山东大学出版社
SHANDONG UNIVERSITY PRESS

图书在版编目（CIP）数据

图说山大：重温美好时光、再创辉煌未来 / 本书编写组编著．-- 济南：山东大学出版社，2021.9

ISBN 978-7-5607-7136-6

Ⅰ．①图… Ⅱ．①本… Ⅲ．①山东大学 – 校史 Ⅳ．① G649.285.21

中国版本图书馆 CIP 数据核字（2021）第 186665 号

策划编辑　刘旭东
责任编辑　李孝德
封面设计　王海涛

出版发行　山东大学出版社
社　　址　山东省济南市山大南路 20 号
邮政编码　250100
发行热线　（0531）88363008
经　　销　新华书店
印　　刷　山东新华印务有限公司
规　　格　720 毫米 ×1000 毫米　1/16
　　　　　32.25 印张　400 千字
版　　次　2021 年 9 月第 1 版
印　　次　2021 年 9 月第 1 次印刷
定　　价　180.00 元

《图说山大：重温美好时光　再创辉煌未来》

编委会

刘少鹏	刘　婷	刘婷婷	刘希琳	刘晓硕	刘志浩	柳上原
卢宗功	鹿　瑶	罗　青	吕光平	戚务政	齐永湘	乔　国
乔　园	秦慧婷	任敬喜	桑晓旻	史若平	思　宁	宋慧红
宋容利	宋　睿	苏红燕	孙　南	孙世明	孙思琪	孙韵珩
田南南	王保奎	王　刚	王海翔	王　皓	王厚江	王洁钰
王　静	王立祥	王莉莉	王　敏	王　倩	王秋生	王　婷
王　巍	王惟可	王熙敏	魏海政	温　东	文　武	锡　光
席怀保	席　欢	萧芜红	萧湘忠	潇　潇	霄　汉	晓　红
肖　寒	肖　文	肖　雁	徐　慧	薛如锦	薛　钊	闫世禄
杨　飞	杨　军	杨卫国	杨　虓	杨晓伟	杨晓卫	杨云雷
于保平	于　建	于　康	于文豪	禹亚宁	张　超	张光宇
张守林	张智奎	赵岩荣	郑勇山	朱昌德	朱文静	朱艺楚
邹晓宇						

前言

齐风鲁韵岁月悠长，河涛海潮奔流不息；岱岳之下群贤毕至，黄海之滨俊才咸集。一百二十年的沧桑巨变，一百二十年的光荣梦想，在这样的历史性时刻，让我们翻开“图说山大”，从庚子国难的风雨飘摇中奇迹般诞生，到迎接新世纪的号角声中一校三地八校区格局的形成，历史被一幅幅图景定格，它们仿佛在向我们诉说：这里，各科人才百家争鸣；这里，教学科研成果丰硕；这里，校园风景如歌如画……时光如镜，一眼百廿，山大摆脱了蹒跚学步的稚嫩，走过了含苞待放的豆蔻年华，经历了争奇斗艳的花样年华，成熟稳重中不失锐气，意气风发中透出睿智。一个朝气蓬勃、欣欣向荣的山大迈着与时俱进的步伐，向我们走来。

翻阅光阴，重温过往，虽不能重新来过，但细观流年，总有美好回忆激荡心田。走过的求学之路，经历的动人故事，度过的青春岁月，会在某一页不期相逢，从一幅幅图片中找寻到曾经的影子，画面中的一景一物都会勾起无限的遐想。

山东巡抚袁世凯上奏《山东省城试办大学堂暂行章程》折稿及光绪皇帝的朱批，山大的百廿历史从这里启程；巴黎和会上中国外交失利，由山大学子组成的“山东学生外交后援会”高呼“还我青岛”，为捍卫中国主权而斗争，山大的爱国精神由此高扬；时局变迁中的山大，几经更名、停办、重组，在动荡中繁衍重生，曾在不同时期汇纳、分出过各类大学，山大的传奇故事由此发端；国立青岛大学的组建，众多名师大家汇聚，山大的第一次辉煌在这里奠基；炮火中的海鸥剧社，躲过迎面的子弹，用方言将抗日救亡的故事深入到山东农村的黄土地，山大的家国情怀在这里孕育；新中国成立之初，山东大学与华东大学成功合校，励精图治，佳话远扬，“文史见长，加强理科，发展生物，开拓海洋”，山大的黄金时代从这里启航；奉命迁校，重返济南，院系调整，开拓社会科学新领域，理科突出数学、磁学、晶体、微生物新特色，山大的综合性建设从这里展开；迈进新千年，原山东大学、山东医科大学、山东工业大学三校合并，文、法、理、工、农、医全面发展，新山大的步伐由此迈开；建校威海，重回青岛，增建校区，构建“山东大学系统”，一校三地八校区的办学格局由此打开；跃入新时代，建设国际化办学新格局，文史复兴计划，打造“山大学派”，世界一流大学的新征程在这里启航！百廿山大的图景一幕幕展开，强校兴国，为国育贤的初心始终未变！

书写双甲子的华章，陪伴几代人的成长。山大严谨办学、踏实治校，自有雅名远扬。一百二十年的峥嵘岁月里，有闻一多、沈从文、梁实秋、老舍、丁山、王淦昌、童第周等名师大家的学术积淀，“八马同槽”“冯陆高萧”的士林佳话，“高等学校文科学报之王”《文史哲》的笔墨浓香，还有千年来孔孟文化的孕育浸染。民族兴则山大强，民族衰则山大弱，百廿山大史是中华民族百年奋斗史的生动映照。在全国共庆中国共产党百年华诞之际，恰逢山东大学成立一百二十周年。在中国共产党的领导下，山东大学秉承“为天下储人材，为国家图富强”的办学宗旨，培育了大批学术名家、兴业英才、治国栋梁，形成了“文史见长书藻清香，理化闻名科学至上”的学术特色，留下了众多值得重温的美好时光。

2021年，习近平总书记给山东大学《文史哲》全体编辑人员回信，不但要求“高品质的学术期刊就是要坚守初心、引领创新，展示高水平研究成果，支持优秀学术人才成长，促进中外学术交流”，而且勉励全体编辑要“增强做中国人的骨气和底气，让世界更好认识中国、了解中国”。这封蕴意深远的回信大大鼓舞了师生员工的士气，也为我们指明了未来的努力方向。

新的时代，新的征程。山东大学将以习近平新时代中国特色社会主义思想为指导，继续坚持“一校三地”的办学特色，全面落实学校第十四次党代会提出的“六大战略”和“十大任务”，大力推进 “由大到强”历史性转变的“121”思路模式，在建设中国特色世界一流大学的征程中奋力谱写“强校兴国”的崭新篇章，朝着建设世界一流大学的目标奋进。

学无止境百折不挠，气有浩然豪情万丈。放眼一校三地风景如画，色彩清新绚丽层层铺展。知新楼的大气磅礴，小树林的静谧悠扬，文理馆的卷帙浩繁，趵突泉的“号院”沧桑，洪家楼的古朴庄重，兴隆山的“天工”倒影，玛珈山侧的山魂海韵，鳌山湾畔的海影晨光……置身“图景里的山大”，感触春日的草绿花香，夏日的虫鸣鸟叫，秋日的长风朗月，冬日的落雪萧萧。踏歌而行，与诗相伴，尽览百廿山大之长轴画卷，体悟栉风沐雨之宏伟大志。

不忘初心，方得始终。纵春秋迭代，仍心坚如磐。百廿山大，沧桑百年意蕴深；万千英才，风采流芳聚一堂。百余年来，山东大学扎根齐鲁大地，汲取优秀文化营养，守得住初心，耐得住寂寞，经得住挫折，创造了百廿山大历史的一次又一次辉煌。新时代，新使命，新作为。心中有家国，责任重在肩；改革与创新，赢得新未来。让我们携起手来，用勤勉与努力，智慧与辛劳，执着与勇气，开拓与革新，谱写山东大学异彩纷呈的瑰丽华章！

目　录 Contents

第二篇　繁衍与重组

第三篇　第一次辉煌

第四篇　复校与梦想

第五篇　第二次辉煌

第六篇　曲折中探索

第七篇 恢复与振兴

第八篇　走向新辉煌

后　记

导引 山大谱系树

山东大学扎根中国，厚植于齐鲁大地，是一所历史悠久、底蕴深厚、学科齐全、特色鲜明的教育部直属重点综合性大学，是中国近代高等教育的起源性大学。学校主体是1901年创办的山东大学堂，是继京师大学堂之后中国创办的第二所国立大学，是中国第一所按章程办学的大学。山东大学作为国家“211工程”“985工程”重点建设高校，于2017年入选世界一流大学建设A类高校。

120年来，在与时代同频共振、与民族休戚与共的砥砺前行中，山东大学经历了山东大学堂、山东高等学堂、山东高等学校、省立山东大学、国立青岛大学、国立山东大学、山东大学及由原山东大学、山东医科大学、山东工业大学合并组建的新山东大学等几个阶段，虽饱经沧桑，历经磨难，依然壁立千仞，形成了“文史见长”的学术特色，成为国内具有代表性的综合性大学之一。学校立足山东，辐射全国，为国家和区域经济社会发展贡献了山大力量。

站在新的历史起点上，面对新形势、新任务、新要求，在习近平新时代中国特色社会主义思想指导下，山东大学将一如既往地秉持为党育人、为民育才、为国育贤的初心，围绕学校战略部署，进一步筑牢理想信念，以追求卓越、只争朝夕的精神风貌，团结一心，开拓进取，提升品行作风，强化担当作为，加快完善现代大学制度体系，为建设中国特色世界一流大学而不懈奋斗！

◎山大价值观

■ 中华人民共和国成立以来，山东大学始终坚持党的领导和社会主义办学方向，秉承“为天下储人材，为国家图富强”的办学宗旨，在马克思列宁主义、毛泽东思想、邓小平理论、“三个代表”重要思想、科学发展观、习近平新时代中国特色社会主义思想的指导下，践行“学无止境，气有浩然”的校训，踔厉奋发，薪火相传，熔铸出家国情怀、崇实品格、担当精神、创新素养的山大文化基因，形成了“崇实求新”的校风。进入新时代以来，在党中央的关怀和指导下，在教育部和山东省委、省政府的正确领导下，学校全面贯彻落实党中央、国务院关于建设世界一流大学和一流学科的重大战略部署，深入学习贯彻党的十九大精神、全国教育大会和教育部“双一流”推进会精神，围绕国家战略和经济社会发展需求，以立德树人为根本，以学科发展为龙头，以改革创新为动力，扎实推进“中国特色，世界一流，山大风格”的世界一流大学建设，全校充满了生机活力，呈现出一派蓬勃发展新景象。

我们都是追梦人

为天下储人材，为国家图富强

1901 年，《山东省城试办大学堂暂行章程》的第三章第八节载曰："公家设立学堂，是为天下储人材，非为诸生谋进取；诸生来堂肄业，是为国家图富强，非为一己利身家。"由此可以看出，山东大学的家国情怀与生俱来。这也是山东大学"为天下储人材，为国家图富强"办学宗旨的直接来源。2011 年，山东大学建校 110 周年校庆时，"为天下储人材，为国家图富强"被正式确定为学校的办学宗旨。"为天下储人材"体现的是山东大学宏阔的"天下观"，"为国家图富强"体现的是山东大学崇高的"国强观"。这一办学宗旨是山东大学为天下人谋幸福、为国家育贤才，力求教育兴国、学术报国的凝练表达，是山大人"山"一般豪迈的气魄和"海"一样辽阔的胸襟的真实反映。120 年来，山东大学承齐鲁文脉，融中西学术，为天下储人材，为国家图富强，把学校命运与国家民族的兴衰存亡联系起来，将个人发展融入社会发展中，自觉担负起为国家富强、民族振兴、人民幸福而奋斗的历史重担。

办学宗旨已根植于山大人心中

办学目标

创建世界一流大学

2010 年 8 月 22 日，山东大学正式明确提出了创建世界一流大学新的发展目标。这是在 2010 年 7 月出台的《国家中长期教育改革和发展规划纲要（2010 — 2020 年）》提出建设一批世界一流大学的背景下，学校根据中央领导在全国教育工作会议上的重要讲话精神，并联系山东大学的实际情况，在威海召开的暑期工作会议上提出了新的发展目标。建设世界一流大学，是我国实现由人力资源大国向人力资源强国转变的必由之路，是中国高等教育发展的方向。山东大学适时地提出这一新的办学目标，将山大的办学目标与国家的办学目标统一起来，契合了国家发展战略的需要。山东大学建设世界一流大学的办学目标也是对 2000 年确立的建设国内一流高水平大学目标和 2009 年确立的“山大特色，中国一流，世界水平”的办学目标的继承和发展，是山东大学发展史上一个崭新的目标和全新的起点，充分显示了新时代山大人的自信与雄心。目前，这一新的办学目标，已得到了学校全体师生员工的认同，成为大家的共识。忆往昔峥嵘岁月稠，看今朝百廿山大风华正茂。处于新时代新起点，拥有“家国情怀、崇实品格、担当精神、创新素养”基因的山东大学正斗志昂扬地奋进在创建世界一流大学的征途中。

只争朝夕，不断进取，追求卓越。

文化标识

校徽、校歌、校训作为大学的文化标识，是大学形象的三大永久性标志，也是学校精神的形象化标识。山东大学的校徽、校歌和校训是结合山东大学悠久的文化传统和深厚的历史底蕴，并联系时代特点和发展需要而设计与创作的，是山大家国情怀、崇实品格、担当精神、创新素养等文化基因的形象展示。

校徽

山东大学校徽是以山大艺术学院刘乐一教授为主，会同其他知名学者，在充分考虑了学校的发展历史、文化传统和办学特色后，在 1985 年 2 月精心设计的；2004 年 4 月，又结合时代发展和学校特色进行了修改完善。校徽的中心图案是群山和海面与象形“山”“大”二字的融合。图案上部“山”字是中国象形文字“山” 的变形，具有上升态势，寓意山东大学追求卓越、矢志创建世界一流大学。底部是“大”字变形，像大海，寓意学海无涯。“山”“海”一体意味着“书山有路勤为径，学海无涯苦作舟”；也可以理解为：“山”代表泰山，“海”代表黄海，寓意山东大学东临黄海、南望泰山的地理位置。图案中心部分又像大海中的灯塔，寓意山东大学是引领莘莘学子在知识的海洋中泛舟的灯塔，为他们指明人生方向。校徽图形的线条曲直结合，刚柔相济，稳中有动，趋势向上，充满着勃勃生机与发展活力。数字“1901”是山东大学创办的时间，反映了学校悠久的历史。环绕校徽主体图案的是中英文校名，“山东大学”采自毛泽东同志在 1964 年 3 月致中文系高亨教授亲笔信的信封上的四个字。

山大红

校徽的色彩元素取自孔庙红砖色调。这是山东大学的主色调——“山大红”，稳重、敦厚、大气，体现了山东大学厚重的文化底蕴和“中国传统文化研究与传承最有代表性大学”的文化特色。山东大学校徽集书法、图案、造型于一体，设计简洁大方、构思精妙、寓意深刻，形象地反映了山东大学悠久的办学历史和深厚的文化底蕴，展现了山大“山之魂，海之韵”的恢弘气魄。

山大校歌——《山东大学校歌》

据记载，20 世纪 30 年代初，山东大学曾动议谱写校歌，但由于战乱一直未能如愿。1958 年，著名教育家成仿吾就任山东大学校长、党委书记。山东大学由青岛迁往济南，至 1962 年，学校在科研、教学、生活等方面都趋于稳定之际，在师生对谱写校歌的呼声中，于当年 10 月由成仿吾校长作词，著名作曲家郑律成谱曲，创作完成了《山东大学校歌》。由于当时正值贯彻“高校六十条”时期，全国都在强调增加社会实践活动，加强劳动锻炼，培养有文化的社会主义劳动者，因此受当时社会环境的影响，老校歌带有明显的时代特征。

老校歌

山东大学校歌

成仿吾 词

东临黄海，
南望泰山，
这儿是我们学习、劳动的乐园。
共产党和人民给了我们一切，
教我们发展德智体，
又红又专。
我们高举毛泽东思想红旗，
学习马列主义与科学知识，
要彻底改造思想，
服务于人民，
要永远朝气蓬勃革命到底。
奋斗啊，
奋斗啊，
为了社会主义建设，
奋斗啊，
奋斗啊，
为了人类解放事业，
我们是有社会主义觉悟的有文化的劳动者。

进入新世纪，三校合并成新山东大学后，为顺应时代和社会发展需要，为实现创建世界一流大学办学目标，从 2011 年 6 月开始，学校多次聘请专家学者，集思广益，对校歌歌词进行了集体修改。新校歌在保持了老校歌曲调悠扬、富有感召力的传统上，融入了办学宗旨和校训的内容，处处彰显了山大人自强不息、探索真理、追求卓越的价值理念和比肩前贤、为国图强的崇高追求。

新校歌

山东大学校歌

作词：成仿吾
集体修改
作曲：郑律成

富有时代气息的校歌开篇即点明了山东大学依山靠海的独特地理优势和悠久厚重的人文环境，折射出学校深厚的文化积淀和悠久的办学历史。校歌气象廓大、意境深远、高雅激昂，歌词简洁精炼、朗朗上口、易于传唱。通过优美激扬、催人奋进的旋律表达出来的办学宗旨、校训和校风，蕴含了山大人的道德理想、学术人格和历史责任，展现了山大家国一体、崇实求新、担当探索的独特气质和山大人开拓创新、积极进取、乐观向上的精神风貌。

山大学子之歌——《山东大学之歌》

传唱多年的《山东大学之歌》是由乔羽作词，谷建芬作曲，表达山大学子心声的山大人自己的歌曲。《山东大学之歌》曲调优美，清耳悦心，是对“山之魂，海之韵”这一山大文化的最好阐释。歌曲创作是基于在校的青年山大学子的立场，以高而能望远的高山和以容而纳百川的大海为榜样，赞扬了学子们追求知识、探索真理、不畏攀登、勇于探索的奋斗精神。其中“勇于探索、不畏登攀”的歌词就是对山大学子的刚毅执着、扎实肯干形象的生动描绘。

山大校友之歌——《我的山大我的家》

由韩军作词、戚建波作曲的校友之歌，真挚地表达了毕业离校的学子和其他校友在离开山大后对山东大学的深深眷恋和思念之情。歌曲开头就提及的“常想起”的小树林、千佛山、海边，这些地方是万千学子们曾经学习、生活过的地方，山大的这些地方留下过他们青春的足迹。曾经的学子、现在的校友当时感受到的不仅是学校优美的环境，还有蕴含于其中厚重的历史文化氛围。在山大，他们陶冶了情操，涵养了浩然正气，也感受到了肩负的使命与责任，催发了他们爱国、爱校、爱家的家国情怀和勇于探索、崇实担当的坚韧品格。

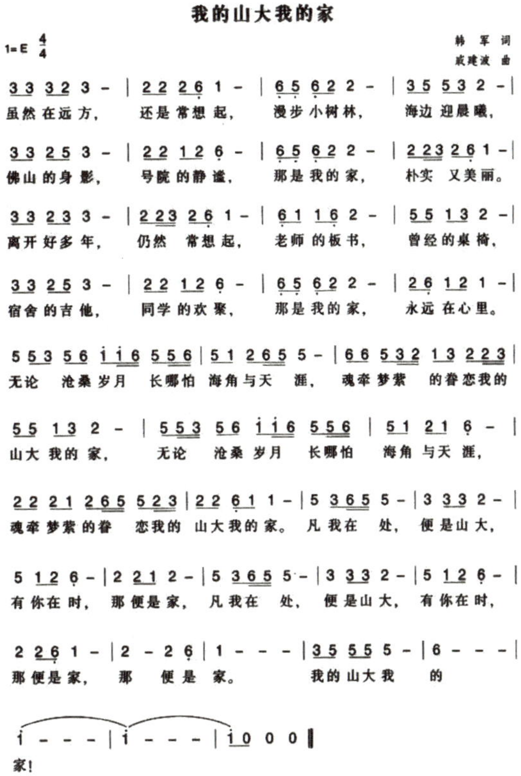

2011 年，山东大学在准备庆祝建校 110 周年文艺晚会时，为更深切地表达山大人家园感、民族情、天下观为一体的胸怀，彰显学校“为天下储人材，为国家图富强”的办学宗旨，专门向全校师生、校友及社会友人发出了以“回家”为主题的晚会曲目征集公告。要求主题曲真挚地表达校友回归母校的喜悦之情和对精神家园的深刻眷恋，并诉说对母校的真诚祝福。学校组织专家对来稿进行评比讨论，最终决定由 1999 级校友韩军作词的《我的山大我的家》为晚会主题曲。该曲作为开场曲目由四位校友真情演出。

校庆歌曲——《山大人》

■ 为迎接山东大学120周年校庆，激发全体山大人兴校强国的干劲和热情，在新的起点上再谱华章，学校组织创作了校庆歌曲《山大人》。

山大人

1=F 2/4

（混声合唱）

作词：王晓岭
作曲：栾 凯

担当 豪迈地

校训：学无止境 气有浩然

山东大学创立之初的《山东省城试办大学堂暂行章程》第三章第七节载有“正心术、敦品行、明伦理、知大体”的为学立身箴言，校训“学无止境，气有浩然”正是这种品格的写照与凝练。20 世纪 20 年代，省立山东大学有过“读圣贤书，做圣贤事”的训词。2002 年 5 月，山东大学正式确定了“气有浩然，学无止境”的校训。该校训契合了新山东大学构建融知识学习与人格培育为一体的人才培养目标。2004 年，该校训曾入选“我最欣赏的十大校训”之列。在 2011 年山东大学 110 周年校庆之后，校训调整为“学无止境，气有浩然”。其中，“学无止境”可参见清人方东树《昭昧詹言·通论五古》：“学无止境，道无终极。”“气有浩然”出自《孟子·公孙丑》：“我知言，我善养吾浩然之气。”调整顺序后的校训不仅符合音韵平仄的要求，琅琅上口，意蕴凝练，而且更符合由科学而达至修养的大学原则，更恰当地体现了山东大学“为学”“为人”的崇学尚德的基本要求，以及山大人对科学文明和道德义理的崇高价值追求。

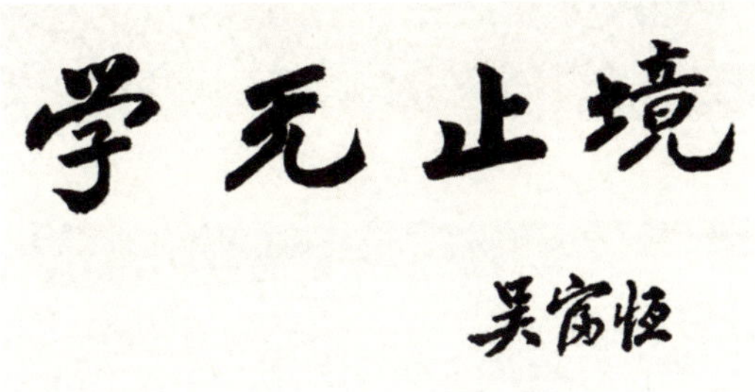

原校训词序

山大人走进各校区图书馆去博学去养气

崇实求新

山东大学堂创立伊始，在大学堂章程中提出的“实事求是”“务求实效”“艰苦力学”“业精于勤”等准则和要求，成为山东大学优良校风学风的源头。在漫长的办学历程中，山东大学曾倡导过“团结、勤奋、求实、创新”的校风。三校合并为新山东大学后，为顺应时代发展需要，进一步弘扬严谨务实的办学传统，将校风概括为“求真务实，开放拓新”。2011 年，在山东大学 110 年校庆时，校风进一步凝练为“崇实求新”。概括凝练后的新校风较之前更精炼、更准确，突出展现了山大人基础扎实、作风朴实、工作踏实的品格和不断追求卓越的精神面貌。

“崇实求新”是山东大学的优良传统，是山东大学崇实品格、创新素养文化基因的直观反映，是山大精神的特色元素。“崇实”是山东大学的风骨，学校在创办之初就注重实际、务求实效。1901 年的大学堂章程第一章第一节就提出：“实事求是，力戒虚浮。”第一章第七节又提出：“大学堂首贵崇实。”“求新”出自《礼记·大学》：“苟日新，日日新，又日新。”“求新”就是要与时俱进，发展社会文明，引领时代潮流，从而体现大学的本质特征。

校风的形象体现

校名

山东大学

Shandong University

随着时代变迁和办学主体的变更，山东大学的校名先后采用了“山东大学堂”“山东高等学堂”“山东高等学校”“省立山东大学”“国立青岛大学”“国立山东大学”“山东大学”等名称。校牌上面的“山东大学”四个字，最早是由省立山东大学的创办人之一、擅长书法的清末状元王寿彭书写的。中华人民共和国成立后，“山东大学”的校牌几度更换。中华人民共和国成立初期校牌由华岗校长亲自题写。在他蒙冤入狱后，1956 年校牌改由著名书法家、时任中共山东省委书记舒同题写的 。现在的“山东大学”是由毛泽东主席亲笔书写，取自他写给山大中文系高亨教授的亲笔信信封上的“山东大学”四个字。1963 年 10 月，毛泽东主席在中国科学院召开的一次会议上，接见了高亨并与他交流了诗词、哲学、文学，之后彼此有了通信往来。1964 年 3 月，毛泽东在给高亨的回信中说：“高文典册，我很爱读。”取自这个信封上的“山东大学”沿用至今。

毛泽东书

华岗书

舒同书

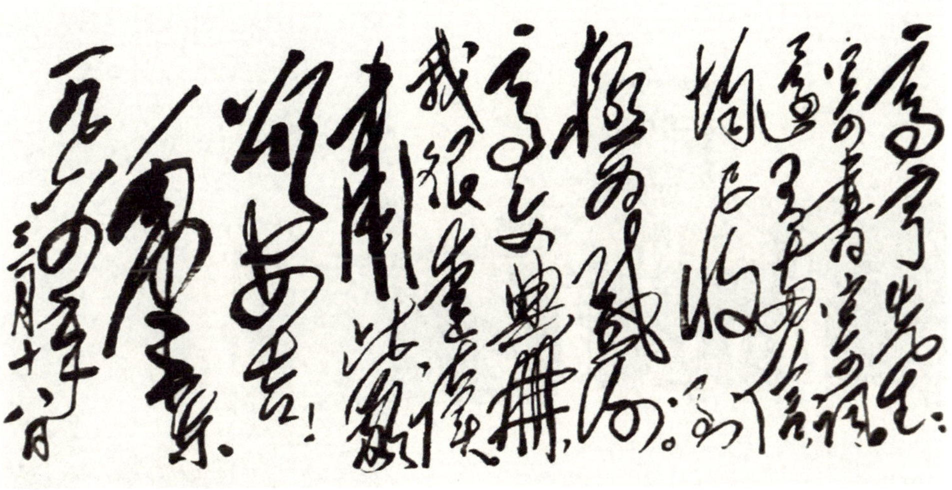

毛泽东给高亨的回信

毛泽东给高亨回信信封字体

书有“山东大学”的旗帜迎风飘扬

书有不同字体的校门

◎山大的根脉

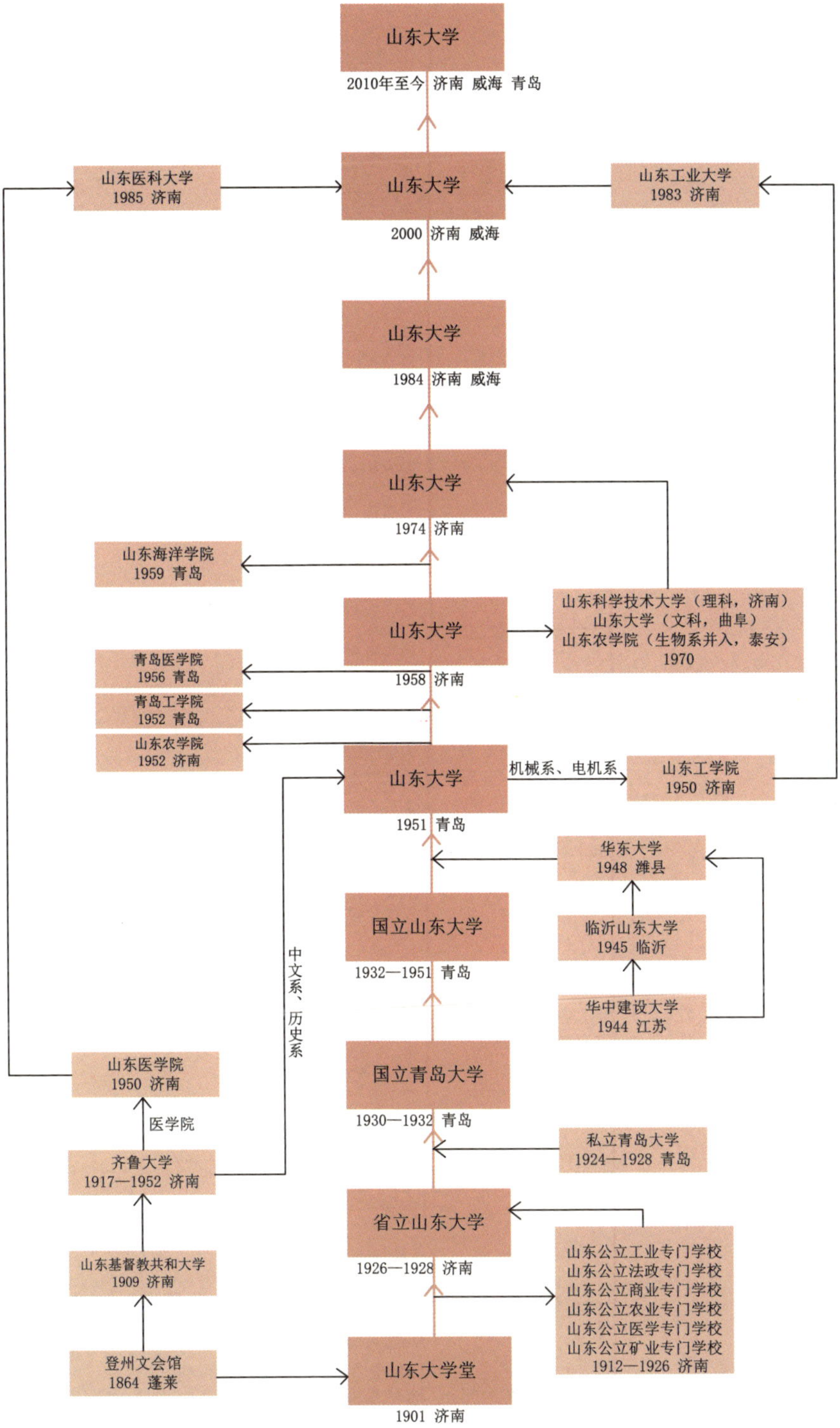
山东大学
2010年至今 济南 威海 青岛
山东医科大学
1985 济南
山东大学
2000 济南 威海
山东工业大学
1983 济南
山东大学
1984 济南 威海
山东大学
1974 济南
山东海洋学院
1959 青岛
山东科学技术大学（理科，济南）
山东大学（文科，曲阜）
山东农学院（生物系并入，泰安）
1970
山东大学
1958 济南
青岛医学院
1956 青岛
青岛工学院
1952 青岛
山东农学院
1952 济南
山东大学
1951 青岛
机械系、电机系
山东工学院
1950 济南
华东大学
1948 潍县
国立山东大学
1932—1951 青岛
临沂山东大学
1945 临沂
华中建设大学
1944 江苏
中文系、历史系
山东医学院
1950 济南
国立青岛大学
1930—1932 青岛
医学院
私立青岛大学
1924—1928 青岛
齐鲁大学
1917—1952 济南
省立山东大学
1926—1928 济南
山东基督教共和大学
1909 济南
山东公立工业专门学校
山东公立法政专门学校
山东公立商业专门学校
山东公立农业专门学校
山东公立医学专门学校
山东公立矿业专门学校
1912—1926 济南
登州文会馆
1864 蓬莱
山东大学堂
1901 济南

◎山大的干枝

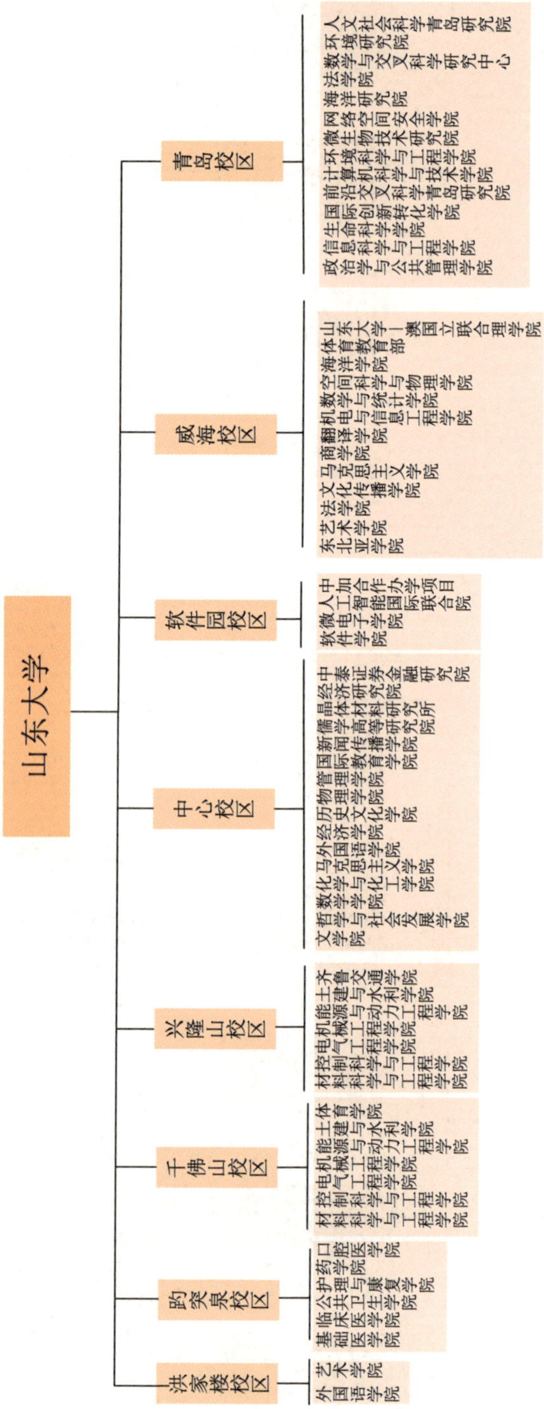
山东大学
青岛校区
人文社会科学青岛研究院
环境研究院
数学与交叉科学研究中心
法学院
海洋研究院
网络空间安全学院
微生物技术研究院
环境科学与工程学院
计算机科学与技术学院
前沿交叉科学青岛研究院
国际创新转化学院
生命科学学院
信息科学与工程学院
政治学与公共管理学院
威海校区
山东大学—澳国立联合理学院
体育教学部
海洋学院
空间科学与物理学院
数学与统计学院
机电与信息工程学院
翻译学院
商学院
马克思主义学院
文化传播学院
法学院
艺术学院
东北亚学院
软件园校区
中加合作办学项目
人工智能国际联合学院
微电子学院
软件学院
中心校区
中泰证券金融研究院
经济研究院
晶体材料研究所
儒学高等研究院
新闻传播学院
国际教育学院
管理学院
物理学院
历史文化学院
经济学院
外国语学院
马克思主义学院
化学与化工学院
数学学院
哲学与社会发展学院
文学院
兴隆山校区
齐鲁交通学院
土建与水利学院
能源与动力工程学院
机械工程学院
电气工程学院
控制科学与工程学院
材料科学与工程学院
千佛山校区
体育学院
土建与水利学院
能源与动力工程学院
机械工程学院
电气工程学院
控制科学与工程学院
材料科学与工程学院
趵突泉校区
口腔医学院
药学院
护理与康复学院
公共卫生学院
临床医学院
基础医学院
洪家楼校区
艺术学院
外国语学院

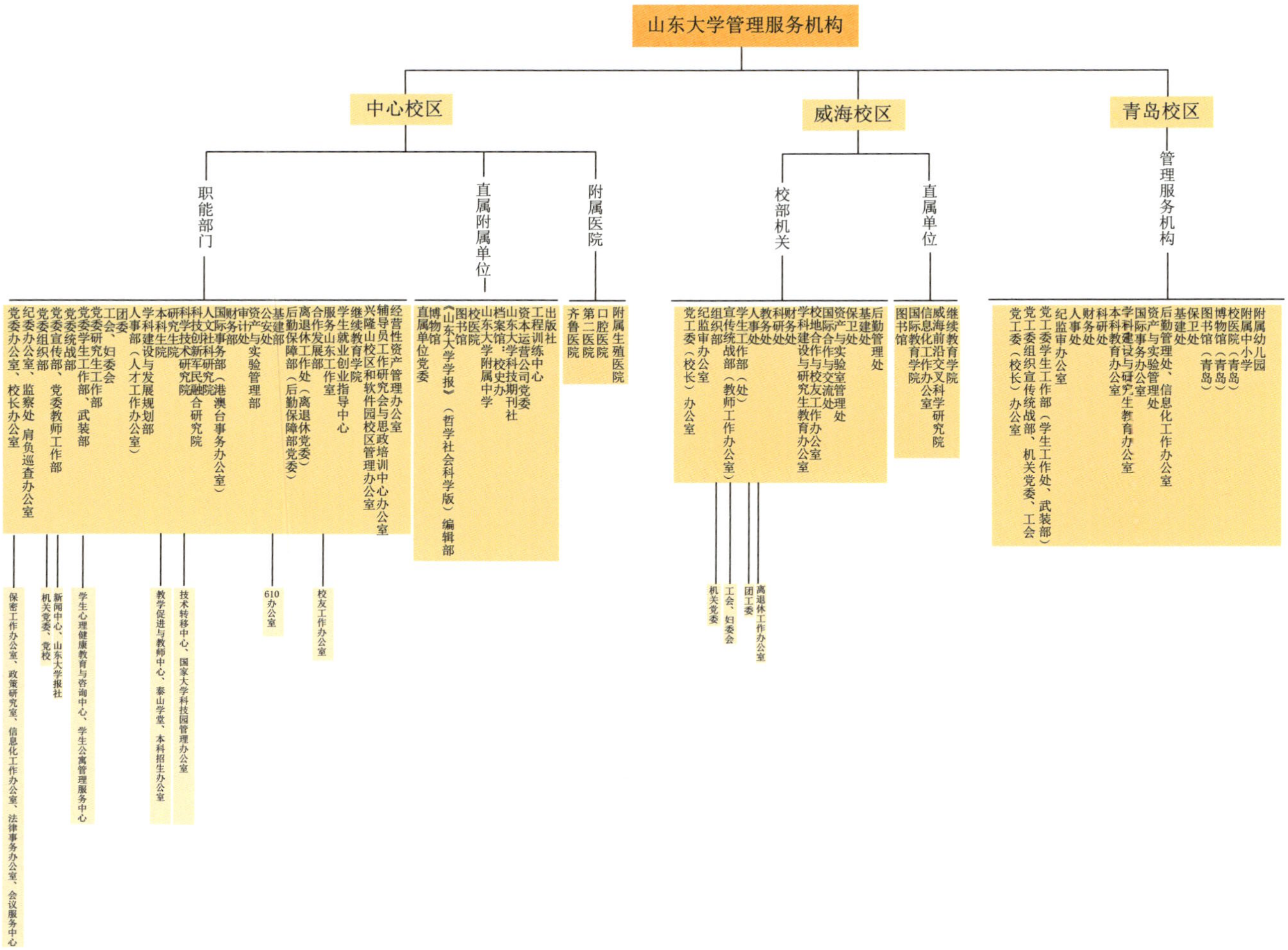
山东大学管理服务机构
中心校区
职能部门
党委办公室、校长办公室
纪委办公室、监察处 肩负巡查办公室
党委组织部
党委宣传部、党委教师工作部
党委统战部
党委学生工作部、武装部
党委研究生工作部
工会、妇委会
团委
人事部（人才工作办公室）
学科建设与发展规划部
本科生院
研究生院
科学技术研究院
科技创新军民融合研究院
人文社科研究院
国际事务部（港澳台事务办公室）
财务部
审计处
资产与实验管理部
公安处
基建部
后勤保障部（后勤保障部党委）
离退休工作处（离退休党委）
合作发展部
服务山东工作室
学生就业创业指导中心
继续教育学院
兴隆山校区和软件园校区管理办公室
辅导员工作研究会与思政培训中心办公室
经营性资产管理办公室
保密工作办公室、政策研究室、信息化工作办公室、法律事务办公室、会议服务中心
机关党委、党校
新闻中心、山东大学报社
学生心理健康教育与咨询中心、学生公寓管理服务中心
教学促进与教师中心、泰山学堂、本科招生办公室
技术转移中心、国家大学科技园管理办公室
610办公室
校友工作办公室
直属附属单位
直属单位党委
博物馆
《山东大学学报》（哲学社会科学版）编辑部
图书馆
校医院
山东大学附属中学
档案馆、校史办
山东大学科技期刊社
资本运营公司党委
工程训练中心
出版社
附属医院
齐鲁医院
第二医院
口腔医院
附属生殖医院
威海校区
校部机关
党工委（校长）办公室
纪监审办公室
组织部
宣传统战部（教师工作办公室）
学生工作部（处）
人事处
教务处
科研处
财务处
学科建设与研究生教育办公室
校地合作与校友工作办公室
国际合作与交流处
资产与实验室管理处
保卫处
基建处
后勤管理处
机关党委
工会、妇委会
团工委
离退休工作办公室
直属单位
图书馆
国际教育学院
信息化工作办公室
威海前沿交叉科学研究院
继续教育学院
青岛校区
管理服务机构
党工委（校长）办公室
党工委组织宣传统战部、机关党委、工会
党工委学生工作部（学生工作处、武装部）
纪监审办公室
人事处
财务处
科研处
本科教育办公室
学科建设与研究生教育办公室
国际事务办公室
资产与实验管理处
后勤管理处、信息化工作办公室
基建处
保卫处
图书馆（青岛）
博物馆（青岛）
校医院（青岛）
附属中小学
附属幼儿园

山东大学科研机构

——国家级科研机构

- 国家重点实验室
  - 微生物技术国家重点实验室
  - 晶体材料国家重点实验室（新一代半导体材料研究院）
- 国家应用数学中心
  - 山东应用数学中心
- 国家工程技术研究中心
  - 国家胶体材料工程技术研究中心
  - 国家辅助生殖与优生工程技术研究中心
  - 国家糖工程技术研究中心
- 国家工程实验室
  - 电动汽车接入电网技术国家地方联合工程实验室
  - 电子商务交易技术国家工程实验室（合作）
  - 燃煤污染物减排（共建）国家工程实验室
- 国家工程研究中心
  - 新能源与高校节能国家地方联合工程研究中心
- 国家级其他科研平台
  - 国家电子元器件清洗技术工程技术推广中心
  - 国家综合性新药研发技术大平台
- 教育部重点实验室
  - 电网智能化调度与控制教育部重点实验室
  - 生殖内分泌教育部重点实验室
  - 粒子物理与粒子辐照教育部重点实验室
  - 天然产物化学生物学教育部重点实验室
  - 材料液固结构演变与加工教育部重点实验室
  - 植物发育与环境适应生物学教育部重点实验室
  - 密码技术与信息安全教育部重点实验室
  - 高效洁净机械制造教育部重点实验室
  - 实验畸形学教育部重点实验室
  - 心血管重构与功能研究教育部重点实验室
  - 胶体与界面化学教育部重点实验室
- 教育部工程研究中心
  - 电力电子节能与装备教育部工程研究中心
  - 数字媒体技术教育部工程研究中心
  - 智能无人系统教育部工程研究中心
  - 大型地下洞室群教育部工程研究中心
  - 环境热工技术教育部工程研究中心
- 教育部人文社会科学重点研究基地
  - 犹太教与跨宗教研究中心
  - 当代社会主义研究所
  - 文艺美学研究中心
  - 易学与中国古代哲学研究中心
- 省部共建协同创新中心
  - 儒家文明协同创新中心
- 国际合作联合实验室
  - 环境与社会考古学国际合作联合实验室
- 教育部野外观测研究站
  - 南水北调东线河湖生态健康教育部野外科学观测研究站
- 国家卫健委重点实验室
  - 国家卫健委卫生经济与政策研究重点实验室
  - 国家卫健委心血管重构与功能研究重点实验室
  - 国家卫健委耳咽鼻喉科学重点实验室
- 国家药监局重点实验室
  - 国家药品监督管理局山东大学药品监管科学研究基地
- 国家统计局研究基地
  - 药物制剂技术研究与评价重点实验室
  - 创新药物临床研究与评价重点实验室
  - 糖药物质量研究与评价重点实验室
- 国家药品监督管理局药品监管科学研究基地
  - 山东大学生活质量与公共政策研究中心

山东大学科研机构

——省级科研机构

- 山东省国际合作研究基地
  - 山东省特种功能材料和器件国际科技合作基地
  - 山东省智能感知与信息处理品牌国际科技合作基地
  - 山东省微生物基因组编辑和药物研发品牌国际科技合作研究中心
  - 山东省中比抗病毒创新药物合作研究中心
  - 山东省中日岩土工程合作研究中心
  - 山东省中英传统科技合作研究中心
  - 山东省中美麻醉与脑代谢科技合作研究中心
  - 山东省中日围手术治疗学科技合作研究中心
  - 山东省中美体育经济与健康工程合作研究中心
  - 山东省中美环境与健康技术合作研究中心
- 山东省社科规划重点研究基地
  - 山东省应用金融理论与政策研究基地
  - 山东省品牌与传播研究基地
  - 山东省政党理论研究基地
  - 山东省文化产业研究基地
  - 山东省经济管理研究基地
  - 山东省反垄断与规制经济学研究基地
  - 山东省公共经济与公共政策研究重点基地
  - 山东省产权理论与产权制度变革研究基地
  - 山东省东方文化研究基地
  - 山东省法学研究基地
- 山东省「十三五」高等学校重点实验室
  - 山东省心肺脑复苏研究重点实验室「十三五」高等学校重点实验室
  - 山东省脊柱脊髓高校重点实验室「十三五」高等学校重点实验室
  - 山东省随机控制系统理论与计算「十三五」高等学校重点实验室
  - 山东省药物制剂与释药系统重点实验室「十三五」高等学校重点实验室
  - 山东省社会超网络计算与决策模拟实验室「十三五」高等学校重点实验室
  - 山东省泌尿系疾病精准诊疗实验室「十三五」高等学校重点实验室
  - 山东省胃肠疾病转化医学实验室「十三五」高等学校重点实验室
  - 山东省糖尿病与肥胖症外科「十三五」高等学校重点实验室
  - 山东省绿色制造重点实验室「十三五」高等学校重点实验室
  - 山东省胸部肿瘤「十三五」高等学校重点实验室
  - 山东省临床解剖学「十三五」高等学校重点实验室
  - 山东省感染性疾病防控重点实验室「十三五」高等学校重点实验室
  - 山东省应用海洋生物学重点实验室「十三五」高等学校重点实验室
  - 山东省检验医学「十三五」高等学校重点实验室
  - 山东省机器人系统与技术「十三五」高等学校重点实验室
- 山东省「十三五」高校人文社会科学研究基地
  - 县域发展研究院
  - 法律方法与立法学研究中心
  - 政治文明与宪政研究基地
  - 中华文明起源研究中心
  - 山东省文化发展战略高端智库
  - 中国乡土文化研究中心
  - 文化融通与汉语哲学创新研究中心
  - 公司治理研究中心
  - 产权理论与法经济学研究中心
- 山东省重点新型智库
  - 山东区域金融改革与发展研究中心
  - 卫生管理与政策研究中心
- 山东省协同创新中心
  - 山东省机器人与智能系统协同创新中心
  - 山东省地下基础设施工程灾害预报预警与控制协同创新中心
  - 山东省糖科学协同创新中心
  - 山东省金融量化科学与技术协同创新中心
  - 山东省全球能源互联网协同创新中心
  - 山东省热科学协同创新中心
  - 山东省中国虹计划协同创新中心
  - 山东省新药创制协同创新中心

山东大学科研机构
——省级科研机构

- 山东省重点实验室
  - 山东省口腔组织再生重点实验室
  - 山东省无线通信技术重点实验室
  - 山东省血液免疫学重点实验室
  - 山东省糖化学生物学重点实验室
  - 山东省脑功能重构重点实验室
  - 山东省特高压输变电技术与装备重点实验室
  - 山东省心血管蛋白质组学重点实验室
  - 山东省动物细胞与发育生物学重点实验室
  - 山东省光学天文与日地空间环境重点实验室
  - 山东省能源减排技术与资源化利用重点实验室
  - 山东省水环境污染控制与资源化重点实验室
  - 山东省激光技术与应用重点实验室
  - 山东省精神疾病基础与临床重点实验室
  - 山东省感染与免疫学重点实验室
  - 山东省软件工程重点实验室
- 山东省技术创新中心
  - 山东省工程智能勘探装备技术创新中心
- 山东省临床医学研究中心
  - 山东省医学检验临床医学研究中心
  - 山东省血液系统疾病临床医学研究中心
  - 山东省急危重症临床医学研究中心
  - 山东省生殖健康临床医学研究中心
- 山东省工程技术研究中心
  - 山东省肿瘤标志物检测工程技术研究中心
  - 山东省绿色制造工程技术研究中心
  - 山东省绿色建筑智能制造与工程技术研究中心
  - 山东省高性能微纳器件与芯片集成工程技术研究中心
  - 山东省海洋微生物菌种保藏与应用工程技术研究中心
  - 山东省海绵城市示范工程技术研究中心
  - 山东省地下工程水害防治工程技术研究中心
  - 山东省海洋生物繁育工程技术研究中心
  - 山东省智能制造与控制系统工程技术研究中心
  - 山东省神经系统疾病防治示范工程技术研究中心
  - 山东省食品安全监测与评价工程技术研究中心
  - 山东省晶体器件与产业发展工程技术研究中心
  - 山东省环保功能涂料工程技术研究中心
  - 山东省路基安全工程技术研究中心
  - 山东省植被生态示范工程技术研究中心
  - 山东省金融风险控制工程技术研究中心
  - 山东省水污染控制示范工程技术研究中心
  - 山东省特种设备安全工程技术研究中心
  - 山东省高效切削加工示范工程技术研究中心
  - 山东省永磁电机工程技术研究中心
  - 山东省磁力分选工程技术研究中心
  - 山东省磁悬浮轴承工程技术研究中心
  - 山东省特殊环境作业机器人与装备工程技术研究中心
  - 中瑞合作山东省工业生态工程技术研究中心
  - 山东省糖工程技术研究中心
  - 山东省超硬材料工程技术研究中心
  - 山东省热传递过程示范工程技术研究中心
  - 山东省燃烧与污染控制工程技术研究中心
  - 山东省塑性成形仿真与模具工程技术研究中心
  - 山东省中药标准工程技术研究中心
  - 山东省石材工程技术研究中心
  - 山东省冶金设备与工艺数字化工程技术研究中心
  - 山东省现代焊接工程技术研究中心
  - 山东省环境科学工程技术研究中心
  - 山东省高性能计算工程技术研究中心
  - 山东省物流工程技术研究中心
  - 山东省岩土与结构工程技术研究中心
  - 山东省CAD工程技术研究中心
  - 山东省半导体光电子工程技术研究中心
  - 山东省碳纤维示范工程技术研究中心
  - 山东省CIMS工程技术研究中心
  - 山东省应用软件工程技术研究中心
  - 山东省激光工程技术研究中心
  - 山东省晶体材料与器件工程技术研究中心山东
- 山东省工程实验室
  - 山东省口腔生物材料与组织再生工程实验室
  - 山东省智能传感器与检测技术工程实验室
  - 山东省胃肠道肿瘤机器人精准诊疗工程实验室
  - 山东省急危重症防治工程实验室
  - 山东省固废绿色材料工程实验室
  - 山东省腹腔镜技术工程实验室
  - 山东省妇科泌尿工程实验室
  - 山东省糖尿病肾病早期预防工程实验室
  - 山东省肿瘤标志物检测工程实验室山东
  - 山东省隧道与地下工程灾害防控工程实验室
  - 山东省发电厂热力系统节能工程实验室
  - 山东省新能源与储能控制工程实验室
  - 山东省电动汽车工程实验室
  - 山东省生物质能清洁转化工程实验室

山东大学院属及有关科研机构

山东大学现代物流研究中心
山东大学孔子学院研究中心
山东大学广告研究中心
山东大学光学高等研究中心
山东大学公共文化研究中心
山东大学城市文化研究院
山东大学人文社会科学青岛研究院
山东大学全球化与中国经济中心
山东大学公共治理研究院
山东大学生活质量与公共政策研究中心
山东大学环境政治研究所
山东大学经济研究院
山东大学政党研究所
山东大学-瑞典皇家理工学院工业生态工程研究中心
山东大学日本研究中心
山东大学加拿大研究中心（所）
山东大学欧洲研究中心（所）
山东大学可持续发展研究中心
山东大学书画研究院
山东大学齐鲁证券金融研究院
山东大学县域发展研究院
山东大学统一战线研究中心
山东大学中华传统文化研究与体验基地
山东大学国际汉学研究中心
山东大学地方政府管理研究所
山东大学书法艺术研究中心
山东大学美术考古研究所
山东大学儒学高等研究院
山东大学移民研究所
山东大学高等教育研究中心
山东大学亚洲太平洋研究所
山东大学韩国研究中心（所）
山东大学文化遗产研究院
山东大学山东发展研究院
山东大学儒学高等研究院（文史哲研究院）
山东大学数据科学研究院
山东大学数学与交叉科学研究中心
山东大学航空构件制造技术及装备研究中心
山东大学可持续制造研究中心
山东大学先进射流工程技术研究中心
山东大学卫生管理与政策研究中心
山东大学肝病研究所
山东大学人文医学研究中心
山东大学泌尿外科研究所
山东大学品牌与传播研究所
山东大学网络信息安全研究所
山东大学胶体与界面化学研究所
山东大学生殖医学研究中心
山东大学热科学与工程研究中心
山东大学威海工业技术研究院
山东大学前沿交叉科学青岛研究院
山东大学高等技术研究院
山东大学高等医学研究院
山东大学智能康复装备技术研究中心
山东大学表面化学工程与新材料研究中心
山东大学细胞治疗研究中心
山东大学交通规划设计研究中心
山东大学海洋生物技术研究中心
山东大学新药评价中心
山东大学光电材料与器件研究中心
山东大学海信研究院
山东大学临床神经语言学研究中心
山东大学数学研究所
山东大学孟尧微电子研发中心
山东大学环境研究院

◎山大的家园

■ 经过120年的发展，山东大学的办学规模越来越大，目前形成了一校三地（济南、威海、青岛）的办学格局。其中包括位于济南市历城区的中心校区和洪家楼校区，位于济南市历下区的趵突泉校区、千佛山校区和软件园校区，以及位于市中区的兴隆山校区。另外两个校区均坐落在海边，分别是威海校区和青岛校区。学校总占地面积8000余亩，在“同一个山大，同一种文化，同一个精神家园”理念的引领下，构建了一校三地八校区的山东大学系统。

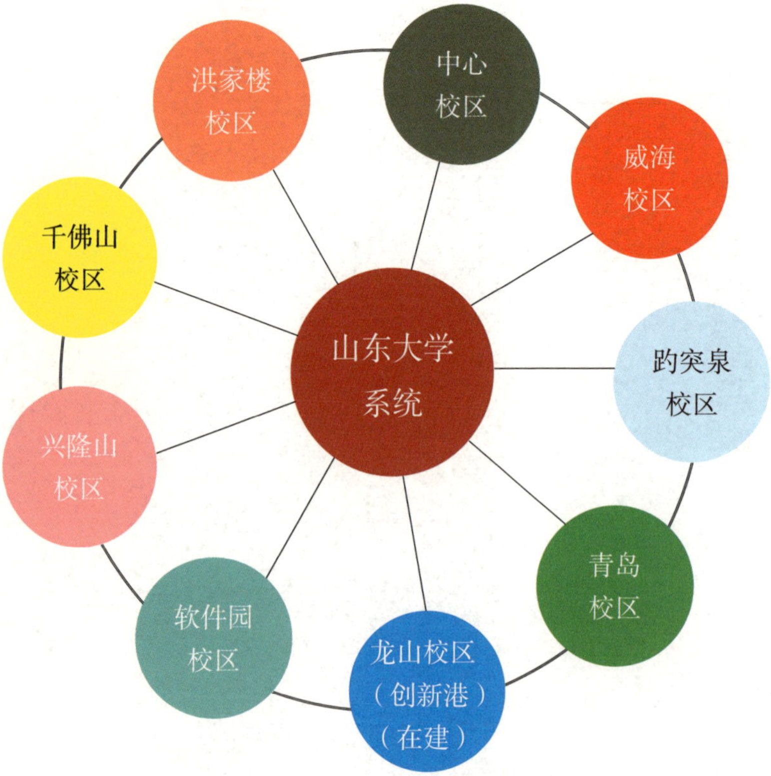

在山东大学历史上，济南和青岛曾有过一些老校区，可谓山大的故乡。山东大学发端于济南趵突泉畔的泺源书院，当时的大学堂西面出门是秋水亭，东侧则是芙蓉池，景致优美，泉水环绕，书声琅琅，文风彬彬。1904 年，山东大学堂改名为“山东高等学堂”，迁至杆石桥路北，占地 140 余亩。1911 年又更名为“山东高等学校”，1914 年停办后师生转入法政、工业、农业、商业、矿业、医学六个专门学校，原校舍交由法政专门学校使用。1926 年六个专门学校又重新聚合成为省立山东大学，仍沿用六个专门学校的校舍，包括上至书院（女词人李清照故居，现趵突泉公园）、趵突泉前街金线泉、原高等学堂校址（现山东省实验中学）、桑园（现山东省农科院）、皇华馆（现济南市立医院）等。

济南各处老家园

青岛老家

1930 年，国立青岛大学接收私立青岛大学校产，开始了在青岛办学的历史，自此与青岛产生了深刻牵绊。该校区曾是德国军队侵占青岛时的俾斯麦兵营，现在是中国海洋大学的校址。1932 年，国立青岛大学更名为“国立山东大学”，青岛小鱼山下的老校区至今仍留存闻一多故居、王统照故居、老舍故居、梁实秋故居等，山大百廿辉煌的一部分是属于那里的，山海文脉，传承至今。1958 年，山东大学大部迁回济南办学，涉海部分留在青岛，次年独立为山东海洋学院，仍然沿用小鱼山校区。山东大学迁济后，先在洪家楼校区（老校，原为山东农学院校址），后扩展到新建校区（新校，中心校区）。

青岛老家园

洪家楼校区

洪家楼校区位于济南市历城区洪家楼5号，目前校区只有外国语学院和艺术学院，其他院系先后搬迁到中心校区、青岛校区。洪家楼校区建筑多为灰墙红瓦，坡状屋顶，古典朴素，于闹市中取静，道路命名以法为先，中心道路名为“宪法大道”，其余主干道名曰“自由大道”“公平大道”，承载更多的是山大人文精神。

洪楼教堂

小桥流水

学校老办公楼

洪家楼校区南门

中心校区

中心校区位于山东省济南市历城区山大南路27号，是山东大学的核心枢纽，是校部机关所在地。目前，中心校区学科较多，文理兼具，包括马克思主义学院、哲学与社会发展学院、文学院、历史文化学院、经济学院、经济研究院、外国语学院（大学外语教学部）、儒学高等研究院（文史哲研究院）、中泰证券金融研究院、数学学院、物理学院、化学与化工学院、晶体材料研究所、管理学院、新闻传播学院、国际教育学院。中心校区大成广场蕴含儒家六艺，稷下广场期盼百家争鸣，校园的东西向路皆以“圣”字命名，取向圣人贤达致敬之意；南北大道均以“德”字命名，满载着对学生厚德、明德、弘德、立德、成德的期望，校园里栽有72棵银杏树，寓意七十二圣贤。在齐鲁文化熏陶下，校园学风浓厚，校风朴实。

过来坐坐

中心校区中轴线

威海校区

1984 年，经国家教育部批准，山东大学与威海市共同在威海创建了山东大学威海分校，这是我国高等教育发展史上高校与地市共建学校的一个新探索。后在“一个山大”办学理念之下“威海分校”改为“校区”。山东大学（威海）位于威海市文化西路 180 号，地处山东半岛的最东端，一面靠山，三面环海，地处威海国家火炬高新技术产业开发区。校区现有 12 个学院和 1 个教学部，涵盖文学、艺术学、法学、经济学、管理学、理学、工学和医学等八大学科门类，是所有校区中专业综合性最强的一个校区。威海校区背靠玛珈山，东、西各有一个十多里长的半月形海湾，是少有的天然海水浴场。这里气候宜人，夏少酷暑，冬无严寒，是办学育人、学习、科研和生活的理想场所。校园内山、水、林俱全，中轴对称，包括六苑一场一林一园，教学主楼气势万钧，玛珈山天文台耸立山顶，校园道路由山魂路、海韵路交叉，分散辐射，充满山大情怀。

饮水思源

威海校区全貌

趵突泉校区

2000年，山东大学、山东医科大学、山东工业大学合校后，新山东大学又增加了三个校区。趵突泉校区位于山东省济南市文化西路44号，济南两大名胜景区千佛山与趵突泉之间，依山傍水，环境优雅。校园里，由绿树、花木和草坪组成的中心花园将环绕四周的古色古香的教学楼群连为一体，形成别具一格的庭园式教学区。校区设有临床医学院、口腔医学院、药学院、基础医学院、公共卫生学院、护理与康复学院，持续发挥着齐鲁医学的优势，在国内外具有较高的学术地位。趵突泉校区原为齐鲁大学校园。1996年，包括融中西建筑风格于一体的“号院”在内的趵突泉校区建筑群被山东省列为省级保护文物。校园内的主要道路均以两旁栽植的花木命名。

校友赠石

趵突泉校区校友门

千佛山校区

千佛山校区亦称“山大南校”，位于济南市经十路17923号，工科是该校区的主要特色学科，包括材料科学与工程学院、控制科学与工程学院、电气工程学院、机械工程学院、能源与动力工程学院、土建与水利学院、体育学院。千佛山校区的整体布局属于中轴对称，独具匠心。校园分南北两部分，校内建筑多严谨而工整;校内道路以国内外名人的名字命名，如鲁班路、蔡伦路、张衡路、牛顿路、瓦特路等，均是科技领域知名大师。

“春华秋实”雕塑

教学一楼

千佛山校区远眺

兴隆山校区

兴隆山校区位于济南市二环南路12550号，面积达到1153亩，是山大在济南的几个校区中面积最大的。在学院设置和建设方面，该校区与千佛山校区一体统筹发展，另加一个新成立的齐鲁交通学院。校区建筑依山傍水，充分利用自然空间，生态景观良好。校内道路、景点命名蕴含巧思，体现雅致风格，充满诗情画意，如白玉兰路、紫花路、桐雨路、芙蓉路、红叶路等，连带着天工湖和开物园，均饱含着师生对于美好校园生活的向往。

兴隆山校区教学楼群

校园一景

创客空间

综合实验楼

软件园校区

软件园校区于 2001 年成立，位于济南高新技术产业开发区舜华路 1500 号，由济南市高新区与山东大学联合共建。山东大学合校后，校区以计算机科学与技术学院、软件学院为主体，计算机科学与技术学院后来迁至青岛校区。该校区如今有软件学院、微电子学院、中加合作办学项目、人工智能国际联合研究院，产学研合作如火如荼，已是高新区的标志性园区。软件园校区依山而建，没有围墙，现代化气息浓厚，整体建筑色调褐红，充满青春与活力。

软件园校区主楼

微电子学院楼

软件学院楼

青岛校区

回归青岛老家办学一直是山大人的共同心愿。2010年，山东大学提出构建“山东大学系统”，探索中国高等教育办学的新模式。2012年3月，山东大学（青岛）奠基典礼隆重举行，新的青岛校区位于崂山脚下、鳌山湾畔、温泉紧邻的即墨市鳌山卫街道，地处青岛市“蓝色硅谷”核心区，即现在的青岛市即墨区滨海路72号，校园东侧拥有沿海1.5公里长的滨海公园，校区红瓦绿树，重现小鱼山下“三面郁葱环碧海，一山高下尽红楼”的美景。青岛校区按照“理工为主，错位发展”的原则，设置了生命科学、信息科学、环境科学、海洋科学、社会科学等板块，目前包括政治学与公共管理学院、法学院、环境科学与工程学院、生命科学学院、计算机科学与技术学院、信息科学与工程学院、国际创新转化学院以及网络空间安全学院等8个学院和前沿交叉科学青岛研究院、微生物技术研究院、海洋研究院、人文社会科学青岛研究院、环境研究院、数学与交叉科学研究中心等科研机构。校园规划为“双轴五节点”的空间格局，建筑多采用传统的青岛建筑样式，道路命名别致，横向为崇实、图强、致品、明伦、诚信，纵向为求新、储才、登高、博学、格物，寄托着山大在青岛扬帆再起航的发展愿景。

图书馆一隅

青岛校区一期校园标志性建筑——图书馆

序曲　环境与渊源

巍巍泰山之下，滔滔黄河之畔，浩浩黄海之滨，有一所植根于齐鲁大地、成长于山东半岛的著名大学——山东大学。得天独厚的地理环境和博大精深的齐鲁文化滋润着这所百年名校，使其具有了山一般豪迈的气魄和海一样辽阔的胸怀，山魂海韵铸就了其崇实求新的校风。

山东是齐鲁文化的发祥地，也是中华文明的重要发源地之一，素有“一山一水一圣人”的美誉。齐鲁文化源远流长、博大精深，其中的学术传统和教育传统在山东大学的诞生和发展史上留下了深深的烙印。山东开埠较早，近代文明的传入也深深影响着山东大学。齐鲁大地还是山东红色文化的摇篮和社会主义先进文化的重要基地，传统的和近现代的优秀基因塑造着山大人爱国、爱校、爱家、爱人的家国情怀和厚重朴实、刚毅执着、勇于探索、不畏登攀的品格。

正是由于这样的校风和品格，山东大学在其发展史上虽历经曲折、跌宕起伏，但仍具有强大的生命力和持续的创造力，弦歌不绝，书声不断，学脉相传，兴校强国之志历久弥坚。回溯山东大学悠久而厚重的历史，就会发现它承载了齐鲁文化的历史底蕴，接续了齐鲁大地的教育薪火，开现代高等教育的风气之先。

◎山东大学的地理环境

山东大学，地处齐鲁文化发源地，一校三地八校区均在山东半岛，另有深圳研究院、苏州研究院、东营研究院等机构分布在省内外。其中有六个校区位于山东省省会济南，一个校区在威海，一个校区在青岛。

山东大学各校区山东分布示意图

“登山则情满于山，观海则意溢于海”石刻

济南位于山东省中西部，傍依泰山而跨越黄河，北连首都经济圈，南接长三角经济圈，东西连通山东半岛与华中地区，是环渤海经济区和京沪经济轴上的重要节点城市。济南是山东省政治、经济、文化、教育、科技、金融中心，也是国家物流枢纽。因其境内泉水众多，别称“泉城”，其“七十二泉”、千佛山、大明湖名扬天下，又有“四面荷花三面柳，一城山色半城湖”的美誉，是拥有“山、泉、湖、河、城”独特风貌的旅游名城。济南历史悠久，人杰地灵名士多，龙山文化、城子崖遗址、齐长城、舜耕历山、隋代大佛、灵岩寺宋代彩塑罗汉等，以及众多的文人墨客，成就了这座历史文化名城。

远东第一站：济南老火车站

大明湖

远眺千佛山

趵突泉

青岛，是山东省除济南之外的另一个副省级城市，也是计划单列市，因四季常青而得名，别称“琴岛”“岛城”“胶澳”。青岛地处山东半岛东南部沿海、胶东半岛东部，濒临黄海，隔海与朝鲜半岛相望，是中日韩经贸区的前沿地带，地理位置优越，是全国首批沿海开放城市、中国东部沿海重要的经济中心城市和港口城市，是环太平洋西岸重要的国际贸易口岸、东北亚国际航运枢纽、“一带一路”新亚欧大陆桥经济走廊主要节点城市和海上合作战略支点、国家重要的现代海洋产业发展先行区、山东半岛蓝色经济区规划重要区域、国际海洋科研教育中心。青岛也是国家历史文化名城、全国文明城市、中国道教发祥地，有“中国帆船之都”“中国品牌之都”“世界啤酒之都”“联合国‘电影之都’”“万国建筑博览会”之称，曾被评为中国最具幸福感城市，被誉为“东方瑞士”。

20 世纪初青岛市区俯瞰

正在兴建的青岛第一高楼

青岛第一海水浴场

青岛海边夜景

威海，别名“威海卫”，意为威震海疆，位于山东半岛东端，北、东、南三面濒临黄海，北与辽东半岛相对，东与朝鲜半岛隔海相望，西与烟台市接壤。威海是中国大陆距离日本、韩国最近的城市，是中国第一批沿海开放城市，也是重要的国家级海洋生态示范区、海洋产业基地和美丽的滨海旅游城市，被评为“国家卫生城市”“国家园林城市”“中国十佳宜居城市”“中国最具幸福感城市”，曾获“联合国人居奖”。

眺望大海

现代建筑环绕海湾

20 世纪 80 年代的威海

海水浴场

◎山东大学的文化底蕴

山东作为孔孟之乡，礼仪之风浓郁，汇聚了齐文化和鲁文化精粹，山东大学身处其中，深受熏陶。齐鲁文化源远流长，底蕴深厚。齐国和鲁国是西周时期山东半岛的两个最大分封国，由于齐、鲁两地有发达的经济和文化，均在中国历史上曾产生过重大影响，所以山东又被称为“齐鲁大地”，后以“鲁”作为山东省的简称。齐鲁大地人才辈出，思想流派纷呈，百家在稷下学宫争鸣竞胜，推动了中国古代思想文化的发展和中国学术传统的形成，也为山东大学的孕育和发展提供了丰厚的思想文化资源和良好的学术氛围，是山东大学“文史见长”传统特色的重要渊源。

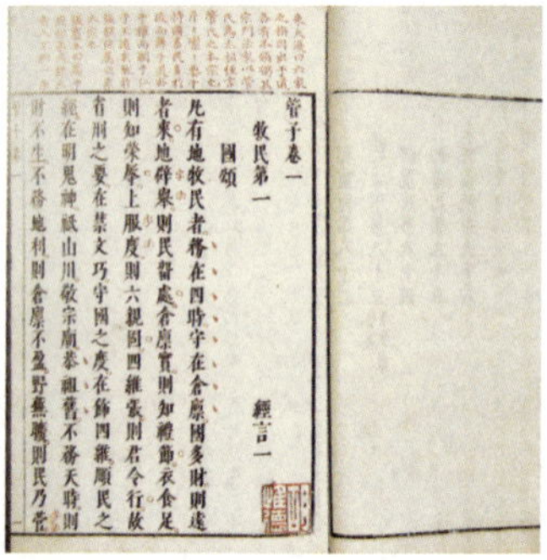

管子卷一 經言一
牧民第一
國頌
凡有地牧民者務在四時守在倉廩國多財則遠
者來地辟舉則民留處倉廩實則知禮節衣食足
則知榮辱上服度則六親固四維張則君令行故
省刑之要在禁文巧守國之度在飾四維順民之
經在明鬼神祇山川敬宗廟恭祖舊不務天時則
財不生不務地利則倉廩不盈野蕪曠則民乃菅

《管子》书影

孔子像

墨子像

孙武像

孟子像

邹衍像

孙膑像

吴起像

荀子像

董仲舒像

郑玄像

诸葛亮像

李清照像

蒲松龄像

五经书影

赵孟頫《鹊华秋色图》

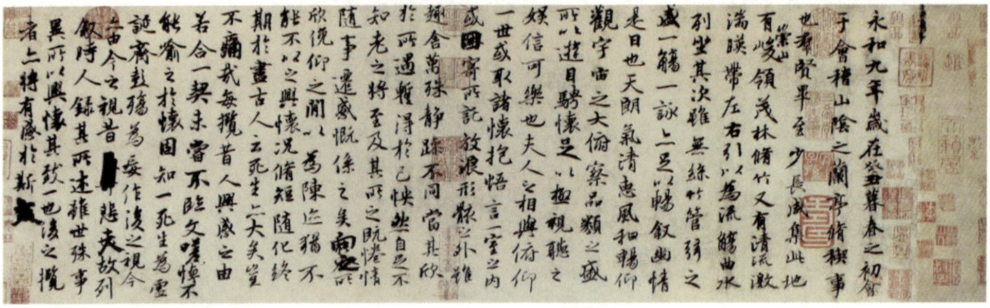

王羲之《兰亭集序》

山东大学中心校区的两个广场和道路命名方式就体现了与齐鲁文化的息息相关，其中，以“圣”字命名东西道路，蕴含着与“圣人”为伴、见贤思齐的教育意义，自南向北分别为：元圣路、农圣路、书圣路、工圣路、智圣路、法圣路、兵圣路、至圣路、亚圣路、科圣路。以“德”字命名南北道路，倡导师生重视德行修养、追求真理大道，自东向西分别为：厚德大道、明德大道、弘德大道、立德大道、成德大道。

中心校区路标

中心校区路标

中心校区大成广场

◎齐鲁大地的书院教育

■ 山东作为教育大省，自古以来就有重视教育的优良传统。春秋时期，孔子首开私人办学之先河，主张有教无类、因材施教和启发式教学，在中国古代教育史上产生了巨大影响。战国时期，齐国建立稷下学宫，这是世界上第一所由官方创办、私家主持的高等学府，具有官学和私学相融合的特点，出现百家争鸣之盛况。唐朝开始出现书院，从山东临朐的李公书院，到宋朝的泰山书院、徂徕书院、圣泽书院、春秋书院等，形成了以私人书院教育为主的教育形式。到了金朝，日照历史上第一位状元张行简创建了魁文书院，也称“张状元书院”。元朝呈现出书院官学化的趋势，其中在山东地区以位于曲阜的尼山书院、洙泗书院最为著名。书院的出现活跃了山东地区的学术氛围，有力地促进了中国古代教育事业的发展和繁荣。

《孔子杏坛讲学图》

中心校区孔子像

中心校区稷下广场

泰山书院

徂徕书院

春秋书院

张行简像

尼山书院

洙泗书院

◎泺源书院的前世今生

元朝的统治者推行缓和的文教政策，号称“历山公”的蒙古人千奴于元朝初年定居在山东历山，并创建了历山书院。明代万历四十二年（1614年），巡盐御史毕懋康又在趵突泉的东边建立了一所历山书院，成为当时济南面积最大、影响最大的书院。清代顺治十一年（1654年），山东布政使张缙彦重修历山书院，同时翻修附近的白雪楼（明代著名文学家李攀龙居所），并将书院改名为“白雪书院”。康熙皇帝来济南时曾驾临白雪书院，应山东学政徐炯的请求，为白雪书院题写了“学宗洙泗”的匾额，这使得书院更加闻名，成为清代济南最著名的书院。雍正十一年（1733年），朝廷诏告天下“省会之地仍各建书院，以作育人才”。山东巡抚岳濬就将白雪书院定为省会书院。由于白雪书院的院舍不够富余，无法满足越来越多的士子的读书需求，便将书院迁至明代都指挥使司官署旧址。为纪念从泺水之源的趵突泉边迁址而来，遂将白雪书院更名为“泺源书院”，此后书院的学风更盛。

白雪书院

泺源书院历经了多次大规模的重修与扩建，成为当时山东规模最大、档次最高的书院。泺源书院以“弘扬古学，砥砺学术”为学术旨归，怀着“得天下英才而教育之”的愿望，秉承“为国储材”的办学宗旨，崇尚实学，治学严谨，一时间使得书院学风兴盛，大受美誉。

泺源书院正门

乾隆十三年（1748 年）制定的《训课规条》提出六个“为学”原则，即为学莫先于立志，为学莫要于寡欲，为学当敦实行，为学当秉虚衷，为学当勤讲读，为学当慎交；同时，书院还要求学生读书不要仅以追求功名为目标，更要肩负起“明德新民”的重任。任教者也都是当时学有所长的知名学者，桑调元、沈起元、毕沅、徐松、何绍基、匡源、王之翰、缪荃孙、孙葆田等众多硕学鸿儒在此讲学传道，一般采用个人研读、相互问答、集众讲解相结合的教学方法，培养了曹鸿勋、周永年、王懿荣、柯劭忞、王寿彭、法伟堂等著名学者。清朝末年，受外来思想文化的冲击，改革书院的呼声日渐高涨。泺源书院于 1901 年被改制为山东大学堂，从古代书院发展为新式学堂，泺源书院为山东教育和文化事业的发展作出了卓越的贡献。

济南市图书馆泺源书院展厅

徐松像

匡源像

何绍基像

缪荃孙像

曹鸿勋像

周永年像

王懿荣像

柯劭忞像

王寿彭像

◎登州文会馆捷足先登

登州文会馆是山东第一所现代大学，是中国最早的教会大学，是中国最早的现代大学，也是齐鲁大学的前身。第二次鸦片战争后，清政府与列强签订《中英天津条约》，增开登州（今山东蓬莱）等为通商口岸，准许传教士入华传教。此后，大批传教士来到中国。1861 年，北美长老会在登州建立了中国北方的第一个传教基地，英国浸礼会也开始在烟台进行传教活动。1863 年，北美长老会传教士狄考文博士与夫人邦就烈抵达登州进行传教活动，并于 1864 年 1 月在登州原观音堂四合院建立了蒙养学堂。随着蒙养学堂的招生规模逐渐增加，于 1876 年更名为"登州文会馆"，取"以文会友"之意。文会馆开设了数、理、化等自然科学课程，制定了严格的考试制度、升留级制度与赏罚条例，管理模式与教学方法自由灵活。1882 年，纽约长老会总部批准文会馆为大学，以"Tengchow College"作为学校的英文名称，以"文会馆"作为中文名称，增派赫士等多名传教士帮助学校办学。截至 1904 年，登州文会馆培养出的正式毕业生虽然仅有 208 人，却对山东乃至中国现代高等教育的发展产生了深远的影响。

登州观音庙

左侧建筑是文会馆的教学楼，右侧为文会馆备馆学生用的小教室。

狄考文住宅

蓬莱阁全图

狄考文

邦就烈

柏尔根教习

路思义教习

文会馆校舍

文会馆课程单（早期）

一年级

念书经（卷三、卷四）
念诗文（各一卷）
念天道溯源（上卷）
讲诗经（全）
重讲论话
做半篇文及四韵诗
代数学

二年级

念礼记（卷一、卷二）
念诗文（各一卷）
讲书经（全）
重讲孟子
做全篇文及六韵诗
形学及圆锥曲线
万国通鉴
天路历程

三年级

念礼记（卷三、卷四）
念文章（二十篇）
念诗（四十首）
重讲学庸
重讲诗经（全）
作诗文（七日一课）
八线学
诸行量法
格物学（力、水、气、热、磁）
省身指掌
救世之妙

四年级

讲念左传（四卷）
念文章（二十篇）
念赋（十五篇）
念礼记（三卷）
重讲书经（全）
作诗赋文章（每七日一课）
格物学（光电）
量地法及航海法
天道溯源
地学及石学

五年级

念讲左传（卷五、卷六）
念文章（二十篇）
念古文（二十篇）
讲礼记（卷四）
作诗赋文章（每七日一课）
中国史记
代形合参
格物算法
罗马
化学

六年级

念易经
念文章（二十篇）
讲易经系词
借作文章
微积学
天文学
是非学
富国策
化学分质

袁世凯

袁世凯在宋庆将军麾下任军头时，驻在登州，其修理养护军械的技工多由狄考文培养出来。袁世凯与狄考文在文会馆相识。公务之余，袁世凯总要到文会馆转转，与文会馆的教习谈古论今，这在袁世凯的心里埋下了西方现代文明的种子。袁世凯对文会馆中的工厂和实验室很感兴趣，对机械装置和理化试验场景也十分好奇，因此，他也经常参观文会馆的实验室，并与校长狄考文和赫士私交甚深。后来他干脆雇用狄考文的学生到军营任职，培训军械所的技师。在这里，袁世凯受到西方现代文明的影响，并对现代大学教育有了认识。所以当光绪皇帝发布书院改学堂的上谕之后，袁世凯迅速行动起来，请文会馆的第二任校长赫士、教员和毕业生以及蓬莱知县李于锴协助创办山东大学堂，仿照《登州文会馆典章》制定《山东省城试办大学堂暂行章程》一些条款，并任命李于锴为山东大学堂监督，赫士为山东大学堂总教习。后来，登州文会馆先通过齐鲁大学、后通过山东医科大学而成为山东大学的重要源头；单从上述过程看，登州文会馆还与山东大学的成立有着密切的联系。

第一篇　大学堂诞生

“公家设立学堂，是为天下储人材，非为诸生谋进取；诸生来堂肄业，是为国家图富强，非为一己利身家。”这一山大人耳熟能详的名句出自《山东省城试办大学堂暂行章程》，体现了山东大学历经沧桑而初心不改的办学宗旨，也是当时身处内忧外患的中国人冀求教育界造就出致力于救亡图存、振兴中华的人才的时代呼声！

《山东省城试办大学堂暂行章程》是中国第一部大学章程，依此而创办的山东大学堂是继京师大学堂之后第一个在省城兴办的官立大学堂，也是中国第一所按章程办学的大学。山东大学堂就是现在山东大学的前身，是山东大学历史的起点。山东大学是中国现代高等教育的起源性大学，也是山东现代官办高等教育的开端。

山东大学堂的创办顺应了时代需要，反映了国人心声，创造了中国教育史上的速成奇迹，带动和引领各省掀起了一股兴办大学堂的热潮，造成了很大的声势，为中国现代大学体制的形成和发展作出了原创性的贡献，成为中国现代教育的一个范本。

山东大学在诞生后的二十几年间，随着社会大变动，虽经历多次变迁与分合，但山大人牢记“为国育贤”的使命和担当，为社会各界培养了一批勇于创新的开拓型人才，其中不乏民族企业创始人、社会活动家、革命家、科学家、教育家等，为时代变革与社会发展作出了巨大贡献。“天下”与“国强”的崇高使命感一直激励着山大人顽强拼搏、砥砺奋进，也为山大的发展积聚了磅礴力量，开拓了广阔前景。

◎山东大学堂成立

■ 1900年，八国联军发动侵华战争，中国战败，同帝国主义列强签署了丧权辱国的《辛丑条约》。此时的中国内外交困，为了摆脱困境、维护自身统治，慈禧太后和光绪皇帝发布“变法”上谕，于1901年4月成立督办政务处，宣布施行“新政”，其中包括设立学部、鼓励留学、颁布新的学制。书院建设作为新政的重要方面，受到了普遍关注。1901年9月14日，光绪帝谕令全国各省书院一律改为大学堂，各府州县学改为中小学堂。

《时局图》

光绪皇帝

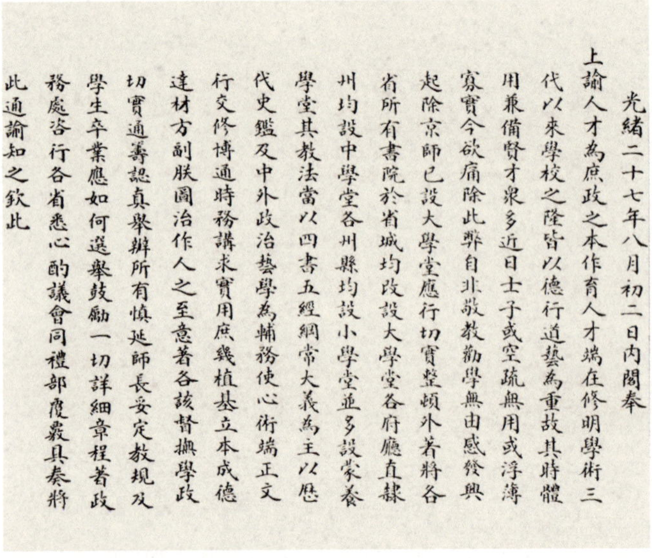

光緒二十七年八月初二日內閣奉
上諭人才為庶政之本作育人才端在修明學術三代以來學校之隆皆以德行道藝為重故其時體用兼備賢才衆多近日士子或空疏無用或浮薄寡實今欲痛除此弊自非敬教勸學無由感發興起除京師已設大學堂應行切實整頓外著將各省所有書院於省城均改設大學堂各府廳直隸州均設中學堂各州縣均設小學堂並多設蒙養學堂其教法當以四書五經綱常大義為主以歷代史鑑及中外政治藝學為輔務使心術端正文行交修博通時務講求實用庶幾植基立本成德達材方副朕圖治作人之至意著各該督撫學政切實通籌認真舉辦所有慎延師長妥定教規及學生卒業應如何選舉鼓勵一切詳細章程著政務處咨行各省悉心酌議會同禮部覆覈具奏將此通諭知之欽此

光绪皇帝谕令全国各省府州县设立学堂

袁世凯驻军登州（今蓬莱）任军头时，经常参观文会馆的实验室和教学设施，与校长狄考文和赫士私交甚深，并让文会馆培训清军军械所的技师。他感悟到了创办新式学堂对培养新式人才的重要意义。兴办学堂的上谕发布后，已升任山东巡抚的袁世凯审时度势，抢占各省之先机，决定迅即付诸行动。当时袁世凯正在河南老家休假，看到皇帝谕旨后，立即赶回济南。因熟悉山东办高等教育的情况，于是召集蓬莱知县李于锴、赫士等人起草拟定办学章程。光绪二十七年九月二十四日（1901 年 11 月 4 日），袁世凯将《山东省城试办大学堂暂行章程》及在省城设立大学堂的奏折，一同上奏光绪皇帝。12 天之后，就得到光绪皇帝的朱批御准：“知道了。政务处及各该衙门知道。单并发。”

袁世凯

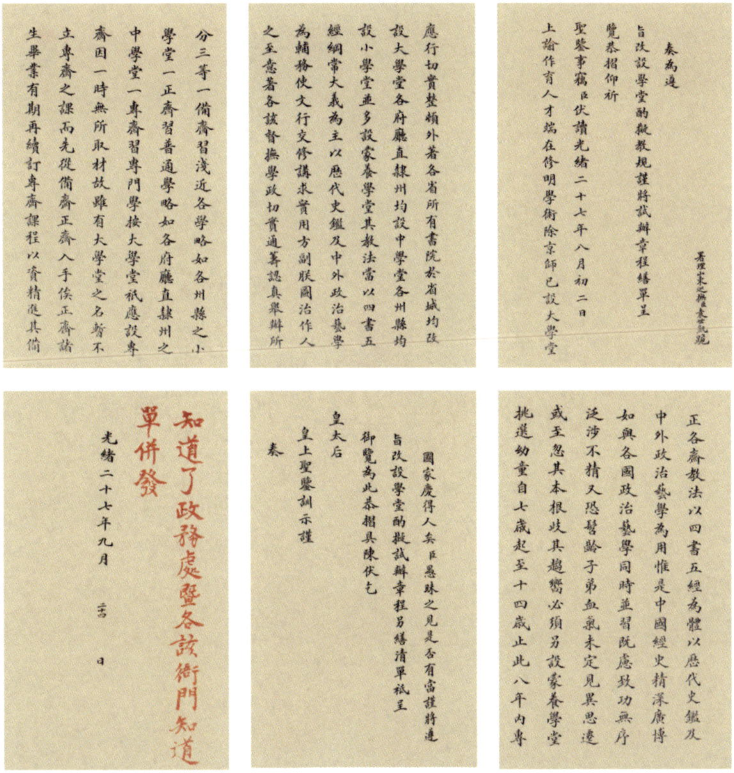

署理山東巡撫臣袁世凱跪
奏為遵
旨改設學堂酌擬教規謹將試辦章程繕單呈
覽恭摺仰祈
聖鑒事竊臣伏讀光緒二十七年八月初二日
上諭作育人才端在修明學術除京師已設大學堂
應行切實整頓外著各省所有書院於省城均改
設大學堂各府廳直隸州均設中學堂各州縣均
設小學堂並多設蒙養學堂其教法當以四書五
經綱常大義為主以歷代史鑑及中外政治藝學
為輔務使文行交修講求實用方副朕國治作人
之至意著各該督撫學政切實通籌認真舉辦所
分三等一備齋習淺近各學略如各州縣之小
學堂一正齋習普通學略如各府廳直隸州之
中學堂一專齋習專門學按大學堂祇應設專
齋因一時無所取材故雖有大學堂之名暫不
立專齋之課而先從備齋正齋入手俟正齋諸
生畢業有期再續訂專齋課程以資精進其備
正各齋教法以四書五經為體以歷代史鑑及
中外政治藝學為用惟是中國經史精深廣博
如與各國政治藝學同時並習既慮致功無序
泛涉不精又恐髫齡子弟血氣未定見異思遷
或至忽其本根歧其趨嚮必須另設蒙養學堂
挑選幼童自七歲起至十四歲止此八年內專
國家慶得人矣臣愚昧之見是否有當謹將遵
旨改設學堂酌擬試辦章程另繕清單祇呈
御覽為此恭摺具陳伏乞
皇太后
皇上聖鑒訓示謹
奏
知道了政務處暨各該衙門知道
單併發
光緒二十七年九月　廿四　日

试办山东大学堂奏折和光绪皇帝朱批

《山东省城试办大学堂暂行章程》共分 4 章 96 节，14000 多字，包括学堂办法、学堂条规、学堂课程、学堂经费，对大学堂的各项管理制度、课程安排、经费来源等作了十分详细的规定。作为中国第一部大学章程，它不仅为照章办学奠定了基础，也为当时的中国现代大学教育树立了典范。

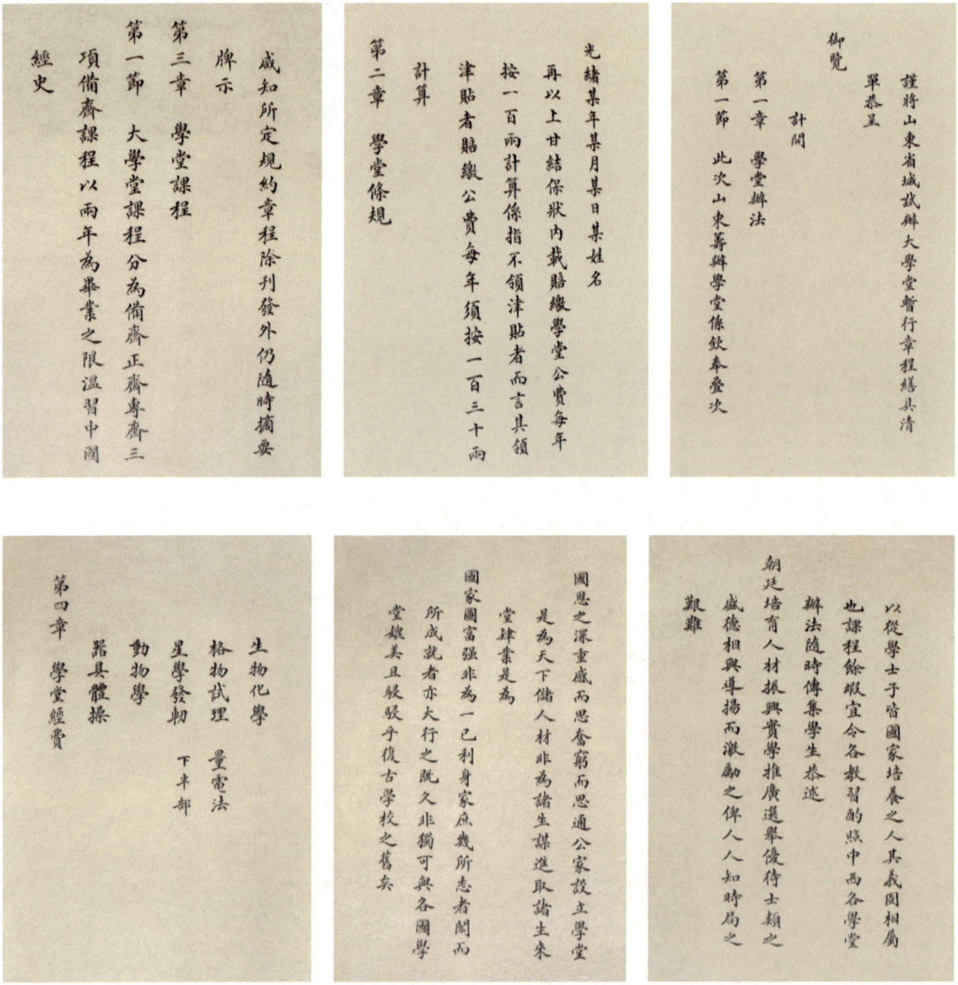
謹將山東省城試辦大學堂暫行章程繕具清
單恭呈
御覽
計開
第一章　學堂辦法
第一節　此次山東籌辦學堂係欽奉疊次

光緒某年某月某日某姓名
再以上甘結係狀內載賠繳學堂公費每年
按一百兩計算係指不領津貼者而言其領
津貼者賠繳公費每年須按一百三十兩
計算
第二章　學堂條規

咸知所定規約章程除刊發外仍隨時摘要
牌示
第三章　學堂課程
第一節　大學堂課程分為備齋正齋專齋三
項備齋課程以兩年為畢業之限溫習中國
經史

以從學士子皆國家培養之人其義固相屬
也課程餘暇宜令各教習酌照中西各學堂
辦法隨時傳集學生恭述
朝廷培育人材振興實學推廣選舉優待士類之
盛德相與導揚而激勵之俾人人知時局之
艱難

國恩之深重感而思奮窮而思通公家設立學堂
是為天下儲人材非為諸生謀進取諸生來
堂肄業是為
國家圖富強非為一己利身家庶幾所志者閎而
所成就者亦大行之既久非獨可與各國學
堂媲美且駸駸乎復古學校之舊矣

生物化學
格物試理　量電法
星學發軔　下卝部
動物學
器具體操
第四章　學堂經費

《山东省城试办大学堂暂行章程》书影

得到御批后，袁世凯调李于锴负责办学筹备工作，加快对泺源书院的改制，在此基础上正式创办了官立山东大学堂。光绪二十七年十月十五日（1901 年 11 月 25 日），山东大学堂开校。大学堂以“为天下储人材，为国家图富强”为办学宗旨，笃定“为国育贤”的抱负，先后由唐绍仪、周学熙任管理总办（校长），美国人赫士为总教习，聘请宋书升等 30 余人担任经学教习，沙庆、孔祥柯等担任科学教习，还聘请了 8 位外籍教习。中西教习共 50 余人，后增至 110 多人。山东大学堂是继京师大学堂后第一个在省城兴办的官立大学堂，也是中国第一所按章程办学的大学。

山东大学堂开校合影

唐绍仪（1862.1.2 ~ 1938.9.30），字少川，广东香山人，清末民初政治活动家、外交家，曾任北洋大学（现天津大学）、山东大学校长。1874 年官派留学美国，1881 年回国。曾任清政府驻朝鲜汉城领事、驻朝鲜总领事、中华民国首任内阁总理等职。1901 年官办山东大学堂成立，唐绍仪为首任校长（当时称管理总办）。1920 年后退居家乡。1938 年 9 月 30 日，被国民党特务暗杀。唐绍仪为中国主权、外交权益及推进民主共和作出了重要贡献。他前期大都从事重大外交活动，对晚清外交影响至大。后期转向共和阵营，促成中华民国的诞生，并出任总理，维护共和体制。卸任后，他积极反对帝制，支持孙中山的护法斗争，主张实行政党政治、合议制和联省自治，谋求和平统一中国。

周学熙(1866.1 ~ 1947.9)，字缉之，安徽至德人，中国近代著名实业家、政治家。1894年中举，曾任开平矿务局总办、山东候补道员，被后人誉为“北国工业巨子”。1900年入袁世凯幕下，主持北洋实业。1901年任山东大学堂总办。1903年赴日本考察工商业，回国后任直隶工艺总局督办。1905年出任天津道，1907年任长芦盐运使，办商品陈列所、植物园、天津铁工厂、高等工业学堂等。周学熙在山东大学堂推行“新知识与旧道德”相互结合的教育方法，这种做法，在当时国家动荡、风气日下的环境下，确实是有其积极作用的。

赫士

王锡恩

王振祥

仲伟仪

总教习赫士与西学教习合影

◎备斋、正斋课程表

■ 山东大学堂分备斋、正斋、专斋三等，学制为 2 至 4 年，首批招生 300 人。专斋学习专业性课程，创办之初因专斋学生生源一时无着落，只好等正斋学生毕业后再续办。山东大学堂所开课程比起科举八股文，有耳目一新之感，可谓引时代之潮流，具有一定的先进性和进步意义。课程多属人文社会科学，也包括代数、热学、声学、磁学、光学、化学、微积分、测量学、植物学、生物化学等，体现了“中学为体，西学为用”的方针，由此奠定了山东大学“文史见长”的历史基调。

■ 山东大学堂备斋、正斋课程表

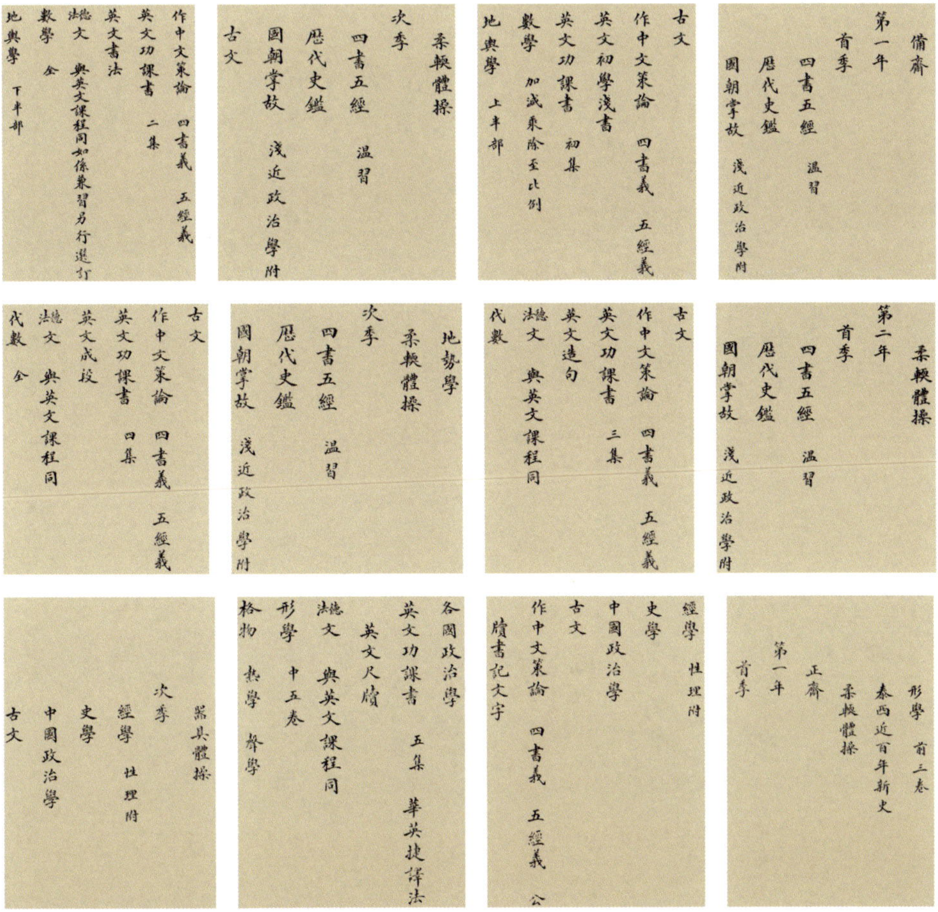

備齋
第一年
首季
四書五經 溫習
歷代史鑑
國朝掌故 淺近政治學附
古文
作中文策論 四書義 五經義
英文初學淺書
英文功課書 初集
數學 加減乘除至比例
地輿學 上半部
柔輭體操
次季
四書五經 溫習
歷代史鑑
國朝掌故 淺近政治學附
古文
作中文策論 四書義 五經義
英文功課書 二集
英文書法
法德文 與英文課程同如係兼習另行選訂
數學 全
地輿學 下半部

柔輭體操
第二年
首季
四書五經 溫習
歷代史鑑
國朝掌故 淺近政治學附
古文
作中文策論 四書義 五經義
英文功課書 三集
英文造句
法德文 與英文課程同
代數
地勢學
柔輭體操
次季
四書五經 溫習
歷代史鑑
國朝掌故 淺近政治學附
古文
作中文策論 四書義 五經義
英文功課書 四集
英文成段
法德文 與英文課程同
代數 全

形學 首三卷
泰西近百年新史
柔輭體操
正齋
第一年
首季
經學 性理附
史學
中國政治學
古文
作中文策論 四書義 五經義 公
牘書記文字
各國政治學
英文功課書 五集 華英捷譯法
英文尺牘
法德文 與英文課程同
形學 中五卷
格物 熱學 聲學
器具體操
次季
經學 性理附
史學
中國政治學
古文

作中文策論 四書義 五經義 公
牘書記文字
各國政治學
英文 史鈔證本 彙習應對接談法
英文尺牘
繙譯英文

法德文 與英文課程同
形學 全 圓錐曲線
格物 水學 力學 氣學
器具體操
第二年
首季

經學 性理附
史學
中國政治學
古文
作中文策論 四書義 五經義 公
牘書記文字

各國政治學
泰西古史 英文 彙習應對接談法
英文公牘
繙譯英文
法德文
八綫 句股 航海法

格物 光學 磁學
器具體操
次季
經學 性理附
史學
中國政治學

古文
作中文策論 四書義 五經義 公
牘書記文字
各國政治學
泰西近史 英文 英文公牘
繙譯英文 作英文論

法德文
格物 乾電 濕電
天文學 天文揭要上卷
器具體操
第三年
首季

經學 性理附
史學
中國政治學
古文
作中文策論 四書義 五經義 公
牘書記文字

各國政治學
富國策 英文
作英文論
法德文
代形合參
格物 磁電 熱電 光電

天文學 天文揭要下卷
化學 原質總論
測量學
器具體操
次季
經學 性理附

史學
中國政治學
古文
作中文策論 四書義 五經義 公
牘書記文字
各國政治學

公法學
理學 英文
地學 英文
作英文論
法德文
微積學

格物測算
測量學
泰西名人列傳
器具體操
第四年
首季

經學 性理附
史學
中國政治學
古文
作中文策論 四書義 五經義 公
牘書記文字

各國政治學
倫理學 英文
性學 英文上半部
文學推源 英文
英文講論
法德文

化學 分質法
星學發軔 上半部
全體學 全體功用及衛生要旨
植物學
器具體操
次季

經學 性理附
史學
中國政治學
古文
作中文策論 四書義 五經義 公
牘書記文字

各國政治學
富國政策 英文
性學 英文下半部
英文講論
法德文
代數根原

生物化學
格物試理 量電法
星學發軔 下半部
動物學
器具體操

◎仿照举办

山东大学堂是山东大学的前身，是中国现代高等教育的起源性大学，也是山东现代官办高等教育的开端。山东大学堂在如此短的时间内成功筹建，创下了中国教育史上的速成奇迹。袁世凯立即奏报，慈禧太后和光绪皇帝见奏大喜，颁谕全国各省：“立即仿照举办，毋许宕延！”上谕要求各省仿照山东大学堂成例办理，从而在各省掀起了一股兴办大学堂的热潮。山东大学堂的创办在当时引起了强烈反响，其办学章程为各省兴办大学堂提供了具体的、可操作的样板，催生了全国各地一批大学堂的出现，体现了其起源性、开放性、规范性、示范性的特征，为中国现代大学体制的形成和发展作出了原创性的贡献。由于文会馆在兴办山东大学堂过程中所起的作用，慈禧太后还嘉奖了赫士博士，并授命赫士协助制定全国的办学规划、政策以及各种规章制度。

光緒二十七年十月十五日內閣奉
上諭政務處奏請飭各省速辦學堂等語建學儲才實為當今急務前經諭令各直省設立學堂責成該督撫學政切實通籌舉辦惟通省學堂同時並舉財力或有不逮若必待各府廳州縣中小學堂籌定始行開辦轉至觀望遲延查袁世凱所奏山東學堂事宜及試辦章程擬先於省城建立學堂一區分齋督課先從備齋正齋入手俾初學易於造就漸有師資再行次第推廣其教規課程參酌中西而諄諄於明倫理循禮法尤得成德達材本末兼賅之道著政務處即將該署督原奏並單開章程通行各省立即仿照舉辦毋許宕延其如何選舉鼓勵之處著仍遵前旨由政務處會同禮部速行妥議具奏欽此

光绪皇帝谕令全国仿照山东大学堂章程试办大学堂

清末全国各省仿效山东创办大学堂奏折概览

闽浙总督	许应骙	“遵旨改设学堂”
四川总督	奎俊	“遵旨改设省城学堂”
河南巡抚	锡良	“遵旨改设学堂”
山西巡抚	岑春煊	“遵旨改设晋省大学堂”
陕西巡抚	升允	“遵旨开办大学堂”
湖南巡抚	俞廉三	“遵旨改设学堂”
浙江巡抚	任道镕	“遵旨改设学堂”
广西巡抚	丁振铎	“遵旨将广西书院改设学堂”
江苏学政吏部左侍郎	李殿林	“江苏南菁书院遵改学堂”

广西巡抚丁振铎的奏折上写道：恭读光绪二十七年十月十五日上谕建学储备实为当今急务……查袁世凯所奏山东学堂事宜及试办章程，先于省城……着政务处将该署督原奏并单开章程，通行各省仿照举办等……嗣准政务处会同礼部核定山东学堂章程奏奉……

徐镜心（1874 ~ 1914.4.14），名文衡，字子鉴，山东黄县人。1903 年由山东大学堂选派赴日本早稻田大学留学，1905 年加入中国同盟会，被任命为中国同盟会北方支部支部长兼山东分会会长，负责领导鲁、晋、冀、豫、绥和东三省的革命活动，是辛亥革命时期中国同盟会北方领袖和舵手。1913 年 8 月在天津组建“中国同盟会北方革命行动委员会”，任理事长。因反对袁世凯称帝被捕入狱。1914 年 4 月 14 日，在北京英勇就义。1936 年被南京国民政府追授为陆军上将并进行国葬。徐镜心文韬武略，是孙中山先生的亲密战友。他为推翻清朝，结束统治中国两千多年的封建制度，创建中华民国，立下了不朽功勋，被誉为“革命巨子”。

高亦吾（1881 ~ 1941.2.5），字盘之，山东章丘人。自幼聪敏好学，刻苦求进，步入青年后更加勤奋攻读，不稍后人。1907 年考入山东高等学堂（山东大学的前身）。学习期间，因领导省城学生反帝救国斗争被迫逃亡东北。1910 年在沈阳东关模范学校任教，是周恩来读小学时的恩师，并对其走上革命道路影响甚大。曾组织“乐群学会”和“玫瑰花诗社”，发动了轰动省城的反清反帝斗争。抗日战争期间，周恩来在延安接见外宾时，有个外国记者向他提出这样的问题：“周恩来将军，以你的家世和出身，你是如何走上无产阶级道路的？”周恩来缅怀往事，满怀深情地回答：“少年时代，在沈阳读书时，得到山东高亦吾先生的教诲和鼓励，这对我是个很大的促进。”周总理的回答，应当是对高亦吾先生革命功绩的定论。

◎山东高等学堂

1903年7月，清政府命张百熙、荣庆、张之洞以日本学制为蓝本拟订学堂章程，并于1904年1月公布，即《奏定学堂章程》，又称“癸卯学制”。这是中国近代第一个在全国范围内推行的学制，标志着中国近代教育制度开始确立。根据此学制，山东只能设高等学堂。1904年冬季，山东大学堂由泺源书院的旧址迁入济南杆石桥新址，改称“山东高等学堂”。陈恩焘任监督（校长），继任监督有萧应椿、陈庆龢、周学渊、魏业锐、陈恩畲、李豫同、李联璧、范之杰。学生分为正科一、二、三类，学制三年。泺源书院的旧址改建为山东全省师范学堂。1906年，学堂将原来的正斋、备斋改称预科。1910年，学堂增设附属中学。

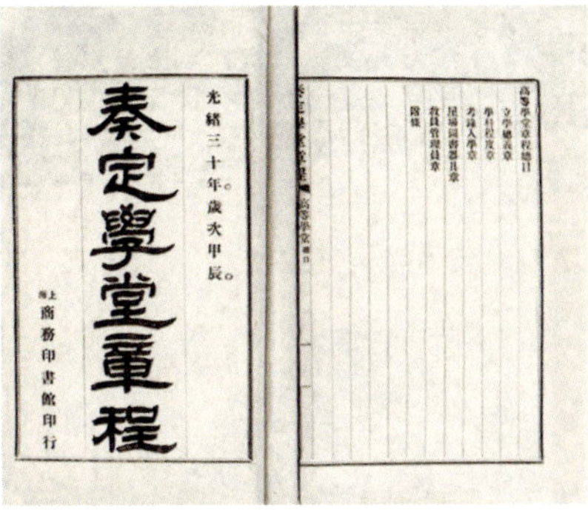

《奏定学堂章程》书影

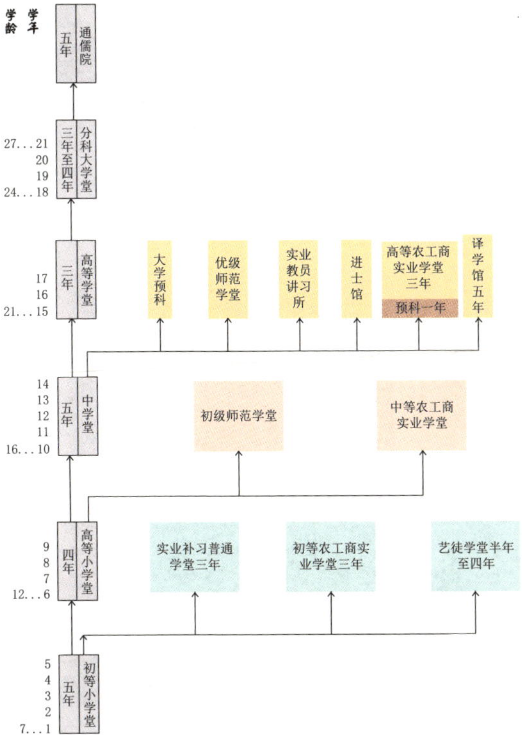

癸卯学制

山东高等学堂主楼

陈恩焘

王振祥等教师合影

德籍教师娄鹤德

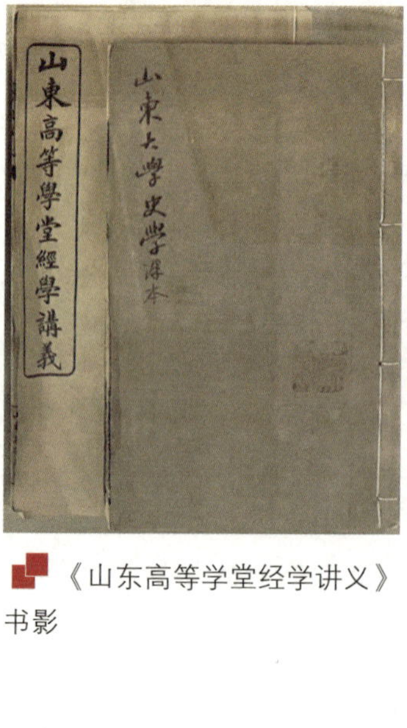

《山东高等学堂经学讲义》书影

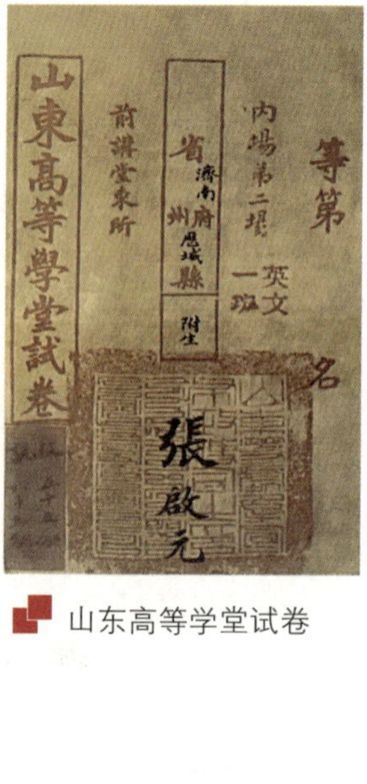

山东高等学堂试卷

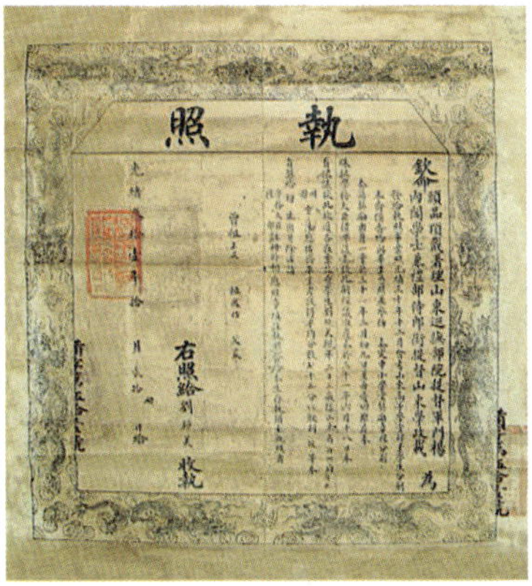

1905 年山东高等学堂毕业执照

1907 年山东高等学堂正科毕业师生合影

王乐平（1884 ~ 1930.2.18），山东诸城人，出生于小地主家庭。自幼读书，1902 年中秀才。1906 年考入山东高等学堂，1907 年加入中国同盟会，后被学校以“革命嫌疑”开除学籍。1909 年考入山东法政学堂。辛亥革命后，与丁惟汾等组织山东各界联合会。1912 年在山东各地组织起义，任革命军司令。1913 年参加二次革命，1916 年初参加讨袁斗争。1918 年当选为山东省议会秘书长，是五四运动的积极参加者。1924 年 1 月，与王尽美出席国民党一大，会后回山东负责建立国民党山东临时党部。8 月参与成立山东反帝大同盟，12 月被孙中山委任为国民会议宣传特派员。1926 年 1 月，在国民党二大上被选为候补中央委员。曾任山东省议会秘书长、齐鲁通讯社社长、国民党山东省党部主任、国民党“改组派”负责人等。1930 年 2 月 18 日，因策动反蒋惨遭杀害。

◎兴办新式学堂

1905 年 9 月 2 日，科举制度废除，全国各地纷纷兴起办新式学堂的潮流。在山东除了高等学堂之外，还创办了师范学堂、法政学堂、农林学堂等，这四大学堂的师生成为辛亥革命时期全省的一股重要革命力量。

师范学堂

为了培养师资以适应新式教育， 1902 年 10 月，山东巡抚周馥在山东大学堂增设师范馆，招收了第一批师范生，馆务由候补道方燕年主持，山东省现代师范教育由此开始。1903 年 9 月，又将师范馆从山东大学堂分出，继办山东全省师范学堂。1906 年又办优级预科，1910 年易名为“山东优级师范学堂”。

1905 年山东师范学堂第一届毕业生合影

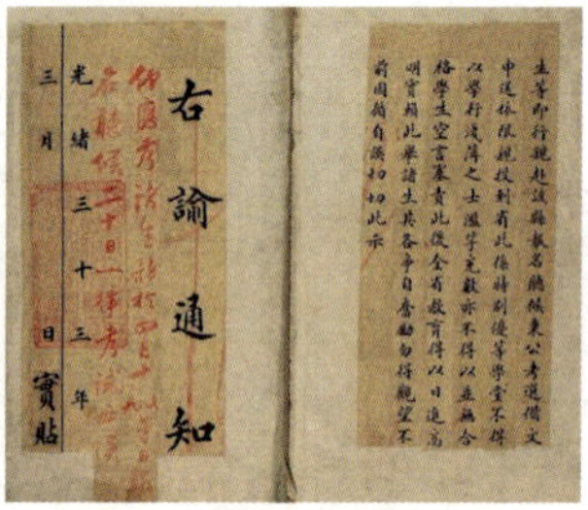
右諭通知

光緒三十三年三月 日

實貼

山东全省师范学堂招生

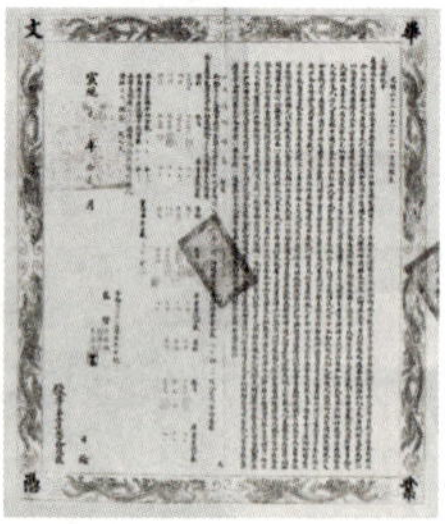

省立第一师范学校校长王祝晨的优级师范学堂毕业证书

丁佛言（1878 ~ 1931.1.19），原名世峄，初字桐生、息斋、芙缘，号迈钝，别号黄人、松游庵主、还仓室主，山东黄县人，近代著名书法家、古文字学家、社会活动家。曾任北京临时参议院议员、国会参议院议员、北平故宫博物院“古物审查委员会”委员。1904 年就读于济南全省师范学堂。1905 年到日本学习法律。1907 年 5 月回国，执教于山东法政学堂。武昌起义后，参与山东独立活动。1916 年，袁世凯死后，国会恢复，他再次出任议员一职。同年 8 月 1 日，任黎元洪大总统府秘书长，1917 年 2 月 25 日辞职。1917 年 7 月，国会解散，张勋复辟。他赴上海拜访孙中山后，去南方游说，力促恢复国会，继续制宪。1922 年旧国会恢复，他再次赴会，参与制宪，写出《说明对于省权限提案之理由书》。1923 年拒绝曹锟贿选，隐退归里。

法政学堂

1906年，山东巡抚杨士骧与提学使连甲筹议设立山东法政学堂，方燕年为第一任监督，后任监督有雷光宇、孙松龄。所开课程有宪法、行政法、刑法、民法、民诉、刑诉、商法、国际公法、财政学、警察学等。之后又设立了山东法律学堂，山东提法使胡建枢任监督，后任监督为龚积炳，时称第一法政学堂和第二法政学堂。

丁惟汾(1874 ~ 1954.5.12)，字鼎丞，山东日照人，中国同盟会创始人之一，著名社会活动家。1903年，丁惟汾入保定师范学堂。次年，以官费赴日本留学，进日本明治大学学习法律专业。1905年，参加同盟会的成立大会，并宣誓入盟。会上丁惟汾和徐镜心被推为山东主盟人，同时指定丁惟汾负责对国内山东省革命同志的通信联络。随后，丁惟汾和蒋衍升创办了《晨钟》报，大力宣传同盟会和革命主张。1907年春回国，任山东法政学堂校长。1912年任国民党山东党务主任、省议会议员，山东法政专门学校校长。1924年在国民党"一大"上当选为中央执行委员，被任命为北京办事处主任，1954年5月12日在台北去世。丁惟汾幼年时秉承家训，深研古韵。中年以后，与章太炎等往复商讨，析合古韵部类，多有收获。善于钻研毛诗、方言、尔雅，出版了《诂雅堂丛集》六种以及《毛诗解故》《毛诗韵聿》《尔雅释名》《尔雅古音表》《方言译》等著作。

农林学堂

1906年，山东巡抚杨士骧、继任巡抚吴廷斌将济南东关全福庄七里堡农桑试验场改建为山东高等农林学堂，并将千佛山、马鞍山北麓5000余亩土地作为实验林场。翰林出身的马荫堂以省学务公所议长身份任监督，继任者为王景禧。办学之初，学堂设中等农、林、蚕三个正科，招生120人，学生于1909年毕业后升入高等农科。

王景禧(1867 ~ 1932)，字燕泉，号石荪，著名教育家、金石学家。他受家庭熏陶，自幼好学，先入沂州府学为生员，后举乡试。1890年中进士，授翰林院编修兼国史馆协修、顺天乡试同考官。他生活在清末内忧外患极为严重的时代，思想上倾向于变法维新、君主立宪的改良派，与康有为有较深的交往。戊戌变法失败后，不被重用，出京任济宁南池书院山长，又被派往日本考察教育，护送留学生。此后他便致力于教育事业，曾任齐鲁大学教授，创办了山东优级师范专科学堂、山东高等农业学堂等。曾任山东公立农业专门学校校长、山东省咨议局副议长、北京政府国务院秘书长等职。王景禧在金石、书法、文学等方面有很高造诣，著作有《金石释文》《知吾所好斋金石文史考》《莛园诗存》等。其长诗《宫井词》曾经风靡京津，有人认为可以和白居易的《长恨歌》媲美。

◎青岛特别高等专门学堂

1909 年，经中方代表学部尚书张之洞和德方代表谈判，两国合办了青岛特别高等专门学堂（俗称“德华高等学堂”），第一任监督为德国地质学家、海军部官员坎贝尔，总稽察为学部员外郎蒋楷。这是青岛最早的高等学府。1912 年，孙中山访问青岛，应邀到学堂演讲。1914 年第一次世界大战爆发后，日军占领青岛，该校解散。部分学生转入德国人在上海创办的同济医工学校（今同济大学前身），并为此增设了土木科。著名金石学家王献唐、美学家宗白华曾在青岛特别高等专门学堂就读。

张之洞

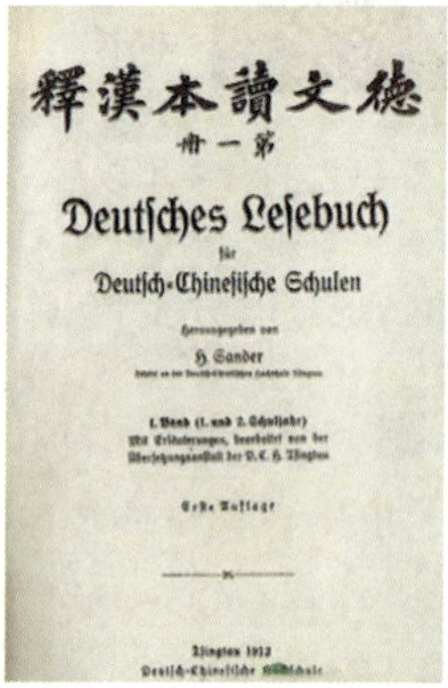

学堂课本书影

青岛特别高等专门学堂

青岛特别高等专门学堂的学生在上课

校长坎贝尔与职员合影

1912年9月30日下午3点，孙中山与陪同人员老同盟会员徐镜心、刘冠三等到青岛特别高等专门学堂发表演说。他鼓励同学们“必须勤奋、热情和自我克制地致力于自己的学习，以便将来在结束自己的学业后走入生活以其知识造福于人民。就是说为了人民建设中国的幸福，在公众生活中的方方面面，通过发明、有组织的劳动等，为中国人民的福祉而贡献自己。中国的发展、进步和未来依借于此。”他勉励同学们树立目标，把祖国建设得像青岛一样完美。

孙中山

孙中山先生演讲后与同学们合影留念

王献唐 (1896 ~ 1960)，初名家驹，号凤生（凤笙），山东日照人，著名学者、考古学家、图书馆学家、版本目录学家。王献唐早年毕业于青岛特别高等专门学堂土木工程系，为后来的国学研究打下坚实地基。1918 年任济南《商务日报》和《山东日报》编辑，1919 年长居青岛。1925 年开启目录学研究，1929 年任山东省图书馆馆长，1930 年领导并参与城子崖龙山文化遗址的发掘工作。曾兼任齐鲁大学、山东大学教授。中华人民共和国成立后，虽担任重要职务，但仍笔耕不辍。他的主要著作有《山东古国考》《中国古代货币通考》《泉币图释》《读诗文日记》等。王献唐一生淡泊名利，他曾将自己所珍藏的古物及 5 万册古籍捐献给国家，大大支持了国家博物馆的建设，令人交口称赞。

宗白华（1897.12.22 ~ 1986.12.20），原名之櫆，字白华、伯华，江苏常熟人，著名哲学家、美学家、诗人。17 岁到青岛特别高等专门学堂预科修读，1918 年毕业于同济大学语言科。他积极投身于新文化运动，1919 年在上海主编《时事新报》文艺副刊《学灯》，发现和扶植了郭沫若等文坛新秀。1920 年赴德留学，先后在法兰克福大学和柏林大学学习哲学、美学。1925 年回国，任东南大学、中央大学（1949 年更名为“南京大学”）哲学系教授，与北京大学的邓以蛰并称“南宗北邓”。1952 年随院系调整到北京大学哲学系任教授。曾兼任中华全国美学学会顾问。毕生致力于美学的教学与研究，是中国现代美学研究的先行者和开拓者之一，被誉为“融贯中西艺术理论的一代美学大师”。著有《宗白华全集》及美学论文集《美学散步》《艺境》等；译著有《判断力批判》（康德著）等。

◎山东高等学校

1912年1月1日，中华民国临时政府成立，孙中山就任临时大总统。临时政府设置了教育部，蔡元培任教育总长，开始改革旧教育制度，制定新学制，建立新的学校体系。1912年9月公布“壬子学制”，到1913年又陆续颁布多个法令规程，合称“壬子癸丑学制”，包括《小学校令》《中学校令》《专门学校令》《大学令》《师范教育令》《实业学校令》，对各级各类学校的目的任务、课程设置、入学条件、校园设施等都作了具体规定，是我国教育史上第一个资本主义性质的学制。

蔡元培

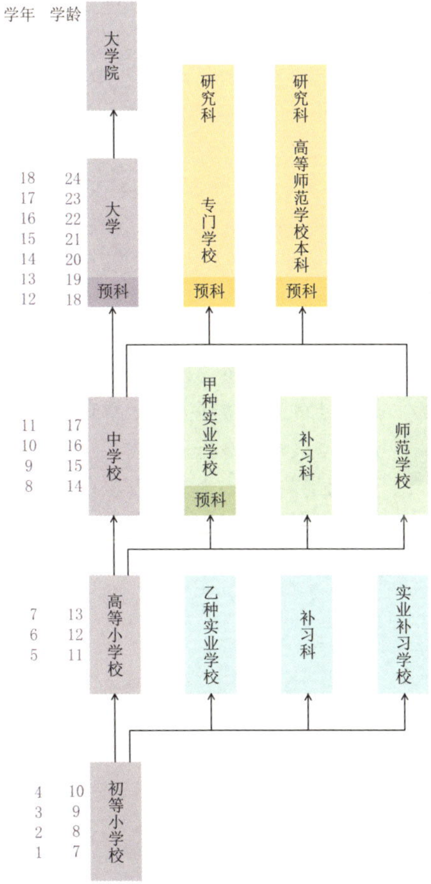

壬子癸丑学制

依照这个新学制，将学堂改为学校，山东高等学堂改称“山东高等学校”，把高等学堂正科改为大学预科。新学制还规定：全国设立大学区，各区中心城市设大学，各省设专门学校。因为山东隶属中心城市北平，山东高等学校依章应予撤裁，因等预科两班学生结业，才延至1914年停办。范之杰、黄国恩、丁维橡、孔祥柯先后任校长。学校停办后，学校的师生分别转入山东公立法政、工业、农业、商业、矿业、医学六所专门学校。杆石桥的校舍为法政专门学校所使用。

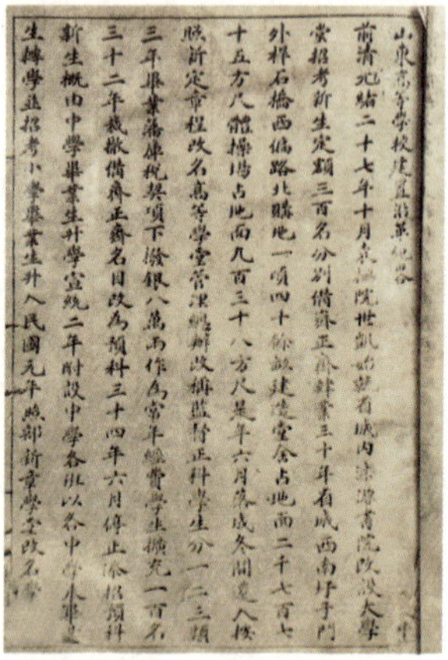
山東高等學校沿革紀略

前清光緒二十七年十月東撫袁世凱奏請以城內濼源書院改設大學堂招考新生定額三百名分別備齋正齋肄業三十年在城西南圩子門外杆石橋西偏路北購地一頃四十餘畝建造堂舍占地面二十七畝七十五方尺體操場占地面九百三十八方尺是年六月落成冬間遷入按照新定章程改名高等學堂嗣將備齋改歸監督正科學生分一二三類三年畢業籌庫撥款項下撥銀八萬兩作為常年經費學生擴充一百名三十二年裁撤備齋正齋名目改為預科三十四年六月停止添招預科新生概由中學畢業生升學宣統二年附設中學各班以各中學小學畢業生轉學並招考小學畢業生升入民國元年照部新章學堂改名學

山东高等学校沿革说明

孔祥柯(1888.7.31 ~ 1921.1.19)，字则君，山东曲阜人，著名教育家、政治家、社会活动家。1906年考入京师译学馆，1911年顺利毕业。1912年任山东高等学校教务长。1913年当选山东省议会副议长，兼任山东高等学堂校长。1915年任山东法政专门学校校长。1918年组织各省议会联盟，猛烈抨击军阀统治，尽显爱国爱民之情。1919年作为山东民意代表参加“巴黎和会”，敦促山东问题的解决，表达坚定的爱国立场。“巴黎和会”结束后，他远赴欧美地区进行考察访问，发表爱国演说，受到世界各国人士的热烈欢迎。回国后，孔祥柯担任国家经济调查局参议，为国家发展贡献力量。由于长期高负荷的工作导致身体健康每况愈下，1921年在北京与世长辞。孔祥柯厚重的家国情怀为后人所敬仰。

山东大学堂办学14年间，共培养770余名各类人才，选送了59名留学生，其中到欧美留学的有11人，到日本留学的有48人。山东大学堂是中国最早按章程办学的大学，是中国近代高等教育的起源性大学，对全国各省兴办大学堂起了重要的示范、推动作用。

第二篇　繁衍与重组

在山东大学发展史上，分分合合几乎成了一种常态。这既是中国近现代社会剧烈变化的反映，也是一个地区乃至全国教育布局使然，是一所大学在成长过程中需要经历的一些阶段。在第一次分合过程中，山东高等学校将其办学经验和人才优势融入法政、工业、农业、商业、矿业、医学六个专门学校中，而这六个专门学校经过十几年的发展，极大地扩展了各领域的专业力量。

一俟时机成熟，六个专门学校又组合成省立山东大学，规模更加宏大，共有文、法、工、农、医五院十三系，学生上千人，教师几百人。那六所专门学校起了承前启后的作用。当然，省立山东大学也没有存在多长时间，但她却为山东大学的下一个阶段的发展打下了坚实基础。

比省立山东大学还要早两年成立的私立青岛大学，因天时地利人和而来，又因失去天时与人和而去，却给未来的山大留下了一方热土，在这里山大将迎来自己历史上的第一个辉煌时代。六个专门学校、省立山东大学和私立青岛大学在山东大学历史上留下了浓墨重彩的一笔。

◎专门学校

■ 依据教育部颁布的《专门学校令》，各省一般仅设专门学校，于是裁撤山东高等学校，并逐步设置了山东公立工业专门学校、山东公立法政专门学校、山东公立商业专门学校、山东公立农业专门学校、山东公立医学专门学校、山东公立矿业专门学校。

◎山东公立工业专门学校

■ 山东公立工业专门学校成立于 1912 年，由济南中等工业学堂和青州府高密中等工业学堂合并而成，次年山东第一中学并入。校长为许衍灼，原山东大学堂教习钮凤仪、王振祥、连之锋等任课程教员。1915 年设立专科部和预科部。专科部设机织、染色、应用化学、研究四科。预科部设金工、染织两科。专科学制三年，预科学制一年，经考核合格升入专科。到 1926 年夏并入省立山东大学，该校先后共毕业 239 人。

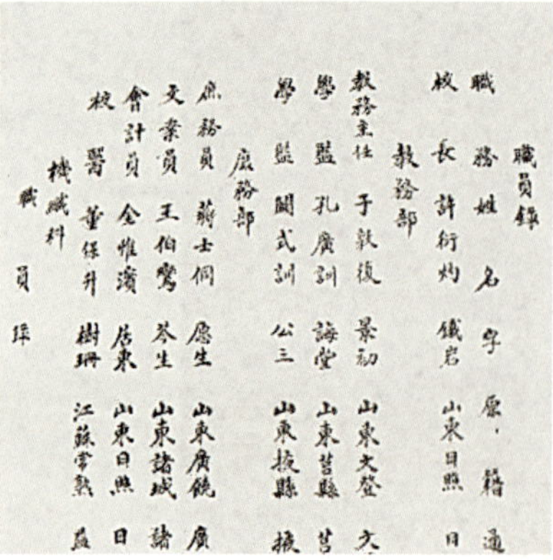

職員錄
職務 姓名 字 原籍
校長 許衍灼 鐵岩 山東日照
教務部
教務主任 于敦復 景韶 山東文登
學監 孔廣訓 誨堂 山東莒縣
學監 閻式訓 公三 山東掖縣
庶務部
庶務員 蔣士侗 應生 山東廣饒
文案員 王伯鷟 芩生 山東諸城
會計員 仝惟濟 居東 山東日照
校醫 董保升 樹珊 江蘇常熟
機織科
職員

《山东公立工业专门学校一览》（1921 年）

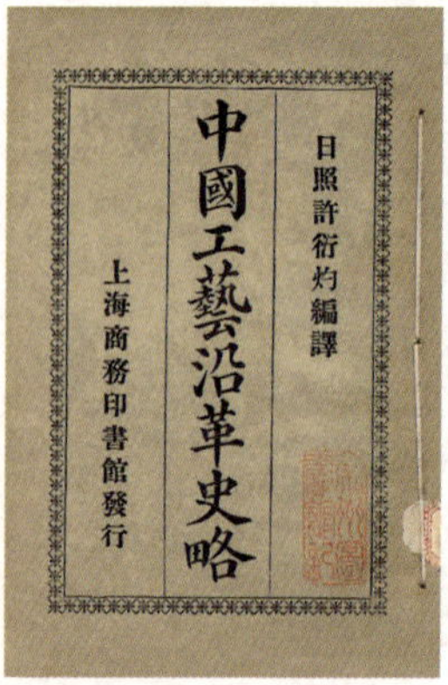

中國工藝沿革史略
日照許衍灼編譯
上海商務印書館發行

《中国工艺沿革史略》封面

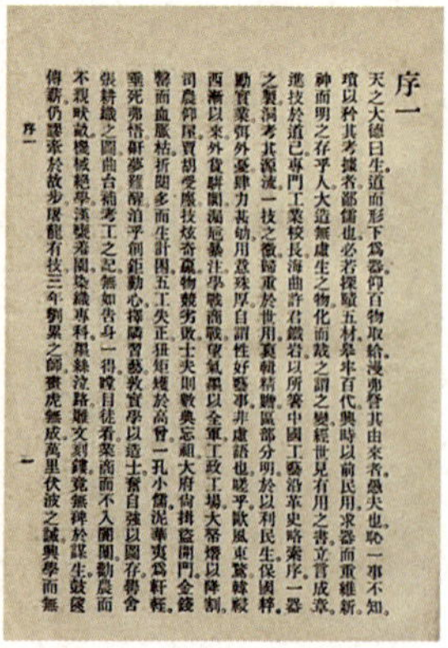

序一

陈名豫为许衍灼《中国工艺沿革史略》撰写的序言

山东公立法政专门学校

1912年，根据新学制规定，山东法政学堂、山东法律学堂分别更名为山东第一法政学校、山东第二法政学校。1913年，按照《专门学校令》，两个法政学校合并，定名为山东公立法政专门学校，学校最初位于第一法政学堂的皇华馆内，后迁到停办的山东高等学校杆石桥校舍上课。丁惟汾、孙毓坦等先后任校长，山东高等学堂的教习赵策安、张春海、王泽同、李国钧等转入该校任课程教师。学校设预科、本科和研究科，15年间共毕业2000余学生，其中政治经济本科毕业13个班，法律本科毕业13个班，为山东的地方行政与司法培养了一大批人才。

《山东法政专门学校校则》书影

张自忠（1891.8.11 ~ 1940.5.16），字荩臣，后改为荩忱，山东临清人，著名抗日将领、民族英雄。1911年考入天津法政学堂，并秘密加入中国同盟会。1912年转入山东法政专门学校。1914年投笔从戎，历任排长、连长、营长、团长、旅长、师长、军长、集团军总司令、兵团总指挥。他不怕困难，敢于吃苦，即使大雪纷飞，天寒地冻，也要脱掉棉衣，坚持练兵，因此绰号“张扒皮”。全面抗日战争爆发后，坚决抗战，在1938年的临沂战役中与日军浴血奋战七昼夜，击溃号称“铁军”的板垣师团，从而保障了台儿庄战役的胜利。在1939年5月的随枣会战，歼灭日军辎重部队，迫使日军改变作战计划。1940年5月，枣宜会战爆发，他抱有为国必死之心，奋勇杀敌，最后战死沙场，年仅49岁。英雄离世，举国哀悼。牺牲后被追授为陆军二级上将军衔，是第二次世界大战中同盟国牺牲的最高将领。

山东公立商业专门学校

1912 年，叶春墀准请临时省议会在济南南关创办了高等商业学校并任校长，后改名为山东公立商业专门学校。当年招收学生 245 人，编入高等科学习的有 48 人，中等科的有 117 人，选科的有 80 人。叶春墀、丁惟椽、朱正钧等先后任校长，山东高等学堂教习沙庆、孔祥柯、朱正钧、林承宣、李学惠等任该校的课程教员。依据教育部令，学校将高等科改为专门部预科，中等科改为甲种商业讲习本科和选科。为适应发展需要，设专修科、讲习班和研究部。专门部预科学制一年，本科和甲种商科学制三年。办校期间共毕业商科专业 12 个班，计 508 人，甲种讲习班 268 人，其他专修科 240 人，为山东商业的发展培养了一批人才。

叶春墀 (1887 ~ 1978)，字玉阶，山东日照人，留学日本长崎高等商业学校，曾任济南商务总会坐办。1912 年创办了高等商业学校，1918 年创办私立乙种商业学校，后改为私立甲种商业学校，私立惠商职业学校。毕业生遍布济南、青岛等地工商界、金融界。还开设会计师事务所，担任瑞蚨祥、谦祥益、玉春、明华、大陆等商号和银行的法律顾问和会计顾问。

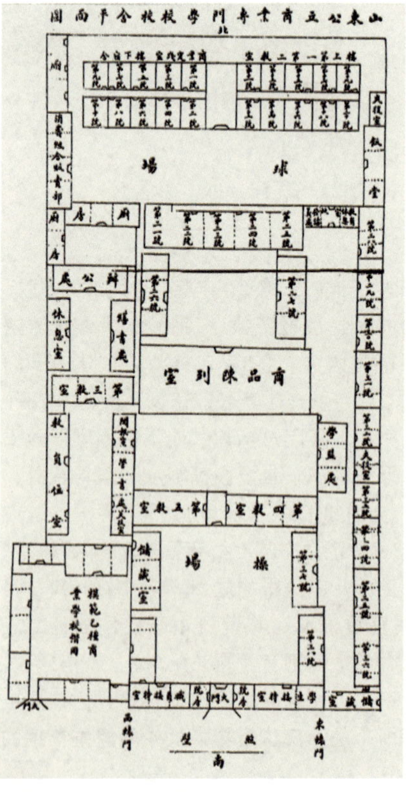

山东公立商业专门学校校舍图

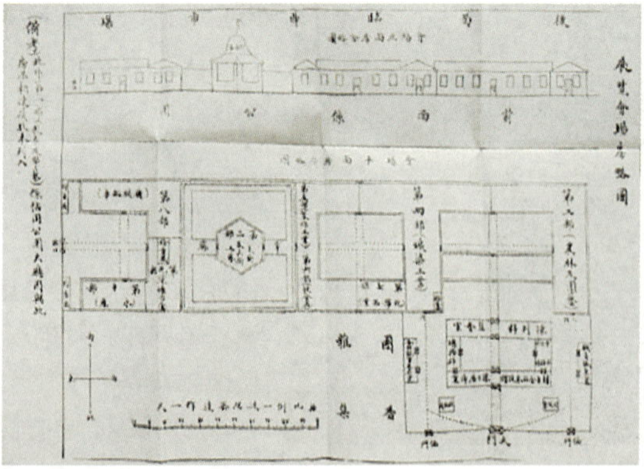

叶春墀著《济南指南》所附《1914 年山东第一届物品展览会简图》

1913 年 6 月，山东高等农业学堂改为山东公立农业专门学校，历任校长为张岩南、周秉琨、巩秉秋、郭葆琳。学校分预科和本科两级，预科学制一年，本科学制三年。1926 年夏，并入省立山东大学。该校共毕业农学本科 8 个班、林学本科 5 个班、蚕学本科 5 个班、制丝本科 1 个班，约 400 余人，培养中等农业技术人员 200 余人。

山东公立农业专门学校教学楼

山东公立农业专门学校教室

郑辟疆(1880.11.21 ~ 1969.11.29)，别名紫卿，著名蚕桑专家、蚕丝教育家、我国现代蚕丝业奠基人之一。曾在山东公立农业专门学校任教，编纂了《桑树栽培》《蚕体生理》《养蚕法》《蚕体解剖》《蚕体病理》《制丝学》《蚕丝概论》和《土壤肥料论》等教科书。

郭葆琳

山东公立农业专门学校《校友会杂志》

山东公立农业专门学校毕业合影

山东公立农业专门学校十五周年纪念运动会合影

山东公立医学专门学校

1915 年，山东医学讲习所成立，招收 40 名学生。次年，讲习所改称“山东省立医学学校”，校址在济南北园白鹤庄，并租赁附近民房设立教学医院。1920 年，改名为“山东公立医学专门学校”，马冀良任校长，设本科，学制四年。1926 年夏，并入省立山东大学。共毕业本科 8 个班，约 200 人。

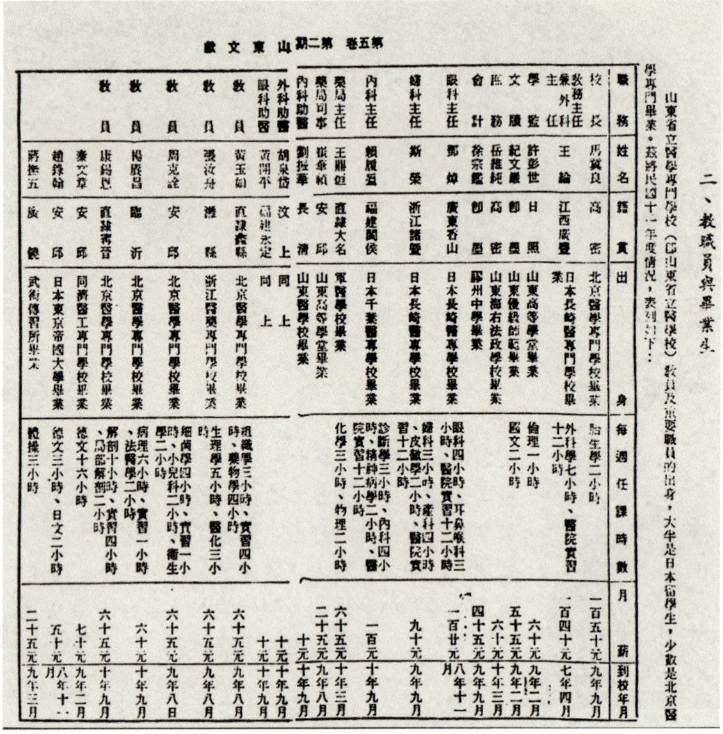

山東文獻 第五卷第二期

二、教職員與畢業生

山東省立醫學專門學校（即山東省立醫學校）教員及重要職員的出身，大半是日本留學生，少數是北京醫學專門畢業。茲將民國十一年度情況，表列如下：

職務	姓名	籍貫	出身	每週任課時數	月薪	到校年月
校長	馬冀良	高密	北京醫學專門學校畢業	胎生學二小時	一百五十元	九年九月
教務主任兼外科主任	王綸	江西廣豐	日本長崎醫專門學校畢業	外科學七小時、醫院實習十二小時	一百四十元	七年四月
學監	許彭世	日照	山東高等學堂畢業	倫理一小時	六十元	九年二月
文牘	紀文嚴	即墨	山東優級師範畢業	國文二小時	五十五元	九年二月
庶務	岳推純	高密	山東海右法政學校畢業		六十元	十年三月
會計	徐宗鑑	即墨	膠州中學畢業		四十五元	九年九月
眼科主任	鄭焯	廣東香山	日本長崎醫專學校畢業	眼科四小時、耳鼻喉科三小時、醫院實習十二小時	一百廿元	八年十一月
婦科主任	斯棨	浙江諸暨	日本長崎醫專學校畢業	婦科三小時、產科四小時、皮膚學二小時、醫院實習十二小時	九十元	九年九月
內科主任	賴履盈	福建閩侯	日本千葉醫專學校畢業	診斷學三小時、內科四小時、精神病學二小時、醫院實習十二小時	一百元	十年九月
藥局主任	王鼎恒	直隸大名	軍醫學校畢業	化學三小時、物理二小時	六十五元	十年三月
藥局司事	張乘禎	安邱	山東高等學堂畢業		二十五元	九年八月
內科助醫	劉振華	長清	山東醫學校畢業		十元	十年九月
外科助醫	胡泉岱	汶上	同上		十元	十年九月
眼科助醫	黃開平	福建永定	同上		十元	十年九月
教員	黃玉如	直隸蠡縣	北京醫學專門學校畢業	組織學三小時、藥物學四小時、實習四小時	六十五元	九年八月
教員	張汝舟	濰縣	浙江醫藥專門學校畢業	生理學五小時、醫化三小時	六十五元	九年八月
教員	周克詮	安邱	北京醫學專門學校畢業	細菌學四小時、小兒科二小時、實習一小時、衛生學二小時	六十五元	九年八日
教員	楊慶昌	臨沂	北京醫學專門學校畢業	病理六小時、法醫學二小時、實習一小時	六十元	十年九月
教員	康錫恩	直隸寄晉	北京醫學專門學校畢業	解剖十小時、局部解剖二小時、實習四小時	六十五元	十年九月
	秦文章	安邱	同濟醫工專門學校畢業	德文十六小時	七十元	九年二月
	趙錄翰	安邱	日本東京帝國大學畢業	德文三小時、日文二小時	五十元	八年十一月
	蔣撫五	歷城	武術傳習所畢業	體操三小時	二十五元	九年三月

山东公立医学专门学校教职员名录

山东医学讲习所

为了适应山东矿业发展的需要，1920 年 3 月，山东矿业实习所扩充为山东公立矿业专门学校。校址设在济南东关山水沟街，校长为王镇。该校设本科、预科、预科补习班与讲习班。1926 年夏，并入省立山东大学。毕业本科 6 个班，学生 82 人，远不及其他五所专门学校。

第五卷第四期 山東文獻

文牘	劉學灝	前清附生山東全省自治研究所畢業	文件撰擬管保	九年八月	三十元	
庶務	陳惠元	山東警察學校畢業	修繕保管	九年八月	二十元	
會計	于文禎	曾任菸酒公賣局書記	款項收支	九年八月	二十元	
教務主任	林濟青	美國理法大學礦科碩士、北京滙文大學學士	除教務外任採礦冶金、礦牀、地質十六小時	九年九月	一百四十元	兼教員
學監	劉長蓉	山東優級師範畢業北京大學法科學士	監察學生勤惰等	九年八月	四十元	
舍監	劉曉堯	山東法政專門畢業	監察宿舍食堂	九年八月	三十元	
司事	邢鼎銘	武昌法政研究所畢業	襄辦主管職員	七年十一月	一十元	
技手	姚承煜	山東高等學堂正科畢業	保管儀器標本	九年九月	二十元	
助手	劉金墀	山東單級師範講習所畢業	協助教員設備等	九年十一月	一十元	
校醫	王福澤	英浸會醫學校畢業	與日定時診視疾病	九年七月	一十元	兼任
教員	李方琮	英國李衣大學化學專科學士製革專科碩士	化學十四小時	九年九月	一百一十元	
教員	孫丙炎	美國普渡大學畢業	機械學、力學代數、圖畫、十三小時	九年九月	一百元	省立一中校長兼任
教員	唐恩良	美國普渡大學工科畢業	水力學、英文、八小時	七年十月	七十元	
教員	俞誠鎬	北京大學採冶門畢業	測量吹管分析礦物、地質、十六小時	九年九月	七十五元	
教員	張興華	北京大學礦科工學士	圖畫兼測量助教九小時	八年十月	七十元	
教員	王如曾	山東高等學堂畢業	代數、幾何、三角、十五小時	七年十月	一百元	
教員	吳陛	北京高等師範英語部畢業	英文十一小時	年九月	六十五元	
教員	吳訥	全國水利局河海工程專門學校畢業	測量物理七小時	九年九月	五十元	
教員	孫遵澤	北京大學文科畢業	國文五小時	九年九月	三十五元	
教員	孫維藩	北京大學法科政治門畢業	修身工業經濟四小時	九年九月	三十元	
教員	劉鎮芷	山東第六中學畢業	體操四小時	九年四月	二十五元	

山东公立矿业专门学校教职员名录

据《山东矿业实习所第一期一览》中的《本所创立记》一文记载：“民国六年二月，山东省长公署编制实业行政计划，由督军兼省长子志张公提交省议会。是年五月，经议会决定创立矿业实习所，为实业计划之一，规定经费计临时费六千一百八十八元。经常费一万五千四百六十元，并划拨济南东关山水沟街化分矿质局间房及附近旷地，扩充建筑，并通用其仪器等件，以省公帑。”

《山东矿业实习所第一期一览》书影

国立山东高等师范学校

根据教育部公布的《师范教育令》《师范学校规程》，1912 年 5 月，山东全省优级师范学堂改为“国立山东高等师范学校”，设英文、史地、理化、博物 4 部本科及体育专修科，培养出众多教育界人才。后又改组为山东省立第一师范学校（以下简称“省立一师”）。省立一师是中共一大代表王尽美的母校。著名学者季羡林曾在省立一师附设小学读书。

山东省立第一师范学校

王尽美（1898 ～ 1925.8.19），原名王瑞俊，山东诸城人，中国共产党创始人之一。1918 年考入山东省立第一师范学校，山东早期马克思主义传播者，山东党组织最早的组织者和领导者。1921 年，作为代表参加中共一大会议，在早期学生和工人运动中作出了卓越贡献，后因积劳成疾病逝于青岛，时年 27 岁。

◎私立青岛大学

1922年，中国政府收回青岛主权。为了推动青岛各项事业的发展，一些开明人士于1924年初向青岛胶澳商埠督办高恩洪建议创办一所大学。高恩洪是直系将领，曾任北洋政府的教育总长，对教育事业很热心。他积极推进创建青岛大学的工作，并捐出1万元作为筹备资金。还成立了由高恩洪、宋传典、刘子山、宋雨亭、孙广钦等11人组成的校董会，负责筹备工作。另推举青岛知名人士王西园、王荩卿等，以及学界名流梁启超、蔡元培、张伯苓、黄炎培、顾维钧、罗家伦等为理事或名誉董事。又经时任直鲁豫三省巡阅使的吴佩孚出面协调，以俾斯麦兵营（今中国海洋大学鱼山校区北半部分，为德国侵占青岛时所建。第一次世界大战后，日本取代德国占领青岛，改名为万年兵营）作为校舍。后来“东关街”就变成了大学路。

高恩洪（1875～1943），字定安，亦作定庵。山东蓬莱人，著名教育家、社会活动家。高恩洪出身农民，先后就读于上海电气测量学校、英国剑桥大学，曾任清廷驻英使馆翻译。回国后，历任参赞、西藏通商交涉事宜督办、东三省军政事宜督办、交通部秘书等职。1912年中华民国建立后，高恩洪先后任汉口及成都电报局局长、湖北军政监督、川藏电政监督、驻上海全国电料管理局监督、交通部顾问等职。1922年，任北京政府交通总长，后任教育总长。1924年倡办私立青岛大学，并任校长。1926年，迁居上海继续兴办实业，为汽车公路公司负责人。1943年病逝于北平。高恩洪还与共产党人建立过“协作关系”，双方的合作曾在秘密中进行。

校董会

青岛富绅刘子山

第二篇 繁衍与重组

俾斯麦兵营

私立青岛大学校区

1924年8月，私立青岛大学正式成立，校董会公推高恩洪出任校长。该校以“教授高深学术，培养硕学宏才，应国家之需要”为办学宗旨，设置了商科、工科，学制四年，首届新生各40人，是年9月15日入学。罗荣桓元帅就是该校的首期毕业生之一。

私立青岛大学校门

洪家楼校园中的罗荣桓元帅塑像

校董会来校视察合影

实验室

师生打扫校舍后合影

图书馆

篮球场

学生宿舍

学生宿舍楼

私立青岛大学原计划增设法科、文科、农林科、医科、理科，不料在第二次直奉战争中，直系军阀吴佩孚因败北而退到南方，奉系军阀张宗昌督鲁，校长高恩洪被逼辞职，由山东省议会议长宋传典接任校长。因学校难以筹措经费，办学陷入困境。1928 年初，北伐革命军进抵山东，张宗昌败走。因时局动荡，缺乏经费，学校被迫停办，学生按大学结业处理。私立青岛大学办学的时间虽短，却为后来国立青岛大学提供了理想的校舍环境，而且其革命传统和良好学风也为后来的山大人所继承。

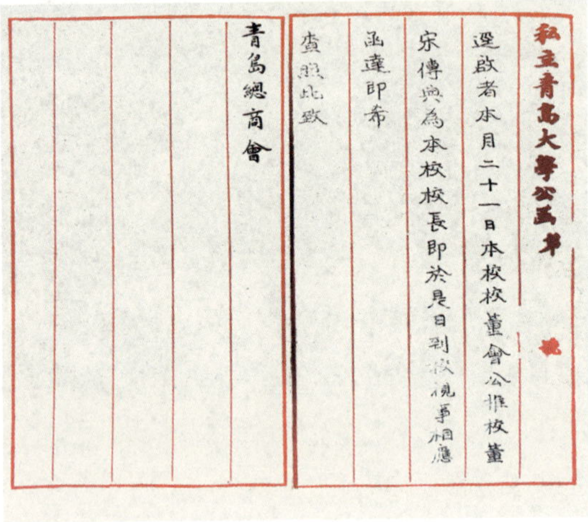

私立青島大學公函第　號

逕啟者本月二十一日本校校董會公推校董
宋傳典為本校校長即於是日到校視事相應
函達即希
查照此致
青島總商會

任命书

宋传典

罗荣桓（1902.11.26 ~ 1963.12.16），湖南衡山人，伟大的无产阶级革命家、政治家、军事家，中华人民共和国开国元勋，中国十大元帅之一。1924 年考入私立青岛大学（后并入国立山东大学）工科预科，1926 年结业。1927 年 4 月到武昌中山大学读书，加入中国共产主义青年团，随即转入中国共产党。曾任红四军政委，红一军团政治部主任，八路军一一五师政治部主任、政委，山东军政委员会书记，山东军区司令员兼政委，中共山东分局书记，东北野战军政委，第四野战军第一政委，中共中央华中局第二书记，最高人民检察署检察长，第一、二届全国人大常委会副委员长，第一、二届国防委员会副主席，解放军政治学院院长，中共第七届、第八届中央政治局委员。1955 年 9 月被授予中华人民共和国元帅军衔和一级八一勋章、一级独立自由勋章、一级解放勋章。

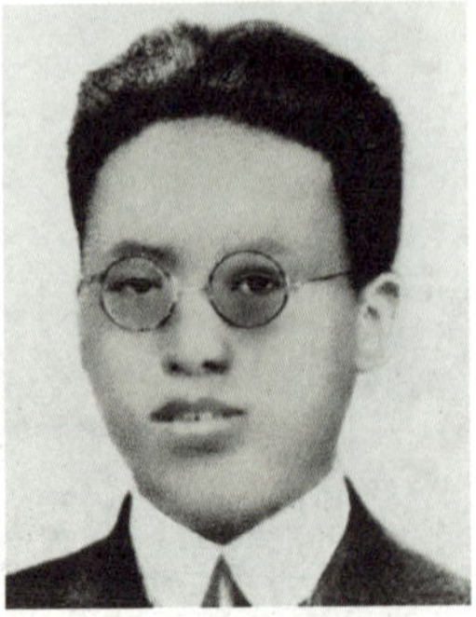

青年时代的罗荣桓

郭永怀（1909.4.4 ~ 1968.12.5），山东荣成人，著名力学家、应用数学家、空气动力学家。1926 年就读于私立青岛大学附属中学，1929 年考入南开大学预科理工班，1933 年进入北京大学物理系学习，1940 年赴加拿大多伦多大学学习，1941 年又赴美国加州理工学院跟从冯·卡门学习，1945 年获得博士学位，1956 年回国，1957 年当选为中国科学院学部委员。家国情怀浓厚，在知己师兄钱学森的召唤下，毅然回国。倾毕生致力于航空工程研究，提出了国际上公认的 PLK 方法，在我国两弹一星的研制过程中领导和组织解决了一系列关于爆轰力学、高压物态方程、空气动力学等相关方面的难题，为推动我国核弹与导弹等事业的发展作出了重要贡献。1968 年在飞机失事坠落的瞬间，郭永怀用自己的身体保护了实验数据而使其未被烧毁，其冷静的思维、壮烈的决定、忠诚的情怀令人震撼。同年被追认为革命烈士，1999 年获“两弹一星功勋奖章”，2018 年国际小行星中心将编号为 212796 号的小行星永久命名为“郭永怀星”，以纪念其丰功伟绩。

钱学森急切地盼着郭永怀赶快回来，他说：“每次都说归期在即，听了令人开心。我们现在为力学忙，已经把你的大名向科学院管理处‘挂了号’，自然是到力学所来，快来，快来！……多带书！……请兄多带几个人回来。”“今天是足踏祖国土地的头一天，也就是快乐生活的头一天，忘去那黑暗的美国吧！我个人还更要表示欢迎你，请你到中科院的力学所来工作，我们已经为你在所里准备好了办公室，是一间在二层楼的朝南的房间，淡绿色的窗帘，望出去是一排松树。希望你能满意。你的住房也已经准备了，离办公室只需五分钟的步行，离我们也很近，算是近邻。”钱学森是中科院力学所首任所长，郭永怀是力学所常务副所长，他们配合默契，亲如兄弟，被称为“冯·卡门学派兄弟搭档”。

美国国家航空顾问委员会委员合影，其中有冯·卡门（一排左七）、钱学森（一排左三）、郭永怀（二排左三）、林家翘（二排左一）。

郭永怀辞去美国康奈尔大学教授职位，携妻子李佩和女儿郭芹回到祖国。

第二篇　繁衍与重组

◎省立山东大学

■ 山东高等学校停办后，省内学校群龙无首。1925 年 4 月，奉系将领张宗昌任山东军务督办，7 月兼任山东省省长。1926 年 6 月，山东省政府决定重建山东大学。7 月，山东省教育厅将山东公立工业、矿业、法政、商业、农业、医学六个专门学校合并为省立山东大学，并将山东省第一、第二、第六、第十中学的高中部，拨给省立山东大学作为附中。8 月 5 日，省立山东大学正式成立，由清末状元、省教育厅厅长王寿彭任校长。学校设文、法、工、农、医五个学院（时称科），十三个系（时称分科），文、工、农三院学制 4 年，法、医两院学制 5 年。学生共有千余人，教职工 330 人。在 9 月 5 日的开学典礼上，王寿彭校长发表了“读圣贤书，做圣贤事”的训词。1928 年 4 月，北伐军进抵泰安，日本以保护侨民为名，派兵侵占济南、青岛及胶济铁路沿线，制造了震惊全国的“五三惨案”。1928 年 6 月，省立山东大学因战乱被迫停办，将师资和财产转给国立青岛大学。

■ 省立山东大学组织系统一览表

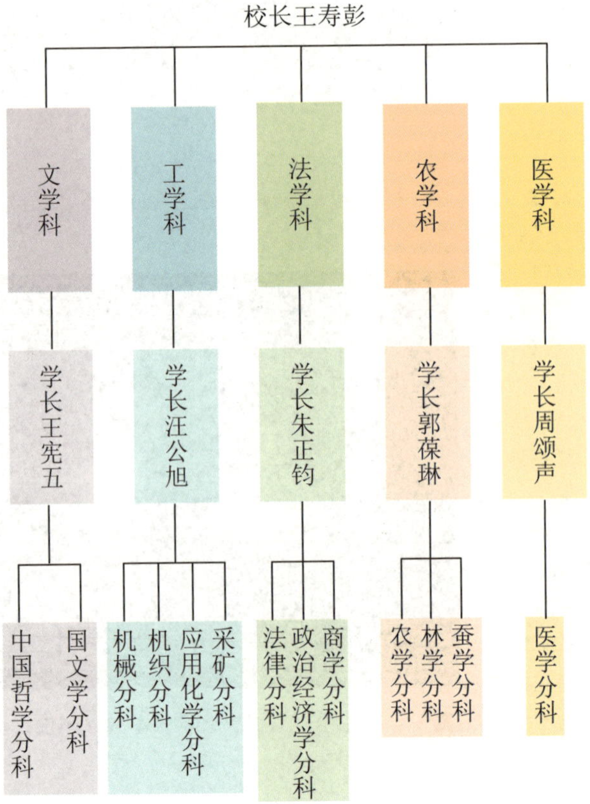

省立山东大学设学大纲及合并办法

省立山东大学校门

王寿彭（1875.4 ~ 1929.7），字次篯，山东潍坊人。清末民初著名学者、教育家、书法家。幼承祖训，刻苦读书，后应科考，多次在县试、府试中名列案首。1902 年乡试中举，1903 年连捷进士。1903 年，以第 37 名贡士参加光绪二十九年癸卯恩并正科殿试中第一甲第一名，授翰林院修撰。1905 年随载泽、端方等五大臣赴日本考察。1910 年任湖北省提学使，创办“两湖优级师范学堂”。辛亥革命后，任山东巡按使署秘书、教育司司长及北京总统府秘书、秘书长。1925 年，任山东省教育厅厅长。1926 年，王寿彭创办了省立山东大学并自兼校长。1929 年，病逝于天津。当年“山东大学”的校牌即其所书，在家乡留有不少墨迹，以楹联、匾额、题扇居多。

季羡林(1911.8.6 ~ 2009.7.11)，字希逋，山东临清人，著名语言学家、教育家、翻译家。1926 年考入省立山东大学附设高中。1930 年入清华大学西洋文学系学习德文。1935 年赴德国哥廷根大学留学，1941 年获哲学博士学位。1946 年回国后到北京大学任教，历任教授、系主任、副校长。1956 年当选中科院哲学社会科学学部委员。曾任第六届全国人大常委。

关友声《遥望南天门胜景》

关友声与张大千等人合影

关友声（1906.3.25 ~ 1970.2.14），原名关际颐，字友声，以字行，号嘤园主人，山东省济南市人，中国现代著名书画家。1928 年就读于省立山东大学国文学系，1931 年与其兄关际泰共创济南国画学社与齐鲁画社。曾执教于济南中国艺术专科学校、湖南南岳国立师范学院、齐鲁大学、山东艺术专科学校。也曾任省政协委员等职，并且擅长中国画，兼擅书法、诗词、琴棋、京剧等。

第三篇 第一次辉煌

尽管时局纷乱，有志之士还是致力于在山东大地上建立一所国字牌的大学，以隆起山东教育的高地。经过一番努力，这一山东教育界的大事终于做成了。在原省立山东大学和私立青岛大学的基础上，国立青岛大学（后改为国立山东大学）在美丽的海滨城市青岛组建成功。宜人的环境、开明的办学方略吸引了国内外一大批知名学者和文人墨客汇聚于此，开始打造山大历史上的金色年华。

学校坚持兼容并包、科学民主的办学方针，打破门户之见，选贤与能，形成了阵容整齐、水平高超的师资队伍。教授们亲执教鞭，在讲台上循循善诱，各出高招；学生们学习刻苦勤奋，积极上进。在课程设置上，学校着力丰实学生的学养基础，依据教授的专长，广开选修课程。院系设置较有特色，行政机构较为精干，学校的组织规程、学则、各系学程纲要等规章制度制定齐备，校务会议、院务会议、系务会议、图书委员会等组织的建立让教授治校落到实处，因处处按章办事，全校上下都能专心于业务，使学校的各项工作有序推进。学校和院系还成立学术社团，创办刊物，定期开展学术活动，整个校园学术氛围浓厚。

学校从1928年开始筹建到1938年因抗日战争全面爆发内迁停办，前后历经九年有余。学校在教学和科学研究上大有建树，形成了自己的优良传统和独特学风，为各行各业培养了大批人才，在国内外享有很高声誉。这一时期，被誉为山东大学历史上的第一个黄金时代，为山大未来的发展打下了良好的基础。

◎国立青岛大学成立

筹备

■ 1928年6月，何思源任职山东省政府教育厅厅长一职。他在《告山东全体学生书》中说："救国要图，首推教育。"他还把重建山东大学提上日程，提出办校的12点"希望事项"。1928年8月，依据省教育厅的建议，南京政府教育部决定在省立山东大学的基础上筹办国立山东大学，学校的筹办工作主要由何思源、魏宗晋、陈名豫、赵太侔、王近信、彭百川、杨亮功、杨振声、杜光埙、傅斯年、孙学悟等11人组成的国立山东大学筹备委员会负责。由于日军侵占济南和胶济线，具体任务没有得以推进。

何思源

傅斯年

1929年4月，被国民政府接管的青岛成为特别市。6月，著名教育家蔡元培携眷来到青岛，住在原私立青岛大学美丽的校园内。他对青岛的环境赞赏有加："青岛之地势及气候，将来必为文化中心点，此大学之关系甚大！"因青岛地处海滨，乃避暑胜地，气候适宜，环境优美，少受战争影响，故蔡元培力主将国立山东大学从济南迁至青岛。在蒋梦麟的大力支持之下，教育部接受了蔡元培的建议，将国立山东大学筹备委员会改组为国立青岛大学筹备委员会，负责筹备建立国立青岛大学的有关事宜，除接收原省立山东大学校产之外，还接收私立青岛大学的校产。筹备委员会由何思源、王近信、赵太侔、彭百川、杜光埙、傅斯年、杨振声、袁家普、蔡元培等九人组成，后又增聘陈调元、于恩波、陈名豫三人为筹备委员会委员。筹备委员会先后共举行六次会议，研究商讨建校事宜。其中教育部长蒋梦麟也专程参加了一次会议。

国立青岛大学筹备委员会合影

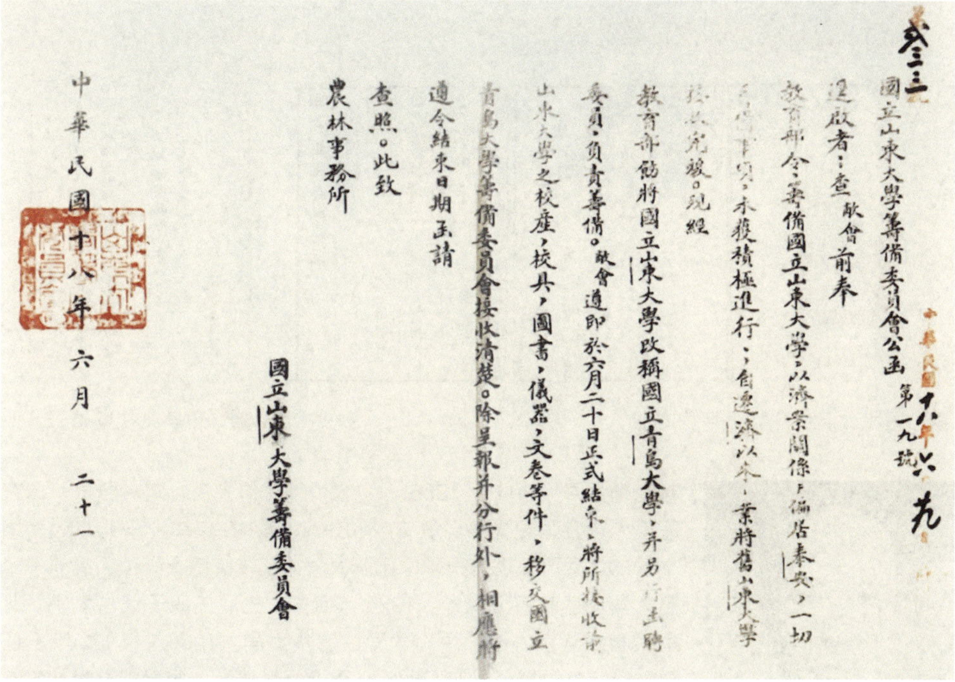

貳三三

國立山東大學籌備委員會公函　第一九號

中華民國十八年六月 九

逕啟者：查敝會前奉

教育部令，籌備國立山東大學，以濟案關係，偏居泰安，一切

[illegible]事宜，未獲積極進行，自遷濟以來，業將舊山東大學

[illegible]完竣。現經

教育部飭將國立山東大學改稱國立青島大學，并另行函聘

委員，負責籌備。敝會遵即於六月二十日正式結束，將所接收前

山東大學之校產，校具，圖書，儀器，文卷等件，移交國立

青島大學籌備委員會接收清楚。除呈部并分行外，相應將

遵令結束日期函請

查照。此致

農林事務所

國立山東大學籌備委員會

中華民國十八年六月二十一

改立公函

蔡元培

蒋梦麟

蔡元培、蒋梦麟来青岛召集筹备会时于海滨大饭店合影

成立

经蔡元培力荐，1930年4月28日，国民政府任命杨振声为校长。国立青岛大学先行设立文、理学院，其中，文学院分中国文学系、外国文学系、教育学系；理学院分数学系、物理学系、化学系与生物学系。1930年7月，学校在报纸刊载招生广告，8月招收新生170余人。1930年9月20日，举行开学典礼。蔡元培、张道藩、何思源、周钟岐等出席，由蔡元培授印。1931年春，教育系扩充为教育学院，设置教育行政系和乡村教育系。

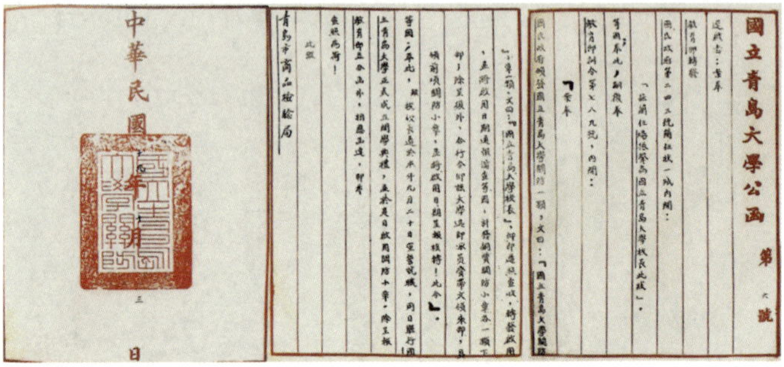
國立青島大學公函

中華民國

国民政府任命杨振声为校长

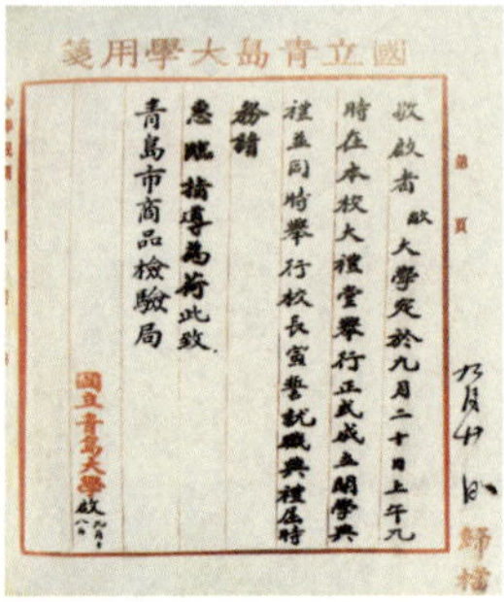
國立青島大學用箋

敬啟者　敝大學定於九月二十日上午九時在本校大禮堂舉行正式成立開學典禮並同時舉行校長宣誓就職典禮屆時務請
惠臨指導爲荷此致
青島市商品檢驗局
國立青島大學啟

开学典礼邀请函

杨振声（1890～1956），字今甫，亦作金甫，笔名希声，山东蓬莱人，我国现代著名教育家和作家。1919年毕业于北京大学国文系，之后留学于美国哥伦比亚大学，获该校博士学位，继而于哈佛大学攻读教育心理学。1924年回国，先后任职于武昌大学、北京大学、燕京大学、中山大学、清华大学。1930～1932年担任国立青岛大学校长。在职期间，重视师资建设，聘请威震学林的专家学者来校任职，提高了山东大学的声望；重视设备建设尤其是强调发挥图书馆和实验室的作用；坚持严格办学、民主办学、特色办学、质量办学，为山东大学的腾飞奠定了坚实的基础。

国立青岛大学校门

■ 国立青岛大学组织系统一览表

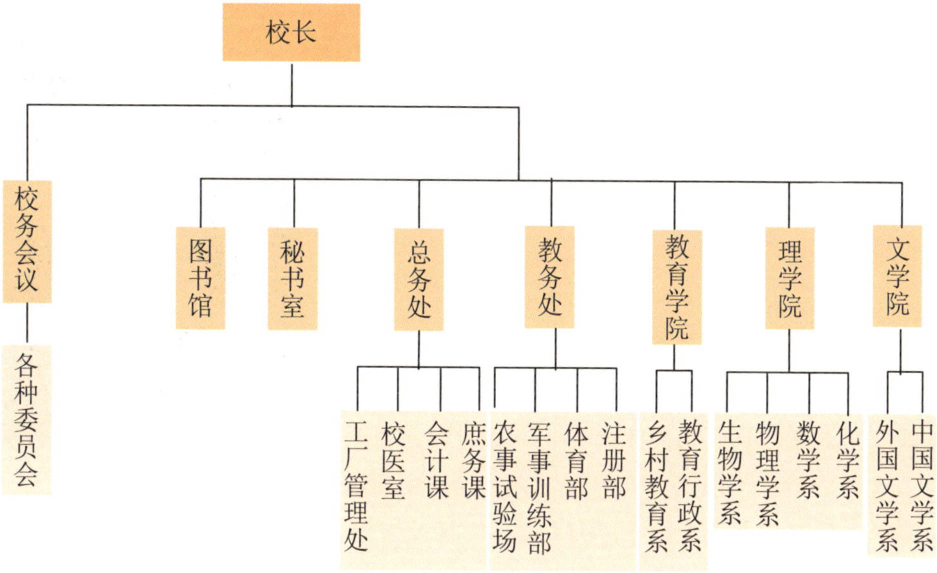

◎教师阵容

■ 杨振声校长性格豪爽，风度潇洒，平易近人。作为蔡元培的得意门生，他推行蔡元培“兼容并包”“科学民主”的办校方针，聘请知名专家学者到校任教，一时名家云集，精英荟萃。其中，张道藩任教务长（次年改为赵太侔教授），闻一多任教授、文学院院长兼中文系主任，梁实秋任教授、外国文学系主任兼图书馆馆长，黄际遇任教授、理学院院长兼数学系主任，蒋德寿任教授、物理系主任，汤腾汉任教授、化学系主任，谭术麟任教授、教育系主任，后黄敬思任教授、教育学院院长兼教育行政系主任，曾省任生物学教授、生物学系主任，中文系有游国恩、黄淬伯、方令孺、沈从文、闻宥、陈梦家等人，外文系有谭葆慎、李方琮、赵少侯、费鉴照、邓仲纯等人，理学院有傅鹰、王恒守、周钟岐、宋智斋、王普、郭贻诚、李先正、秦素美等人，还有经济学教授杜光埙、教育学教授马师儒、体育部教授郝更生和宋君夏、军事教练戴自修，兼任教授、图书馆馆长宋春舫，以及兼任德文讲师栾珊（德人）、苏保志（德人）

等，秘书长陈季超、秘书吴伯箫，会计主任刘本钊（刘康甫），校医务室主任邓仲纯（两弹元勋邓稼先的伯父、陈独秀的挚友）。杨振声校长办校严谨、谋划长远，因没聘到理想的历史系主任，就没有开办历史系，却倡办海洋生物学、海洋学、气象学、考古学等学科。全校教职员工约百人，学生近三百人。教授月薪 300 至 500 元，讲师月薪 150 至 300 元，助教月薪 60 至 150 元。

闻一多雕像

杨振声校长说："青岛附近海边生物之种类，繁盛不亚于厦门，而天气凉热适中，研究上较厦门为便。若能利用此便，创设海边生物学，不但中国研究海边生物者，皆须于此求之，则外国学者，欲知中国海边生物学之情形，亦须于国立青大求之。"由此开启山东大学筹划打造中国海洋科学研究中心愿景，也赋予山东大学海纳百川的气魄。

闻一多（1899.11.24 ～ 1946.7.15），本名闻家骅，又名"亦多"，字友三，湖北浠水人，伟大的爱国主义者，中国现代诗人、学者、民主战士。1912 年考入清华大学留美预备学校。1922 年赴美留学，1925 年 3 月创作《七子之歌》。1925 年 5 月回国后任北京艺术专科学校教务长，同时从事《晨报》副刊《诗镌》的编辑工作。1930 ～ 1932 年任山东大学文学院院长兼国文系主任。他在这一时期担任的课程有"中国文学史""唐诗"以及"文学名著选读"，还给外文系开了"英诗入门"等。后历任清华大学、西南联合大学教授。1946 年 7 月 15 日，在悼念民主人士李公朴大会上发表了《最后一次讲演》，会后惨遭国民党反动派杀害，全国各地的社会各界沉痛举行各种悼念活动。毛泽东和朱德从延安发来唁电："全国志士必将继先生遗志，再接再厉，务使民主事业克底于成，特电致唁。"2009 年闻一多被评为"100 位为新中国成立作出贡献的英雄模范人物"之一。

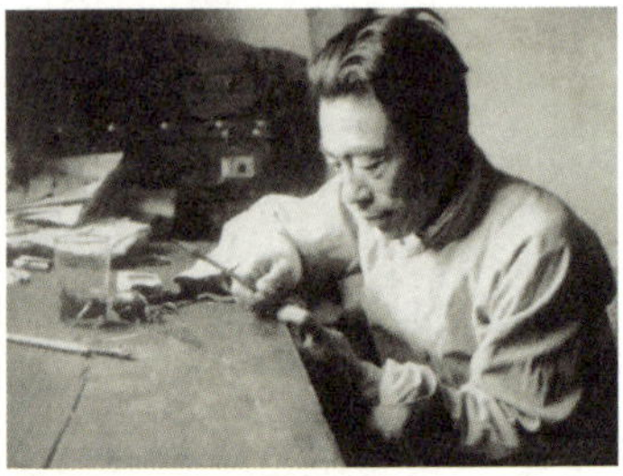

闻一多在雕刻

闻一多为山大设计的校徽

陈梦家

1927 年秋，闻一多到中央大学任外文系主任，教授英美文学，陈梦家常去听课，被英美浪漫主义诗歌深深打动。在闻一多和徐志摩的影响下，本来学法律的陈梦家也成了新月派诗人，成为闻一多的得意门生，跟随闻一多来到国立青岛大学当助教。闻一多对这位聪慧的学生很是器重，两人关系甚好，结下了终生友谊。有一次，闻一多给陈梦家写信，抬头是“梦家吾弟”，陈梦家一时高兴，回信称“一多吾兄”。结果闻一多训斥了他一顿。1932 年陈梦家去燕京大学读研究生，但对在青岛的那一段青葱岁月始终难以忘怀。在燕京大学，他与赵萝蕤相恋，而后由一个不修边幅的才气诗人变成了一位古文字专家。

不修边幅的陈梦家

陈梦家与赵萝蕤

1930 年，臧克家以“臧瑗望”的名字报考外文系。国文考试的题目为《你为什么投考青岛大学》《杂感》，两题选其一作答。臧克家两题都作答，其中《杂感》一题只写了三句话：“人生永远追逐着幻光，但谁把幻光看作幻光，谁便沉入了无边的苦海！”闻一多给了 98 分，但臧克家的数学却得了零分。最终在闻一多的争取下，学校破格录取了臧克家，这成就了山东大学历史上一段爱才的佳话。

梁实秋（1903.1.6 ~ 1987.11.3），原名梁治华，号君默，浙江余杭人，中国现当代散文家、学者、文学批评家、翻译家。1915 年考入清华学校。1923 年赴美留学，并取得哈佛大学文学硕士学位。1930 年到国立青岛大学任外文系主任兼图书馆馆长，1933 年到天津任《文学周刊》主编。1934 年任北京大学教授、外文系主任。1938 年在重庆主持《中央日报·平明副刊》，任国立编译馆翻译委员会主任委员。1949 年到台湾，任台湾师范学院英语系教授。1987 年 11 月 3 日，梁实秋病逝于台北，享年 84 岁。梁实秋是中国国内第一个研究莎士比亚的权威。曾与鲁迅等左翼作家笔战不断。一生给中国文坛留下了两千多万字的著作，其散文集创造了中国现代散文著作出版的最高纪录。代表作有《莎士比亚全集》（译作）等。

圖書館增刊

1931 年 5 月 4 日，《图书馆增刊》随校刊《国立青岛大学周刊》出版，为师生及时通报图书信息。

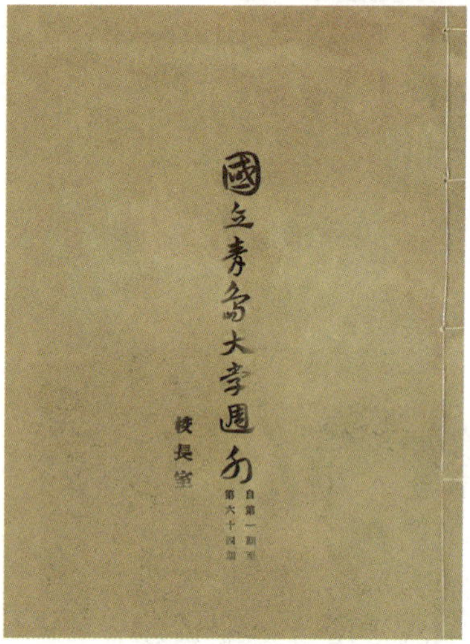

国立青岛大学周刊书影

梁实秋很喜欢青岛的环境，谓此“春有百花秋有月，夏有凉风冬有雪”，令他流连不忍离去。在国立青岛大学期间，他开设了“英文”“欧洲文学史”“英国文学史”“莎士比亚”“戏剧入门”“文艺批判”等课程，还担任了公共英语课。同时，应胡适之约，在鱼山路 33 号寓所开始了自己一生中最为人所钦仰也是规模最为浩大的“工程”——《莎士比亚全集》的翻译。当时图书馆收集的莎翁中外文各种版本著作很丰富，在全国也很有名气。梁实秋在担任图书馆馆长期间，还创立了图书馆专业周刊——《图书馆增刊》。

新月派

30年代初，英、美派的留学生，尤其是与“新月派”有关系的文学之士陆续来到青岛大学任教，有梁实秋、闻一多及其助手陈梦家、沈从文、方令孺、孙大雨等，臧克家也是“新月派”成员，与陈梦家被称为闻一多门下的“二家”。“新月派”的代表人物还有徐志摩、胡适等。他们以《新月》杂志和《诗刊》为阵地，其诗歌在中国现代诗史上有重要影响。闻一多在青岛期间留下的唯一诗作是1931年写的《奇迹》，当时他已很久不写诗了。为此，徐志摩才说：“闻一多三年不鸣，一鸣惊人，出了‘奇迹’。”

新月派部分成员合影

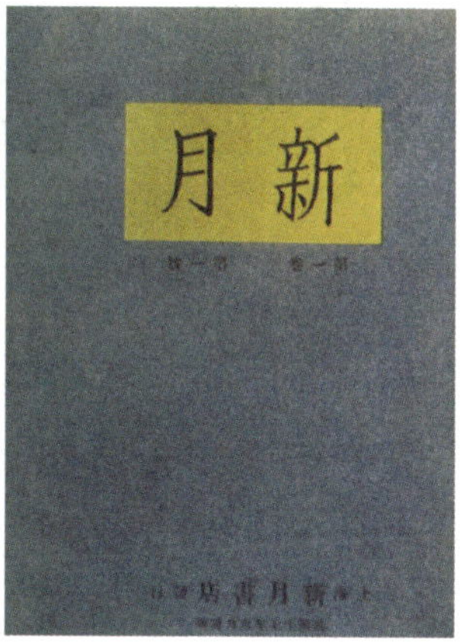

《新月》第一卷第一号

孙大雨（1905.1.21 ～ 1997.1.5），原名孙铭传，字守拙，号子潜，浙江诸暨人，“新月派”诗人、著名文学翻译家、莎士比亚研究专家。1925年毕业于清华学校。留学美国耶鲁大学。1930年回国后，曾任武汉大学、北京师范大学、北京大学、浙江大学、暨南大学外文系教授，中央政治学校英语教授兼主任。1932 ～ 1933年执教于国立青岛大学和山东大学。他讲授英国文学课，也从事一些翻译工作。授课之余，孙大雨和梁实秋等学者，常到宋春舫的“褐木庐”畅谈莎士比亚和英美文化。主要著作有《孙大雨诗文集》《屈原诗选英译》《古诗文英译集》《英诗选译集》以及翻译莎士比亚《奥赛罗》《麦克白斯》《威尼斯商人》等多部作品。他用英文古韵文译了屈原的《离骚》及宋玉、潘岳、刘伶、陶潜、韩愈、苏轼的诗歌和散文。

“酒中八仙”

校园里有几位教授经常聚饮，在酒风盛行的齐鲁大地竟豪气喊出：“酒压胶济一带，拳打南北二京。”托古号称“酒中八仙”，时人传为美谈。经常参加聚餐的有杨振声、赵太侔、闻一多、梁实秋、黄际遇、刘本钊、邓仲纯 7 位。梁实秋曾回忆说，在杨振声的提倡下，周末至少在顺兴楼或厚德福聚饮一次，好饮者七人，闻一多提议邀请女教师方令孺（安徽“桐城派”方氏后人）加入，凑成“酒中八仙”之数。首任教务长张道藩、外文系教授赵少侯、秘书长陈季超也经常光顾。于是猜拳行令，觥筹交错，乐此而不疲者凡两年。杨振声本是山东人，在酒桌上擅长豁拳；赵太侔也是山东人，酒量不输他人，能一口一大碗，但是从不豁拳；每次聚饮，黄际遇兴致最高，豁拳时常出怪声；陈季超出手奇快，自诩为山东老拳；刘本钊因患耳疾，豁拳时喊声很高，却听不清对方喊声；闻一多酒量不大，却喜欢喝点。赵少侯不仅能翻译，把《羊脂球》《项链》《伪君子》《最后一课》等译成中文，酒量也很大，与黄际遇一样每日必饮，家中酒罐子一个又一个。每次聚饮，他们会邀朋友共乐，看到这等场面，不胜酒力的先跑了，剩下的则捋起袖子、伸出胳膊开始猜拳行酒。他们常喝的是花雕，一坛 30 斤，每次聚会要喝光一坛。后来随着他们多半离开青岛，名噪一时的“酒中八仙”也就散场了。

沈从文 (1902.12.28 ～ 1988.5.10)，原名沈岳焕，字崇文，湖南凤凰人，现代著名作家、历史文物学家、京派小说代表人物。1928 年到上海与胡也频、丁玲创办《红黑》杂志。1929 年在中国公学任教。1931 年 8 月，沈从文应国立青岛大学校长杨振声之聘离开繁杂的上海，来到青岛这座美丽的海滨城市执教。他在国立青岛大学任讲师，创作了《记胡也频》《记丁玲女士》《从文自传》《月下小景》《都市一妇人》《八骏图》等作品。青岛宜人的环境很适合他构思和创作，曾说道："一到海边，就觉得身心舒适，每天只睡三个小时，精力特别旺盛。"抗战爆发后到西南联大任教，1946 年回到北京大学任教，1949 年之后在中国历史博物馆和中国社会科学院历史研究所工作。1988 年 5 月 10 日病逝于北京，享年 86 岁。沈从文的一生是坎坷的一生，是奉献的一生。文学作品《边城》《湘西》等，在国内外有重大的影响。他的作品被译成日本、美国、英国、前苏联等 40 多个国家的文字出版，并被美国、日本、韩国、英国等 10 多个国家或地区选进大学课本。他晚年专著《中国古代服饰研究》一书，填补了中国物质文化史上的一页空白。

沈从文与张兆和

"我行过许多地方的桥，看过许多次数的云，喝过许多种类的酒，却只爱过一个正当最好年龄的人……"在经过四年追求，写了几百封情书之后，沈从文终于在美丽的青岛收获了自己的爱情。沈从文给张家二姐写信探知张家对他与张兆和成婚的态度，说如同意就早点让他知道，让他这个乡下人喝杯甜酒吧！结果得到了两条电文："允！""乡下人，喝杯甜酒吧！"这句话成为流传一时的爱情口头禅。

吴伯箫 (1906.3.13 ～ 1982.8.10)，原名熙成，笔名山屋、山荪，山东莱芜人，著名散文家、教育家。1919 年考入曲阜师范学校，1925 年考入北京师范大学。1931 年任国立青岛大学校长办公室秘书，结识闻一多、洪深、老舍、王统照、孟超等。1935 年，任济南乡村师范教务处主任兼国文教员。暑假期间回到青岛与老舍、王统照、洪深、臧克家、王亚平等创办《避暑录话》。1936 年，任莱阳乡村师范校长（今鲁东大学）。1938 年到延安入中国人民抗日军政大学学习。曾任八路军总政治部文艺工作组组长、陕甘宁边区文化协会秘书长，华北联合大学中文系副主任，东北大学社科院副院长、文学院副院长、副教务长，全国文代会秘书长、人民教育出版社副社长兼副总编辑。

马师儒(1888～1963)，字雅堂，陕西米脂人，著名教育学家。1919年毕业于北京高等师范学校。1921年留学于德国柏林大学，1924年获该校教育学博士学位。同年，留学于瑞士苏黎士大学，1927年获该校哲学博士学位。曾任职于北京大学、国立青岛大学、北平师范大学、北平女子大学文理学院、国立西北大学、西安师范学院等院校。马师儒热爱教学，始终奋战在教育战线上，用勤勉努力书写了多彩的人生篇章。

黄际遇(1885～1945)，字任初，号畴庵，广东澄海人，著名数学家、教育家，是20世纪初在中国开创现代高等数学教育事业的元老之一。1902年留学日本，1905年加入同盟会。1906年回国，历任天津工学堂、武昌师范大学、河南中州大学、广州中山大学教授，河南省教育厅厅长。1930年任国立青岛大学教授兼理学院院长，1932年任国立山东大学文理学院院长，1936年任中山大学教授。他学贯中西、文理皆通、艺德双馨、精力过人，一生处在我国社会风云变幻多端、新旧斗争激烈、内外战争交错的动荡年代。他南北奔波，在乱中求静，因时因地创建多所高校数学系，教书育人30余年。

汤腾汉(1900.5.2～1988.6.23)，福建龙溪人，著名药物化学家，中国军用毒剂化学检验研究的先驱。1900年出生于印度尼西亚爪哇省阿拉汗。1917年因不满殖民教育内容，回国进入上海南洋中学，后转读日本东亚高等预备学校，并考入南京工业专科学校机械系。1920年考入天津北洋大学冶金系，偏爱化学。1922年赴德国柏林大学留学，1929年获德国柏林大学药学博士学位。1930年任国立青岛大学教授兼化学系主任，致力于振兴化学系，主讲普通化学、有机化学、有机分析、药物化学等课程，改进化学系的实验条件、倡议出版《山东大学化学试验报告》并发起成立“山大化学社”。1935年应邀在北洋大学工学院任教讲学。1936年重返山东大学任理学院院长。新中国成立后，任中国科学院化学专门委员会委员，1958年任药理毒理研究所所长、解放军医学科学院副院长。毕生致力于化学和药学的教学事业与科学研究工作，培养了几代药学专门人才。

曾省（1899.9.26 ~ 1968.6.10），又名曾省之，浙江瑞安人，著名生物学家、农业昆虫学家。1914 年中学毕业后考入南京高等师范农业专科，1917 年毕业后留校任助教。1919 年南京高等师范改为东南大学后，曾省转入该校生物系任教并补习必修课程。1924 年毕业，几番周折后又回校任教。1929 年留学法国，1931 年获里昂大学博士学位，随后前往瑞士瓦尔登大学从事生物学研究。1932 年回国后任国立青岛大学教授、生物系主任、海滨生物研究所主任，1934 年任农学院院长。曾任四川大学、湖北省农学院、华中大学教授，中南农科所副所长、研究员，中国农科院植保所研究员。除出版著作《螟虫》《小麦吸浆虫》外，还主编有《中国主要农作物病虫害图谱》及用中、英、法等文字发表的专业论文 30 余篇，在害虫生物防治的研究上取得了开创性的成果。

学校还时常邀请蔡元培、胡适、章太炎、罗常培、陈寅恪、冯友兰、顾颉刚、竺可桢、秉农山、潘光旦等大师来校讲学，以促进学术交流与思想传播，活跃青岛的文化环境，充实青岛的文化底蕴。1931 年 1 月 25 日，胡适乘船到达青岛，杨振声、闻一多、梁实秋等一行到码头迎接。胡适住进青岛大学兼任教授宋春舫的“万国疗养院”。因要到国立青岛大学演讲《文化史上的山东》，就去外文系教师李方琮那里借了《史记》《汉书》，查了几条材料，回“万国疗养院”后写讲稿直到深夜。次日的讲演很受欢迎，学校设宴款待胡适，胡适却掏出胡太太送给他的那只大金指环给大家看，上面刻着“戒酒”二字。其他人酒兴正浓，结果醉倒了李方琮、邓仲纯、陈季超。

胡适及其夫人

冯友兰

宋春舫

李方琮

1931 年夏，中国科学会议在国立青岛大学召开，蔡元培会长与全国各地的学者出席会议。在开幕式上，杨振声陪同蔡元培走进会场作报告。会议期间，蔡元培向全校师生作了一场关于美学方面的学术报告，受到热烈欢迎。

国学大师章太炎

1932 年 5 月 29 日下午 3 时，章太炎先生在国立青岛大学作了以“行己有耻，博学于文”为主题的演讲。黄际遇主持并做浙江方言的翻译。章太炎在演讲中抨击了国民党的不抵抗主义：“人能知耻，方能立国。遇难而不思抵抗，即为无耻。因知耻近乎勇，既不知耻，即无勇可言。”章太炎在青岛期间还遇见了参加青岛水族馆落成典礼的蔡元培先生，老友重逢，甚为欢喜。

著名语言学家罗常培（右）与老舍（左），两人皆为满族。

陈寅恪

竺可桢

◎治校

建校初期，学校经费不足。杨振声从实际出发，秉承开源节流的原则，将经费主要用于购置图书与增设仪器方面。也是在这一时期，山东大学形成了节俭办学的校风。他说这项工作是打基础，地基打得好，础石放得牢，多花在这基础上一文，这一文便有它百年的价值。

杨振声校长主张民主办学，注重制度建设，陆续制定了各种规章制度。大家都按章办事，可以专心于学术。他还设立校务会议，权力在校长之上，校务会议作出的决议，校长要第一个执行。

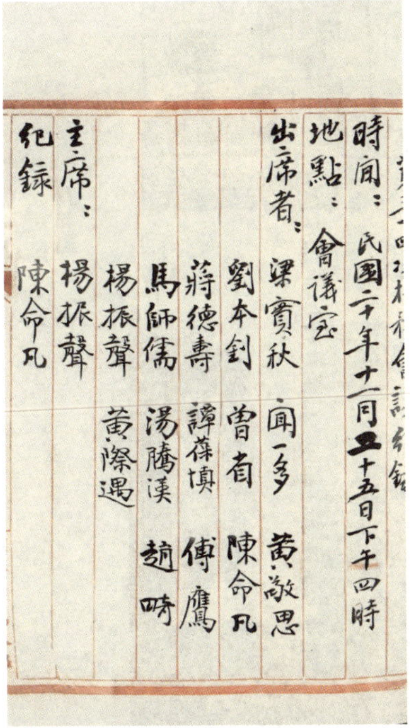

時間：民國二十年十一月二十五日下午四時
地點：會議室
出席者：梁實秋 聞一多 黃敬思
劉本釗 曾省 陳命凡
蔣德壽 譚葆慎 傅鷹
馬師儒 湯騰漢 趙畸
楊振聲 黃際遇
主席：楊振聲
紀錄：陳命凡

第 34 次校务会议记录

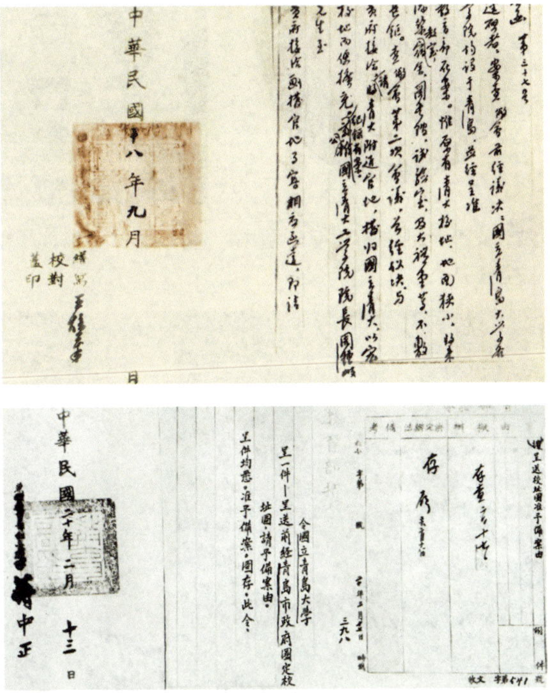

中華民國十八年九月 日
校對
蓋印

令國立青島大學
呈一件—呈送前經青島市政府圈定校址圖，請予備案由。
呈件均悉，准予備案，圖存，此令。
中華民國二十年二月十三日
蔣中正

学校征地报告及政府指令

图书馆职员合影

皮高品于1930年任图书馆主任

国立青岛大学图书馆

图书馆内景

《学则》摘录：

第三章 学程及学分

第十五条　本大学各学院学生修业年限至少四年，转学生至少二年。

第十六条　本大学各项学程均按学分计算，每学期每周授课一小时为一学分，实验及无须课外自习之学程以二小时至三小时为一学分。

第十七条　本大学各学院学生应修学分依各学院学则之规定，但至少须修满一百三十八学分方得毕业。其有未满四年而已修足规定之学分者，得选习特种学科，毕业年限不得提前。

第十八条　本大学各学院学生除第一年级外，每学期所修学程不得超过二十一学分。

第十九条　本大学各学系共同必修学程如下：

（一）国文	四学分
（二）英文	十二学分
（三）第二外国语	十六学分
（四）自然科学	六学分
（五）社会科学	六学分
（六）党义	四学分
（七）体育	八学分
（八）军事训练	六学分

（六）（七）（八）三项不在一百三十八学分之内，不及格者仍不得毕业。

第四章 试验及成绩

第二十条　本大学试验分下列三种：

（一）临时试验　由教员随时举行之

（二）学期试验　于学期终举行之

（三）毕业试验　于修业期满举行之

第二十一条　学生学业之成绩列为五等如下：

甲等	九十分以上
乙等	八十分以上
丙等	七十分以上
丁等	六十分以上
戊等	不满六十分

第二十二条　凡某学程成绩列戊等者为不及格，不给学分；如系必修科须重修之。

杨振声校长一贯主张学生可以依据学习兴趣转院或转系，但为了避免学生无理无故转院系，学校规定了严格的审批制度。臧克家入学后，发现自己对中文的兴趣更大，想申请转中文系，但是想转中文系的学生太多，转系很难，直至得到闻一多同意才转到中文系就读。臧克家也没有辜负闻一多的期望，成为了著名诗人。

学校将教学作为首要任务，教师能力强、知识储备深厚且关爱学生、师德高尚。教师对学生的要求极为严格，但学生可以感受到教师对自己的期望与爱护。学生尊敬老师，尊师重道的氛围逐渐形成。当时的课程大都由教授担任，闻一多、梁实秋都为一年级学生上过课。

1932年中文系所开课程

必修课：大一国文，名著选读，文字学，中国文学史，先秦文，音韵学，诗学概论，中国小说史，汉魏六朝文，词学概论，目录学，中国文学批评史，戏曲概论，唐宋以降文。

选修课：中国学术史概要，毛诗学，楚辞学，赋学，乐府诗研究，说文研究，古器物学，音韵学史，经、史、子专书研究，中国古代神话，古文字学，唐宋诗，汉魏六朝诗，诗、词、文家专集。

◎学生

臧克家在青岛求学期间，想把他写的诗汇集起来，出版一本诗集，却遇到了困难。当时中国新文学运动的奠基人之一王统照正住在青岛，王统照是诸城人，与臧克家是同乡，臧克家和吴伯箫经常结伴到王统照家里去请教。当王统照得知臧克家出版困难时，就给他出主意想办法，还赞助了20块大洋，帮他发行诗集。在清华大学的闻一多知道这件事后，也凑了20块大洋，还给这本诗集写了篇序。其中写道："克家的诗，没有一首不具有一种极其顶真的生活的意义。克家纵然没有成群的人给叫好，那又有什么关系？反正诗人不靠市价做诗。克家千万不要忘记自己的责任。"在众人的赞助下，臧克家于1933年7月自费刊印了这部诗集《烙印》，令闻一多没想到的是，《烙印》刊行后好评如潮，各大报刊纷纷发表评论文章，连茅盾、老舍也写了评介文章。紧接着，臧克家又出版了第二部诗集《罪恶的黑手》。朱自清说过，以臧克家为代表的诗歌出现后，中国才有了有血有肉地反映农村劳苦民众生活的诗歌。这些诗被闻一多称为"最有意义的诗"。

臧克家与王统照合影

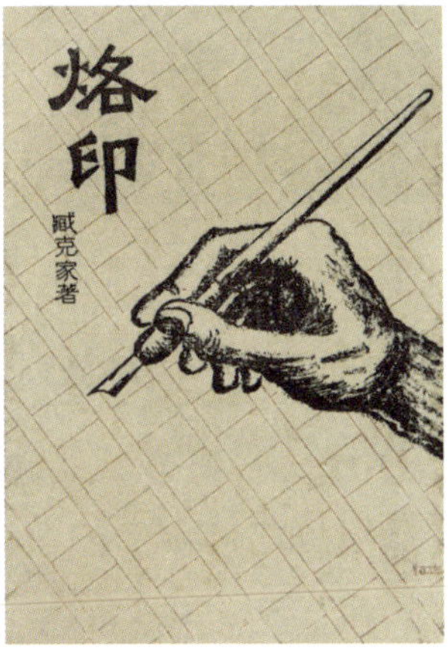

《烙印》书影

庄孝僡(1913.9.23 ~ 1995.8.26)，山东莒南人，实验胚胎学家。1931年考入国立青岛大学生物系，1935年毕业后留校任教。1939年获德国慕尼黑大学动物学博士学位，曾在德国弗赖堡大学任教。1946年任北京大学教授。中华人民共和国成立后，曾任中科院实验生物研究所研究员、副所长、所长，上海细胞生物学研究所研究员、所长，中科院生物学学部委员，中国细胞生物学会理事长。在实验胚胎学研究领域，他的研究对胚胎诱导作用的生理机制的继续探索和早期胚胎神经通路的创造性研究作出了贡献。曾任第三届全国人大代表，第五、六届全国政协委员。

◎中国奥运先驱

国立青岛大学是中国奥林匹克运动的重要发源地之一。1932年，在中华全国体育协进会会长张伯苓、郝更生、宋君复等人的推动下，宋君复带着刘长春代表中国首次参加奥运会。此后，国立山东大学体育馆成为参加第十一届奥运会的中国运动员的集训基地。宋君复是中华人民共和国成立前唯一参加过三届奥运会的中国人。

宋君复(1897～1977)，浙江绍兴人，著名体育家、教育家。1916年留学美国，先后在柯培大学、麻省春田学院学习。1924年回国，先后在蕙兰中学、沪江大学、沈阳东北大学等校任职。1932年5月任国立青岛大学体育教授，次年任体育部主任。在山东大学任教期间推动修建了我国第一座“奥运”建筑——青岛体育场，分别于1932年、1936年和1948年率队征战第十、十一和十四届奥运会，成为中华人民共和国成立之前唯一参加过三届奥运会的中国人，培养了我国早期一批体育人才，为我国现代体育事业的发展作出了卓越的贡献。1949年调任北京师范大学体育系教授，曾任北京体育学院体育系主任、副院长。著有《体育原理》《刘长春短跑》《女子篮球训练法》《女子垒球训练法》《第十届世运会各国著名田径选手电影姿势图》等作品。

张学良（中）接见即将参加第十届奥林匹克运动会的宋君复（左一）、刘长春（左二）、郝更生（右二）等。

1932 年 7 月 8 日，宋君复作为中国体育代表团教练，率领中国第一位参加奥运会的选手、他的学生刘长春出征美国洛杉矶，参加第十届奥林匹克运动会。途经日本长崎港时，他们拒绝上岸，以抗议日军侵略我国东北的罪恶行径。宋君复在美国还参加了世界青年大会举办的演讲，揭露“九一八”事变真相。

1932 年 7 月 30 日，在第十届洛杉矶奥运会的入场式上，中国代表队的 6 个人第 8 个入场，刘长春举旗走在前面，紧跟在后面的是教练员宋君复、中华全国体育协进会总理事长沈嗣良、中国留美学生代表刘雪松、旅美学者申国权、上海西青体育主任托平。此时，华侨观众都站起来，向代表队挥手，很多人都流下了激动的泪水。一个全世界人口最多的国家却只有 6 位代表出场，不免让人感觉有些悲凉，但宋君复带着他的弟子刘长春勇敢地走出了中国人搏击奥运赛场的第一步。

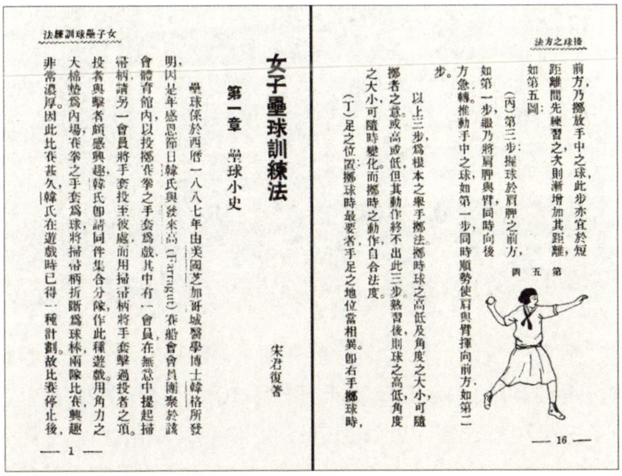

女子壘球訓練法

女子壘球訓練法

第一章 壘球小史

宋君復著

壘球係於西曆一八八七年由美國芝加哥城醫學博士韓格所發明，因是年感恩節日韓氏與發來高（Farragut）划船會會員團聚於該會體育館內，以投擲划拳之手套爲戲，其中有一會員在無意中提起掃帚柄，請另一會員將手套投至彼處，而用掃帚柄將手套擊過投者之頂。投者與擊者頗感興趣，韓氏即請同伴集合分隊，作此種遊戲。用角力之大棉墊爲內場，划拳之手套爲球，將掃帚柄折斷爲球棒，兩隊比賽，興趣非常濃厚。因此比賽甚久，韓氏在遊戲時已得一種計劃，故比賽停止後，

— 1 —

接球之方法

前方，乃擲放手中之球，此步亦宜於短距離間先練習之，次則漸增加其距離，如第五圖：

（丙）第三步：握球於肩胛之前方，如第一步，繼乃將肩胛與臂，同時向後方急轉，推動手中之球，如第一步，同時順勢使肩與臂揮向前方，如第二步。

以上三步，爲根本之舉手擲法。擲時球之高低及角度之大小，可隨擲者之意，或高或低，但其動作終不出此三步。熟習後，則球之高低，角度之大小，可隨時變化，而擲時之動作，自合法度。

（丁）足之位置：擲球時最要者，手足之地位當相異。即右手擲球時，

第五圖

— 16 —

宋君复著《女子垒球训练法》内页

宋君复根据洛杉矶奥运会体育场的样式，设计了中国第一座“奥运样式的体育场”——青岛体育场，采用了当时最先进的 400 米篮曲式跑道，直道 8 条，弯道 6 条，中间是足球场，看台上可容纳 1.5 万名观众。此后国内的许多重大赛事都在此举办。1933 年 7 月在青岛举行的第 17 届华北运动会上，宋君复的弟子刘长春以辽宁选手的身份夺得 100 米、200 米短跑两项冠军。

先进的体育场馆、适宜的气候、体育名家的指导，使山东大学成为参加第十一届奥运会的中国奥运团队的首选集训基地。1935 年夏天（7 月 10 日至 8 月 20 日），中华全国体育协进会在山东大学举办了田径和篮球夏令营集训班，为准备参加柏林第 11 届奥运会选拔人才。山东大学体育场成为训练场馆，包括刘长春在内的许多田径运动员在宋君复指导下进行训练。宋君复还担任了第十一届奥运会中国代表团篮球队的指导，并获得了国际篮球裁判资格。

1936 年 8 月 1 ~ 16 日，第十一届奥运会在德国柏林举行。宋君复、董守义、舒鸿 3 人受全国体育协进会的委派选拔和筹组中国篮球队，由宋君复带领中国男篮随中国体育代表团出征柏林。

现位于中国海洋大学鱼山校园内的纪念石刻

郝更生（1899 ~ 1975.10），原名郝延浚，幼时顽皮溺水，死而复生，故改名更生。江苏淮安人，著名体育家，毕生致力于体育的教学和推广。1919 年赴美国学习土木工程，后转入春田大学专攻体育。1923 年学成回国，先后在苏州大学、清华大学、东北大学等高校担任体育教授。曾负责主办第三届、第六届和第七届全国运动会。1932 年 5 月赴国立青岛大学任教，担任体育部主任兼群育主任。1933 年调任教育部体育督学兼国民体育委员会主任，主管全国体育行政工作，在任期间积极倡导群众性体育运动和开展体育学术研究工作，为我国现代体育的发展起了巨大的推动作用。

郝更生与宋君复、刘长春合影

郝更生与高梓夫妇

陈寅恪一家人合影

高梓于1932年在山东大学任教，兼青岛私立文德女子中学校长。她早年就读于美国威斯康辛大学，是女子篮球队的中锋。郝更生在留美学生中专攻体育，两人都小有名气，互相倾慕，但没有机会见面。回国后高梓任北京国立女子师范大学体育系主任。1924年在武汉举行第三届全国运动会时，主持筹备的郝更生与华东女子手球队领队高梓第一次见了面，两人一见如故。经过努力追求，郝更生“从千军万马中杀出来”，终与高梓结为百年之好。他的“怕老婆哲学”曾传为美谈。还有一件趣事是在郝更生追高梓的过程中，为陈宝箴（曾任湖南巡抚）的孙子陈寅恪牵线搭桥认识了高梓的闺蜜、唐景崧（曾任台湾巡抚）的孙女唐筼，终使两位大龄青年喜结连理。

◎抗日救亡

正当办学有序进行，开始有起色之时，1931 年，“九一八”事变爆发。面对日本帝国主义的侵略与国民党政府的不抵抗政策，广大学生义愤填膺。爱国进步学生俞启威（黄敬）、杨翼心（杨希文）、李仲翔（李林）、王弢（王林）等人于 10 月 1 日发起成立了反日救国会，由教育学院学生李仲翔任主席，选出 15 人组成执行委员会，杨振声和少数教职员也被选为执委，组织开展抗日救国活动。他们上街宣传抗日，抵制日货，并组成 179 人的请愿团，由许星园、俞启威、李仲翔为中队长，杨希文、魏少钊为领队，于 12 月 2 日南下南京请愿，要求国民政府停止内战，一致对外，团结抗日，收复东北失地。由于上海、南京、青岛等地学生先后请愿和游行，蒋介石被迫到中央军校大礼堂接见来京请愿的学生。

“九一八”残历碑

学生南下请愿

南下请愿团举行游行集会

时任中共青岛市委书记李春亭（祖茂林，1901 ~ 1933）

俞启威 (1912 ~ 1958.2.10)，又名黄敬，浙江绍兴人，政治家。1931 年考入国立青岛大学物理系，1932 年加入中国共产党，任国立山东大学地下党支部书记、中共青岛市委宣传部部长。1935 年转入北京大学数学系。曾任中共北平市委宣传部部长、市委书记，平原分局书记、平原军区政委、华北人民政府企业部部长，天津市委书记兼市长，第一机械工业部部长、党组书记等。

1932 年春，为进一步宣传中国共产党的主张，国立青岛大学党支部组织了“读书会”“时事讨论会”，并成立了“海鸥剧社”，通过演出宣传进步思想。但是，当局却让学校取缔图书馆中的进步书刊，这引起进步学生强烈不满。6 月，学生成立“非常学生自治会”，要求校方取消“学分淘汰制”、学生住宿费，以及图书馆学术公开等，在遭校方拒绝后，学生开始罢课。

◎国立山东大学成立

面对学潮，曾是五四运动闯将的杨振声校长左右为难。他曾暗地里拿出五百块大洋作为学生南下请愿的盘缠，但又面临不得不执行当局命令的局面，再加上赴南京清算积欠经费未果，所以他多次提出辞职。1932 年 7 月初，在学生罢课运动处于高潮之际，教育部曾有停办该校之议，后接受山东省政府的建议，组建国立青岛大学整理委员会，对学校进行“整理”，整理委员会委员有蒋梦麟、丁惟汾、沈鸿烈、王向荣、何思源、赵太侔等。决定停办教育学院，增设工学院、农学院，工学院设土木工程学系和机械工程学系，农学院在济南设研究部与推广部，暂不招本科生。文、理两院合并为文理学院，数学、物理两系合并为数理学系，一年后又重新分开。9 月初，国民政府行政院会议决定将国立青岛大学改为国立山东大学，批准了杨振声的辞职申请，教务长升任校长。9 月 30 日，南京政府正式任命赵太侔为国立山东大学校长。

赵太侔 (1889 ~ 1968)，原名赵海秋，字太侔，山东益都人，著名戏剧家、教育家。1918 年毕业于北京大学英文系，1919 年留学美国哥伦比亚大学研究戏剧，攻读硕士学位。曾任北京艺术专门学校教授兼戏剧系主任、北京大学讲师、山东省第一中学校长、山东省实验剧院院长。1930 年任国立青岛大学文学院教授，1931 年任教务长。1932 ~ 1936 年、1946 ~ 1949 年两次担任国立山东大学校长。在职期间，重视师资建设，实施教授治校，增加系科设置，提高教学质量；勤俭办学，治学严谨，学风优良，促成了山东大学百廿校史上的第一次辉煌。赵太侔晚年倾心于汉字改革研究，取得了重要成就，在“文革”中遭受迫害，于 1968 年 4 月含冤去世。1979 年 10 月得以平反昭雪，名誉恢复。赵太侔先生为山东大学的发展殚精竭虑，建树累累，为后人所铭记。

赵太侔塑像

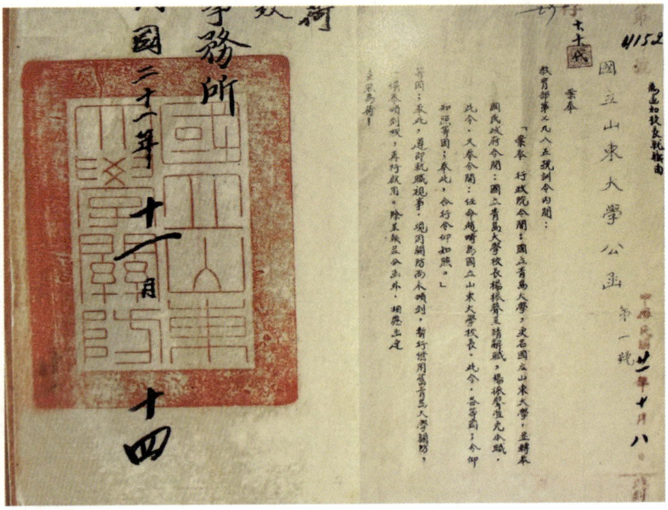

国立山东大学公函 第一号

教育部第五九八五号训令内开：

「案奉 行政院令开：国立青岛大学，更名国立山东大学，並将本

国民政府令开：国立青岛大学校长杨振声呈请辞职，杨振声准免本职，

此令。又奉令开：任命赵畸为国立山东大学校长。此令。各等因；合仰

知照等因；奉此，合行令仰知照。」

等因；奉此，遵即就职视事。现因关防尚未颁到，暂行借用旧青岛大学关防，

一俟奉颁到校，再行启用。除呈报并分函外，相应函达

查照为荷！

国立山东大学遵国民政府教育部令启用“国立山东大学关防”

国立山东大学校门

20 世纪 30 年代的国立山东大学校园

◎办学特色

■ 文、理学院合一，理、工学院合办，是国立山东大学两大办学特色。教育部对此评价：“事属新创，用意尚佳。”国立山东大学的院系设置得到了蔡元培先生的认可，他在 1934 年 9 月 21 日国立山东大学成立四周年纪念会上的演讲中说：“山大还有几点特色，是其他各大学少有的……第一，文学院与理学院合并为文理学院——因为文理不能划得界限太清楚了，譬如有许多科目，过去都划在文科里，现在却都归为理科了；如果文理两院合并，自然可以使文科的学生不致忽略了理科的东西，理科的学生也不致忽略了文科的课程。所以，山大合并来办是非常好的。第二，是理工两学院都在一处来办！我们知道工与理的关系，是非常密切的，工就是理的应用，理就是工的基础，两个东西是不应分开的。现在山大将两院在一起来办，自然很经济，而且很容易得到好的成绩的。”

——《国立山东大学周刊》1934 年 9 月 24 日第 85 期

■ 国立山东大学组织系统图

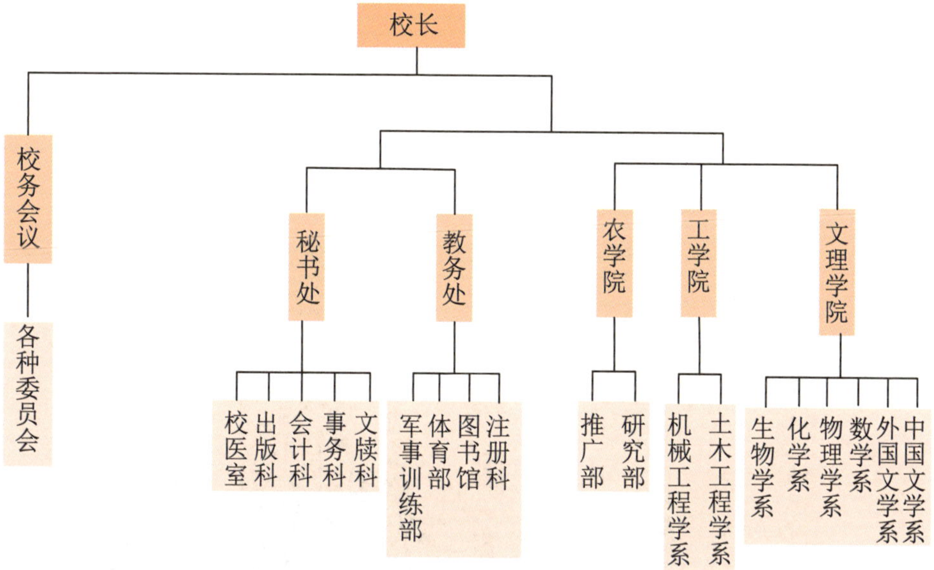

◎学校建设

■ 赵太侔校长仿效前任校长杨振声的治校理念，在严把教学关的同时，注重培养学生的学术能力。为此聘请各领域知名学者扩充教师队伍，可谓是人才济济、阵容强大，学校的学术氛围日益浓厚。教师职称分为教授、讲师和助教三类。学校专门设置教授聘任委员会，秉持宁缺毋滥的原则。教授任满一年后，续发聘书，以使他们能安心科研工作。教授与讲师才有资格为学生上课，教授每周授课 9 至 12 小时。助教只能带领学生做实验、实习，批改作业，担任教授的助手。1934 年，全校有教授 51 人、讲师 47 人、助教 38 人。这是山东大学发展史上的一个重要时期，国立山东大学与国立青岛大学共同创造了山东大学历史上的第一次辉煌。

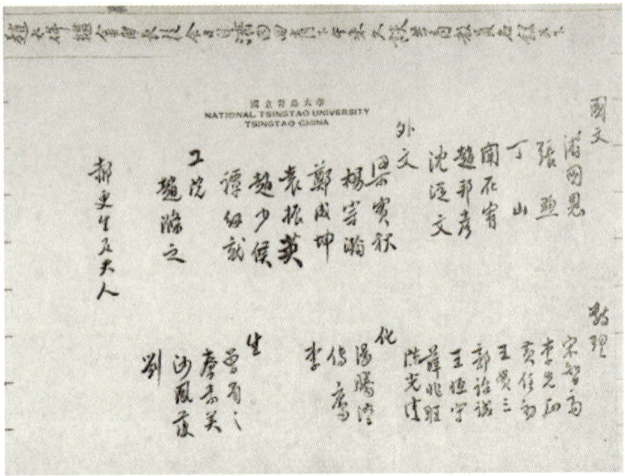
NATIONAL TSINGTAO UNIVERSITY
TSINGTAO CHINA

1932 年 9 月 6 日，黄际遇在《万年山中日记》中提到的教员名录。

◎新建馆舍

■ 从 1932 年年底到 1937 年 7 月，先后建成科学馆（数学系、物理学系、生物学系合用）、体育馆、工学馆、化学馆、水力实验室、实习工厂等。到 1936 年，学校已建了 43 个实验室和研究室，仪器多为国外进口，较为先进，一些设备，特别是海洋水产设备为国内大学所少见，极大地改善了办学条件。

科学馆

工学馆

化学馆

实习工厂

实验室

研究室

图书购置

学校节省行政费用，广购图书。据有关单位统计，至1936年，馆藏图书已达87805册，其中中文图书65287册，外文图书22518册，另有中外文杂志1208种、54116册。图书馆共三层，包括书库、阅览室、杂志室、善本书室，阅览室和杂志室可同时容纳百余人。1936年，到图书馆阅览的师生达7万余人次，借阅图书累计4万余册，体现出山大人看书多的特点。

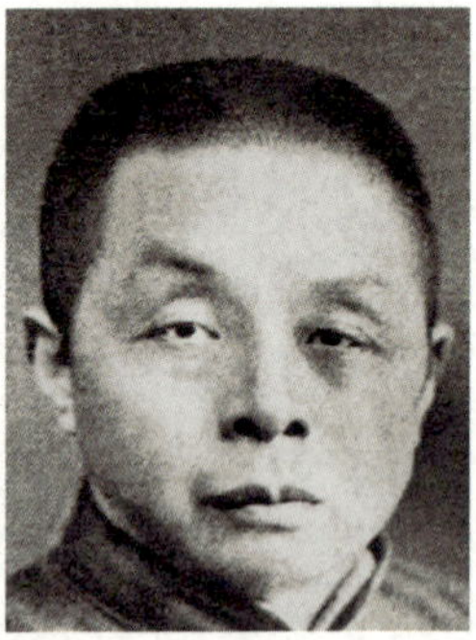

1935年，胡文玉任中文系教授兼图书馆馆长。

化学系图书室

◎学术交流

学校为鼓励学生搞科研，创办了《科学丛刊》与《文史丛刊》。这一时期学生中也涌现出众多学术、文艺社团，有的也出版刊物，比如励学社与刁斗文艺社。励学社创办的《励学》杂志很有影响力，就连美国华盛顿国会图书馆也曾全份订阅该刊。刁斗文艺社则创办了《刁斗》杂志。此外，各类团体还与报社合作出版周刊，如《社会与文学》周刊、《大众科学》周刊、《文刊》周刊、《新地》周刊等。学校还有《国立青岛大学周刊》《国立山东大学周刊》等校刊。这些刊物的发行在一定程度上促进了山东科学艺术的发展及科学知识的普及。

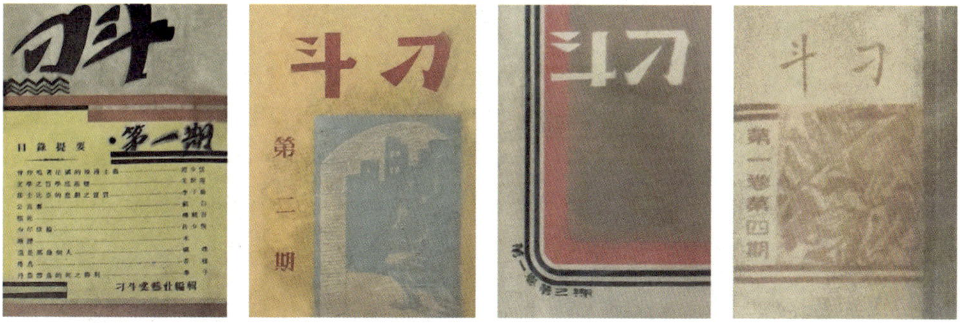

《刁斗》（1～4期）书影

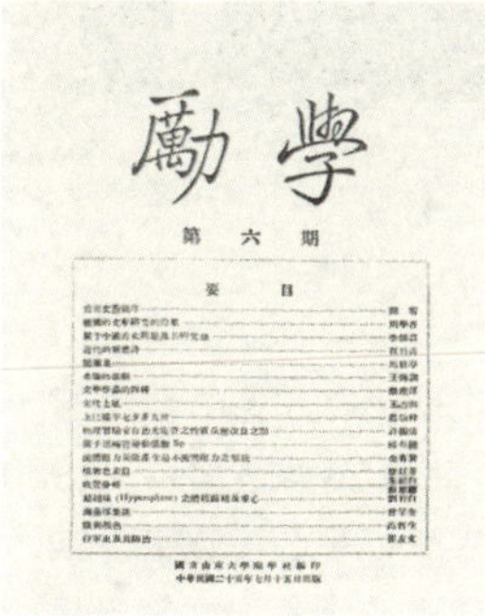

《励学》书影

《科学丛刊》《文史丛刊》等书影

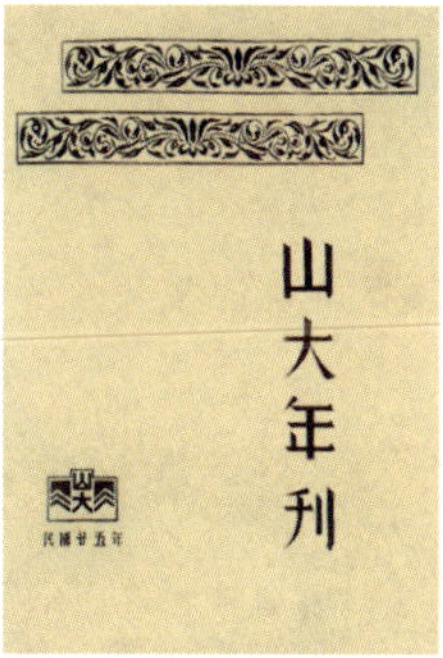

《山大年刊》书影

这一时期，各系师生也组建了相应的学术团体，如国文学会、数理学会、数学讨论会、物理读书会、化学社、生物学会、机械学会等，一般两周开一次会，团队成员轮流作学术报告。化学社还创办了《化学杂志》季刊，工学院创办了《山大工程》半年刊，图书馆随校刊创办了《图书馆增刊》。学校在每周一的“总理纪念周”集会上设置学术讲演，除了本校教师外，还邀请校外著名专家学者来校讲学和作学术报告。

◎文理学院

■ 中国文学系先后聘教授、副教授 15 人，讲师 8 人，助教 3 人，闻一多、张煦、施畸、郝昺衡先后担任中文系主任。所上课程包括国文、英文、第二外国语、自然科学、社会科学、文字学、中国通史、名著选读、音韵学、先秦文、诗、中国文学史、目录学、汉魏六朝文、词、小说、唐宋以降文、戏曲、文学批评、毕业论文指导等。

中文系教师

张煦 (1893 ~ 1983)，字怡荪，四川蓬安人，著名藏学家、语言学家。1917 年以第一名的成绩考入北京大学国学系，1920 年毕业并留校任教。1928 年执教于清华大学，受陈寅恪的影响，对藏学研究产生了浓厚的兴趣。1932 年任山东大学中文系教授、主任及校务委员。在山东大学工作期间出版了《〈玉篇〉原帙卷数部第叙说》。1938 年，编就第一本藏汉辞书《藏汉集论词汇》，并在成都创办西陲文化院，自筹经费开展藏学研究。1939 年，《汉藏译名大辞汇》编写成功。1945 年，《藏汉大辞典资料本》搜集整理完毕。1964 年《藏汉大辞典》初稿完成，1985 年正式出版，意义非凡。张煦因研究《老子》而与梁启超结交，传为学术界佳话。

老舍（1899.2.3 ~ 1966.8.24），原名舒庆春，字舍予，另有笔名絜青、鸿来、非我等，北京人，中国现代小说家、作家、语言大师、人民艺术家。1930 年在齐鲁大学任教，1934 年任国立山东大学中文系教授，期间创作了《大明湖》《牛天赐传》《骆驼祥子》等多部长、短篇小说。1938 年担任“全国文艺界抗敌协会”负责人。1951 年因创作话剧《龙须沟》被授予“人民艺术家”荣誉称号，也是中华人民共和国第一位获此殊荣的作家。曾任中国文联副主席、北京市文联主席、中国作协副主席等职。老舍的作品擅长通过日常平凡的场景反映下层人民的贫苦生活及其悲惨命运。著有长篇小说《骆驼祥子》《老张的哲学》《四世同堂》等，中篇小说《正红旗下》《鼓书艺人》《我这一辈子》等，剧本《龙须沟》《茶馆》等，报告文学《无名高地有了名》等，短篇小说集《集樱海集》《东巴山集》等，中篇小说集《月牙集》。

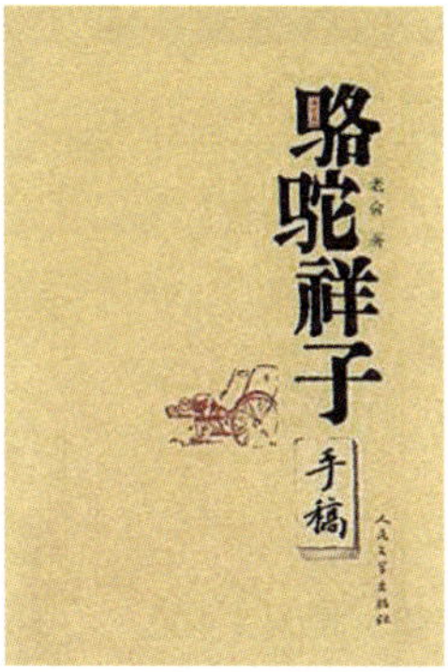

1936 年 9 月 16 日，《骆驼祥子》开始在上海《宇宙风》半月刊第 25 期上连载，每期登一章，全书二十四章，正好一年登完。没想到 1937 年 7 月 7 日卢沟桥事变爆发，《宇宙风》在上海的抗战中停了一个月，延期刊完了全文。老舍一家也匆忙离开青岛，回到济南齐鲁大学。因交通不便，老舍先生没能见到这部“笔尖上能滴出血与泪”的作品的结尾。

游国恩（1899 ~ 1978.6.23），字泽承，江西临川人，著名文学史家、楚辞研究专家。1920 年考入北京大学中文系预科，开始从事中国古典文学研究。1929 年，受闻一多聘请，到武汉大学任教。1931 年至 1936 年在国立青岛大学、山东大学任教，先后任中文系讲师和教授，讲授中国文学史、楚辞、唐宋以降文等。除了教学，还进行《楚辞》研究。因教学认真负责，深受学生欢迎，离开山大时，同学们都来送行，并送给他一枚刻有“教导有方”的银盾。后因时局变化，辗转西南地区，教学之余考察研究当地风土人情，曾先后于华中大学、西南联合大学任教。1946 年随西南联大迁回北京，后一直任教于北京大学。毕生从事教学和学术研究，对中国古代文学，特别是对《楚辞》的研究作出重大贡献，著有《楚辞概论》《先秦文学》《中国文学史》等。

《先秦文学》书影

《读骚论微初集》书影

黄孝纾（1900 ~ 1964），字颙士、公渚，号匑厂，福建闽侯人，著名词赋家、书画家、古典文学家。曾任北京大学、北京师范大学教授。1934 年任国立山东大学中文系教授，讲授古典文学、目录学。他精通韵律，擅写诗、词、赋，对版本目录学、古文献学、金石学研究颇深。他的诗词文章、绘画、书法因造诣高而誉为“三绝”。在山东大学中文系，与冯、陆、高、萧合称“五岳”。执教山东大学大半生时间，定居青岛，酷爱崂山，别号“辅唐山民”。主要著作有《匑厂文稿》《崂山集》《碧虑商歌》《周礼选》《晋书选》《周秦金石文选评注》《玉台新咏选》《钱谦益文选》《嘉业堂藏书纪略》《延嬉室书画经眼录》等。

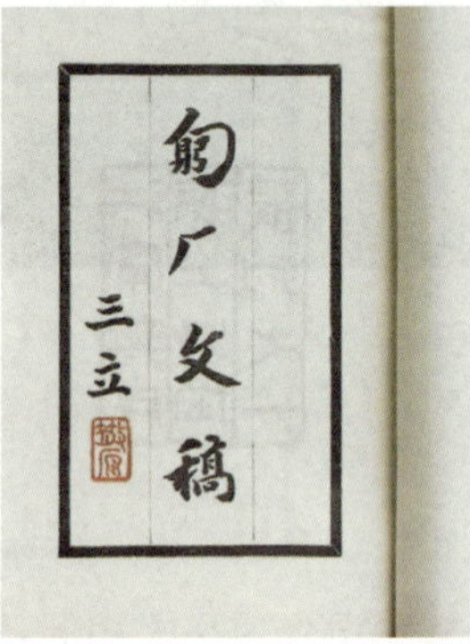

《匑厂文稿》书影

黄孝纾绘的“拟古山水六条屏”之一

闻宥（1901 ~ 1985.9），字在宥，号野鹤，上海松江人，著名文字学家、文物考古学家、民族语文学家。1920 年，进入上海震旦大学（教会学校）文法学院就读，在此期间练就了坚实的外语功底。早年在上海申报馆、商务印书馆工作。1929 年任广州中山大学文史科副教授、教授兼预科教员。1932 年，在青岛山东大学文学院任中国文学系教授。1933 年秋至 1935 年夏，又任北平燕京大学国文系副教授兼北平大学女子文理学院教授。1935 年秋重返山东大学任教授，主讲文字学。曾在四川大学、云南大学、华西协合大学任教，曾任中国文化研究所所长、博物馆馆长。1955 年任中央民族学院教授。论著《论民族语言系属》《羌语比较文法》《保罗译语考》《评托玛斯南语——汉藏边区一种古语》等为他赢得国际声誉，并被评选为法国远东博古学院通讯院士、西德德意志东方学会会员、土耳其国际东方研究会会员。

丁山（1901 ~ 1952），安徽和县人，中国历史学家、古文字学家。1924 年考取北京大学研究所国学门研究生。1926 年任厦门大学助教，1927 年任中山大学教授，与鲁迅、顾颉刚、陈功甫等名家是同事。1929 年至 1932 年任中央研究院历史语言所研究员。1932 年任国立山东大学中文系教授。1946 年重返国立山东大学任教授。研究领域广泛，研究重点曾由古文字、音律研究转向甲骨文考释再到商周历史与文化研究，对我国甲骨学研究作出了重大贡献，为学富有探索精神，风格独特。著有《吴雷考》《新殷本纪》《商周史料考证》《甲骨文所见氏族及其制度》等。

栾调甫 (1889 ~ 1972)，名廷梅，号山东伧子，山东蓬莱人，著名经学家、文字学家、墨学大师。年少时专注国文与英文学习，成绩斐然。1920 年任齐鲁大学博医会编辑，1925 年任齐鲁大学文学院教授和国学研究所主任。1936 年任山东大学教授，1938 年任山东大学图书馆馆长。1940 年复任齐鲁大学国学研究所主任。中华人民共和国成立后曾任山东省博物馆馆长、山东省文史研究馆馆长、中国科学院山东分院历史研究所研究员、山东省政协常委委员等。栾调甫一生醉心于先秦墨学和中国古文字学研究，撰写了多部理论著作。他爱好典籍收藏，曾藏书数万册，并将全部家藏古籍 4705 册于 1967 年捐献给国家，极大地充实了国家的古籍藏书。

梁启超

栾调甫年少时随父亲到上海一个书店当学徒，立志破解《墨经》。在齐鲁大学代课、兼管校门时，对梁启超的《墨经校释》一文有自己的见解，写成《读梁任公〈墨经校释〉》一文。梁启超读后大为折服，1925 年亲自来齐鲁大学拜访栾调甫。由于梁启超的慕名拜访，栾调甫声名大震，遂于 1925 年受聘为国文系教授。栾调甫对经学、文字学、版本目录学、金石学、农学等也颇有研究。著有《墨子讲义》《论语研究》《历代书籍制度考》《齐民要术考证》《如何承受西方科学》《守旧的中国》等。在山东大学任教期间创立“字系说”，并著《说文解字补正》。

台静农 (1903 ~ 1990)，字伯简，安徽霍邱人，著名作家、文学评论家、书法家。北京大学研究所国学门肄业，奠定了国学基础。1925 年与鲁迅、李霁野、曹靖华等成立“未名社”，创作以短篇小说为主，兼写诗歌、散文，多载于《莽原》《未名》半月刊。1927 年后执教于辅仁大学、齐鲁大学，1936 年任国立山东大学中文系教授兼齐鲁大学教授。1946 年任台湾大学中国文学系教授、系主任，长达 20 年之久。台静农治学严谨，在文学、艺术、经史等多个领域均涉之甚深，并以文章书画高绝驰名，著有《静农论文集》《静农书艺集》《台静农散文集》《台静农短篇小说集》等。

罗玉君 (1907 ~ 1987) 获得法国国家文学博士学位后，随丈夫、天文学家李珩于 1933 年 10 月来到国立山东大学，1935 年 10 月任职中文系讲师兼女生指导。在山东大学她开始翻译《红与黑》。她说："一直到一九三二年我结婚，一九三三年我回国，定居在绿油油的青岛后，我又才重理旧业。那时我在山东大学教课之暇，总是临窗伏案，做这种翻译工作。不料七七事变起了，卢沟桥的炮声，不但毁灭了我们青岛理想的乐园，也打断了我的《红与黑》译本的繁华的梦幻。" 但是，不论生活多么艰难，她都没有放弃翻译工作。在整个抗战期间，一直把《红与黑》的译稿随身带着，"与《红与黑》做着好朋友"。直到 1947 年夏天才翻译完毕。译作出版后深受读者喜爱，流传至今。

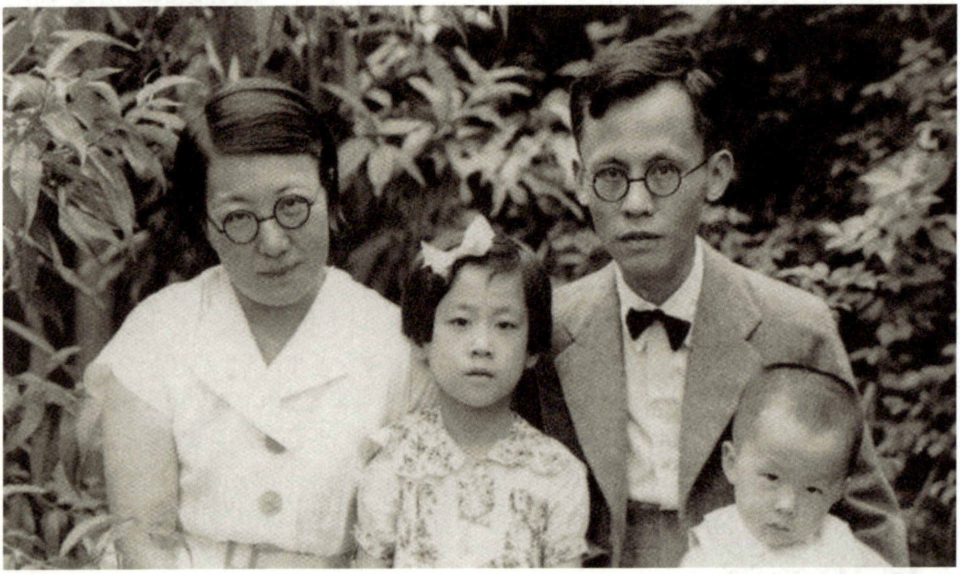

李珩、罗玉君夫妇一家

徐中玉 (1915.2.15 ~ 2019.6.25)，江苏江阴人，我国著名文艺理论家。1934 年进入国立山东大学中文系学习，1941 年任职于中山大学中文系，1946 年任职于山东大学中文系。著有《论苏轼的创作经验》《关于鲁迅的小说杂文及其他》《古代文艺创作论》《美国印象》《古文鉴赏大辞典》《近代文学大系文学理论卷》等，书中观点新颖而独特，见解深刻而全面，具有极高的学术价值。徐中玉勇于探索，坚持真理，贫贱不移，威武不屈，彰显着学者广阔的胸怀。他主编的《大学语文》影响了几代学子。

■ 外国文学系先后聘教授12人，讲师14人，助教2人，兼职教授、讲师19人，系主任先后由梁实秋、洪深、凌达扬担任。外文系只有英文一个专业，其他外国语（法语、德语、日语）都是作为第二外国语开设的。除本系课程外，该系还担负着全校的公共英文及第二外国语课程的教学任务。由于课程任务繁重，所以聘请的教师人数也较多。所开课程包括国文、一年英文、自然科学、一年第二外国语、古犹太文学、二年第二外国语、社会科学、希腊神话、美散文阅读（二年英文）、英国文学史、英诗选读、戏剧选读、中国文学史、英国散文选读（三年英文）、小说选读、欧洲文学史、现代欧美文学、浪漫诗人、莎士比亚、西洋文学批评史、毕业论文指导等。

赵少侯教授

李茂祥教授

葛其婉教授

王国华讲师

周学普讲师

洪深（1894.12.31 ~ 1955.8.29），学名洪达，字伯骏，号潜斋，别号浅哉，江苏常州人，电影戏剧理论家、剧作家、教育家、社会活动家、导演，中国电影的开拓者。1912 年考入清华学校，开始了戏剧的学习与创作活动。1916 年入美国俄亥俄州立大学学习陶瓷，1919 年入哈佛大学戏剧训练班，改学文学和戏剧。1925 年，创建了中国第一个正规电影学校——中华电影学校。1930 年参加了中国共产党领导的“左联”和“剧联”，结识了田汉、茅盾等一批志同道合的朋友，接受了无产阶级思想的洗礼，其作品也进入了新的创作时期。1934 年，洪深任山东大学外文系主任，在教课之余带领师生导演并演出话剧《寄生草》，创作《劫后桃花》，这是我国第一部正规的电影文学剧本，反响巨大，对抗日的宣传有重要作用。洪深一生创作电影剧本 38 部，导演电影 9 部，导演话剧 55 部，著有《洪深戏剧理论文集》《电影戏剧表演术》等多部理论著作，用自己的艺术实践推动了中国电影事业的发展。曾任中国剧协副主席，中国对外文化联络局局长兼中国对外文化协会副会长。

袁振英（1894 ~ 1979），曾用名震瀛、震英，广东东莞人，是中国共产党和社会主义青年团的创始人之一。1915 年考入北京大学文学院，1920 年加入上海共产党早期组织，并随陈独秀到广州参与建立广州共产党早期组织。1921 年任广东省第一中学校长，并负责《新青年》“俄罗斯研究”的编辑与撰稿工作。1933 年应赵太侔校长的邀请到国立山东大学任英文教师，主讲“英文”“莎士比亚”以及与西方相关的“文学史”等课程，同时还承担其他院系的公共英语课程教学。他学识广博，外文造诣深厚，讲解细致透彻，时代气息浓厚，深受学生欢迎。中华人民共和国成立后，在周恩来总理的帮助下，袁振英解决了失业难题，并于 1953 年调往广东省文史馆工作。

水天同（1909 ~ 1988），甘肃兰州人，著名莎学专家、翻译学家、教育家。1923 年考入清华大学，1929 年留学美国，1931 至 1933 年就读于哈佛大学研究院，获得该校硕士学位。1934 年经梁实秋推荐，担任国立山东大学外文系讲师。之后任职于北京师范大学、中国大学、云南省立英语专科学校、兰州大学、西北大学、北京外国语学院等。水天同外语造诣深厚，精通多国语言，醉心于莎士比亚研究，拥有一颗火热的爱国之心，全心全意培养国家急需的翻译人才，为此贡献了自己的智慧和力量。

数学系先后聘教授、副教授 7 人，讲师 5 人，助教 1 人，系主任先后由黄际遇、李达、周绍濂担任。所开课程：必修课包括微积分、解析几何、初等方程式论、微分方程式、高等代数学、射影几何、无穷级数、复元函数论、近世代数学、微分几何、数学问题讨论（上、下）、实元函数论、高等几何、数论。选修课方面：分析组包括定积分、积分方程式、点集论、变分子、全函数、椭圆函数、代数函数论、多元函数论、连续群论；代数组包括行列式与矩阵、方程式论、代数不变量、群论、数的几何；几何组包括非欧几何学、向量分析、几何通论、形性论；应用数学组包括概算、最小自乘法、统计学、保险算。

李达(1905 ~ 1998)，字仲珩，湖南平江人，世界著名数学家、物理学家、航天航空专家。毕生致力于数学、航空航天等相关领域的研究，取得了以“马赫单元方法”等为代表的一系列重要科研成果。1927 年毕业于国立东南大学，1928 年赴德国慕尼黑大学深造，1933 年获博士学位。1934 年 8 月任国立山东大学数学系教授、代系主任。在山东大学任职期间，对待学生严肃认真，通过启发式教学提高学生的学习积极性，指导的学生王熙强获得全国数学评选一等奖。他通过翻译柯朗的《微积分》等教材开阔了学生的国际视野，有力地推动了山东大学数学的发展。

陈传璋(1903.4 ~ 1989.1.9)，安徽怀宁人，著名数学家。1924 年考入中央大学，1930 年留学法国，1935 年获博士学位，回国后任国立山东大学教授，1938 年随校迁往四川。1952 年调任复旦大学数学系工作，并长期担任数学系主任。毕生致力于积分方程和广义解析函数等相关方面的研究，编撰有《积分方程论及其应用》等代表性学术著作。

李先正讲师

李蕃讲师

宋鸿哲讲师

王熙强助教

■ 物理学系最初只有王普一位讲师，后增教授、副教授10人，讲师3人，助教11人。蒋德寿、王恒守、方光圻、潘祖武先后担任系主任。1935年起，二年级以上分物理组与天文气象学两组。物理组所授课程：必修课包括普通物理、普通物理实验、力学、磁电学、磁电学实验、原子物理概论、光学、光学实验、物性学、热与热力学、物性与热学实验、无线电学、无线电学实验、近代物理选读、近代物理实验、专题研究；选修课包括应用电学、实验室技术学、航空力学、量子论大意、无线电工程、气体运动论、X光线及放射学、弹道学、理论物理、电力学、电振动与真空管及实验、原子核物理。

天文气象学组所授课程：必修课包括普通物理、普通物理实验、力学、气象学、普通天文学、普通天文学实习、光学、光学实验、热与热力学、天体力学、气象观测法、气象观测法实习、磁电学、磁电学实验、天体物理学、天体物理学实习、实用气象学、实用气象学实习、专题研究；选修课包括轨道计算法、日月蚀计算法、海洋学大意、恒星统计学。

物理学系教师合影

王恒守(1902 ~ 1981)，字咏声，海宁斜桥人，物理学界的先驱之一。毕业于中央大学数学系，后远赴美国哈佛大学研究生院继续深造，攻读理论物理。1932 年回国，先后任职于山东大学、南开大学、广西大学、中央大学、南京大学、复旦大学、安徽大学、国家海洋局第二海洋研究所。曾担任全国物理学会理事、上海市江湾区人民代表、上海市政协委员、浙江省政协委员等。长期致力于物理学的教学与研究工作，主持“数学物理方法”课程，教学方法灵活多样，见解独到，善于提出新观点，代表作品有《力学之部》《从相对论到量子论》《原子能辐射原理和防避法》《波浪发电的原理设计》等。关心学生，耳提面命，不辞辛劳；提携帮助年轻教师，助力其成长。虽被错划为“右派”，“文革”期间又遭受迫害，但仍初心不改，兢兢业业，为我国物理事业的发展贡献了毕生力量。

任之恭（1906.10.2 ~ 1995.11.19），山西沁源人，著名物理学家。1926 年毕业于清华大学，后赴美留学。1928 年获麻省理工学院电机学士学位，1929 年获宾夕法尼亚大学无线电硕士学位，1931 年获哈佛大学物理学博士学位并留校任教。1933 年回国任国立山东大学物理系教授，在山东大学物理系讲授近代物理、光的电磁理论、量子论等课程，培养了一批优秀的青年人才。1934 年后任清华大学物理系教授、无线电研究所所长、西南联合大学物理系教授等职。1946 年任哈佛大学电子学讲师，1950 年到霍普金斯大学应用物理实验室工作。1972 年冲破重重障碍，率领美籍华人学者参观团访问中国，受到周恩来总理等党和国家领导人的亲切接见。毕生致力于量子力学和波谱学等相关领域的研究，编撰有《微波量子物理学》等代表性学术著作。

任之恭与王淦昌合影

王淦昌（1907.5.28 ~ 1998.12.10），江苏常熟人，著名核物理学家，我国核武器研制的主要奠基人之一。1929 年清华大学毕业后留校任教，1930 年赴德国柏林大学深造，1933 年获博士学位。1934 ~ 1936 年任国立山东大学物理系教授。在山东大学任教期间，提倡启发式教学，重视培养学生的基础教育和实践能力。1955 年当选为中国科学院学部委员。1956 年作为中国代表赴苏联从事基本粒子研究。1961 ~ 1978 年化名王青，参与我国原子弹、氢弹研制。毕生致力于核科学等相关方面的研究，取得了以成功研制我国核武器和发现反西格马负超子为代表的一系列重大科研成果。曾荣获国家自然科学一等奖、国家科技进步特等奖，是“863”计划倡导人之一，被誉为“两弹元勋”。

王淦昌（左二）与留德同学合影

1935 年王淦昌（左二）在山大

王淦昌（左）、朱光亚（右）陪聂荣臻元帅（中）在核试验场

李珩（1898.12.22 ~ 1989.8.19），字晓舫，四川成都人，我国知名天文学家，现代天文事业的开拓者之一。曾任职于山东大学、华西大学、四川大学等，担任中国科学院上海天文台台长、名誉台长等职。潜心天文学的研究与教学，成果丰硕，代表作品有《天文简史》《宇宙体系论》《大众天文学》《天文学简史》，发表大量生动有趣的科普性文章，深刻地影响着青年一代天文爱好者的成长，为我国天文事业的发展作出卓越贡献，获科普创作荣誉奖，受到国内外天文界的一致肯定和广泛赞誉。

电学实验室

近代物理实验室

无线电实验室

光学实验室

同学们在做实验

在化学系先后任教的教授有6人，副教授、讲师5人，助教12人，汤腾汉担任系主任。所授课程：必修课包括化学实验（一、二、三）、定性分析化学、无机化学、有机化学、定量分析化学、物理化学、化学讨论、实验室研究初步、实验室研究及论文指导；选修课包括普通矿物学、吹管分析、国防化学、工业化学、立体化学、食物化学、油脂化学、有机分析、工业化学分析、微量化学分析、无机物制造、高级无机化学、化学史、热力学、生理化学、胶质化学、电化学、高级有机化学。此外，药物化学学科必修课程包括毒物化学、药剂学、药物学、生药学、医药化学分析、细菌学、制药学、卫生化学、军药师须知、药业法律、药物学研究、药房或医院实习。

化学系教师合影

陈之霖教授

邵德辉教授

石坦因讲师

王祖荫讲师

傅鹰（1902.1.19 ~ 1979.9.7），字肖鸿，北京人，著名物理化学家、化学教育家，中国胶体化学和表面化学的奠基人。1919年考入燕京大学，1922年赴美留学，1927年获密歇根大学博士学位。1931 ~ 1934年，任国立山东大学化学系教授。曾任重庆大学、厦门大学、北京大学、清华大学、北京石油学院教授，被称为“美国两次留不住的科学家”。1955年当选中科院学部委员。1962年任北京大学副校长。傅鹰毕生致力于表面化学基础理论等相关方面的研究，著有《化学热力学导论》《胶体化学：十年来的中国科学—化学》《大学普通化学》等代表性学术著作，培养了大批专业人才，为我国在胶体化学和表面化学等相关科研方面的进步作出了巨大贡献。

同学们在做化学实验

药物化学实验室

■ 生物系最初只有秦素美一位教师，后聘教授、副教授9人，讲师6人，助教7人。系主任先后由曾省、刘咸、杜光埙、林绍文担任。山东大学地处海滨，海洋资源丰富。1933年曾设海滨生物研究所，1936年生物学系成立海洋生物研究室。生物系一、二年级课程设置相同，三、四年级的学生可依据兴趣选择植物组课程或动物组课程。两组共修课程包括：大学植物学、大学动物学、无脊椎动物学、植物形态学、比较解剖学、生物学史、动植物技术学、高等植物分类学、细胞学、遗传学、书报讨论。此外，动物组课程还有动物体素学、胚胎学、动物生理学、动物学专题研究；植物组课程还有植物解剖学、植物生理学、植物学专题研究。

生物系教师合影

生物系师生在研究

1934 年，曾省（后排左三）参加中华海产生物学会青岛组年度学术活动。

秦素美讲师

刘咸 (1902 ~ 1987)，字重熙，江西都昌人，我国著名生物学家、人类学专家。1921 年就读于东南大学生物系，1932 年获牛津大学硕士学位，曾是英国皇家人类学会会员。1932 年执教山东大学生物系，担任系主任一职。此后又任职于中国科学社科学杂志、暨南大学、复旦大学。潜心人类学研究近 60 载，成果丰实，在国内外知名报刊发表学术论文 50 多篇，撰写科普类的文章、杂文及书评百余篇，其代表性论著是《猿与猴》《从猿到人发展史》。刘咸教授尽职尽责，一丝不苟，勤奋耕耘，笔耕不辍，为我国科学事业的发展贡献了自己的智慧和能量。

童第周（1902.5.28 ~ 1979.3.30），浙江鄞县人，著名生物学家、教育家、社会活动家，中国实验胚胎学的主要创始人，中国海洋科学研究的奠基人，生物科学研究的杰出领导者。1927 年毕业于复旦大学，后在南京中央大学任教。1930 年赴比利时留学，1934 年获博士学位，回国后任国立山东大学生物系教授。1938 年任中央大学、同济大学、复旦大学教授。1946 年重返山东大学任动物系教授、系主任。1948 年当选中央研究院院士，并应美国洛氏基金会邀请到耶鲁大学任客座研究员。1949 年拒绝耶鲁大学的高薪挽留，再次回到国立山东大学，1951 年任山东大学副校长。参与筹建中国科学院青岛海洋生物研究室、海洋研究所。1955 年当选中科院学部委员，曾任中科院生物地学部副主任、海洋生物研究所所长、动物研究所所长、中科院副院长，全国人大常委会委员、全国政协副主席等职。长期致力于胚胎发育等相关方面的研究，在山东大学工作期间发明了“童鱼”并在两栖类胚胎纤毛运动的研究方面取得了突破性的科研成果，被誉为“中国克隆之父”。著有《追求生命真相》《鱼类细胞核的移植》等代表性学术论著，为我国生物学的发展作出了巨大贡献。

林绍文(1907 ~ 1990.7.19)，福建漳州人，著名生物学家、海洋学家，中国水产学奠基人之一，1930 年毕业于燕京大学，后赴美国康乃尔大学深造，1933 年获博士学位。1935 年担任国立山东大学生物系教授兼主任。与著名生物学家童第周一起为山东大学生物学科的建设和教学工作作出了突出贡献，为国家培养了一大批杰出的海洋生物科技人才。1938 年随校内迁四川，1946 年创建上海中央水产研究所并任所长。1949 ~ 1972 年任联合国粮农组织技术专家和亚洲及远东地区渔业养殖专家。毕生致力于暖水鱼类养殖等相关领域的研究，取得了以“罗氏沼虾人工养殖”为代表的一系列科研成果，被誉为“淡水虾养殖之父”。

标本室

植物实验室

张致一(1914.11.17 ~ 1990.10.8)，山东泗水人，著名动物学家、胚胎学家、生理学家。1934 年考入国立山东大学生物系，1939 年转入武汉大学生物系，1947 年留学美国，获依阿华大学硕士学位和博士学位。1957 年回国，历任中科院海洋生物所副研究员，动物所研究员、副所长，生殖生物学研究室主任，中国动物学会第十届秘书长、第十二届理事长等职。1959 年，被评为“全国先进生产者”。1980 年当选中国科学院学部委员，1982 年任生物学部副主任。毕生致力于细胞胚胎发育等相关方面的研究，首次提出遗传基因与性变的关系，发现下丘脑与垂体原基的部位和功能。除取得一系列重大科研成果之外，还培养了一大批从事生殖生物学研究的专业人才，有力推动了我国生物学的发展。

◎工学院

■ 1932年秋，国立山东大学成立工学院，设土木工程系和机械工程系。新成立的土木工程学系一开始仅有赵涤之一人，后增教授9人，讲师5人，助教6人，兼职教授、讲师5人。系主任先后由赵涤之、唐凤图、余立基、张倬甫、余雅松等人担任。土木工程学系学生所上课程除了共同必修的国文、一年英文、微积分B、普通物理A、普通物理实验、普通化学、普通定性分析、微分方程式乙、社会科学之外，还必修本系的工程绘图（一）、平面测量、工厂实习、投影几何、工程材料、材料力学、工程地质、水力学、水力实验、河工学、高等测量、铁道曲线及土工、灌溉工学、道路工学、结构工学、钢筋混凝土、石工学、房屋构造、材料实验、水文学、铁道工学、污水工学、给水工学、道路设计、高等结构学、桥梁设计、筑港工学、工程契约及规范、水工设计、都市计划及工程、论文，以及必修他系的应用力学、机件学或热力学、最小二乘法、电机工程。

土木工程系教师合影

余立基教授

吴柳生教授

赵韵臧讲师

丁观海讲师

卜其尔讲师

这一时期在新成立的机械工程学系任教的专职教师有教授 7 人，讲师 3 人，助教 7 人，兼职教授、讲师 3 人。赵涤之（兼）、周承佑、汪公旭（代理工学院院长）先后担任系主任。该系学生所上课程除了与土木工程学系一样的共同必修之外，还必修本系的锻工实习、铸工实习、木工实习、金工初步、机件学、机课件制图、机械制图、应用力学、热机学、热力工程、热力工程实验、机械设计原理、机械设计绘图、电机工程、金工实习、应用机构学、簿记学、会计学、暑假工厂实习、汽轮机、内燃机、原动力厂设计、工厂设计、机车学、机车设计、暖房及通风、冷气工程、电机工程实验、工业管理、成本会计学、专门报告、论文，以及必修他系的工程制图、一年级德文、材料力学、水力学、平面测量、投影几何、二年级德文、工程材料。

机械工程系教师合影

周承佑教授

张闻骏教授

金韶章教授

伊格尔教授

学生在工厂实习

刘先志(1906.4.11 ~ 1990)，字士心，山东高密人，著名学者、工程力学家、教育家。由于当时国家工业落后，备受列强欺凌，他决心学工程科学。为此，刘先志到国立山东大学工学院旁听有关课程，后考取燕京大学，并于1934年以优异成绩考取公费留德名额，先后在柏林工业大学机械系、哥廷根大学数理系学习，1945年获博士学位。回国后历任上海工务局工程师，同济大学教授、教务长，无锡开源机械厂设计部主任，山东工学院教授、教务长、副院长，山东省工业厅副厅长、山东省副省长、山东省政协副主席等职。毕生致力于力学和机械工程等相关领域的研究，有《机械振动学导论》等代表性学术著作。在山东工学院任职期间，通过给相关教师讲课来提高教师的教学水平，举办首届全国机械振动学讲习班，通过深入工厂调研来实现理论与实践的结合，有力推动了山东工学院的发展。

◎体育与课外活动

拔河

打羽毛球

跨栏

跳高

跑步

郊游

弹琴

调研

劳动

◎爱国行动

一二·九运动爆发后没几天，山东大学学生就成立了抗日救国会，并进一步发展为青岛学生抗日救国会。他们积极开展抗日宣传活动，要求国民党政府停止内战、一致对外，结果遭到反动当局的镇压，山大抗日救国会的5位执委被抓走。在广大爱国师生和市民的声援下，当局只得释放被抓学生。1936年3月，校方贴出了开除6名学生的布告，结果激起了抗日救国会同学们的强烈抗议。国民党当局派军警进校园强行抓走32名学生，并对校园宿舍进行监视。学校此时又开除13名学生。然而，广大学生坚持抗争到底，一致表示不释放在押学生、不收回开除学生的成命，绝不复课。在此局面下，再加上学校教授们的一致要求，校方收回开除13名学生的成命，并将在押学生保释回校。在这场运动中，学校师生发扬了爱国传统，推动了全省人民群众的抗日救亡运动。

1935年12月9日，北平大中学生数千人举行了抗日救国示威游行，反对华北自治，反抗日本帝国主义，掀起全国抗日救国新高潮。

国民党军警包围山大校园

山大抗日救国会 32 名被捕学生

被捕学生出狱后与师生合影

林济青

随着全国抗日救亡运动不断高涨，1937 年春，山东大学进步学生成立了中华民族解放先锋队（以下简称“民先队”）山东大学队部，以读书交流、话剧排演、合唱爱国歌曲等形式开展抗日宣传活动。后来民先队成员响应中共党组织的号召，多数队员参加了抗日游击队。

随着山大学生抗日救亡运动的不断高涨，作为校长的赵太侔受到当局的压力越来越大，再加上办学经费困难，赵太侔于 1936 年 3 月下旬向教育部提出辞职，并推举陈之霖等 3 人为校务委员会常务委员，临时主持校务。1936 年 7 月，教育部下令由林济青代理校长。由于时局动荡，一些知名教授开始离校，但教学科研工作仍能照常进行，并筹建化学馆。

◎ “预报了暴风雨的海鸥”

■ 1930 年 8 月，在中国共产党领导下，在上海成立了中国左翼戏剧家联盟（全国“剧联”）。在此背景下，国立青岛大学成立了“海鸥剧社”，成员有俞启威（黄敬）、王弢（王林）、山大旁听生崔嵬、图书管理员及山大旁听生李云鹤等十几个人。1930 年 9 月王弢进入新成立的国立青岛大学外文系学习，次年任中共青岛大学党支部书记。俞启威在上海时参加了田汉领导的左翼戏剧团体南国社，从事进步文化活动。俞启威来国立青岛大学旁听时，受到王弢的影响。他考入物理系后，因活动积极、能力突出，被学校党支部吸收为中共党员。1932 年春，党支部让俞启威出面组织成立了“海鸥剧社”，并让“海鸥剧社”成为中国左翼戏剧家联盟的青岛小组（青岛“剧联”）。王弢听说在中文系旁听的崔嵬是山东省立实验剧院编剧组的学生，也吸收他参加了海鸥剧社。剧社在学校小礼堂首场演出《月亮上升》和《工场夜景》，就受到了热烈欢迎。

王林

崔嵬

俞启威在演讲

当时，崔嵬接到上海陈鲤庭创作的一个宣传抗日的舞台剧本《放下你的鞭子》，该剧表现的是东北沦陷后，香姐父女背井离乡，到处流浪卖艺的痛苦经历，能引发民众同情，激起抗日救亡情绪。在俞启威的建议下，崔嵬将其改编为更接地气的街头剧《饥饿线上》，于1933年春节在崂山脚下的一个村头演出，大获成功。这一在农村、城市街头，用群众喜闻乐见的方式演出的剧目从此演遍了大江南北，甚至演到国外，创造了中国话剧史上的一个奇迹。不知有多少演员扮演过香姐父女，在这当中尤以崔嵬与张瑞芳这一对搭档的演出最为有名。这出街头剧也不知鼓舞了多少热血青年投身到抗日救亡的洪流中。而这部剧作的一个重要诞生地——山东大学海鸥剧社，也被誉为“预报了暴风雨的海鸥”。

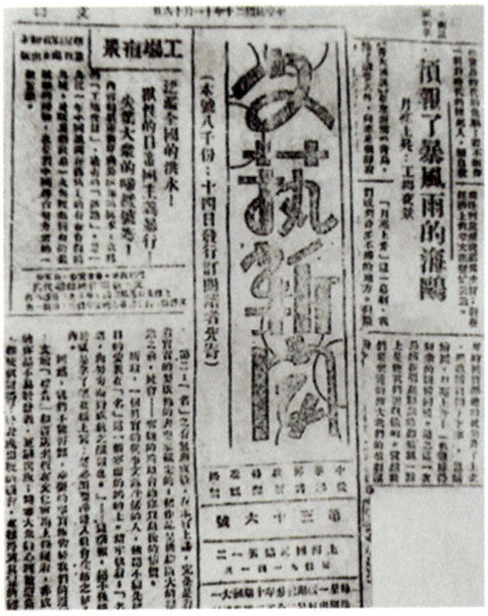
預報了暴風雨的海鷗

第三十六號

报纸刊登的海鸥剧社的演出信息

崔嵬与张瑞芳在为群众演出抗日街头剧《放下你的鞭子》

◎内迁停办

化学馆还没有建完，1937年7月7日，日本军国主义制造了卢沟桥事变，发动了全面侵华战争。随着一个个大学陆续内迁，国立山东大学于11月奉命由青岛迁往安徽安庆，不久再迁至四川万县。图书、仪器、案卷等分三批转移，损失严重。1938年1月，日本侵略军占领青岛，山东大学的校舍被日本侵略军当作兵营。学校在万县复课后不久，教育部又于1938年2月23日下令“暂行停办”。多数学生转入迁移到重庆的国立中央大学，图书、仪器、机械分别由国立中央图书馆、国立中央大学、国立中央工业职业学校、国立师范学院保管使用。教育部还颁布了校产保护办法，委派校产保管委员，组织保管处保管校产。1938年6月，教育部解除林济青代理校长职务。令人没想到的是，国立山东大学一停办就是8年。而山大在青岛的不足8年时间里，就创造了能载入山大史册的辉煌，学术水平跨入全国著名大学行列，同样是一件令人称奇的事。

部分转入国立中央大学的学生合影

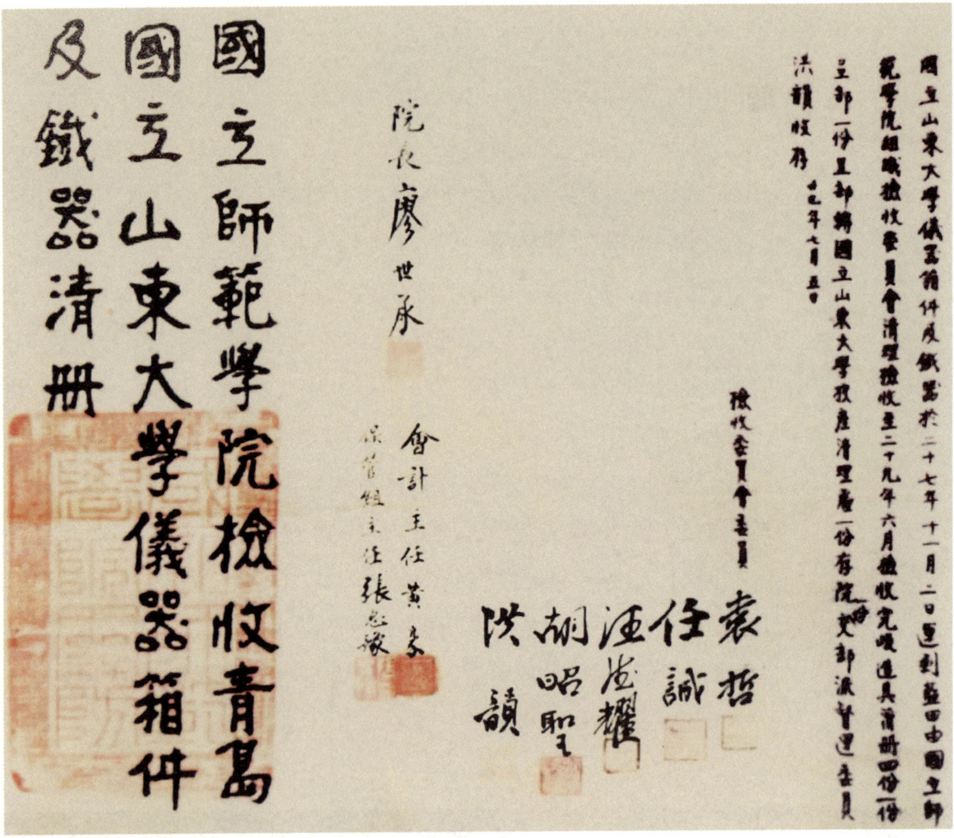

國立師範學院撿收青島國立山東大學儀器箱件及鐵器清冊

院長廖世承

會計主任黃[illegible]

保管組主任張[illegible]

撿收委員會委員

袁哲

任誠

汪㦤耀

胡昭聖

洪韻

國立山東大學儀器箱件及鐵器於二十七年十一月二日運到藍田由國立師範學院組織撿收委員會清理撿收至二十九年六月撿收完竣造具清冊四份一份呈部一份呈部轉國立山東大學校產清理處一份存院一份交部派督運委員洪韻收存

二十九年七月五日

校产移交清单

1936 年左右的国立山东大学俯瞰图

第四篇 复校与梦想

抗战岁月里，山东大学失却大师、解散学生、停办学校，损失之大、破坏之重是无法估量和弥补的。抗战胜利后，“国立山东大学校友会复校促进委员会”促成国民政府在青岛恢复了山东大学建制，赵太侔再任校长。

收回校舍，复聘教师，广罗著名教授学者加盟山大，规划大学发展，筹办教学设备，招生、复校工作等紧锣密鼓地进行着。

1946年10月25日上午，国立山东大学举行开学典礼，这是时隔10年后的第一次开学典礼。赵太侔校长在开学典礼上誓言倾其智慧和力量办好学校，“拟于五年内，增设法学院，由十四系增至三十系”。他指出，要利用学校地理气候的特殊条件，侧重于海洋方面的研究和发展，要在农学院设水产学系，在工学院添造船工程系，在理学院设海洋研究所。他希望学生抓住时机，利用时机，努力学习；学习要主动，不要让先生督促，先生主要工作为学术研究，学生要跟着先生做学问，让学校在过去养成的朴实校风延续发扬下去。

总务长兼复校委员会主任周钟岐则用生动的语言，为山大师生们勾画了一幅愿景：“我们的计划是，站在万年山顶，右手是工学院，在东镇工业中心区；左手是附属医院以及其他各校舍，遍布市中心之要点，山大文化力量控制全市。”

然而，这样宏大的发展规划和美好发展愿景在随后的内战环境中是难以实现的，只有在中华人民共和国成立后，山大的美好愿望才会变成现实，再次走向辉煌。

◎复校活动

■ 抗日战争胜利后，恢复教育事业、重办学校成了社会各界关注的焦点，各地的山大校友积极奔走呼吁，争取复校。以汤腾汉教授为代表的校友成立“国立山东大学校友会复校促进委员会”，广泛联系杨振声、赵太侔等前任校长与社会名流以商议复校事宜，并由他们联名致电国民政府，请求在青岛迅速恢复国立山东大学建制。国民政府迫于各界压力，便着手推进复校事宜。1946 年 1 月，国民政府教育部委派时任教育司司长的赵太侔再任校长之职，负责统筹复校的相关工作。赵太侔校长推进复校工作面临的情况很复杂，可谓千头万绪，任务艰巨。他主要从延聘师资、收复校舍、设置院系与行政组织、筹划招生等几个方面开展工作。

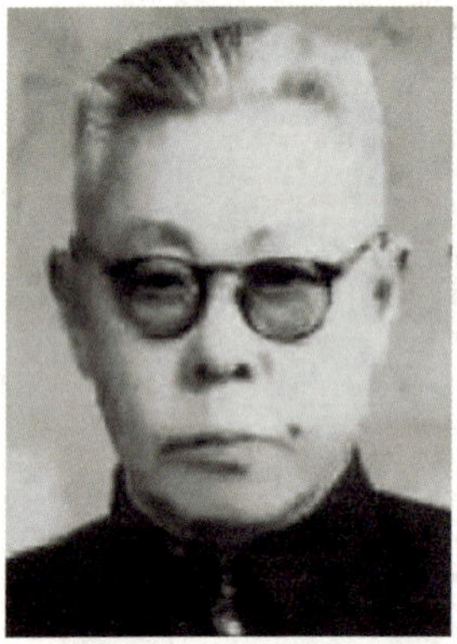

赵太侔

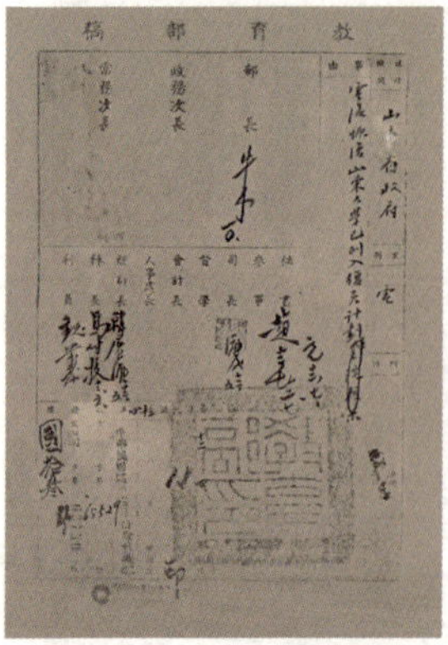

教育部稿

复校情况说明

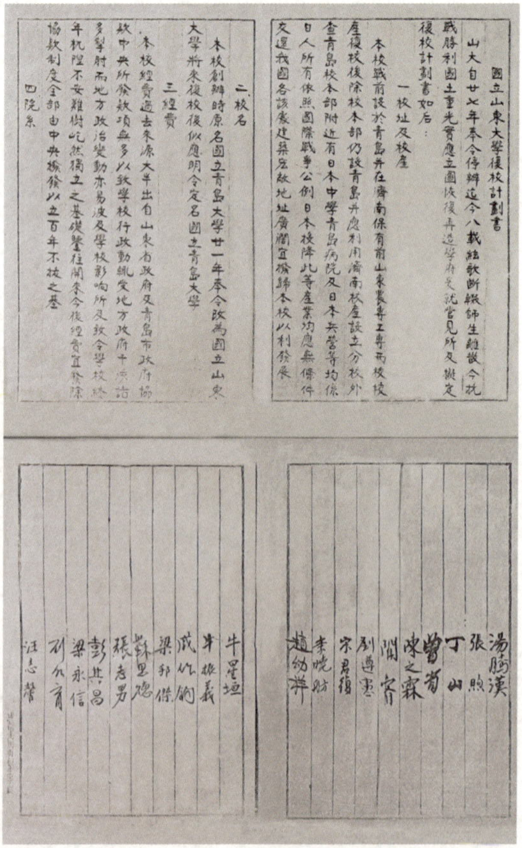

國立山東大學復校計劃書

山大自廿七年奉令停辦迄今八載弦歌斷輟師生離散今抗戰勝利國土重光實應立圖恢復再造學府兹就管見所及擬定復校計劃書如后：

一 校址及校產

本校戰前設於青島并在濟南保有前山東農專工專兩校校產復校後除校本部仍設青島并應利用濟南校產設立分校外查青島校本部附近有日本中學青島病院及日本兵營等均係日人所有依照國際戰爭公例日本投降此等產業均應無條件交還我國各該處建築宏敞地址廣闊宜撥歸本校以利發展

二 校名

本校創辦時原名國立青島大學廿一年奉令改為國立山東大學將來復校後似應明令定名國立青島大學

三 經費

本校經費過去來源大半出自山東省政府及青島市政府協款中央所發款項無多以致學校行政動輒受地方政府[illegible]多掣肘而地方政治變動亦易波及學校影響所及致令學校經年杌陧不安難樹屹然獨立之基礎鑒往開來今後經費宜廢除協款制度全部由中央撥發以立百年不拔之基

四 院系

复校计划书

收复校舍

国立山东大学是在原址复校，赵太侔上任后最急迫的工作是先解决校舍这一难题。学校原有的校舍因战争原因先被日军、后被美国军队占用，变成了兵营，收复难度极大。于是，赵太侔聘请当时在岭南大学任教的周钟岐教授为校总务长兼复校委员会主任，先期去青岛办理收回校舍事宜。在交涉过程中，美军司令以“万难让出”为托辞，蛮横无理。多次交涉未果后，周钟岐利用舆论优势，在《民言报》发表新闻稿，称山东大学复校事宜准备完毕，美军让出校舍即可开学。在舆论的压力下，美军陆续交出校舍。直至 1948 年年底美军从青岛全部撤走时，校方才将校舍全部收回。其中，鱼山路 5 号安置校本部及文、理、农三院，广饶路校区安置工学院及医学院，大学路 3 号及欧阳路房屋用作教职员公共宿舍。

周钟岐（1892 ~ 1987），山东单县人，我国著名的物理学家、教育家。1933 年担任国立山东大学教授、工学院院长，1946 年担任国立山东大学总务长兼复校委员会主任。非常值得一提的是，其子周传基于 1946 年就读于国立山东大学，后执教于北京电影学院，被尊称为“中国电影界的泰斗”。

驻扎在青岛的美军部队

筹办教学设备

复校伊始，困难重重，除了校舍还需要教学设备。山大奉命复校后，成立了重庆办事处，与国立中央图书馆、国立中央大学、中央工业职业学校等处洽商收回其保管的图书仪器。据统计，共计收回仪器 60 余箱、图书 90 余箱，其中西文书 3398 册，线装书 5166 册，并于 1946 年 10 月底运回学校，但大部分仪器已不能使用。在这样的情况下，学校在请示青岛市敌产处理局后，接收了大部分德文、日文书籍。加之私人捐赠，山大图书资源日益丰富。面对复校各方面开支，教育部拨款捉襟见肘，学校在积极争取社会捐助外，开始节约开支，教职工也开始独立设计厂房，自主研发所需设备。学校不仅恢复了《国立山东大学校刊》等，还于 1946 年 1 月 1 日，创办了校报《山大生活》。

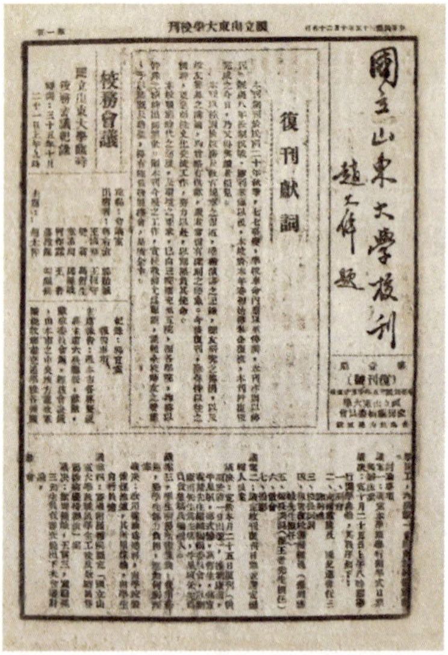
國立山東大學校刊
趙太侔題
復刊獻詞
校務會議

《国立山东大学校刊》书影

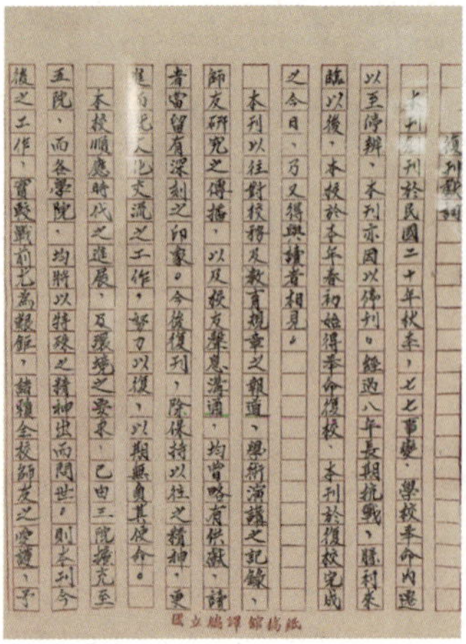
復刊獻詞

本刊刊於民國二十年秋季，七七事變，學校奉命內遷以至停辦，本刊亦因以停刊。經過八年長期抗戰，勝利來臨以後，本校於本年春初始得奉命復校，本刊於復校完成之今日，乃又得與讀者相見。

本刊以往對校務及教育規章之報道、學術演講之記錄、師友研究之傳播，以及校友聲息溝通，均曾略有供獻，讀者當留有深刻之印象。今後復刊，除保持以往之精神，更[illegible]交流之工作，努力以赴，以期無負其使命。

本校順應時代之進展，及環境之要求，已由三院擴充至五院，而各學院，均將以特殊之精神出而問世，則本刊今後之工作，實較戰前尤為艱鉅，尚賴全校師友之愛護，予

國立編譯館稿紙

复刊献词

復校紀念專號
國立山東大學校刊
趙太侔題
校史述略

《国立山东大学校刊》复校纪念专号

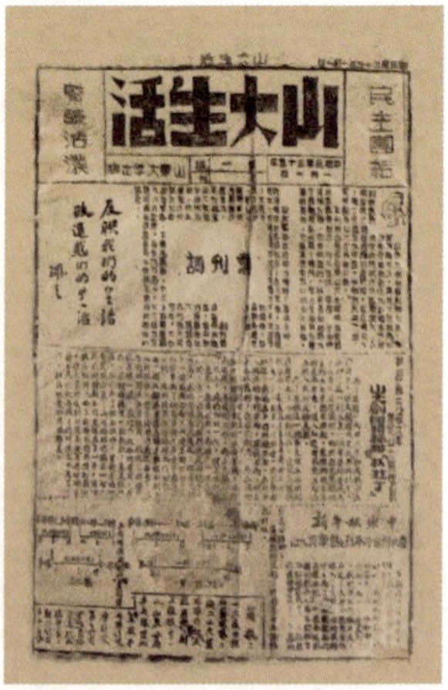
山大生活

《山大生活》书影

设置院系与行政组织

学校根据战后国家需要大量专业人才的实际，报教育部备案，决定设置十五个院系，另设大学先修班和高级护士职业学校。学校设校长一人，校长下设秘书主任、教务长、训导长、总务长。各院设院长一人，各系设系主任一名。除上述行政机构外，学校还设有校务会议、行政会议、教务会议、院务会议、系务会议等。

国立山东大学组织系统图

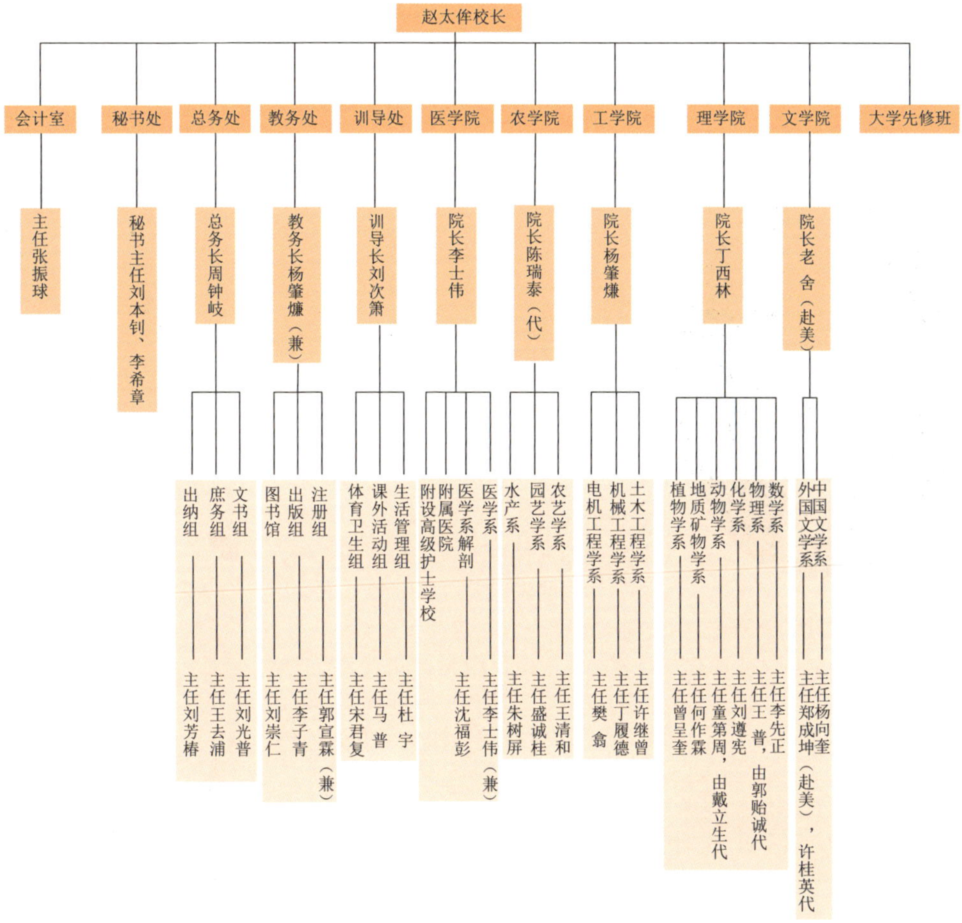

◎延聘师资

■ 再次担任山大校长后，赵太侔广揽人才，决心重振学校雄风，把国立山东大学建成全国一流的大学。当时各大学都在争夺优秀人才，他一方面着手联系复聘原来的教师回校工作，希望他们尽快返校；一方面又积极聘请学术界知名人士加盟山大。他亲自动笔写聘书，发出上百封。在他的盛情邀请下，当时应聘的人文学者有老舍、朱光潜、游国恩、丁山、陆侃如、冯沅君、王统照、黄孝纾、萧涤非、赵纪彬、杨向奎等，自然科学家有丁西林、杨肇燫、周钟岐、刘遵宪、刘椽、王普、童第周、曾呈奎、何作霖、王恒守、郭贻诚、李先正、陈瑞泰、朱树屏、李士伟、赫崇本、张学铭、丁履德等，除朱光潜因病、老舍出国中途辞聘之外，其他学者均在1946年秋和1947年春到校。一时间，青岛名人云集，如此高水平的师资力量，为学校的快速恢复和发展打下了坚实的人才基础。

王统照(1897.2.9～1957.11.29)，字剑三，笔名息庐、容庐，山东诸城人，我国著名作家、诗人。1918年进入北京中国大学英国文学系学习，1921年与郑振铎、沈雁冰等发起成立文学研究会，1922年毕业并留校任教，1925年出版第一部诗集《童心》，曾任中国大学教授兼出版部主任、大型期刊《文学》杂志主编、上海音乐专科学校及国立暨南大学教授。1946年担任山东大学中文系教授、系主任，支持学生的爱国运动。1950年起先后担任山东省文教厅副厅长、山东省文联第一任主席兼省文化局局长，1952年任山东省文化局局长兼省文联主席，1953年当选为全国作协常务理事，1954年当选为全国第一届人民代表大会代表，1957年因病去世。其代表作品主要有《春雨之夜》《山雨》《春花》《一叶》等。

《王统照杰作选》书影

《银龙集》书影

中文系师生合影

杨向奎

萧涤非

赵纪彬（1905.7.25 ~ 1982），字象离，河南黄县人，我国著名的哲学家、历史学家、教育家和革命家。1926 年加入中国共产党，曾任中共濮阳中心县委领导人，1938 年至 1949 年先后担任复旦大学、东北大学、东吴大学、山东大学教授，后历任平原省政府副秘书长、平原师范学院院长、开封师范学院院长、河南省文委副主任、中科院河南分院副院长、河南历史研究所所长、中央党校教授。著有《中国哲学史纲要》《中国思想通史》《论语新探》《困知录》等，极大地丰富了中国思想史和哲学史的研究，成就卓越。

李先正（1898.3 ~ 1991.5），原名李保衡，湖北钟祥人，我国著名的数学家，曾任山东省数学会理事长。1921 年毕业于武昌高等师范并留校任教，1930 年留学于日本东京文理科大学，1932 年任教于国立山东大学数学系，1938 年曾任职于重庆白沙编译馆、白沙大学、湖北教育学院等，1947 年任国立山东大学数学系教授、系主任。李先正埋首数学、勤奋钻研的精神令人尊敬不已。

丁西林（1893.9.29 ~ 1974.4），字巽甫，江苏泰兴人，我国著名剧作家、文学家、物理学家，无党派人士。1914 年留学于英国伯明翰大学，1919 年获理科硕士学位，历任北京大学物理系教授、主任，中央研究院物理研究所所长。1947 年任教于国立山东大学，1948 年当选中央研究院院士，1949 年任国立山东大学校务委员会主任，1955 年成为中国作家协会会员。他曾担任中国科协副主席、文化部副部长、北京图书馆馆长、中国文字改革委员会副主任等职务。他研究物理，也擅长喜剧、美术、音乐，其艺术成就主要集中在《一只马蜂》《压迫》《三块钱国币》《等太太归来》这四部著作之中，语言幽默和谐，是“五四”以来喜剧成果的典型代表。

丁西林喜剧演出宣传画

杨肇燫（1898.8.20 ~ 1974.4.11），字季璠，别名寄凡，四川潼南人，我国著名物理学家。1918 年留学于美国麻省理工学院，1922 年获电机工程学硕士学位；历任南京高等师范学校教授、北京西门子洋行工程师、北京大学物理系教授、中央研究院物理研究所研究员。1947 年任山东大学物理系主任兼教务长，新中国成立后担任校务委员会副主任兼理学院院长。1950 年之后，曾担任中国科学院编译局、科学出版社编审、副总编辑、副社长等职务，翻译出版了多部著作，为我国科学事业的发展作出了积极贡献。

郭贻诚(1906.10 ~ 1994.11)，字式毂、式古，天津武清县人，我国著名物理学家，磁学研究的奠基者之一。1928 年毕业于北京大学物理系，1931 年任职于国立青岛大学物理系，1936 年留学于美国加州理工学院，1939 年获博士学位，1946 年重回国立山东大学，1948 年担任物理系主任，中华人民共和国成立后担任山东大学理学院院长，1952 年担任山东大学副教务长，1960 年担任山东省物理学会理事长。郭贻诚最重要的贡献就是在山东大学建立了磁学专业，编写了我国第一部磁学专著《铁磁学》，该著作在国内外产生了较大的影响。郭贻诚重视人才培养，执教 50 年间为我国培养了一大批磁学人才；政治觉悟高，为祖国的发展献计献策，尽显大家风范。

王普（1902.9.9 ~ 1969.1.15），字贯三，山东沂南人，著名核物理学家。1928 年毕业于北京大学物理系，1930 年任教于国立青岛大学，1935 年留学于德国柏林大学，1938 年获博士学位。1939 年与罗伯茨等人合作，发现了核裂变的缓发中子及多种半衰期较长的 γ 射线。1946 年重返国立山东大学，担任物理系主任兼代理教务长。1947 年任美国国家标准局辐射物理学研究员。1956 年任山东大学物理系教授兼中科院物理研究所研究员，开设近代物理课程，建立核乳胶实验室，为山东大学物理学的发展作出了突出贡献。

1939 年 1 月 28 日，王普在美国华盛顿参加第五届国际理论物理会议并合影留念。（第一排左起：斯特恩、费米、弗莱明、玻尔、伦敦、尤里；第三排左十三为王普。

刘椽(1903 ~ 1971)，山东诸城人，我国著名化学家、教育家。清华大学毕业，1926 年远赴美国伊利诺大学攻读化学，1930 年获有机化学硕士学位，历任厦门大学化学系讲师、教授、系主任及理学院院长。1947 年受聘于国立山东大学化学系，任教授、系主任。中华人民共和国成立后作为山东大学总务长的他参与领导了山东大学的复兴。1955 年奉高教部之命筹建郑州大学，后任郑州大学校长助理兼化学系主任。在“文革”十年动乱中遭受政治迫害，于 1971 年去世。刘椽一生兢兢业业，重视培养化学人才，为我国化学事业的发展贡献了青春和智慧。

丁履德 (1912.10 ~ 1972.11.10)，字骥甫，山东日照人，著名内燃机专家。1934 年毕业于交通大学机械工程系，后留学意大利都灵大学航空研究院，1937 年获工学博士学位。曾任西北工学院、浙江大学、西南联合大学教授。1947 年访学回国后，先后在厦门大学、山东大学任教。1952 年，出任山东工学院院长。在此期间，他积极主持学校的总体规划、专业设置、教学改革等工作。丁履德教授从 50 年代起，连续当选为第一届、第二届、第三届全国人民代表大会代表，担任山东省政协副主席、山东省科协副主席等职务，同时还是中国民主同盟中央委员、山东省民盟主委。丁履德教授教了一辈子书，为祖国的教育事业辛勤耕耘了 30 多个春秋。他长期患有高血压病和神经衰弱病，有时身体实在支持不下来，不能多上课就少上，不能站着讲就坐下来讲。他是一位把培养人才作为自己神圣事业的教书巨匠。他曾培养过无数学生，这些学生大都已成为教学、科研、生产上的骨干。

丁观海 (1911 ~ 1991)，山东日照人，我国著名的土木工程学家，是世界诺贝尔物理学奖获得者丁肇中的父亲。他于 1930 年考入国立青岛大学，1935 年留学美国的密西根大学，回国后先后在焦作工学院、国立山东大学、重庆大学任教。1946 年再次执教山东大学，担任工学院土木工程学系教授，1947 年辞职离开山东大学，1948 年担任台湾大学工学院土木工程系教授，其代表作品为《唐人传奇述评》。

丁观海及其夫人王隽英和三个孩子（前排右一是丁肇中）

王隽英曾是山大的旁听生，图为她与三个孩子丁肇中、丁肇华、丁肇民合影。丁肇中于 1976 年获得诺贝尔物理学奖。

◎招生开学

筹划招生

■ 因学校停办时学生已并入南京中央大学等学校，未再招生，因而复校后需要重新招生。由于赵太侔校长认为大学没有地域的界线，1946 年秋天着手复校的山东大学在全国多地设置考区与招生办事处，并延续注重学生质量、对学生严格要求的标准。当年报考的学生共计 5871 人，经过严格的初试、复试，录取本科学生 518 名，大学先修班学生 185 人。其中，报考新成立的水产系的学生竟多达 462 名，录取了 53 人，居全校 15 个院系中的第 5 位，而植物系仅招收了 4 名学生。

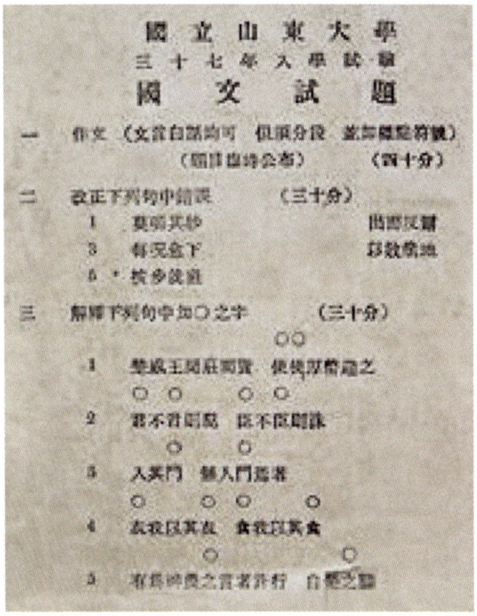
國立山東大學
三十七年入學試驗
國文試題
一 作文（文言白話均可 但須分段 並加標點符號）（題目臨時公布）（四十分）
二 改正下列句中錯誤（三十分）
三 解釋下列句中加○之字（三十分）

1948 年入学试验国文试题

开学典礼

■ 学校于 1946 年 10 月 25 日上午在鱼山路校本部礼堂举行开学典礼。校长赵太侔在讲话中回顾了复校的艰难与不易，表达了对付出巨大努力的师生们的感谢。他指出，大学的任务在于推进学术研究与造就专门人才。在办学过程中，要充分发挥地域优势，培养专门人才；但又不能囿于地域限制，应广泛聘请名师到校任教，拓宽学生眼界。他誓言要倾其智慧和力量办好学校，并鼓励学子们抓住时机、利用时机，努力学习、主动学习。随后周钟岐向广大师生介绍复校经过，最后由教授公推的代表王普讲话。12 月 28 日上午，学校又举行了复校庆祝纪念大会。

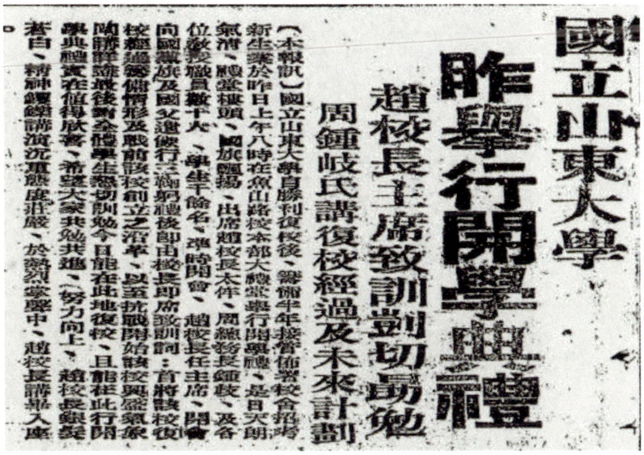
國立山東大學
昨舉行開學典禮
趙校長主席致訓剴切勗勉
周鍾岐氏講復校經過及未來計劃

（本報訊）國立山東大學自勝利復校後、籌備半年接管偽署校舍招考新生業於昨日上午八時在魚山路校本部大禮堂舉行開學典禮、是日天朗氣清、禮堂樓頭、國旗飄揚、出席趙校長太侔、周總務長鍾岐、及各位教授職員數十人、學生千餘名、準時開會、趙校長任主席、開會向國旗及國父遺像行三鞠躬禮後即由校長即席致訓詞：首將該校復校經過籌備情形及戰前該校創立之沿革、以至抗戰開始該校興盛氣象闡詳述戰後對全體學生懇切訓勉今日能在此地復校、且能在此行開學典禮實在值得欣幸、希望大家共勉共進、（努力向上）、趙校長與發言、精神鑠鑠講演沉重態度莊嚴、於熱烈掌聲中、趙校長講畢入座

开学典礼报道

出席国立山东大学复校纪念典礼的嘉宾与师生合影

开课上课

学校于 1946 年 11 月 11 日起开始上课，先开设国文、英文、数学三门课程。复校后的山东大学依旧将“研究高深学术，养成专门人才，陶融健全品格”作为教育目标。学校很重视学生的综合素质培养，文科学生要了解自然科学；各院系学生都要修三民主义、中文、英文、体育课，既要精通理论，又要具备运用理论解决实际问题的能力。学校推行学分制，考试分为临时试验、学期试验、前期试验与毕业试验四类。除共同必修课之外，各系要根据自己的教学目标，设置相应课程。学校对开课的流程与审批进行了规定，以保证课堂质量。学校极为重视发挥教授在教学中的作用，坚持好老师要在教学第一线的原则，不仅基础课、专业课要由教授主讲，多数教授还承担了一批重要而独具特色的选修课教学任务。一般学制为四年，工学院为五年，医学院则为六年。

1947 年山东大学数学系师生合影

◎学生培养

老师们注重理论与实践的结合，授课富有情感，课堂气氛活跃，不仅注重知识讲授，更注重价值观引导。主张学生用辩论与讨论的方式发表自己的观点，通过举一反三磨砺学生的思维能力。物理系的教授还总结出奠基式与宏观式学习方法。

学校高度重视体育工作，注重学生身体素质的提升。学校将体育课程设置为必修课并规定每天至少保证一小时的课外活动时间。学校分门别类地设置了运动项目并依据学生年级的不同制定了各年级的测试项目，在运动方面的表现与能否顺利毕业相挂钩。学校每年举办春季与秋季运动会，既培养了学生团结拼搏、积极进取的精神，又通过户外运动加深了师生间的了解，增进了彼此间的情谊。

马祖光(1928.4.11 ～ 2003.7.15)，北京人，著名光学、光电子技术专家。1946年于国立山东大学物理系学习，1950年毕业后到哈尔滨工业大学任教。1958年至1970年创办核物理专业，1970年创办哈工大光电子技术专业。1986年获“全国优秀教育工作者”称号，获“五一”劳动奖章。1984年、1986年两次获省特等劳动模范，获航天部一等功。1991年被评为部级有突出贡献专家，2001年当选为中科院院士，曾任国家高技术激光技术领域顾问、航天工业总公司科技委委员。毕生致力于激光介质光谱、非线性光学及应用等相关方面的研究，是我国在该领域的重要奠基人之一，为我国在光电子研究等相关方面的进步作出了巨大的贡献。

“你是光，你的名字就是一片光，给予事业，给予艰难，温暖寒窗；你是光，你的生命就是一片光，不会熄灭，不会索取，永远善良……”这是哈工大人对马祖光院士的缅怀之歌，又何尝不是山大人对自己这位校友甘为人梯、淡泊名利的高尚品质的崇高歌颂。

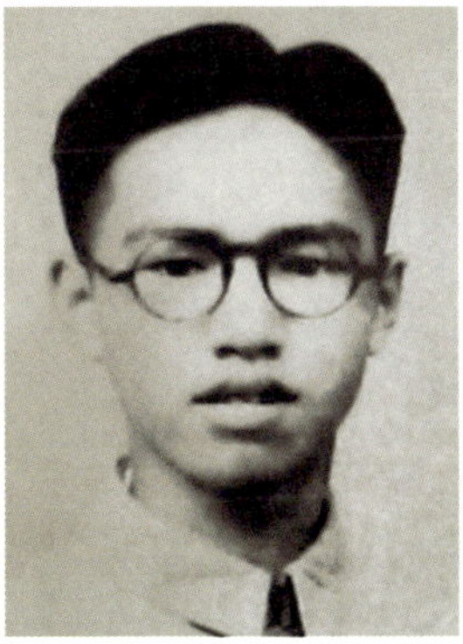

夏道行(1930.10.20 ～)，江苏泰州人，著名数学家。1950年从山东大学数学系毕业后考入浙江大学数学研究所，师从著名数学家陈建功教授攻读研究生。1952年毕业后分配至复旦大学数学系，1956年升任副教授。1957年9月被派往苏联莫斯科大学数学系进修。1978年获全国科学大会奖，任复旦大学数学研究所副所长、教授。1980年当选中国科学院数学物理学部委员，是中国科学院数学物理研究所、山东大学数学系的兼职教授，是多所国外知名大学的访问教授和国际数学物理学会顾问委员。长期从事函数论、泛函分析、数学物理等领域的研究，并取得突出成就，有以他名字命名的“夏道行函数”和“夏不等式”。

张传玺 (1927.2 ~ 2021.2.27)，山东日照人，著名历史学家。1947 年 7 月至 1951 年 1 月先后就读于山东大学中文系、历史系。毕业后在青岛私立文德女子中学等校任教。1957 年考到北京大学历史学系攻读副博士研究生，师从著名马克思主义历史学家翦伯赞先生，是翦老招收的第一批研究生，留校任教后担任翦老助手。1986 年 5 月任教授。主要著作有《秦汉问题研究》《中国古代史纲》《简明中国古代史》《中国历代契约会编考释》《中国古代史教学参考地图集》《翦伯赞传》等。

刘光鼎 (1929.12.29 ~ 2018.8.7)，山东蓬莱人，著名地球物理学家、海洋地质学家，被誉为“中国海洋地质之父”。1947 年 9 月，从北京辅仁中学毕业后考取山东大学物理系。其父刘本钊对其要求严格，让他住学生集体宿舍，只准周末回家一次。因对当时国民党当局的统治不满，说了几句政治气氛不好的话，结果受到训导处的警告（当时训导长为国民党中统秘书长刘次箫）。于是，他于次年 5 月回到北京参加学生运动和地下党的活动，并加入中国共产党。同年，考取北京大学物理系。1952 年毕业后在北京地质学院任教，参与创建地球物理系，组建了中国第一个海洋物探队。1964 年以后先后任地质部海洋地质所地球物理研究室主任、第二海洋地质调查大队技术负责人、海洋地质调查局副总工程师、综合研究大队队长。1980 年当选为中国科学院学部委员，先后任地质矿产部海洋地质司副司长、石油地质海洋地质局副局长。1989 年任中国科学院地球物理研究所所长。1993 年当选为中国地球物理学会理事长。他还是中国海洋学会名誉理事长、第三世界科学院院士，第八届、第九届全国政协委员。设有刘光鼎地球物理奖学金、刘光鼎地球物理青年科学技术奖。刘光鼎豪爽豁达，一生习武尚侠，喜欢写诗填词，是一位把科学探索与武侠精神和诗情画意完美结合的科学大家。

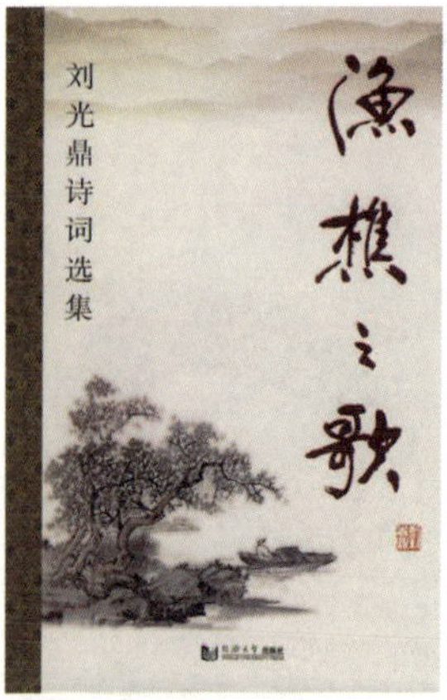

《渔樵之歌——刘光鼎诗词选集》书影

《太极拳术——理论与实践》书影

刘光鼎在勘探船上

刘光鼎在讲课

◎扩增院系与科研

复校后在已有文理、工、农三院的基础上，分设文、理、工、农、医 5 个学院，逐步形成了 5 院 16 系的办学规模。原有的生物学系分成动物学系和植物学系，新建历史系、地质矿物学系、电机工程系、医学院，在原农学院的研究部、推广部的基础上，增设农艺系、园艺系、水产系，农场设在青岛城阳。

学校极为注重科研工作的开展，经常组织学术活动，如“五四”科学座谈会，还邀请国内外知名教授到校作讲座以开阔学生的学术视野；各院系也会结合自己的教学目标，开展一系列独具专业特色的学术活动。

增设农艺系、园艺系

1946 年，国立山东大学农学院增设农艺系、园艺系、水产系，农场设于青岛城阳。1946 年 7 月，陈瑞泰回国任农艺系主任、教授。同年 8 月，学校拟任陈瑞泰为农学院院长，但他为人谦虚，提出只当副职，学校只好把他改聘为副院长，院长由李善勤教授代理。

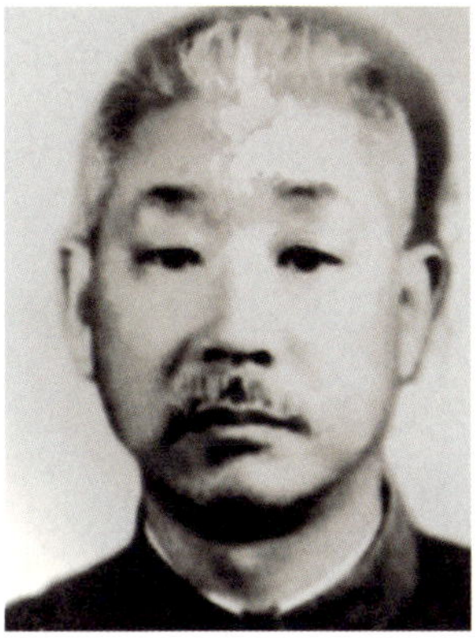

农学院代院长李善勤

陈瑞泰 (1911.7.13 ～ 2001.4.7)，字晓光，山东潍坊人，著名农学家、植物病理学家、烟草专家。1939 年从南京金陵大学农艺系毕业后，到山东实业厅烟草改良场任职。1939 年任成都金陵大学助教、讲师。1945 年赴美留学。1946 年任国立山东大学农艺系主任、教授。1952 年任山东农学院院长，兼中国农业科学院烟草研究所所长。1953 年加入中国民主同盟，曾任中国民主同盟山东省委员会委员。1956 年加入中国共产党。1983 年任山东农业大学校长。他首先报道了烟草低头黑病害，并在烟草病毒病类型鉴定、黑胫病流行规律及抗病育种等方面获得诸多成就。他主持制订了中国烟草种植区划，对我国烟草的生产和发展作出了重要贡献。

创建水产系

复校之初，山东大学筹备创办水产系，决定聘当时在美国伍兹霍尔海洋研究所任高级研究员、藻类研究室主任的朱树屏为系主任。因朱树屏公费留学，应回原单位中央研究院工作，并且他也应聘了云南大学。求才心切的赵太侔校长便与学生代表赴上海协商，最后三方达成协议，在朱树屏结束云南大学工作之后，由山大借聘一年，帮助山大创建水产系。朱树屏未到任之前则由曾呈奎暂代水产系主任。1947 年 7 月，朱树屏到任后，将从国外带回的科研、教学资料及一些实验设备赠送给了水产系，同时聘请戴立生、王以康、王贻观、康迪安、辛学毅等到水产系任教。朱树屏在水产系设立养殖、渔捞、加工三个专业，还建立了水产研究所，招收水产专业研究生。1948 年 9 月，由于朱树屏聘期已满，需要回上海动物研究所工作，便推荐沈汉祥继任水产系主任。由朱树屏一手创办的中国第一个水产学本科专业成为中国水产人才的摇篮。

1949 年，国立山东大学农学院水产系师生合影。

朱树屏（1907.4.1 ~ 1976.7.2），号叔平，字锦亭，山东昌邑人，世界著名海洋生态学家、浮游生物学家、水产学家和教育家，世界浮游生物试验生态学领域的先驱，中国海洋生态学、海洋化学、水产学、湖沼学研究的先驱和奠基者。1934 年毕业于南京中央大学，毕业后考入中央研究院动植物研究所。1938 年 9 月到英国留学，先后在伦敦大学、剑桥大学学习，1941 年获英国剑桥大学哲学博士学位。1947 年受聘为国立山东大学教授，创办我国第一个本科水产系即山东大学水产系，并任水产系首任主任。1949 年 5 月任中国科学院研究员。1951 年到青岛，任海洋水产研究所所长，兼山东大学水产系教授。他是中国海洋湖沼学会和水产学会的发起者、创办者，开创了中国海洋农牧化、海带、紫菜、对虾、贝类及鱼类人工养殖事业，引领了中国的海洋调查事业。他创建了山东大学水产系，为黄海水产所的创建作出了奠基性贡献，培养了新中国第一代海洋及水产高级科技人才，为我国海洋及水产科学的发展作出了杰出的贡献。

朱树屏与家人合影

朱树屏在指导研究

曾呈奎（1909.6.18 ~ 2005.1.20），号泽农，福建厦门人，著名海洋生物学家，中国海藻学研究的奠基人之一。1930 年毕业于厦门大学植物系，1935 年到国立山东大学生物系任教。1940 年赴美留学，1942 年 5 月获博士学位。1946 年 12 月，曾呈奎先生回到祖国，担任国立山东大学植物学教授、系主任，兼任水产系主任和海洋研究所副所长。1950 年与童第周、张玺、朱树屏教授一起组建了新中国第一个海洋研究机构——中国科学院水生生物研究所青岛海洋生物研究室（中科院海洋研究所前身）。1980 年当选为中国科学院学部委员（院士）。中华人民共和国成立后，曾先后赴苏联、民主德国、美国、日本、英国等十几个国家进行访问、讲学和参加学术会议，并以组织委员会主席的身份于 1983 年 6 月在青岛成功地组织了第十一届国际海藻学术探讨会。曾是国际海藻类学会理事长、国际海藻协会顾问委员会委员，被许多国外学者誉为“中国的海藻大王”。2002 年获首届山东省科学技术最高奖。

1945 年，曾呈奎在美国斯格里普斯海洋研究所做海藻栽培试验。

曾呈奎在做研究

曾呈奎带领学生外出实习

创建地质矿物学系

1946年，著名地质学家李四光推荐何作霖来山东大学承担筹建地质系的重任。何作霖经过一番研究后，一改当时国内大学重视地质学而不重视矿物学的状况，确立了“以矿为中心，矿业为归宿“的办系方针，将新成立的系定名为地质矿物学系，并兼系主任。这也为以后成立采矿工程系奠定了基础。为把地矿系建成国内一流学科，何作霖想方设法聘请地质学和矿物学界人才前来任教，这其中包括张寿常、王庆昌、胡伦积、周明镇等教授，还有青年教师司幼东、张保民、关广岳、王麟祥等，一时间形成了强大的师资阵容。

何作霖（1900.5.5 ~ 1967.11.17），字雨民，河北蠡县人，著名地质学家、矿物学家。1926年毕业于北大地质系，师从李四光、丁西林。1933年发现白云鄂博铁矿中的稀土元素，并论证它是一个巨大的稀土矿床，他的这一贡献被记入包钢的史册中。1938年到奥地利因斯布鲁克大学留学，1940年获得博士学位。1946年任山东大学教授，创建地质矿物学系并任系主任。1951年兼任山东大学教务长，参与创办《山东大学学报》。1952年调任中国科学院地质所研究员，1955年当选中国科学院院士。何作霖专长光性矿物学、岩组学、X射线结晶学、稀有元素矿物学、工艺岩石学等研究，是中国最早的光性矿物学家。他最先应用X光进行岩组学研究，并从事镁质及耐火材料平炉底砖的技术和理论研究，对鞍钢的生产建设作出了贡献。晚年曾设计变温盒，利用弗氏旋转台进行矿物折光率的双变法测定，并进行X光岩组学研究。

何作霖在观察研究

地矿系师生在野外实习时合影（后排左三是何作霖，右一是司幼东，右二是张保民）

创办医学院

青岛现代高等医学教育起源于青岛特别高等专门学堂的医科，其临床教学与实习基地是1898年10月德国占领青岛时建的海军野战医院，不久即成为德国胶澳总督府督属医院，这是青岛最早的现代医院。后经不同时期的演变而成为同仁会青岛医院。1946年秋，国立山东大学接收合并青岛医学专门学校、同仁会青岛医院而成立了医学院及附属医院，另外附设一个高级护士职业学校。

德占后期的督属医院全貌

日占时期的同仁会青岛医院全貌

国立山东大学附属医院病房

沈福彭（1908.7.4～1982.2.9），江苏苏州人，著名医学教育学家、人体解剖学家。少年因病立志学医，1928年考入东吴大学医学预科，后转入燕京大学化学系就读。1932年毕业后赴比利时布鲁塞尔大学医学院攻读医学，1939年获医学博士学位并留校任教。同年回国受聘于云南大学医学院。1946年，他受比利时留学时同窗好友童第周教授的邀请应聘到国立山东大学医学院任教授，先后任解剖科主任、附属医院院长兼骨科主任，为山东大学民盟支部主委、民盟山东省委第一届常委、青岛市人大代表。1956年，山东大学医学院独立为青岛医学院后，任解剖学教研室主任、骨科主任及附属医院院长。1957年，沈福彭被错划为"右派"，身处逆境20余年。在这坎坷的岁月里，体弱多病的沈福彭住在两间阴暗的平房里，伏在床上读书写作，开始了《心血管解剖学》的编著。生前立下遗嘱，要"鞠躬尽瘁，死而不已"，将遗体献给亲自创建的解剖学教研室，解剖后串成骨架，在标本室"继续站岗"。1982年2月9日，沈福彭与世长辞。为了表彰沈福彭同志的感人事迹，中共山东省委、山东省人民政府于1982年6月11日发出《关于向优秀共产党员、医学教授沈福彭同志学习的通知》。2021年，入选"建党100年17位科教之星"。

他生前叮嘱献出遗骸，
指定骨架标本在这儿陈摆。
玻璃橱里是他特殊的坟，
玻璃罩外是他浩瀚的爱！

一纸遗嘱直如震世春雷，
一宗心愿想见哲人气概。
让我们脚步轻轻走进大厅，
伫立丰碑之前默默礼拜。

——著名散文家秦牧献词

潘作新(1903 ~ 1983.2.3)，山东掖县（今莱州市）人，九三学社成员，著名眼科专家，一级教授。1923 年 9 月至 1927 年 4 月就读于齐鲁大学医科，之后在北京协和医学院学习，获博士学位并留校任教。1936 年赴维也纳大学医学院进修。回国后任中国红十字会救护总队第十一中队队长、西北医学院教授、南京中央医院眼科主任。1947 年 8 月任山东大学医学院教授兼附属医院眼科主任。曾任青岛医学院附属医院院长，青岛医学院副院长、院长。中华人民共和国成立后，曾任山东省人大常委、九三学社青岛分社常委、中华医学会理事、中华医学会眼科学会委员、山东省眼科学会主任委员、青岛市医学会名誉理事长等职。主持的“对角膜内皮细胞观察的研究”课题，获山东省和青岛市科技成果奖。1983 年 2 月 3 日，潘作新教授因腹主动脉瘤破裂抢救无效去世。遵照他的遗嘱，医学院将他的眼球制成标本，陈列在他生前工作过的眼科病理研究室以作教学之用。潘作新是我国第一位将自己的角膜捐献给眼库的眼科医生。

高级护士职业学校第一届毕业生合影

医学院院址

◎爱国护校活动

■ 山东大学自复校以来，全校进步学生在共产党地下组织的带领下积极开展反帝反蒋运动，其中规模较大的运动有三次反美怒潮、“反饥饿、反内战”运动、反“特别庭”运动。1947 年，山大成立了第一届学生自治会。在从美军手中收回校舍的过程中，地下党组织引导学生自治会开展游行示威运动。在地下党组织的领导下，学生自治会和广大学生还积极投身反对学校南迁的运动之中。经过几个月的激烈斗争，大多数师生留了下来，大部分仪器设备也得以保存。各院系的学生社团也积极投身爱国护校运动，“大众音乐团”“方生剧社”等通过演唱爱国歌曲，排演进步话剧，鲜活生动地揭露了国民党的反动统治。同学们经常举办读书分享会，还时常秘密收听解放区电台广播，自办壁报，积极散发革命标语与《山大生活》校刊，组织护校小组，守护学校的水电与固定资产免遭反动分子的破坏，最后把一个完整的山大交给了中华人民共和国。

1949 年 3 月，国立山东大学师生举行反对水产系南迁的团结大游行。

◎华中建设大学

抗战后期，为适应解放区发展的需要，中共华中局决定在苏皖边区创办华中建设大学。校长由华中局宣传部部长彭康兼任。学校设置民政、财经、文艺三系和一个高干班，1945 年 4 月正式开学，所招学生大部分是干部，教学方法多以上大课、作报告、讨论、解答、集体劳动为主，当时的教授有哲学家李仲融、经济学家何封、历史学家刘力行、文学家王淑明、画家胡考、数学家孙克定等。

彭康

首届学员结业后，学校迁往清江市，重新筹办。1946 年初彭康带队北上支援临沂山东大学后，校长由李亚农继任。为了培养具有专业技能的人才，学校计划扩大办学规模，设置工、农、医、师范、文、社会科学六个学院和预科。从 1947 年 2 月起，学校陆续修建校舍、购置设备、扩大招生规模，聘请孙冶方、范长江、车载、朱维基、阿英（钱杏邨）等知名人士前来任教。

孙冶方

范长江

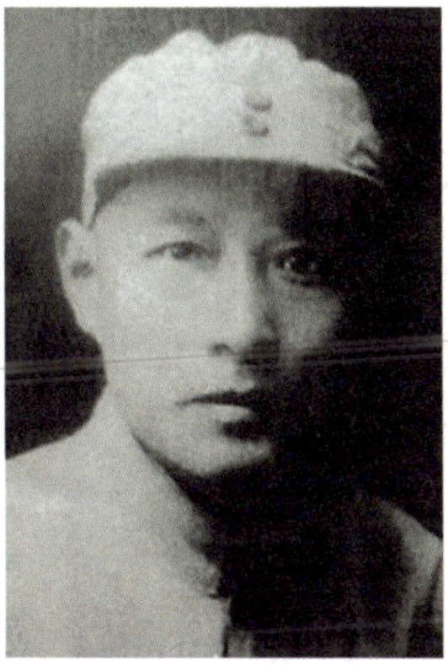

阿英

正当学校向正规大学迈进时，内战爆发了，国民党军队疯狂进攻解放区，致使学校几经转移，先迁至山东鲁南，再到胶东海阳，后来大部分干部和教师又从威海坐船转移到旅大市。在颠沛流离中，学校仍坚持教学。学校自成立以来，先后招收 4 届学员，共培养 4000 余名青年和干部支援前线和解放区建设。

◎临沂山东大学

抗日战争胜利以后，为适应解放区发展的需要，中共山东省政府决定在解放区首府临沂设立一所大学。由于迁至四川的国立山东大学停办后并未复校，就将其称为山东大学。为跟复校后的国立山东大学相区别，多称解放区的山东大学为临沂山东大学。

1945 年 8 月 22 日，中共山东省政府任命李澄之为校长，田珮之为副校长，仲星帆为秘书长，并设立由黎玉、李澄之、田珮之、杨希文、陈沂、孙陶林、薛暮桥、仲星帆、张凌青、刘导生、白备伍、张立吾组成的山东大学管理委员会。学校汇集了当时山东抗日根据地的一批文化和教育界的知名人士作为教师。学校设有预科，预科生经半年至一年学习后可升入本科继续深造。预科开设“社会发展史”“中国革命史”“论联合政府”“论人生观”等课程，还学习文史方面的课程。为满足解放区建设对人才的急切需求，学校也开设速成性质的培训班，学员经 3 个月至半年学习后即被分配到各业务部门工作。

李澄之

薛暮桥

薛暮桥 (1904.10.25 ~ 2005.7.22)，原名雨林，江苏无锡人，当代中国杰出经济学家，被誉为“市场经济拓荒者”。1943 年，薛暮桥来到山东抗日根据地，先后任省政府秘书长兼工商局局长等职，从事经济领导工作。在这期间，薛暮桥经常去临沂山东大学讲课，主要是讲思想方法和学习方法问题。曾任《中国农村》首任主编、新四军教导总队训练处副处长、政务院财经委员会秘书长兼私营企业局局长、国家统计局局长、国家计委副主任、全国物价委员会主任、国务院经济研究中心总干事。1955 年当选为中国科学院哲学社会科学学部委员。著有《中国农村经济常识》《中国社会主义经济问题研究》《我国国民经济的调整和改革》《按照客观经济规律管理经济》《当前我国经济若干问题》等。

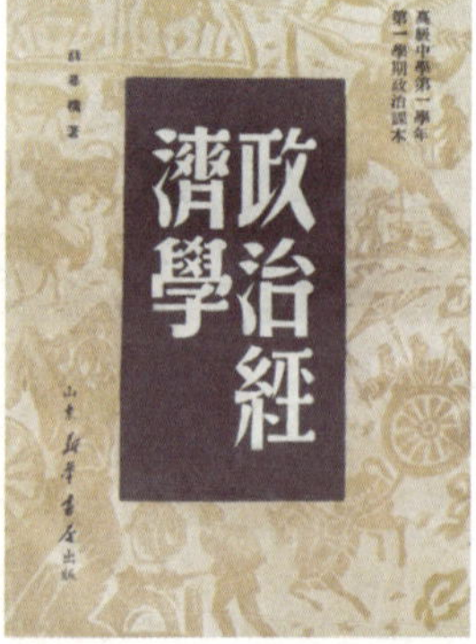

薛暮桥著《政治经济学》书影

尚钺（1902.3.23 ~ 1982.1.6），原名宗武，字健庵，河南罗山人，著名历史学家。1919 年投身于五四运动，是河南学生运动的主要负责人之一。1921 年考入北京大学，1924 年回豫南农村开展革命活动。1927 年加入中国共产党。1930 年到上海寻找党组织，先在全国总工会宣传部、组织部工作，后调任党中央机关报《红旗日报》采访部主任。1932 年 4 月任中共满洲省委秘书长。1942 年到云南大学先后任讲师、副教授。1947 年任临沂山东大学教授。曾在中国人民大学任教，并任中国科学院哲学社会科学部历史研究所学部委员。主要史学著作有《中国历史纲要》《中国资本主义关系发生及演变的初步研究》《尚钺史学论文选集》等。

为了办好本科，经协商，华中建设大学的部分师生由彭康校长率领北上，于 1946 年 3 月并入临沂山东大学，壮大了后者的师资力量。当时任教的教师包括何封、薛暮桥、李仲融、尚钺（后加入）、刘力行、王淑明、宋之的（后加入）、胡考、孙克定等，解放区政府各业务部门的一些领导干部则任兼职教授，如华东局宣传部部长彭康、省教育厅厅长杨希文等。在纪念五四运动 27 周年时，学校举行了本科建系大会，华东军区司令员陈毅、宣传部部长彭康、政治部主任舒同等领导和各界代表 300 人及全校师生 1600 人出席。各科系组建后，纷纷制定教学大纲与教学计划，学校开始向新型正规化大学发展。

除开设“辩证唯物主义”“中国历史”“数学”等公共必修课外，各系开设主要专业课如下：政治系的“共产党宣言”“国家与革命”“中国革命和中国共产党”“解放区政治建设”等；经济系的“政治经济学”“中国农村经济”“解放区经济政策”等；教育系的“教育概论”“教育思潮”“教育行政”“乡村教育”等；文艺系的“文艺理论”“文艺创作”“文艺政策”“戏剧表演艺术”等。

临沂山东大学组织系统图

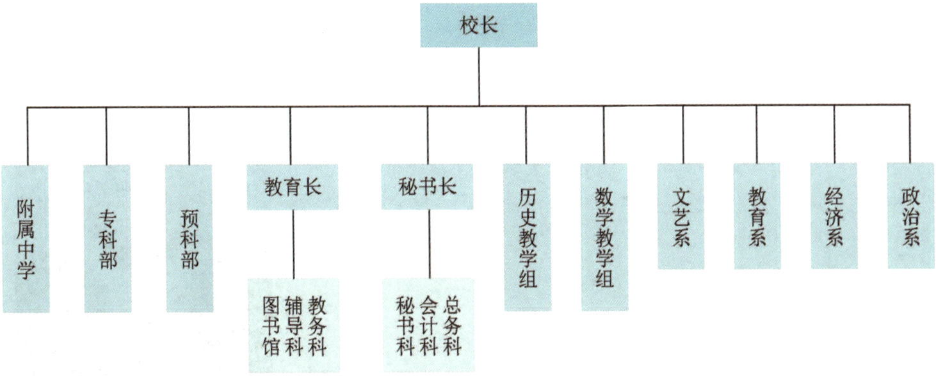

内战爆发后，为躲避战火，学校几经迁址，但在迁移中仍然继续开展教学活动，并依据战事需要，调整组织结构，向前线输送了大批优秀干部。

临沂山东大学组建的“山大剧团”很受群众欢迎

王海（1926.1 ~ 2020.8.2），原名王永昌，山东烟台人。1944年参加革命工作，曾在临沂山东大学学习。在抗美援朝战争中，击落、击伤敌机29架，被授予“一级战斗英雄”称号，所在大队被誉为“英雄的王海大队”。先后任师长、副军长、军区空军司令员、空军副司令员、空军司令员等职，1988年9月被中央军委授予空军上将军衔。

1946年，王海（后排右一）于临沂山东大学毕业时合影。

芮杏文(1927.4.1 ~ 2005.6.5)，江苏涟水（今灌南）人，1944年参加革命，曾在华中建设大学预科二队学习，担任区队长。后赴临沂山东大学政治系学习，并任党支部委员。1985年6月，任中共上海市委书记。曾任中共中央书记处书记、国家计划委员会副主任（正部级）。1993年当选为第八届全国政协常委。

◎华东大学

1948年春，潍县解放，改名“潍坊市”。为开展华东新解放区工作，中共华东局决定在潍县建立华东大学。5月，任命韦悫为华东大学校长，张勃川为副校长，下设秘书处与教务处，并召集分散在各地的临沂山东大学和华中建设大学的干部和教师参加组建工作，校址定在城东教会的乐道院，先设预科部和临时研究班，实行供给制。9月4日，华东大学开始上课，新生500多人编入政治经济、文学艺术、教育三个研究班和两个预科部，分别由何封、李仲融、王淑明、李庚、张一夫任主任，蒋捷夫任秘书。

韦悫

1948年4月，各界代表座谈，庆祝华东大学成立。

1948年9月4日，华东大学举行开学典礼。

华东大学图书馆

华东大学学生参加军事训练

1948 年 9 月，济南解放后，学校于 11 月下旬全部迁入济南，归中共华东局山东分局领导。学校迁济后将三个临时研究班改为文学、社会科学、教育三个学院，分别由韦悫、张勃川、田珮之任院长，并设立华东大学研究部和附属中学，开设讲习班、中学师资培训班。同时引进了一大批教师，包括吴富恒、严薇青、汪伯岩、金诗伯、韩连琪等，师资力量明显提升。由于当时没有自己的校舍，全校师生借住在齐鲁大学及一些中学里。随着解放战争的节节胜利，学校在创办不到半年的时间里，向新解放区输送了 2000 余名干部。

严薇青

汪伯岩

解放军进入济南城

1949 年 5 月，由于韦悫调任上海市副市长，华东大学由山东分局宣传部部长彭康兼任校长，李宇超为副校长，余修为教务长，刘宿贤为秘书长。中华人民共和国成立后，为适应社会各领域急需人才的情况，从学校抽调了一批政治素养和文化水平高的学生分配到党政军各部门。学校教育学院则划归山东省教育厅，后在此基础上成立了山东师范学院；附属中学则划归济南市教育局领导，后改为实验中学；文学院、研究部、讲习班、中学师资培训班的学生在结业后统一安排工作。经过剥离后，学校最后还剩下社会科学院。此外，为了向正规化转型，学校先设置政治与俄文两个二年制长期班，专门培养政治宣传干部与俄文翻译人才。

■ 1950年5月，结合国家发展需要与自身资源条件，华东大学在合并老解放区文工团的基础上，设立政治、文学、史地、艺术、俄文五个系，分别由李仲融、吴富恒、车载、何封、臧云远任系主任。各系依据培养目标的不同，分别制定了教学计划与课程安排，规定"马列主义""新民主主义论""时事研究""教育概论""自然科学概论"、国文、俄文、体育等八门课程为各系共同必修课。

政治系课程："辩证唯物论""政治经济学""社会发展史""新民主主义法令政策研究""政治学概论""中国近代史""中国革命问题""世界革命史""近代世界政治""社会主义经济建设""联共（布）党史""马列主义名著选读""中学政治教材研究"。

文学系课程："文艺学""中国语文""中国现代文学研究""中国现代文学史""中国现代文学名著选读""写作实习""中国文学史""中国历代文学名著选读""苏联文学选读及研究""世界文学史""世界文学名著选读""中学国文教材教法及实习"。

史地系课程："社会发展史""科学历史观""中国近代史""世界现代史""中国通史""世界通史""国际问题""自然地理""地图学""马列主义史学名著选读""中学史地教材教法"。

俄文系课程："俄文讲读及文法、会话""苏联现代戏剧选读""作文""苏联名著选读""翻译""应用文""俄文速记及打字""俄文教学法"。

艺术系除开设"文艺理论""文艺政策""作品选读及研究"、实际训练课程外，戏剧、美术、音乐三组另订具体课程纲要。

华东大学欢送学生参加军事干校

华东大学组织系统图

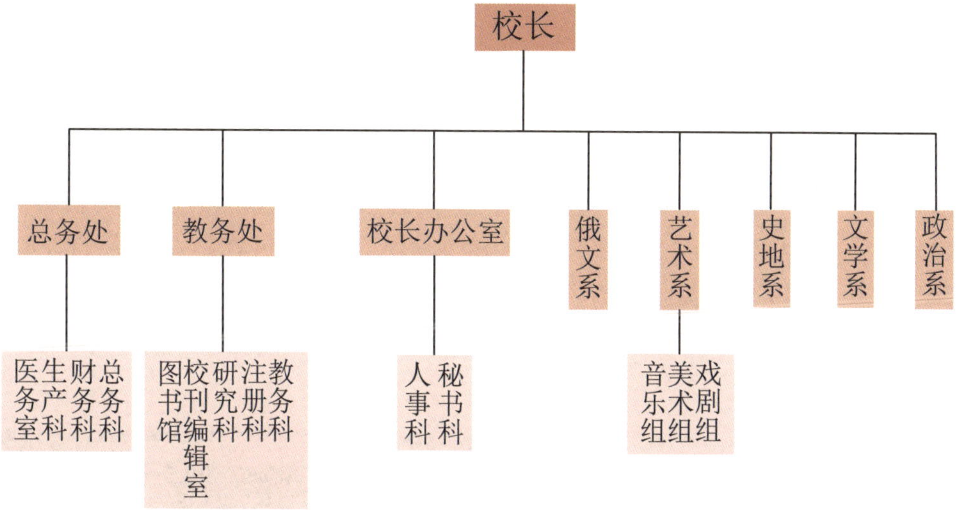

因学校在济南没有校舍，几经周折后，上级最终决定将学校迁至青岛，与山东大学合校。1950 年年底学校完成搬迁，入驻黄台路和太平角。1951 年 3 月 15 日，华东大学与山东大学正式合校。

◎齐鲁大学

■ 北美长老会传教士狄考文夫妇创办文会馆之后，19 世纪 80 年代，英国浸礼会的仲均安、怀恩光、卜道成在青州成立了青州神学院（又名培真书院）及师范学校和博物堂，库寿龄夫妇先后创办青州中学和青州广德书院。

仲均安

青州广德书院教师

聂会东

为壮大教会大学的实力，1902 年 6 月，北美长老会和英国浸礼会决定整合教学资源联合办一所山东新教大学。此后将聂会东在济南、武成献在青州、巴德顺在邹平创办的医学堂合并为山东共合医道学堂，作为山东新教大学医科；将青州广德书院大学部和登州文会馆正斋合并为潍县广文学堂（又称广文大学），作为山东新教大学的文理科；把青州神学院与各地神学班合并为青州共合神道学堂，作为山东新教大学的神学科；青州博物堂则迁到济南并改名为广智院。1909 年山东新教大学更名为山东基督教共合大学，1911 年 4 月共和医道学堂主楼在济南落成，山东基督教共合大学医科定址济南。

广文学堂教学楼

1911 年共和医道学堂师生合影

1917年，青州共合神道学堂、潍县广文大学迁到济南与山东基督教共合大学医科以及广智院合并，中文校名为齐鲁大学，并于同年9月开学，学生注册303人。学校在教学管理体制上分为校、科（院）、系三级，设四科：文理、医学、神学、社会教育（广智院）以及附属医院，可颁授加拿大政府认可的文凭和学位。

1924年落成的齐鲁大学校友门

广智院展览大厅

1924年齐鲁大学运动会上的撑杆跳

1924年齐鲁大学毕业典礼

此后，齐鲁大学进行了一系列改革，将神学院、社会教育独立出去，把文理学院分成文学院、理学院，由中国人担任校长，终于 1931 年 10 月 17 日获得教育部注册立案，可颁授国民政府认可的文凭和学位。齐鲁大学是著名的教会大学，时有“南齐鲁、北燕京”之誉；其医学实力突出，有“北协和、南湘雅、东齐鲁、西华西”之称。

著名教育家、学者、校长朱经农

齐鲁大学鸟瞰

1930 年，齐鲁大学成立国学研究所，由墨学研究大师栾调甫任主任，同时还聘请老舍、郝立权、余天庥、王敦化、范迪瑞、明义士等学者从事研究工作，一时间人才济济，创造了国学研究所的辉煌时期。齐鲁大学还创办了《齐大月刊》《齐大季刊》《齐大年刊》以及国学研究所编辑出版的《国学汇编》。

1934 年，老舍夫妇与长女舒济在济南。

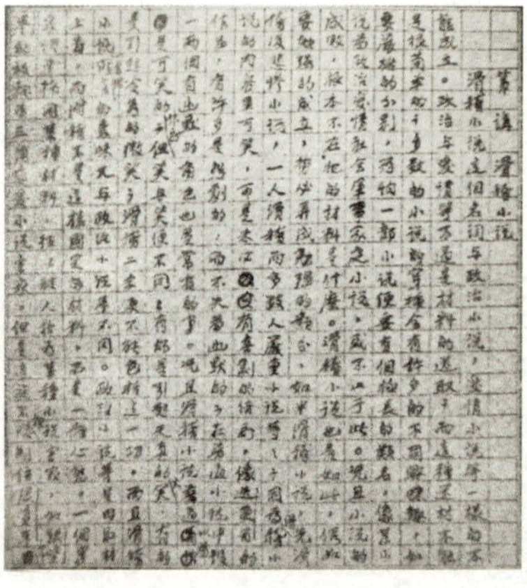

老舍编写的讲义

郝立权

余天庥

甲骨文研究“西方学者第一人”明义士

校友、革命英烈刘谦初

1930年10月，《齐大月刊》编委会合影。

《齐大季刊》书影

《齐大年刊》创刊号

齐鲁大学天文台

江清

于复新

罗威龄

施尔德

侯宝璋

薛愚

张汇泉

尤家骏

高学勤

赵常林

孙鸿泉

王天铎

齐鲁医学的专家们

抗日战争时期，齐鲁大学迁往四川成都华西坝与燕京大学、金陵大学、金陵女子文理学院、华西协和大学联合办学，史称“华西坝五大学”。1939 年，顾颉刚被任命为国学研究所主任，他聘请钱穆、吕思勉、杨向奎、胡厚宣、童书业、张维华、朱东润、孙伏园、严耕望、沈镜如等学者，以研究所为平台形成了一个有影响的学术团体，并创办《责善半月刊》《齐大国学季刊》《齐鲁学报》等刊物，出版学术论著，再次创造了国学研究所发展史上的辉煌。钱穆、考古学家吴金鼎亦曾担任过国学研究所主任。

顾颉刚

钱穆

朱东润

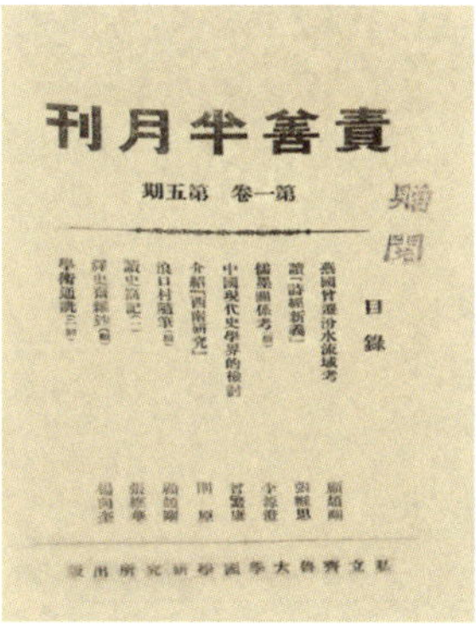

責善半月刊

第一卷 第五期

目錄

燕國曾遷汾水流域考

讀「詩經新義」

中國現代史學界的檢討

介紹「西南研究」

浪口村隨筆

讀史筆記（二）

學術通訊

齊魯大學國學研究所出版

《责善半月刊》第 1 卷第 5 期书影

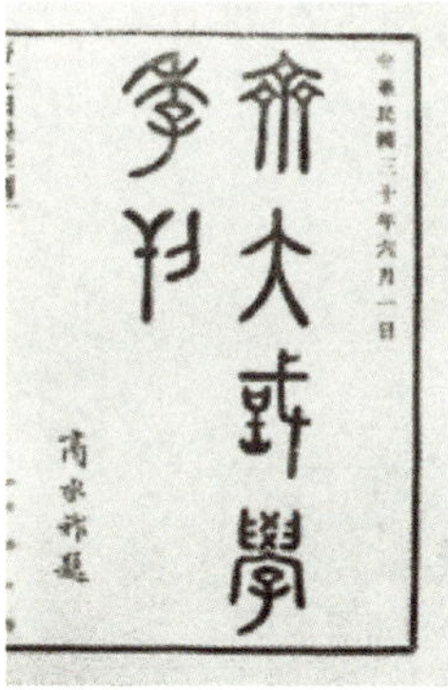

齊大國學季刊

中華民國三十年六月一日

《齐大国学季刊》书影

齐鲁大学的学生在上实验课

吴金鼎（左）与梁思永在考古现场

1940 年齐鲁大学考试现场

抗战胜利后，齐鲁大学的师生陆续返回济南，10月正式复课。1948年济南解放前夕，齐鲁大学再次外迁，济南解放后，又迁回济南。1951年1月，华东军政委员会教育部接管齐鲁大学，收回教育主权。1952年9月，齐鲁大学在全国院系调整中被撤销，所属院系与其他高校合并。校园即现在的山东大学趵突泉校区，校史遗产由山东大学文史、齐鲁医学继承。

1948年吴克明校长到迁到福州的医学院视察

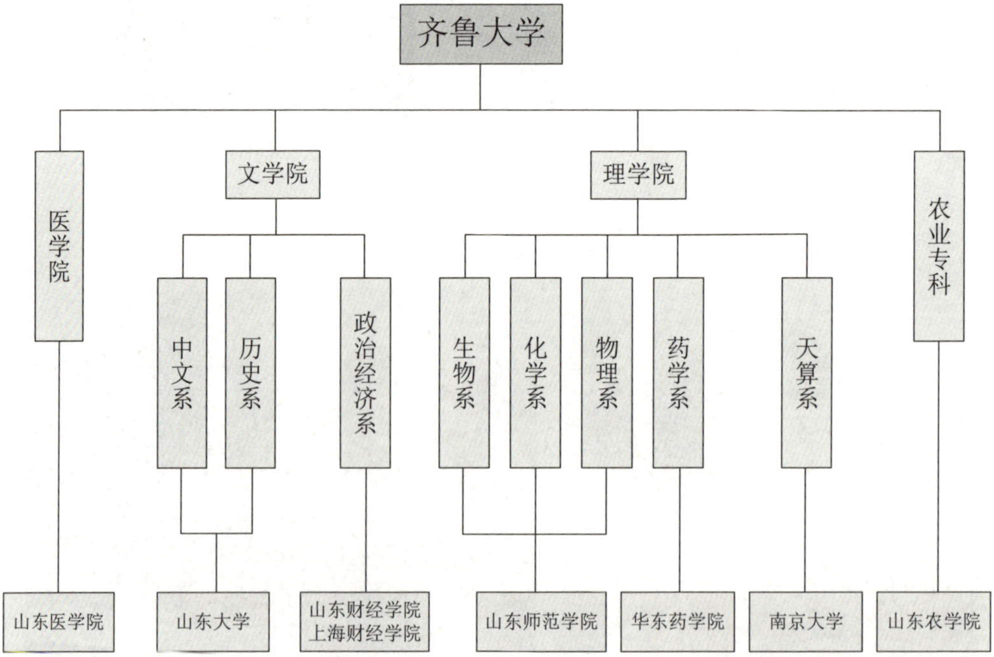

第五篇　第二次辉煌

随着中华人民共和国的诞生，历经半个世纪沧桑沉浮的山东大学迎来了全新的发展机遇。在华岗校长的带领下，全校师生重视教学、探求学问、突出特色，不断引领学术潮流，在学校建设、教育教学、科学研究等多个方面取得了辉煌的成绩，使山大成为中华人民共和国成立初期高等教育的重镇之一。

在这一时期，学术大家云集山大，“冯陆高萧”在中文系专研古典文学，立学术高标；“八马同槽”于历史系开拓史学研究新场域，奠定山大史学格局；科学大师精研学术，久久为功，创下科学研究之典范。《文史哲》杂志则提供学术争鸣之舞台，一时间佳话频出，蜚声海内外。

政治大课、思想改造、学术转型；校庆学术报告会、教学改革研讨会、教学科研互促相长；在全校师生员工的共同努力下，山东大学又创造了发展史上的一个“黄金时代”，形成了“文史见长、加强理科、发展生物、开拓海洋”的发展特色，赢得了“海洋学科远东第一”“生物学科全国最好”和“文史见长”等美誉。那些治学佳话、上课趣闻至今仍是山大人津津乐道的话题。

◎接管和整顿

1949 年 6 月 15 日，市民游行欢庆青岛解放。

在广大干部随解放大军“南下”时，1949 年 5 月下旬，山东省教育厅厅长王哲却带着教育厅督学室主任罗竹风、胶东区委干部高剑秋等二十几名工作人员乘坐火车沿胶济铁路一路向东驶去。在隆隆的炮声中，他们已组成中国人民解放军青岛市军事管制委员会文教部去接管山东大学。他们在青岛解放的当天便到达山东大学，受到师生们的热烈欢迎。在青岛解放之前，校内就进行着南迁与反对南迁的激烈斗争。在中共地下党组织的领导下，以及山大校长赵太侔与陆侃如、曾呈奎、杨向奎等进步教授的支持下，一个完好的山大被保留了下来。由王哲（不久即调走）、罗竹风、高剑秋、张惠组成的军管小组主持学校日常工作，本着“基本保留学校原貌、原学校工作人员基本留用”的原则，开始对学校进行整顿。九月伊始，学校进入正常的教学和工作状态。

青岛解放后，中国人民解放军青岛市管理委员会（以下简称“军管会”）成立了由王哲、罗竹风、高剑秋组成的军管小组，接管山东大学。1949 年 8 月下旬开始进行思想、组织、教学等方面的整顿工作。当时，全校有学生 1132 人、教师 220 人。

罗竹风（1911.11 ~ 1996.11.4），山东平度人，中国著名语言学家、宗教学家、出版家、辞书编纂家、杂文家，曾任第三届上海市社联主席。1935 年毕业于北京大学中文系、哲学系。1937 年，组织平度第一支抗日游击队。1940 年任平度县县长。青岛解放后，他作为军代表接管山东大学，并讲授国文课。1950 年，任山东大学教务长，讲授文艺政策课。1951 年调往上海工作，曾任上海市宗教事务处处长、上海市出版局代局长、上海市语言文字工作委员会主任、上海市社联主席、中国语言学会第一届副会长、中国宗教学会副会长等职。曾担任《辞海》常务副主编、《汉语大词典》主编、《中国大百科全书·宗教卷》主编、《中国人名大词典》主编，主编出版了《中国社会主义时期的宗教问题》《宗教通史简编》《宗教学概论》等著作。

1950 年 4 月 23 日，中国共产党高级干部、杰出学者和理论家华岗当选为山东大学校务委员会主任。

华岗（1903.6.9 ~ 1972.5.17)，浙江龙游人，著名的革命家、历史学家、哲学家、教育家。1925 年加入中国共产党。1943 年任中共中央南方局宣传部部长，1945 年任国共谈判中央代表团顾问，1946 年任中共上海工作委员会书记。1948 年春经中央批准到香港治病，并协助中共香港工委做统战工作。中华人民共和国成立前夕，他奉命从香港坐船经上海赴北平就任领导工作，但因遭遇国民党飞机轰炸而改变航向前往青岛。在青岛受到军管会主任向明的挽留。后因肠溃疡发作而滞留青岛养病，经中共中央同意被安排在山东大学任教。任校长期间，他坚持民主治校、学术兴校，尊重学者，重视教学科研，创办《文史哲》杂志，培育山大特色，使学校呈现一派生机勃勃的景象，开创了山东大学建校以来的又一个“黄金时代”。华岗被师生们誉为“懂政策、有能力、会办学的好校长”。

◎合校

1950年9月，经中央人民政府教育部批准，中共中央华东局决定将华东大学迁往青岛并与山东大学合并，两校合并后仍沿用山东大学名称，并成立了迁并处理委员会，任命彭康为主任委员，陆侃如、张勃川为副主任委员，童第周、余修、罗竹风、刘椽、刘宿贤为委员，负责办理迁并事宜。

1950年冬，华东大学师生坐火车迁校青岛。

1950年12月20日，迁并处理委员会合影（左起：张勃川、陆侃如、童第周、罗竹风、彭康、余修、刘宿贤、刘椽）。

1951 年 2 月 27 日，教育部任命华岗为山东大学校长兼党委书记。著名科学家童第周、著名文学史专家陆侃如任副校长，两个人一文一武，可谓是华岗校长的左膀右臂。作为"山大的三驾马车"，他们精诚合作，推动学校的管理、教学、科研等各项工作迅速走上正轨，成就了山东大学历史上的一个辉煌时期。

1951 年，赛福鼎・艾则孜参观山东大学（前排左起：赛福鼎、华岗、吴富恒、余修）。

余修 (1911.5 ~ 1984.12)，山东济南人，著名教育家、革命家。1925 年光荣加入中国共产主义青年团，1927 年积极参与共青团山东省委工作，1932 年考入北平中国大学国学系，1935 年积极参与一二・九爱国学生运动，1936 年参与组建北平作家协会，号召"团结一致，共同抗日"。1949 年出任华东大学教务长及党组成员。1951 年出任华东大学与山东大学合并后的山东大学副教务长及校党组副书记。1952 年出任山东师范学院院长兼党委书记。之后曾任中共山东省委文教部部长、副省长、省政协副主席、山东中共党史人物研究会会长等职。其代表作品主要有《往事集》《扬帆集》《鹊华诗草》等。

山大校门

1951年3月19日，山东大学开学典礼暨山大、华大合校成功庆祝大会隆重举行，华岗校长在大会上作报告。

1951 年 3 月 19 日，山大、华大合校成功庆祝大会主席团合影（左起：刘椽、吴富恒、罗竹风、余修、陆侃如、华岗、童第周、刘宿贤、丁履德、何作霖、郭贻诚、陈瑞泰、学生代表孟广来）。

广播站前会场盛况

1951 年 3 月 15 日，山东大学和华东大学合校成功，山东大学由此进入了一个崭新的发展阶段。新山东大学共设文、理、工、农、医五个学院，以及政治、艺术两个直属系。有学生 2366 人、教师 486 人、职工 524 人。1951 年山东大学院系及行政机构如下图所示：

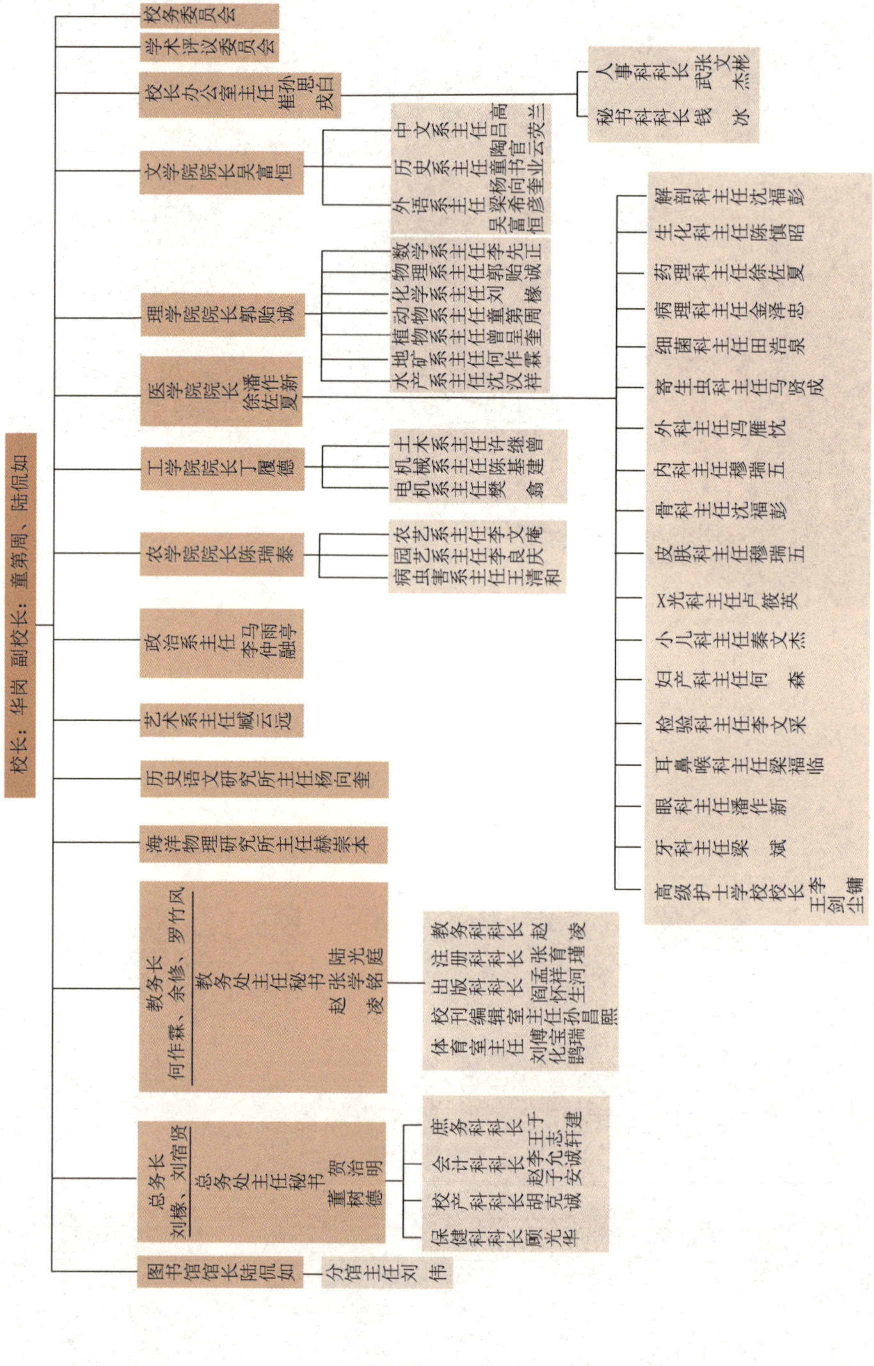

◎院校调整

经政务院批准，根据教育部制订的全国高等院校院系调整计划，1952 年 8 月，华东军政委员会教育部设立院系调整委员会，决定将山东大学改为文理为主的综合性大学。8 月 19 日，山东大学召开校务委员会常委会议，华岗校长传达上级会议精神，并成立院系调整委员会，华岗任主任委员，李芸生、童第周、陆侃如、吴富恒任副主任委员，崔戎等 20 人为委员，组织领导全校院系调整工作。根据华东区高等院校院系调整方案，山东大学工学院、农学院、医学院和政治系、艺术系调出，与其他院校院系合并或独立建院。具体调整如下：

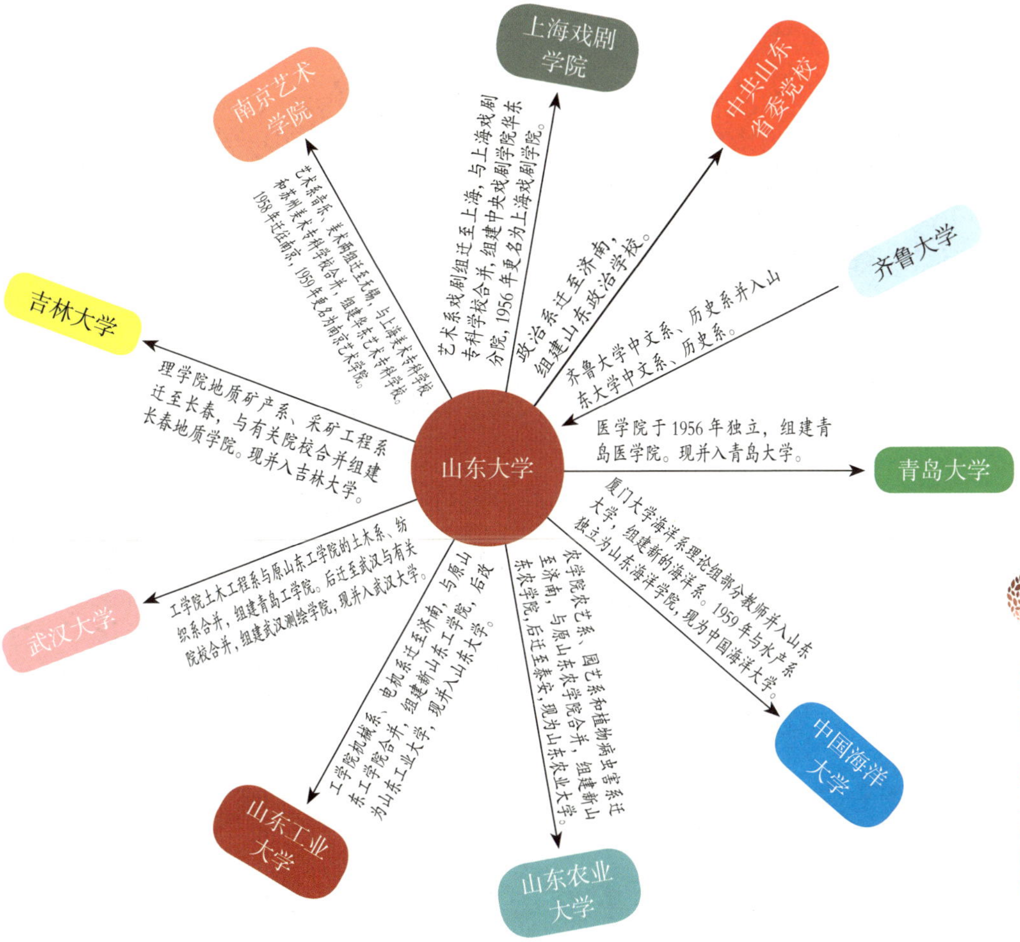

1952 年 9 月 11 日，农学院师生迁入位于济南的山东农学院，山东大学师生在车站欢送。

1952 年 11 月 5 日，青岛工学院举行了建院庆典大会。

1952 年 11 月 5 日，青岛工学院成立后院系领导和师生代表合影。

1954 年建成的山东农学院教学楼（现山大洪家楼校区教学楼）

山东农学院师生在校门（现山大洪家楼校区西门）前合影

1954 年经国务院批准，高教部拟将上海交通大学、山东大学等部分沿海高校内迁，后决定把山东大学迁往郑州的方案改为由山大派人去郑州筹建一所新的大学。学校随即派出总务长刘椽、总务处主任秘书董树德、总务科科长于健、基建办公室技术员刘岩等 26 人前往郑州筹建郑州大学。1956 年夏，在郑州大学校区主体建设基本完成之后，山东大学又选派部分教师支援郑州大学，从而保证了新成立的郑州大学在当年秋季如期开学。

1955 年 12 月，郑州大学男生宿舍正在建设中。

院系调整后的山东大学机构图

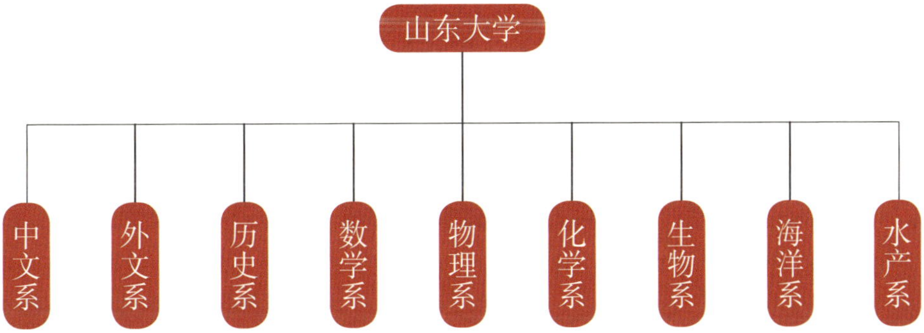

◎政治工作

党政工作

1951 年 8 月，童第周副校长在党史学习汇报会上发言。

1951 年，山东大学全校师生欢庆中国共产党成立三十周年。

1953 年 10 月，普选运动在山东大学全面开展，图为山东大学师生观看选民榜。

华岗校长在山东大学党代会上作报告

1956 年 10 月，山东大学生物系教职工投票选举市南区人民代表。本次选举中，山东大学师生员工及家属共有选民 4013 人，参加这次投票的有 3844 人，占全体选民的 95.8%。

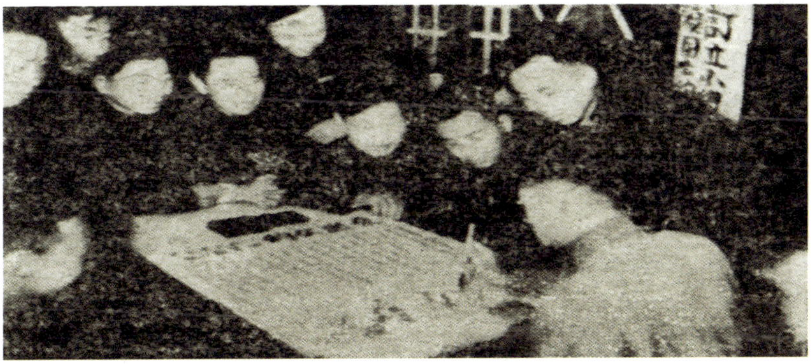

1951 年 4 月，山东大学全体学生经过一个月的爱国主义学习，纷纷签订《爱国公约》。图为即将毕业的历史系四年级同学在《爱国公约》上签名，其中公约的第一条就明确：“响应祖国号召，服从组织分配。”

山东大学的师生员工以兴奋的心情庆祝中华人民共和国成立两周年。图为庆祝大会上的山东大学旗队。

1952 年 3 月，在“反贪污、反浪费、反官僚主义”运动中，山东大学的学生积极参加了青岛市大中学校的学生示威游行。

1954 年 10 月，山东大学全校师生员工欢度国庆节。图为参加青岛市游行大队的山大游行队伍抬着“中华人民共和国宪法”的宣传牌经过太平路。

1955 年 2 月 20 日，山东大学 1600 多名同学参加了青岛市各界青少年反对使用原子武器签名集会。图为参加大会的山东大学宣传队同学游行示威经过海滨的情景。

1955年2月，文科第二部门委员会的教师们在“告全世界人民书”上签名，“反对使用原子武器，拥护和平使用原子能”。

1956年1月18日，山东大学“工商业者子女帮助父兄接受社会主义改造工作队”正式成立，标志着学校工商业者子女推动父兄接受改造的工作进入了一个新的阶段。

1956年11月3日下午，山东大学师生员工3000余人在广播站前举行“反对英法武装侵略、支持埃及正义斗争”的大会。大会通过了支援埃及人民英勇斗争的决议以及向埃及开罗大学致敬的电文。会后开始示威游行。

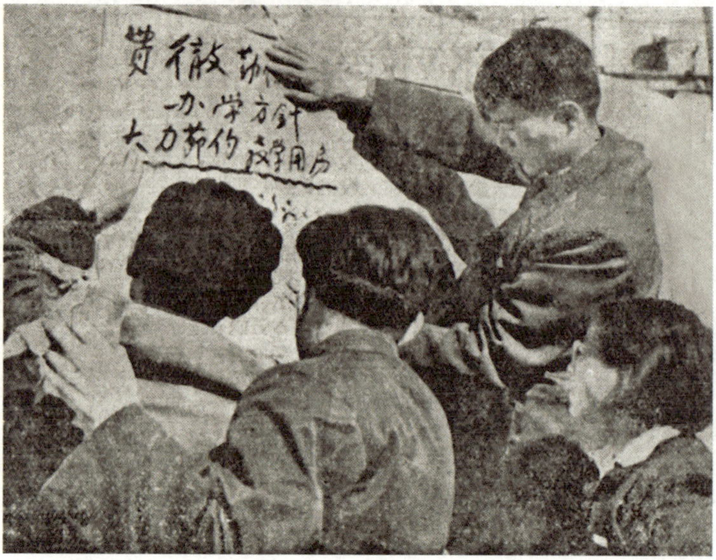

1957年，在整风运动中，各系采取各种措施，促进鸣放高潮，四天内贴出千余张大字报。

1954 年 9 月 15 日，第一次全国人民代表大会第一次会议在北京开幕。全校师生员工以激动的心情收听当天大会实况广播。图为水产系教师们在聚精会神地收听广播。

全校师生重视系统的政治理论学习。图为 1954 年 10 月中文系教师正在讨论写好的有关辩证唯物论的文章。

1956 年 9 月 16 日，陆侃如副校长（右）和冯沅君教授正在阅读中国共产党第八次全国代表大会开幕的消息。

1956 年 10 月 20 日下午，山东大学和青岛医学院师生员工以及中国科学院海洋生物研究室、水产实验室、青岛医学院附设医院等单位的工作人员，在共同聆听党的第八次全国代表大会代表、山东大学晁哲甫校长传达八大基本内容和精神的报告。

思想改造与政治大课

为深入开展马克思主义宣传教育活动，促进知识分子的思想改造，山东大学成立了由校长华岗任主任、副校长童第周和陆侃如任副主任，各系主任为委员的马克思主义理论学习委员会，通过开设政治大课、举办哲学讨论班等方式加强对马克思主义理论的学习。1952 年 2 月 4 日，《人民日报》发表了山东大学副校长陆侃如的文章——《加紧思想改造，迎接新的战斗任务》，该文在知识分子思想改造过程中影响很大。

努力改造思想，做一名合格的中华人民共和国的教师。山东大学教师思想改造学习经过了研读文件、检查工作、检查思想、开展批评与自我批评等环节。

1952 年，山东大学全校师生积极投入思想改造运动。图为学校的广播站人员在广播。

1949 年 12 月，山东大学决定用政治大课的形式对全校师生进行马克思主义理论教育。第一阶段从 1949 年冬季到 1952 年秋季，由军代表罗竹风讲《新民主主义论》，华岗讲《共同纲领》《社会发展史》等。第二阶段从 1953 年初到 1954 年底，主要由华岗讲辩证唯物论。华岗校长的讲座循循善诱、深入浅出、说理透彻，不仅深受本校师生欢迎，而且校外单位也自发结队前来听讲，每次都能达到三四千人。

华岗校长为山东大学师生上政治大课

國立山東大學校委會關於政治大課的決定

山东大学校委会关于政治大课的决定

山东大学师生掀起学习毛主席著作《实践论》的热潮

人事变动

1956 年 7 月 9 日，国务院任命山东省副省长晁哲甫为山东大学校长兼党委书记，杨希文为副校长（列陆侃如之后）。

晁哲甫 (1894.12.3 ~ 1970.12.23)，又名晁蛰夫，河南清丰人，著名教育家、革命家。曾任晋冀鲁豫边区政府教育厅厅长、华北人民政府教育部部长。中华人民共和国成立后，任平原省政府主席、省政府党组书记。1952 年，平原省撤销。1953 年调任山东省副省长、省政府党组副书记、山东省委常委兼统战部部长。1956 年 9 月后，任山东大学校长兼党委书记，在山东大学兼任校长期间，他十分重视学生的综合发展，有意识地促进劳动生产与教育相结合。晁哲甫长期从事教育管理工作，是党内知名的教育家。他为共产主义事业奉献了自己的一生，为我国教育事业发展作出了极大的贡献，培养了一批批优秀的人才。

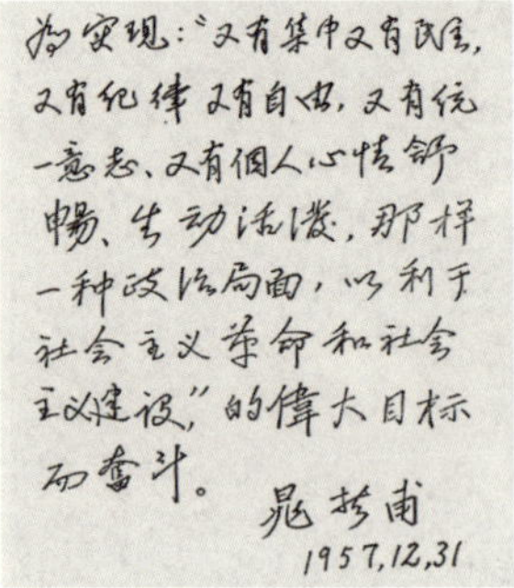

为实现："又有集中又有民主，又有纪律又有自由，又有统一意志、又有個人心情舒畅、生动活泼，那样一种政治局面，以利于社会主义革命和社会主义建设"的伟大目标而奋斗。

晁哲甫

1957,12,31

1957 年 12 月 31 日，晁哲甫校长新年题字。

从 1957 年 11 月中旬开始，山东大学规定每周五下午为党委书记和校长接待师生来访日。图为山大党委书记晁哲甫同志（左）接见速中潘玉璞同学。

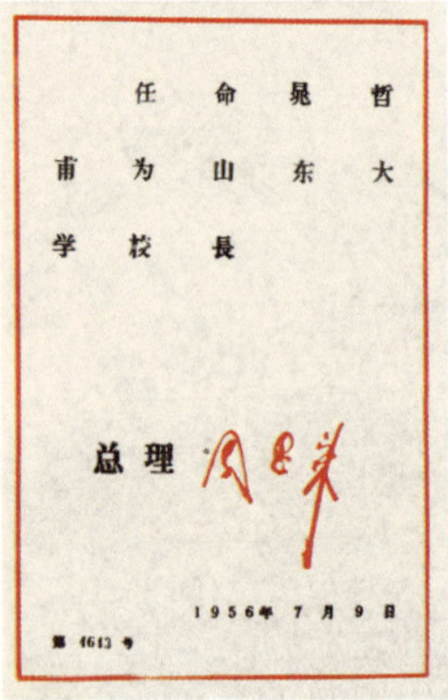

任命晁哲甫为山东大学校長

总理 周恩来

1956年7月9日

第1613号

1956 年 7 月 9 日，周恩来总理签署《任命晁哲甫为山东大学校长》的任命书。

20 世纪 50 年代，山东大学学生在操场进行排练，组成“山大人”字样。

团的工作

中国新民主主义青年团山东大学第一届团员代表大会于 1951 年 9 月 16 日至 18 日隆重召开，大会讨论通过了今后的工作和任务，选举产生了团委会。图为代表们在听华岗校长报告时的情形。

在“三反”运动与思想改造运动后，大批青年积极分子光荣地加入了青年团。1952 年 7 月 11 日，在学校广播站前召开了山东大学全校团员大会，140 余名新团员在团旗下庄严宣誓。

1953 年 11 月 1 日，山东大学数学系一、二年级支部新老团员在中山公园开展了“团日”活动。

1953 年 11 月 8 日，中国新民主主义青年团山东大学第三届代表大会胜利举行，并选举产生了新的团委。

1955 年 2 月 1 日至 2 日，青年团山东大学第三届第一次代表会议召开。会上，团委作了一年工作总结及今后工作意见的报告，党委书记华岗同志代表党委在会上作了讲话。代表们发扬批评与自我批评的优良作风，检查了团的工作，集中研究了进一步加强对团员、青年的共产主义道德教育，抵制资产阶级思想侵蚀，协助提高教学质量，转变团的工作作风等主要问题。

1956 年 11 月 24 日，山东大学青年团第四届代表大会开幕。出席大会的有正式代表 266 人，列席代表 190 人。

参军卫国

1951 年 2 月，山东大学欢送参军同学。

1951 年 2 月，山东大学医学院医疗队赴朝鲜前合影。

“谁是最可爱的人”，山东大学全体师生员工为表达对中国人民志愿军英雄们的崇敬之情，于 1951 年 5 月上旬捐出慰问书刊 3000 余册、款项 190 余万元，并在捐赠书刊上写下了动人的诗句。

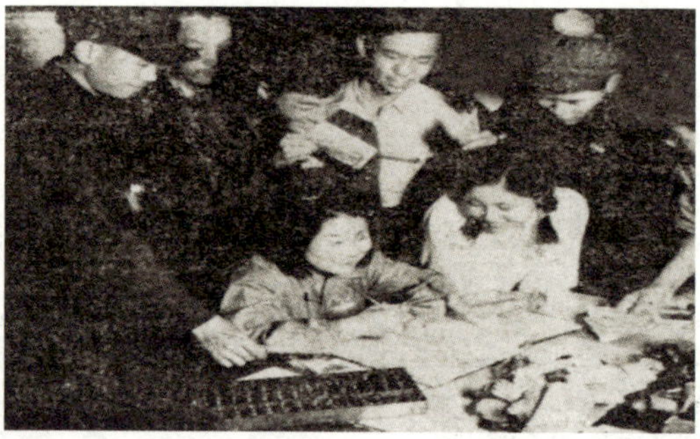

1951 年 6 月，山东大学全体师生员工热烈响应抗美援朝总会的号召，掀起了捐献热潮。图为山大校部工作人员捐献物资的情形。

在高涨的爱国主义热情鼓舞下，山东大学一、二年级（医学院除外）的学生们踊跃报名参加军事干部学校。图为 1951 年 7 月 5 日，学生们领取报名单的情形，这一天共有 888 名学生庄严地在报名单上填上自己的名字。

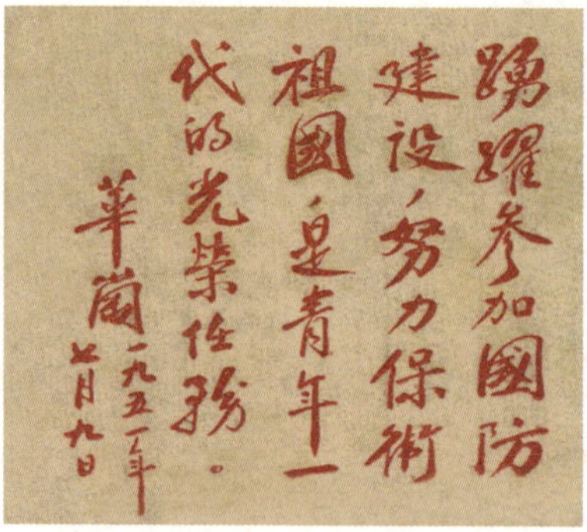

华岗校长的题词

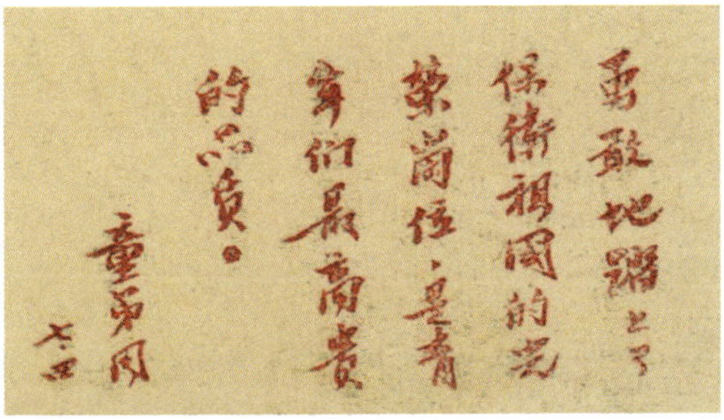

童第周副校长的题词

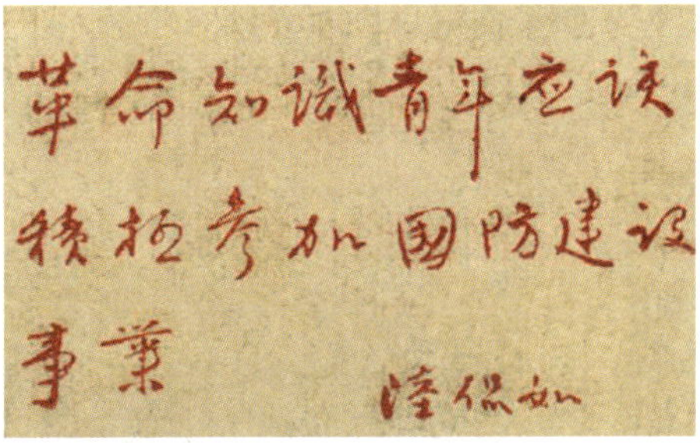

陆侃如副校长的题词

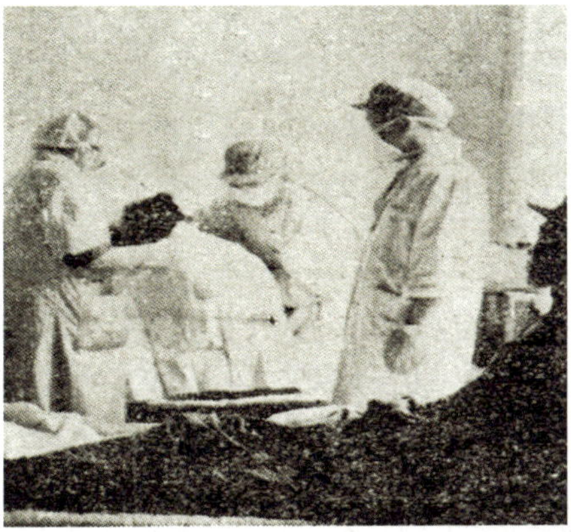

参加抗美援朝志愿医疗队的校医院工作人员正在前线军医院中细心地为志愿军伤员们治疗

山大师生热烈欢送参加军事干部学校的同学

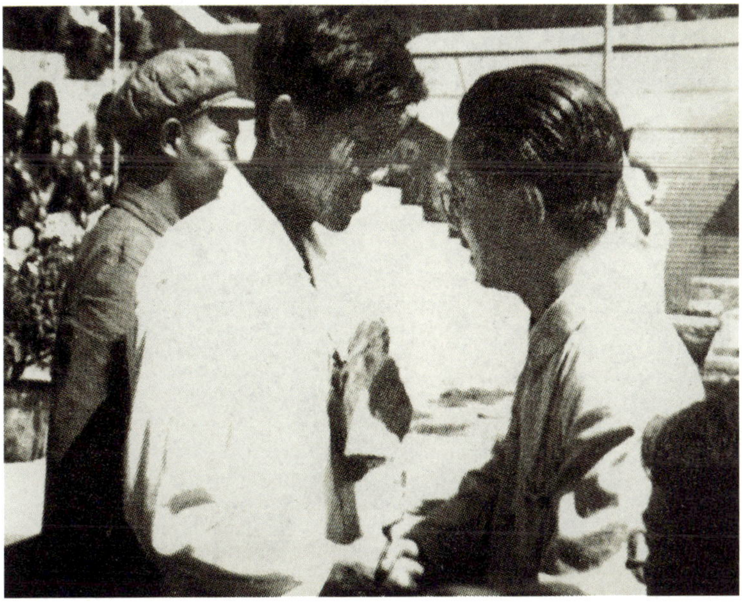

1951 年，华岗欢送参加军事干部学校的同学。

◎组织活动

师生员工会议

1951 年 4 月 8 日，第一届学生会成立大会选出的 25 位执行委员宣誓就职。他们表示将在学校的领导下，团结全校同学，深入开展爱国主义学习运动，学好正课，加强体育活动，保证完成教育计划，为共同办好新山大而努力。

1950 年 4 月，山东大学第一届师生代表大会合影。

山东大学第一届学生会成立

1951 年 5 月 13 日，教育工会青岛市山东大学委员会举行第一届代表大会，选出了新的领导机构，讨论通过了“以组织和发动会员的积极性和创造性，提高政治觉悟和业务水平，来保证改进教学”作为今后的工作方针。

1952 年，山东大学学生积极参加爱国卫生运动。图为学生们在擦玻璃的情形。

1953 年 10 月，在波兰首都华沙召开了第三届世界学生代表大会。山东大学的张之涵同学入选中国学生代表团（左一为张之涵同学）。

1955 年 4 月，山东大学医学院举办了医学展览会。图为组织者正在介绍我国丰富的医学遗产。

1954 年 5 月 9 日，青岛市即将高中毕业的学生来山东大学参观。图为物理系教师正在给参加本次访问活动的学生讲解静电感应起电机的实验。

1955 年 10 月 2 日，山东大学的 40 多名学生与青岛工学院的 20 多名学生共同组成慰问团慰问驻岛部队。

1956 年 5 月，苏联专家来山东大学参观。图为苏联专家和山大海洋系主任在交谈。

1956 年暑假，山东大学中文系实习队在蒲松龄的故居——“聊斋”门前，记录聊斋俗曲的乐谱。

1956 年暑假，山东大学中文系部分教师与作家张天翼、李季、艾芜、臧克家、雷加在公园里谈心。

1957 年，山东大学下放大量教师到农村参加劳动锻炼。图为化学系教职工在决心书上签名。

1957 年 12 月 14 日，山东大学全校教职工欢送首批下放到农村劳动锻炼的 23 位教师。

评优争先

优秀生奖章说明:（1）甲、乙级优秀生奖章式样相同，甲级是金色、乙级是银色。（2）奖章背面分别刻着“甲级优秀生奖章 1955”“乙级优秀生奖章 1955”。

1955 年 5 月 4 日下午，山东大学隆重举行纪念五四青年节暨优秀班、优秀生授奖大会。

1956 年 3 月 11 日，山东大学一九五六年先进生产者授奖大会召开，共有22位教职员工被评为“先进生产者”。

1955 年 5 月，山东大学外语系三年级获得优秀班的称号。图为该系学生打着锣鼓为获奖班级送锦旗。

1956 年，在“三好”积极分子大会上，山东大学共表彰了354名“三好”青年积极分子，其中 36 名成绩突出者获得物质奖励。

1956 年 3 月 14 日下午，山东大学举行校庆大会，共有 94 名优等生受到奖励。

新生入学

1951 年 9 月，新同学已陆续到校。图为新同学跨进校门受到学校热烈欢迎的情形。

新山大在不断地成长与壮大，1952 年又增加了千余名新生，他们来自城市、乡村、部队和工厂。图为新生办理报道手续的情形。

1954 年 9 月，586 名新同学愉快地到校报到。

1956 年 9 月，共有 917 名新生入学。

1956 年 9 月 11 日下午，在青岛火车站，中文系学生把鲜花送给了 10 名越南留学生。到校后，学生会主席乔幼梅介绍了山东大学的情况。次日下午，在工会俱乐部里举行了欢迎越南留学生座谈会，陆侃如副校长、中文系萧涤非主任等讲话，对越南留学生来校表示热烈的欢迎。

◎教与学

开学上课

新的学期开始了。离校的同学已从实习地、家乡陆续返校。他们愉快地度过了暑假，以饱满的精神迎接新的学期。图为1952年9月山大学生走进课堂的情形。

1953年11月，山大外文系徐世琳助教正在认真讲课。

山大中文系新同学（第一排为朝鲜留学生）正在上课

1956年9月，山大化学系一年级新生正在听阎长泰教授讲解无机化学。

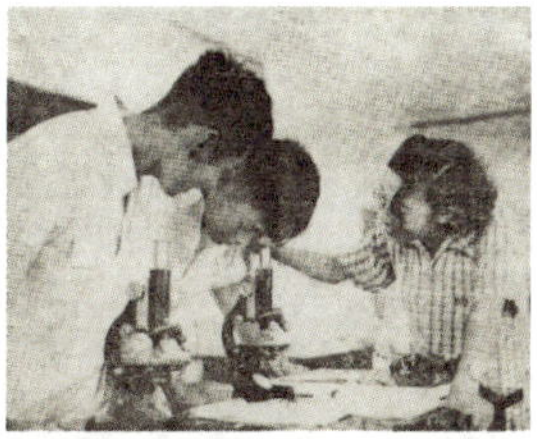

1956年9月，生物系的新同学在杨才文教授指导下进行科学实验。

名师指导

1954 年 1 月，中国文学史教研组指导教师冯沅君（左一）和关德栋（左二）正在检查助教袁世硕（左三）的进修情况。

1954 年 12 月，中文、历史、生物和海洋等系按照教学计划的要求，开始进行学生毕业论文的撰写工作。图为海洋系赫崇本教授正在指导该系毕业班的学生撰写毕业论文。

1955 年 2 月，毕业论文撰写工作在历史、中文、生物、海洋等系有序进行。图为生物系叶毓芬教授（左一）正在帮助该系四年级同学制订论文的写作计划。

童第周教授在授课

山东大学中文系冯沅君、陆侃如、高亨教授与学生研究学术问题

束星北教授为学生授课

实验实习

1951年12月，为了适应国防建设与经济建设的急迫需要，山东大学全体学生正以饱满的精神努力学习。图为山大工学院的学生在附设工厂实习时，向工人学习操作方法的情形。

1952年暑假，水产系的同学们在拖船下水作业。

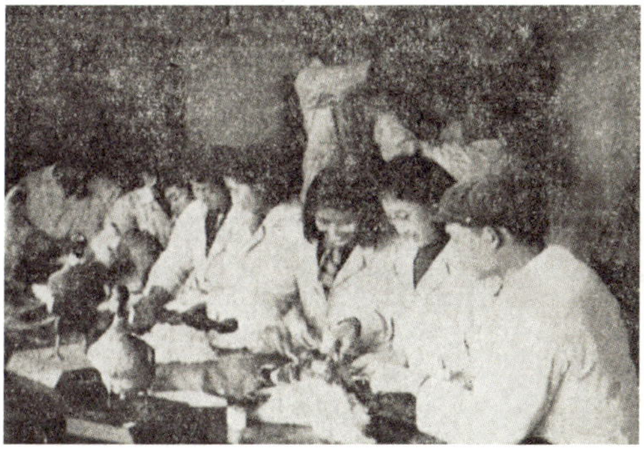

“为建设伟大的祖国而努力学好功课！为牢固地掌握科学知识而斗争”的口号，已变为学生们的实际行动。图为1952年山大动物系的学生在制作标本。

1953年4月，山大物理系气象组的同学在观察气候试验。通过实践，巩固了他们的理论知识。

1953年5月，在山大海洋化学课上，同学们正在进行分析海水溶解氧的实习工作。

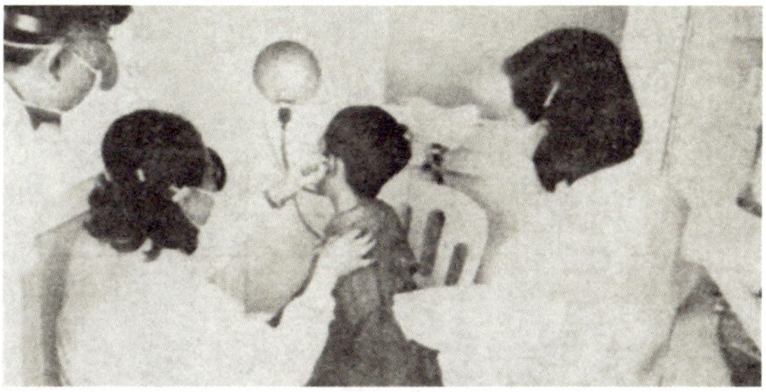

1953年6月，山大医学院的学生们在附设医院进行门诊实习。图为耳鼻喉科的教师正在给学生们讲解病人的病情。

光谱分析是分析金属的一种有效方式，它能在短时间内分析出矿物中金属的成分与含量。图为1953年6月山大物理系学生在认真听教师讲解光谱分析实验。

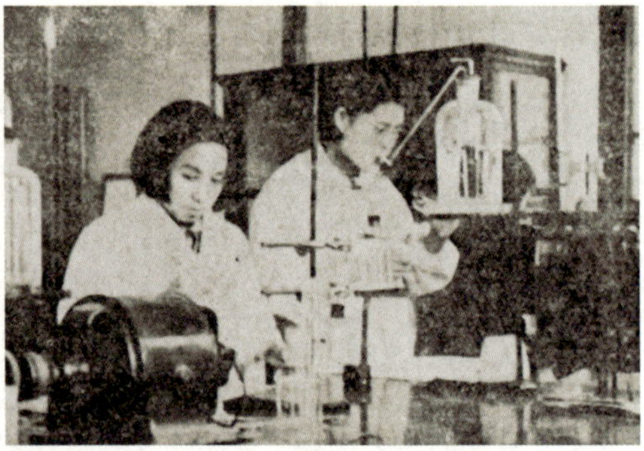

1954年10月，山大化学系增设了胶体化学基础课程。图为该系1951级同学正在做电渗析实验。

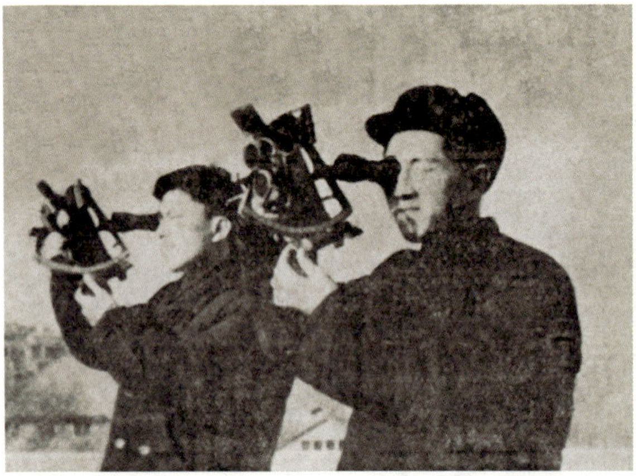

1955年2月，为了能更好地进行海洋调查工作以及深入学习航海技术，山大海洋系1953级学生用海上测量仪器——六分仪测太阳高度，做天测位置线的练习。

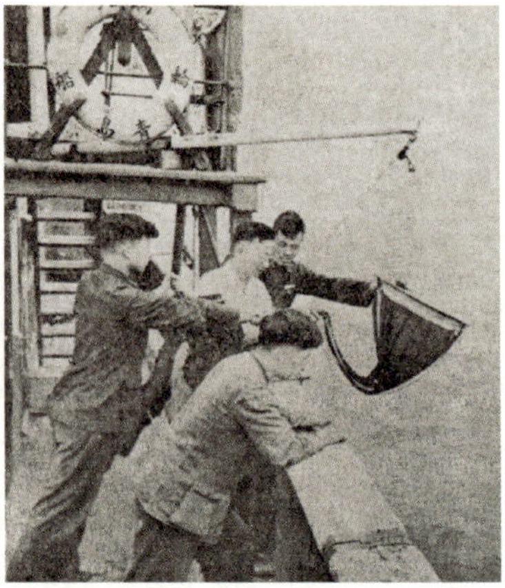

1955年7月，山大生物系学生出海实习。图为学生们正在将蚊帐料锥形拖网放下海的情景。

山东大学水产系学生在海水养殖厂实习

互帮互学

山东大学新生短期政治学习开始了，他们由此认识到应为祖国而学习，从而端正了学习态度。他们组织起来并成立了学习小组，在学习中发扬团结互助的精神。图为 1952 年山大一个学习小组正在聚精会神地钻研文件。

1952 年，课代表制度在山东大学普遍建立起来了，课代表在师生之间起了桥梁作用。教师通过他们能及时地了解同学们的学习情况，在教学中贯彻边教边改、边改边教的精神。图为教师与课代表交流的情形。

1953 年 11 月，山大医学院郭振武同学（右）运用个人发明的“大小巡回温课法”与同学一起复习功课。

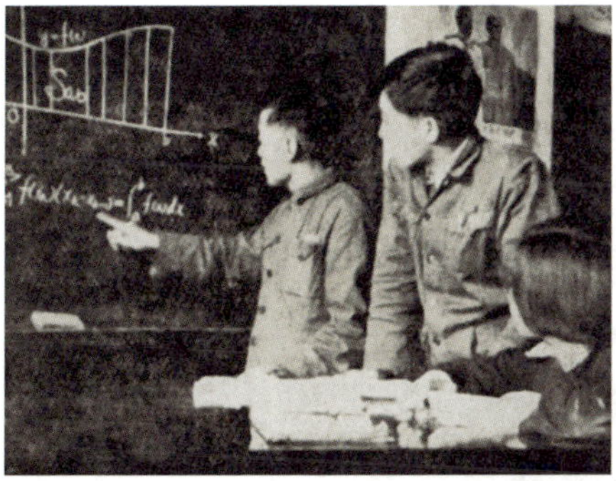

1953 年 11 月，山大数学系李训经、徐荣南、刘玉兰等同学正在讨论数学分析定理。

1955 年 4 月，山大学生在星期天访问教师，进一步密切师生关系。

留学生活

1955 年 1 月，朝鲜留学生在山东大学学习已快一学期了，他们的学习成绩有了显著的提高。图为中国文学史教研组高亨教授正在进行辅导的情形。

1955 年 12 月，山大中文系同学与朝鲜留学生一块复习功课。

1956 年 9 月 16 日，朝鲜留学生在仔细地阅读中国共产党第八次全国代表大会开幕的消息。

朝鲜、越南留学生自 1954 年开始陆续到山东大学学习，当时已有 7 名朝鲜留学生、14 名越南留学生，他们分别在中文、生物、水产三系学习。图为水产系朝鲜留学生千昇俊（右）在实验室与中国同学做鱼的解剖实验。

水产系朝鲜留学生在做实验

教学研究改革

1952 年，山东大学教职员工响应校行政与工会的号召，大力学习苏联先进经验，推进教学改革运动；同时，积极地投入到俄文学习当中，当时已有 380 多人参加了业余俄文学习。图为数学系教师们学习俄语的情形。

教学组织在不同程度地发挥着集体力量，如共同研究教学大纲，互相听课；同时，各教学小组和教研组也采用预讲、形象教学、辅导、课堂讨论等苏联先进的教学经验。图为 1952 年山大教师在上课之前进行预讲的情形。

山大各院系在教学组织和教学方法上积极学习苏联的先进经验，由个体教学逐步进入集体教学。山东大学已成立了 36 个教学小组、7 个教学研究指导组。图为 1952 年一个组在开教研会的情形。

1954 年 1 月，山东大学达尔文主义教学小组正在运用苏联先进的“口试”考试方法。

1954 年 10 月，山大化学系教师正在研究专业计划。

学习苏联经验

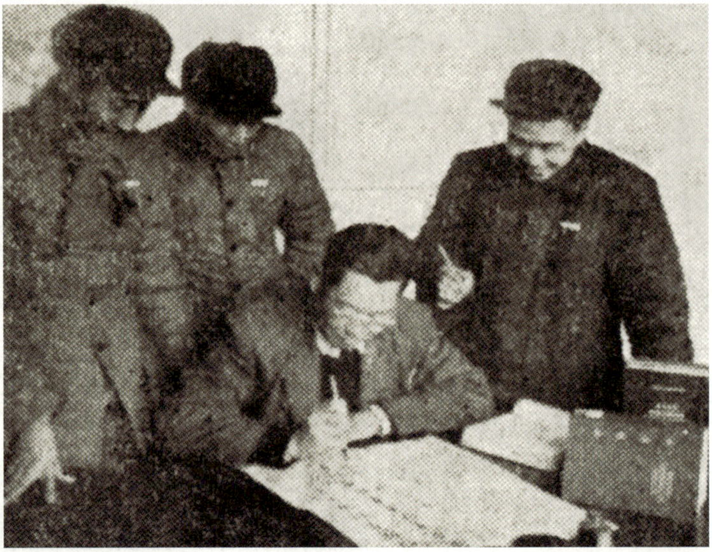

山东大学理学院教师们都在积极准备投入寒假期间专业俄文速成学习，图为海洋系教师一起写保证书："保证学好俄文，彻底实现专业教学计划"的场景。

专业俄文速成班正式开课，学员们以紧张愉快的心情投入学习。图为 1952 年教师在课堂上讲授俄语的情形。

1953 年 5 月，为了采用苏联的先进教材，化学工艺教学小组正积极进行翻译。

1953 年 6 月，普通化学教研组正在认真讨论苏联教材中关于"自由极性分子的离解过程"的问题。

1955 年 12 月，教务处与苏联专家开展习题课观摩活动，并在习题课的目的要求、课堂领导以及课前准备等方面进行了比较深入的讨论。

中华人民共和国建立初期，为把优秀的工农干部及产业工人在短期内培养成国家急需的建设人才，教育部提出要创办工农速成中学。1952 年秋，根据上级指示，山东大学筹建了工农速成中学，由副校长陆侃如兼任校长，教务处副主任秘书赵凌任速成中学专职副校长。当时因创造科学的细纱工作法（“郝建秀工作法”）而闻名全国的工业劳动模范郝建秀同志，就是山东大学附设工农速成中学的第一届学员。郝建秀曾先后受到毛泽东、周恩来等中央领导的亲切接见，而后担任过中央书记处书记、全国政协副主席等职务。

郝建秀（中）与同学在一起

郝建秀在教师的辅导下钻研数学题

1952 年，工农速成中学的同学们正在专心听讲。

1952 年 8 月，全国工业劳动模范、山大速中学生李秀芬（中）代表中国千百万纺织工人参加在柏林召开的世界纺织服装会议。

1953 年 11 月，工农速中理科班的宋月正、王文池、舒玉华、王绪仁等同学在做物理实验。

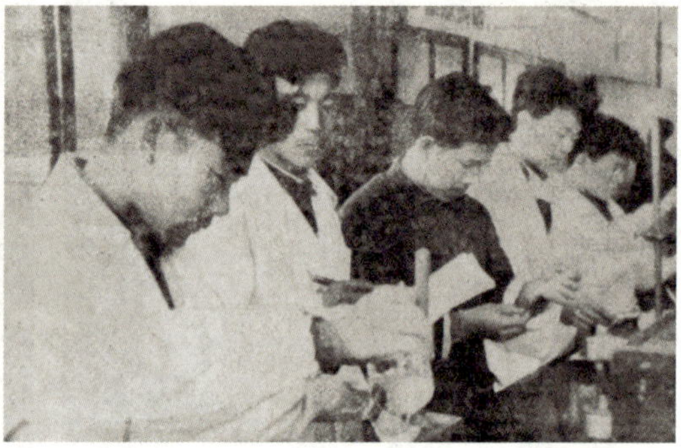

为贯彻高等学校“向工农开门”的方针，山东大学具体规定了加强对工农干部学生学习的指导工作。图为 1954 年 5 月工农速中的学生在做普通化学实验。

1955 年 5 月，速中女同学们在进行锻炼。

山大机械专修科的学生们——工农青年们，带着愉快的心情投入了学习，图为他们正在学习如何使用祖国自制的万能机械。

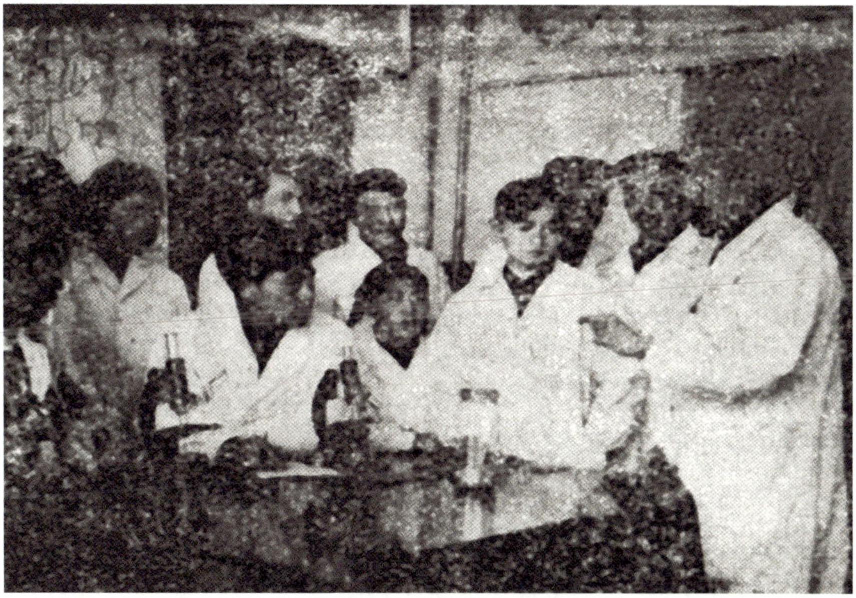

1952 年 4 月，山大医学专修科的学生们在认真倾听教师讲解昆虫的构造与繁殖的场景。

温课考试

1951 年 6 月，“重视温课，迎接考试”的号召已变成实际行动。在教师的指导下，山大各院系的学生纷纷组织起来进行温课，以巩固和运用所学知识。

为了系统地学习科学知识，以取得更好的成绩，山大学生们积极温课，大部分同学制定出个人的、小组的温课计划，在温课当中互相交流学习经验，系统地复习一学期的课程。图为 1952 年医学院的一个小组在温课。

期终考试前，为了解决学生们温课当中的疑难，教师们发给了学生们有系统、有重点的温课提纲，同时在温课期间，加强辅导工作。图为 1952 年数学系教师给一个小组进行辅导的情形。

1953 年 7 月，学校开始重点试行先进的考试办法——口试。图为高等教学课正在进行口试的情形。

1954 年 12 月，山大全体学生都在积极温课，准备期终考试。图为学生们在图书馆温课的情形。

图书馆处于文学馆与大众礼堂之间，是一排房舍，借书处在 2 层楼上。本馆书库约有 28 万册书籍，连同各系图书室共有 30 余万册。山大每位学生都有一个借书证，每个借书证内装 3 张借书卡，一张卡可借一本书，借书期限是 10 天，看不完可续借。

全校教学组织一览表

组别 系别	教研组、教学小组	
	组别	组长
马列主义教研室	中国现代革命史教学小组	朱作云
	马列主义基础教学小组	蒋捷夫
	辩证唯物论教学小组	赵俪生
	政治经济学教学小组	吴大琨
中文系	现代文学教研组	孙昌熙、刘泮溪
	中国文学史教研组	冯沅君、萧涤非
	中国语言教学小组	殷焕先
历史系	中国通史教研组	王仲荦、卢振华
	中国近代史教研组	郑鹤声、孙思白
	世界史教学小组	陈同燮
外文系	基本俄语教研组	方未艾
	英语教学小组	黄嘉德
数学系	高等数学教研组	刘智白、刘冠
	高等分析数学教学小组	莫叶
	代数教学小组	周怀生
	几何教学小组	谢力同
物理系	普通物理教研组	刘鸿宾、王应素
	力学教学小组	周北屏
	实验教学小组	杨有楙
化学系	有机化学教研组	刘椽、杜作栋
	无机化学教研组	尹敬执
	理论化学教学小组	刘遵宪
	分析化学教学小组	叶长龄
	化学工艺教学小组	武际元
生物系	无脊椎动物教研组	曲漱蕙
	普通植物教研组	陈机
	脊椎动物教学小组	黄浙
	微生物教学小组	王祖农
	达尔文主义教学小组	方宗熙
水产系	水产通论教研组	沈汉祥
	水产动物教学小组	邹源琳
	水产加工教学小组	闵菊初、刘纶
	渔捞渔具教学小组	黄文沣
	航海船艺教学小组	胡文溶
海洋系	海洋学教研组	唐世凤、景振华
	海洋气象教学小组	王彬华
	海洋动力教学小组	文圣常
其他	公共必修课俄语教学小组	金诗伯
	体育教学小组	王俊朋

各系开设课程一览表

课程 系别	基础课和专业课
中文系	中国文学史、古典文学、现代文学、写作实习、人民口头创作、文艺学引论、世界文学、苏联文学、语言学引论、中国语言学、诗词研究、诗经研究、杜甫研究、鲁迅研究等。
历史系	中国史、中国近代史、中国历史文选、亚洲史、世界史、世界近代史、中国文学史、中国思想史、考古学通论、中国地理、世界地理、自然地理、中国经济史、中国农民战争史等。
外文系	中国语文、语法修辞、写作实习、基本俄语(语音、语法、口译)、俄语语音学、俄语词汇学、俄苏文学等。
数学系	解析几何、高等数学、数学分析、普通物理、微分方程、微分几何、复变函数论、理论力学、特殊函数、专题讨论等。
物理系	高等数学、普通化学、普通物理、物理实验、理论物理、热力学、统计物理学、电力学、量子力学、数理方程、电工及无线电、工艺力学、物理学史等。
化学系	高等数学、理论物理、无机化学、分析化学、有机化学、物理化学、化学工艺、结晶学、物质结构、胶体化学、化学热力学、量子化学、电化学等。
生物系	动物专业和植物专业:生物学史、生物学引论、物理学、地质学、生物化学、组织学、达尔文主义、遗传学等;动物专业:动物学、动物基础学、动物生殖学、人体解剖学、动物饲养学等;植物专业:植物学、植物生理学、微生物学、农业与土壤学、植物栽培学等。
水产系	普通植物学、水产动物学、普通物理、普通化学、分析化学、达尔文主义、遗传学、海藻学、贝类学、鱼类学、浮游生物学、经济海产学、无脊椎动物学、胚胎学、海洋学等。
海洋系	高等数学、普通物理、分析化学、自然地理、力学和流体力学、海洋通论、普通气象学、潮汐学、波浪学、海洋动力学、海洋化学、海洋工程学、天气学、海洋沉积学、海洋船艺及海道预测等。

除了基础课和专业课外，各系还开设公共必修课、生产实习、毕业设计和毕业论文。

◎马克思主义理论教学与研究

1953年9月，为了加强全校的理论学习，山东大学正式成立了马列主义教研室，下设马列主义基础、辩证唯物论、政治经济学、中国现代革命史四个教学小组。

崔戎主任在马列主义教研室成立大会上讲话

1953年12月，山东大学马列主义教研室在学习讨论过渡时期总路线。

在以华岗为代表的一批马克思主义理论家的带动和影响下，山东大学各院系的师生把政治学习与教学、科研相结合，开始运用马克思主义立场、观点和方法指导自己的学术研究、教学活动，在史学研究、红学研究、杜甫研究、鲁迅研究、生物研究、海洋研究等领域取得了丰硕的成果，在很大程度上推动了山东大学50年代的学术辉煌。童第周副校长将学习辩证唯物论与生物学研究相结合写了多篇文章，后以《生物科学与哲学》为书名出版。郭贻诚教授在《学习辩证唯物论，改进教学和科研》一文中总结了学习辩证唯物论的心得体会，指出了认识客观事物的规律对于教学科研的重要意义。

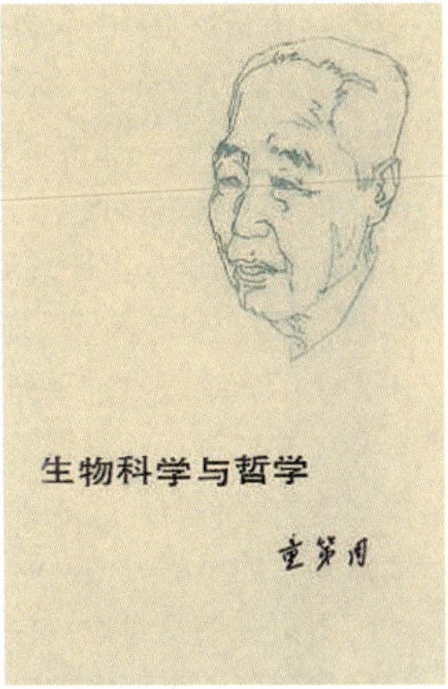

童第周著《生物科学与哲学》书影

山大学者参编的《宣传唯物主义批判唯心主义》书影

华岗不仅是著名的革命家、教育家，还是一位著名的马克思主义理论研究专家。1930年，他翻译出版了《共产党宣言》，这是在中国的第二个全译本。现在熟知的《共产党宣言》结尾处的“全世界无产者，联合起来！”就是由华岗首次译出的。他在这一时期还编撰有《辩证唯物论大纲》等著作。

华岗

华岗译《共产党宣言》封面

华岗著《辩证唯物论大纲》书影

吴大琨（1916～2007.3.12），江苏吴县人，著名经济学家、经济史学家。早年就读于东吴大学，后留学日本。1936年回国后参加抗日救亡运动，任全国救国会宣传部总干事，编辑《救亡情报》，曾先后被聘为暨南大学讲师、东吴大学副教授。1945年正式加入中国共产党。1946年赴美国华盛顿州立大学远东研究所任研究员、副教授。1951年回国任山东大学历史系教授、马列主义教研室主任，主讲政治经济学，参与《文史哲》的编辑工作，并曾当选为青岛市第一、二届人民代表大会代表。代表性论文有《学习斯大林在资本主义利润率法则上的贡献——从平均利润率到最高利润率》《论地租与中国历史分期及封建社会的长期阻滞性问题》《怎样从政治经济学的角度上来考察古史分期问题》《辩证唯物论与政治经济学》等。1957年调任中国人民大学经济学系执教。曾任北京市城市经济学会第一届会长，第七届全国人大常委，第三至六届全国政协委员。

◎《文史哲》创刊及影响

如果要谈起 20 世纪 50 年代山东大学学术底蕴和潮流引领力的象征，那么《文史哲》当之无愧。1951 年 4 月，在华岗校长的支持下，山东大学文学院和历史语文研究所的部分教师成立了《文史哲》杂志社，由华岗任社长，副校长陆侃如和文学院院长吴富恒任副社长，历史语文研究所主任杨向奎任编辑部主编。同年 5 月创办《文史哲》杂志，1953 年正式确定为山东大学文科学报。这是中华人民共和国创办最早的高校文科学报，被称为“高校学报之王”，也是中华人民共和国创办最早的人文社会科学杂志，一度成为社科界发表文科研究成果的重要平台。20 世纪 50 年代，我国史学界有“五朵金花”之说（即五场重大论战），其中有三场（即“中国古史分期论战”“中国农民战争史论战”和“资本主义萌芽问题论战”）是在《文史哲》上展开的。时任上海市市长的陈毅曾赞誉山东大学创办《文史哲》是开风气之先。

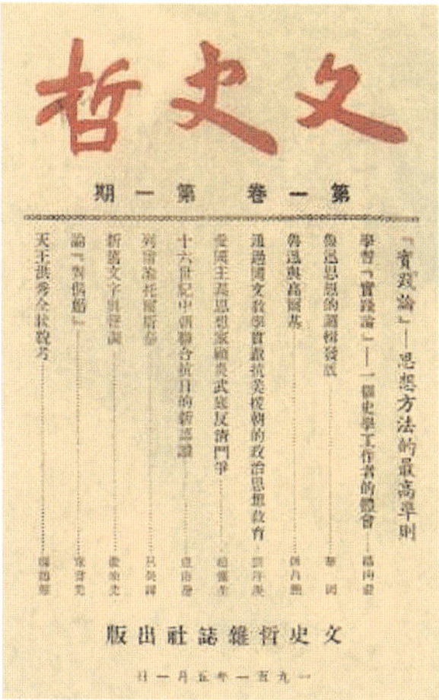
文史哲

第一卷第一期

「實踐論」——思想方法的最高準則

學習「實踐論」——一個史學工作者的體會

魯迅思想的邏輯發展

魯迅與高爾基

通過歷史教學實施抗美援朝的政治思想教育

愛國主義思想家顧炎武底反清鬥爭

列寧論托爾斯泰

文史哲雜誌社出版

一九五一年五月一日

《文史哲》第一卷第一期

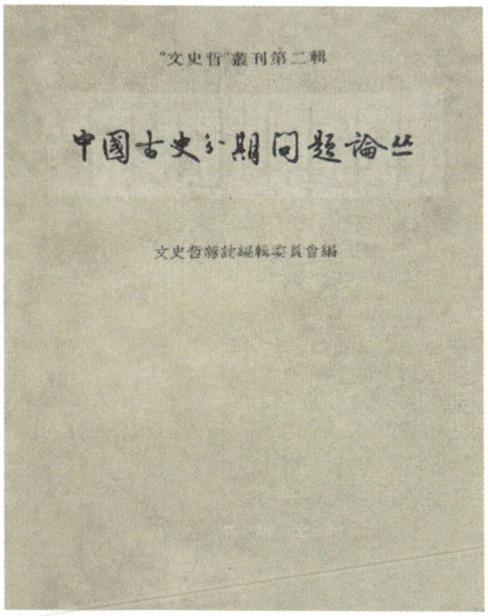

《「文史哲」丛刊第二辑：中国古史分期问题论丛》书影

古史分期讨论会

编辑部在开会

《文史哲》编委会合影

数以十计的文科骨干教师，都是《文史哲》的热心组织者、撰稿者。他们写稿不取稿酬，有的甚至拿出自己的薪金，为刊物代付校外作者的稿酬，还无偿地承担刊物的审稿、改稿、校对、发行等一系列工作。正是靠着文科广大教师热爱刊物的赤诚之心，《文史哲》才得以茁壮地生长起来。

闻名学界的“《红楼梦》大讨论”也与两个山东大学毕业的“小人物”和《文史哲》有关。针对以考据方法研究《红楼梦》的新红学派代表人物俞平伯的观点，山大中文系毕业生李希凡、蓝翎写了《关于〈红楼梦简论〉及其他》一文就此提出疑问。他们从马克思主义的观点出发，批评俞平伯的文章未能从现实主义出发对《红楼梦》中的反封建倾向加以探讨，因而得出的结论不能让人信服。文章投出后未得到回信，俩人就把文章投给了母校的《文史哲》。文章在 1954 年第 9 期上发表后，很快引起了毛泽东主席的注意，毛主席于 10 月 16 日写了《关于〈红楼梦〉研究问题的信》，在信中表达了对两个“小人物”的喜爱和欣赏，认为他们敢于质疑权威的观点，是“三十多年以来向所谓《红楼梦》研究权威作家的错误观点的第一次认真的开火”，并指出这种挑战权威的精神值得大家学习。此后，在全国范围内展开了对《红楼梦》研究中胡适派资产阶级唯心主义和实用主义的批判。这场运动在 1955 年达到了高潮，《文史哲》成为相关学术讨论的主阵地。据有关统计，仅 1955 年，山大学者吴富恒、冯沅君、孙昌熙、高兰等人就在上面发表了 14 篇相关文章。

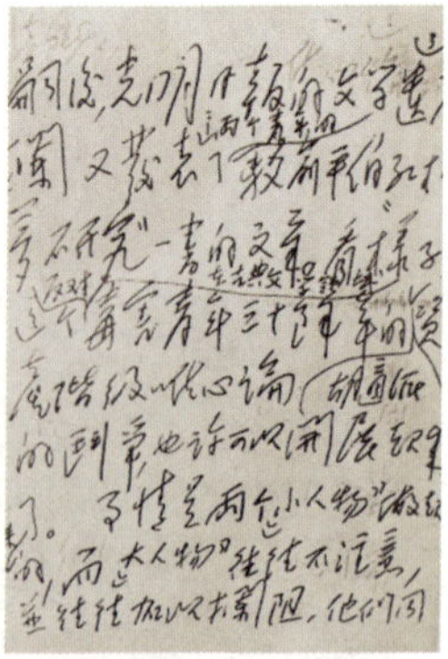

毛泽东《关于〈红楼梦〉研究问题的信》（局部）提到两个“小人物”。

李希凡（1927.12.11 ～ 2018.10.29），原名李锡范，字畴九。生于北京通州，著名红学专家，山东大学中文系 1953 届毕业生。1954 年李希凡与蓝翎共同撰写的关于《红楼梦》的研究文章得到了毛泽东主席的肯定，并在全国产生很大反响。历任《人民日报》文艺部编辑、评论组组长、副主任、常务副主任，中国艺术研究院常务副院长，是全国第二、八届政协委员，第四届全国人大代表，中共十三大、十四大代表。1954 年加入中国作家协会。

蓝翎（1931.7.3 ～ 2005），原名杨建中，山东单县人。著名红学专家，在古典文学领域有所建树，山东大学中文系 1953 届毕业生。历任《人民日报》文艺编辑部编辑、河南省文联编辑、郑州大学副教授、《人民日报》文艺部主任和报社纪律检查委员会副书记、中国作协理事、中国红楼梦学会秘书长。著有专著《红楼梦评论集》（与李希凡合作），文学评论集《断续集》《金台集》《风中观草》《龙卷风》，杂文集《了了集》，论文集《红楼梦简论》（合作）等。

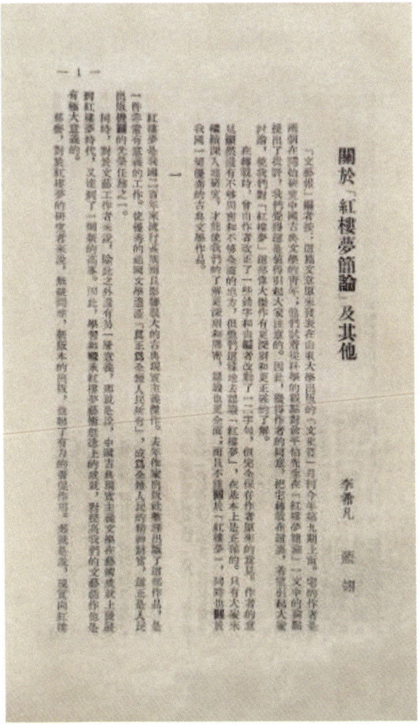

關於「紅樓夢簡論」及其他

李希凡　藍翎

— 1 —

《关于〈红楼梦简论〉及其他》

《文史哲》推动了学术交流，培育了诸如李希凡、蓝翎、李泽厚、庞朴、牟世金、孙祚民、周来祥等一大批学术观点新锐的青年新秀。多年以后，已经成为学坛大家的他们，大都对当年《文史哲》不拘门派资历、唯才是举的学术风气记忆犹新，对这一嘉惠士林的传统赞誉有加。

1955 年 12 月，应高教部要求，山东大学代表国家将《文史哲》杂志赠予苏联、英国、日本等国的国家图书馆，《文史哲》杂志由此成为世界学术界了解中国学术的重要窗口。

《文史哲》的创刊成为山东大学学术史上重要的里程碑，有“一展卷而数十年人文思潮之起伏尽收眼底”之誉。截至 1958 年，《文史哲》共出刊 73 期，发表文章 780 余篇。

◎《山东大学学报》创刊

为了加强理、工、农、医各学科的学术研究，在童第周副校长的倡议下，山东大学于1951年8月创办了综合性学术期刊——《山东大学学报》。童第周、何作霖等九人组成学报编辑委员会，童第周任主编。这是中华人民共和国成立后高等学校出版最早的大学学报。1955年，《山东大学学报》开始将人文社会科学与自然科学分版编辑。中共中央办公厅秘书室曾于1955年11月函告山东大学为毛主席订阅1至3期《山东大学学报》。

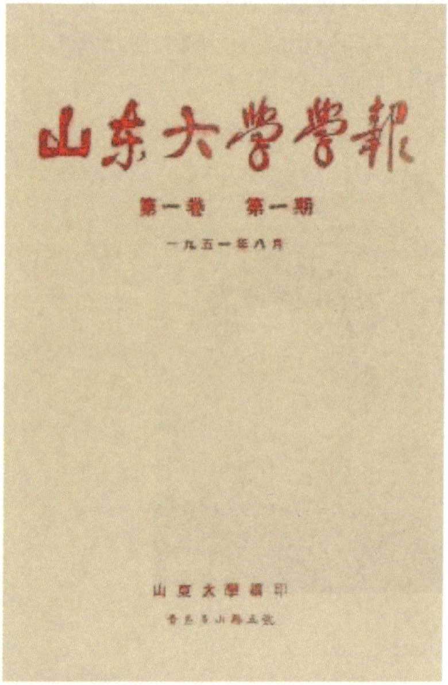

《山东大学学报》第1卷第1期

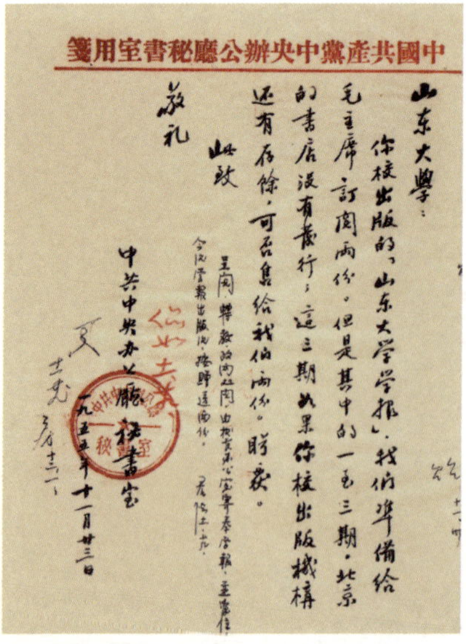

中國共產黨中央辦公廳秘書室用箋

山东大学：

你校出版的"山东大学学报"，我们准备给毛主席订阅两份。但是其中的一至三期，北京的书店没有发行，这三期如果你校出版机构还有存余，可否寄给我们两份。盼覆。

此致

敬礼

中共中央办公厅秘书室

一九五五年十一月廿三日

中央办公厅订阅《山东大学学报》函

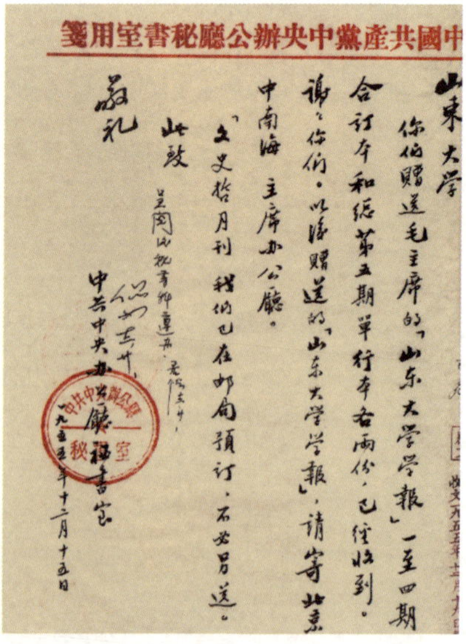

中國共產黨中央辦公廳秘書室用箋

山东大学：

你们赠送毛主席的"山东大学学报"一至四期合订本和总第五期单行本各两份，已经收到。谢谢你们。以后赠送的"山东大学学报"，请寄北京中南海 主席办公厅。

"文史哲月刊"我们也在邮局预订，不必另送。

此致

敬礼

中共中央办公厅秘书室

一九五五年十二月十五日

中共中央办公厅收到为毛主席订阅的《山东大学学报》后，来函致谢。

◎校庆讨论会

20世纪50年代初，山东大学成立学术审议委员会。1953年12月，成立科学研究委员会，童第周为主任委员，郭贻诚、杨向奎、徐佐夏为副主任委员，方宗熙、吴大琨、李先正、沈汉祥、冯沅君、梁希彦、赫崇本、刘遵宪、穆瑞五为委员，进一步推动了全校的学术繁荣。从1952年开始，山东大学利用校庆机会举办了多种学术讨论会，特别是从1955年开始举行规模很大的校庆学术报告会，学术氛围宽松活跃，全校上下形成了尊重学者、崇尚学术的良好风气。

1955年2月，为了迎接校庆科学讨论会，山大中文系教师经过了一个月的研究和写作之后，向校科学委员会提交论文12篇。该系教师在准备这些论文的过程中，全部论文都经过了教研组内的传阅，有的还经过了讨论。红楼梦写作小组集体写了名为《红楼梦评价》的论文。图为红楼梦写作小组的教师们在认真讨论论文的情景。

1955年3月15日，山东大学全校师生隆重地举行校庆科学讨论会。童第周副校长致开幕词，华岗校长作了《现阶段唯物论同唯心论斗争》的专题报告。此外，还宣读了山大各地校友对母校的贺电和贺信。

1955年3月23日，山大医学院举行校庆科学讨论会第二次会议，共报告和讨论了7篇论文。

1955 年，山东大学校庆科学讨论会进入最后阶段，讨论会的内容多半由宣读论文转入讨论阶段。图为对胡适思想批判及《红楼梦》讨论的情景。

1956 年 3 月 11 日，山东大学在职知识青年向科学进军大会召开。

1956 年，山东大学第二次科学讨论会召开，本次讨论会共提交论文 95 篇。

1957 年 3 月 15 日，山东大学举行第三次校庆科学讨论会。

◎发展战略

高校院系调整后，虽然山东大学失去了很多学科，但中文、历史、海洋等系的力量却得到了加强。华岗校长重视人才培养和引进工作，他曾说过“损失几万元也抵不了损失一个专家重要”。他的治学理念、学术水平和个人魅力也吸引了大批学者前来山东大学任教。当时，山东大学可谓人才济济，历史系、中文系、生物系具有高级职称的教师均有十几位，其中许多是新加盟的。

院系调整结束后，富有战略眼光的华岗校长不失时机地提出了如何办出山东大学自己特色的问题。经过讨论，山东大学按照“扬长避短，发挥自己优势”的原则，将中文、历史、海洋生物、动物胚胎、植物学、海洋物理等作为学校的重点学科和发展方向。不久，高教部下达指示，要求各综合性大学研究未来发展的重点与方向。1953 年 6 月，山东大学送呈了《关于我校理、文两科发展重点与方向》的报告。至此，形成了“文史见长、加强理科、发展生物、开拓海洋”的发展战略，赢得了“海洋学科远东第一”“生物学科全国最好”和“文史见长”的美誉，创造了山东大学历史上的第二个“辉煌时期”。

1950 年，山东大学地矿系师生在莱阳发现完整的恐龙蛋化石，这是全世界第二次发现完整恐龙蛋化石，受到华东军政委员会教育部的通报表扬。

山东大学理学院附设仪器修造厂经过一个月的努力钻研，吸取了苏联、德国两种分析天平的优点，成功自制新式的、万分之一的“气阻环式分析天平”。图为 1952 年山大师生员工抬着分析天平参加国庆游行 。

1954 年 3 月 21 日，山大中文系中国文学史教研组举办洪昇与吴敬梓纪念报告会，陆副校长在会上作《吴敬梓与儒林外史》专题报告。

1954 年，教师们普遍重视科研工作。图为海洋系文圣常教授正在海上进行利用波浪能量的实验。

山东大学已组织举行了四次《红楼梦》研究讨论会。图为 1954 年 11 月在第三次《红楼梦》研究讨论会上，冯沅君教授正在作报告的情形。

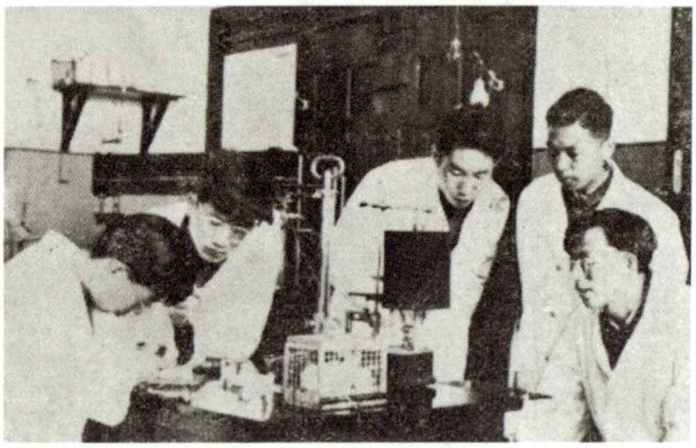

1956 年，山东大学医学院三、四年级的中药研究小组在教师指导下进行实验，他们研究的题目是《酸枣仁的药理作用》。

山东大学历史系纪念义和团运动 60 周年学术讨论会

山大校园内的华岗塑像

◎“冯陆高萧”

当时的山东大学中文系，可谓群星璀璨。其中有以杰出的学术成就、严谨的治学风范、不倦的执教情怀和淡泊的高风亮节获得“四大金刚”之称的“冯陆高萧”，即冯沅君、陆侃如、高亨和萧涤非教授。他们在古典文学研究领域作出了开拓性贡献，填补了我国古典文学研究领域的多项空白。

冯沅君（1900.9.4 ～ 1974.6.17），原名冯恭兰，字德馥，河南唐河人，现代著名女作家、文学史家，与著名哲学家冯友兰、地质学家冯景兰为同胞兄妹，和陆侃如是古典文学专业的“学术伉俪”。1917 年考入北京女子高等师范学校，1922 年考入北京大学研究所，是该所的第一名女研究生。1932 年赴巴黎大学学习，1935 年获博士学位后回国。曾在金陵女子大学、中法大学、暨南大学、复旦大学、安徽大学、北京师范大学、北京大学等校任教。1947 年任国立山东大学中文系教授，1955 年任山东大学副校长，是中华人民共和国第一位女一级教授。她先后担任全国人民代表大会第一、第二、第三届代表，曾任山东省妇联副主席、山东省文联副主席、山东省人民委员会委员等职。《古优解》《古剧说汇》是她卓越的研究成果。冯沅君的学术成就还包括与陆侃如携手编著的《中国诗史》《中国文学史简编》《中国古典文学简史》，与游国恩、王起编著的《中国文学史教学大纲》等。

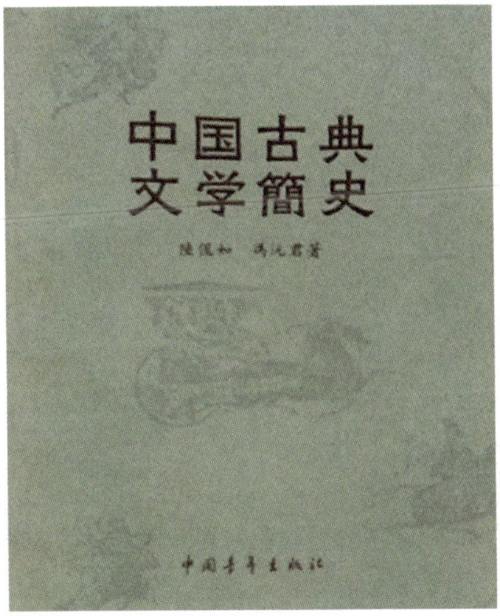

《中国古典文学简史》书影

青年时代的冯沅君

陆侃如（1903.11.26 ~ 1978.12.1），字衎庐，江苏海门人，我国现代著名文学史专家、教育家、国家一级教授。1920 年考入北京高等师范学校，1922 年考入北京大学，1924 年考入清华大学研究院专攻中国古典文学。1927 年从研究院毕业后，在上海中国公学任教授，又在复旦大学、暨南大学兼职。1929 年，陆侃如在上海与冯沅君结婚，从此二人合作研究中国古典文学。1932 年，赴法国巴黎研究院留学。1935 年获得博士学位。回国后曾在燕京大学、中山大学、东北大学任教。1947 年任国立山东大学中文系教授。青岛解放后，任山东大学校务委员会副主任委员兼图书馆馆长。1951 年被任命为山东大学副校长，校科学研究委员会主任、《文史哲》编委会主任，并当选为山东省人民代表。他先后发表《我们为什么纪念屈原》《什么是中国文学史的主流》等 10 多篇论文，与冯沅君合写《宋诗简论——“中国文学史稿”补》，与高亨等合著《楚辞选》等著作。

冯沅君与陆侃如一起工作

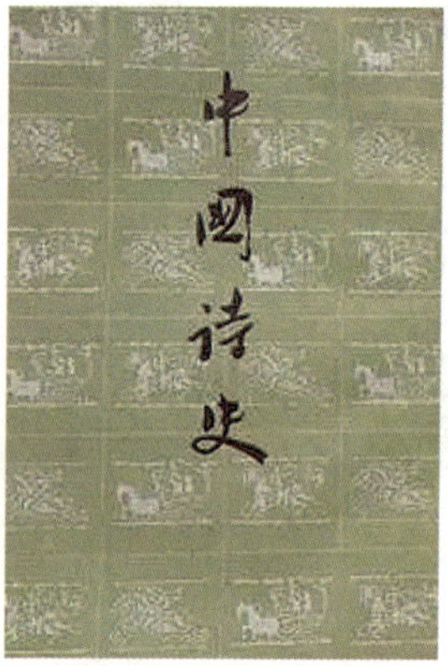

《中国诗史》书影

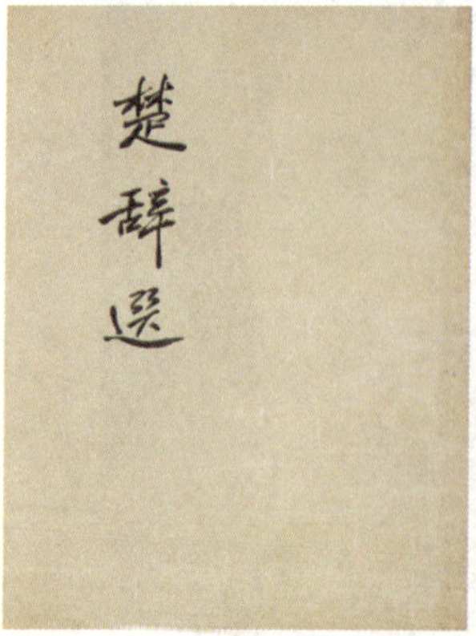

《楚辞选》书影

山大校园内的陆侃如夫妇雕像

高亨（1900.7.4 ～ 1986.2.2），字晋生，吉林双阳人，著名文字学家、先秦文化史和古籍校勘专家。1918 年起在吉林省立第一师范学校学习，1923 年考入北京师范大学，1924 年考入北京大学。1925 年考取清华大学研究院研究生，师从梁启超、王国维。毕业后曾在东北大学、河南大学、武汉大学、齐鲁大学等校任教。1953 年起任山东大学教授，1957 年受中国科学院哲学研究所之聘，任研究员。1963 年，曾在北京受到毛泽东主席的接见。此后多次将所著书词寄呈毛泽东阅读，并得到毛泽东的回信与认可。1964 年 3 月 18 日，毛泽东在给高亨的回信中说：“高文典册，我很爱读。”1967 年调北京专门从事古代学术研究，作品有《老子正诂》《诗经选注》《老子的主要思想》《墨经中的一个逻辑规律——“同异交得”》《史记的思想性与艺术性》《诗经引论》《周代地租制度考》等著作和论文。

《诗经选注》书影

萧涤非（1907.1.11 ～ 1991.4.15），江西临川人，著名文学史家、杜甫研究专家。萧涤非家境贫寒，在伯父和叔父的帮助下完成了学业。1926 年进入清华大学中文系学习，1930 年免试进入清华大学研究院。毕业后，1933 年到国立山东大学任教。抗日战争时期在西南联大任教。抗战胜利后于 1947 年重回山东大学。1951 年，曾在北京华北革命大学学习，学习结束后仍回山东大学，任中文系古典文学教研室主任、中文系主任，副教务长，《文史哲》副主编等职，培养了一大批国之栋梁。1952 年加入中国民主同盟。1964 年被选为第三届全国人民代表大会代表。1978、1983 年被选为第五、六届全国政协委员。此外，还曾任山东省文联副主席、山东省古典文学研究会会长和第一届中国唐代文学学会会长等职务。他在杜甫、乐府、文学史研究方面有杰出贡献，被誉为一代宗师。他以《杜甫研究》而著称于学术界，被学界称为“20 世纪的杜甫”。

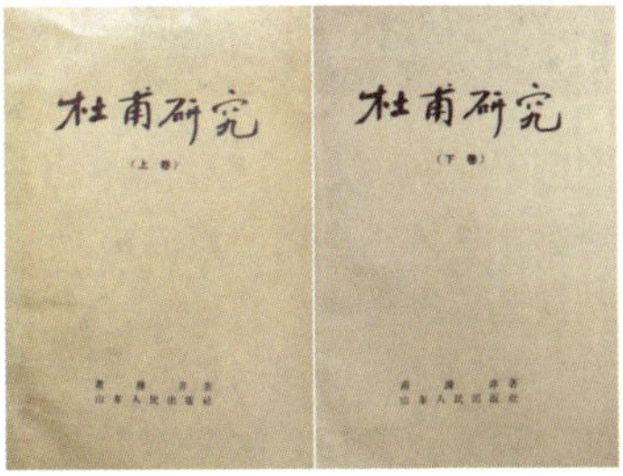

《杜甫研究》书影

除了“冯陆高萧”，中文系还有许多颇富才学的教授专家。黄孝纾因诗词文章、绘画、书法造诣高而誉为“三绝”，与冯、陆、高、萧合称“五岳”。还有吕荧、高兰、殷焕先、关德栋、殷孟伦、蒋维崧、刘泮溪、孙昌熙、韩长经等亦云集中文系。

吕荧 (1915.11.25 ~ 1969.3.5)，原名何佶，安徽天长人，著名文艺理论家、美学家、教育家。1935 年考入北京大学历史系，参加“一二·九”爱国运动。抗日战争爆发后，参加中华全国文艺界抗敌协会。于 1939 年到昆明西南联大复读，参加党的外围组织“群社”，1941 年毕业后任中学教师，后又执教于贵州大学、台湾师范学院。1950 年至 1952 年间任山东大学中文系教授兼系主任，主要从事翻译和美学研究。因为为胡风辩护而遭到迫害。在 20 世纪五六十年代颇具影响力的美学大讨论中，吕荧提出美的本质“主观说”，与当时蔡仪的客观说、朱光潜的“主客观统一说”、李泽厚的“客观性和社会性统一说”一并在学术界产生深远影响。1957 年，《人民日报》发表他的美学论文《美是什么》，文前所加的“编者按”为其恢复名誉。1979 年平反。

高兰 (1909.10.11 ~ 1987.6.29)，原名郭德浩，黑龙江瑷珲县人，著名朗诵诗人。1928 年考入燕京大学国文系，1932 年毕业。抗日战争爆发后，积极投身民族解放斗争，用新诗宣传抗战救国。1947 年到沈阳任《东北民报》文艺周刊编辑，次年兼任长春大学中文系教授。1949 年在华北大学政治研究所学习。1950 年 2 月到济南，先后在山东师范学院、华东大学任教。1951 年任山东大学中文系教授、系主任，曾任山东省文联副主席、作协山东分会副主席，山东郭沫若研究会会长、青岛市文联副主席、青岛市教育工会主席等。以擅长诗朗诵而在学界久负盛名，晚年拖着病体仍然完成了《诗的朗诵与朗诵的诗》一书，填补了诗歌研究方面的一项重要空白。主要作品有《我们的祭礼》《哭亡女苏菲》《高兰朗诵诗选》等。

《高兰朗诵诗选》书影

殷焕先（1913.11.13 ~ 1994.11.19），字孟非，江苏六合人，别号居养室客，笔名齐中、徐兹，著名语言学家、教育家。1936年以国文、数学都是满分的优异成绩考入中央大学中文系，1940年考入北京大学文科研究所。大学毕业后，殷焕先考取了西南联大北京大学历史语言研究所（又称文科研究所）研究生，专攻语言学。研究生期间及毕业后曾任教于西南联大和四川大学等。自1946年任国立山东大学中文系副教授以来，近五十年的时间都奉献给了山大。历任中文系副主任、山东省语言学会理事长、方言研究会理事长、古文字研究会理事长，是《文史哲》发起人之一，先后历任常务编委等职务。他在语言文字领域的贡献特别集中在音韵、文字方面，在文字改革、方言调查、推广普通话和语言教学方面也取得了光辉的成绩。主要论著有《字调和语调》（与蒋维崧合著）和《反切释要》《联绵字简论》《汉字的组形和汉字的简化》《推广普通话运动中的方言调查工作》等。

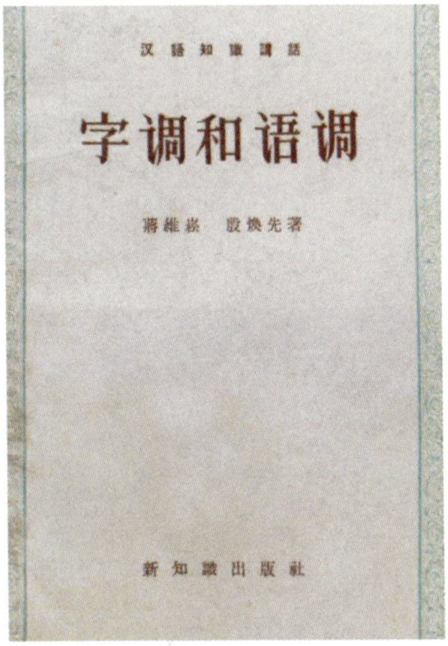

《字调和语调》书影

关德栋（1920.7.17 ~ 2005.4.28），满族，北京人，九三学社社员，著名俗文学家、满学和敦煌学家，长期致力于中国古典文学、俗文学、满语言文学、敦煌学的教学和研究。1939年考入北京大学文学院。1953年任山东大学中文系教授，直至去世。他是山东大学民间文学和民俗学研究的开拓者，在山东大学中文系开设相关课程，包括“中国文学史”“蒙藏佛教史”“敦煌文献研究”等。他还被聘任为山东省文史研究馆馆员，曾兼任中国民间文艺家协会理事、中国民间文艺家协会山东分会名誉主席、中国敦煌吐鲁番学会理事、清蒙古车王府藏曲本编辑委员会顾问等职。著有《曲艺论集》《聊斋俚曲选》，整理编纂有《新疆民歌民谭集》，合编《聊斋志异戏曲集》等。

《曲艺论集》书影

◎鲁迅研究

■ 1953年，在华岗校长主持与组织下，中文系的刘泮溪、孙昌熙和韩长经一起，在全国高等学校首次开设“鲁迅研究”专题课。华岗还指导他们用马克思主义的观点和方法对鲁迅文艺思想、作品以及在中国现代文学史上的地位展开研究，他们由此发表和出版的一系列研究成果，如华岗的著作《鲁迅思想的逻辑发展》，刘泮溪、孙昌熙和韩长经合著的《鲁迅研究》等，在国内外产生了重要影响。

孙昌熙（1914.10.25 ~ 1998.9.18），笔名钟咸，山东安丘人，现代文学与鲁迅研究专家、文艺理论家。1936年考入北京大学中文系，1941年毕业于西南联大中文系，毕业后留校做朱自清先生的助教。1944年到云南大理华中大学任讲师。1946年赴青岛任国立山东大学中文系讲师、副教授，讲授国文、中国小说史等课程，1978年晋升为教授。曾任济南市人大代表，山东省第五届人大代表，山东省鲁迅研究会会长，中国现代文学研究会、鲁迅研究会、闻一多研究会理事。发表专著《怎样读〈三国演义〉》《鲁迅“小说史学”初探》等，主编鲁迅的《〈故事新编〉试析》等，主编教科书《文艺学新论》《中国现代文学史》《中国现代小说史》《鲁迅全集》（注释）及《杨振声选集》等。

《鲁迅思想的逻辑发展》书影

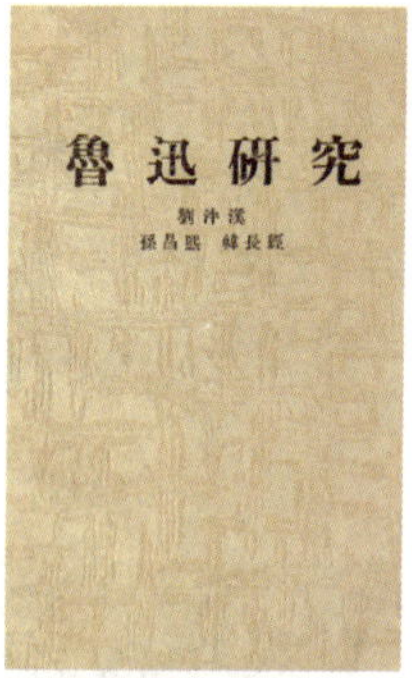

《鲁迅研究》书影

韩长经（1927 ~ 1978.8.15），山东临朐人，现代文学与鲁迅研究专家。1952年毕业于山东大学中文系，后留校任教，在华岗校长领导下和刘泮溪、孙昌熙一起开“鲁迅研究”课，是全国高等院校开设“鲁迅研究”课的开端。曾任山东大学中文系现代文学史研究室副主任、讲师。韩长经一生著述较多，其与刘泮溪、孙昌熙合著的《鲁迅研究》是中华人民共和国成立后第一部较全面、较系统地研究鲁迅的著作。《鲁迅与俄罗斯文学》（韩长经去世后由他人整理出版）影响亦较大。

刘泮溪（1914 ~ 1978.2.17），字质灵，山东昌邑人，现代文学与鲁迅研究专家。1940年毕业于昆明西南联合大学中文系（学籍为北京大学）。抗战胜利后，应聘到山东大学任教，历任山东大学文学院秘书、中文系现代文学教研室主任、中文系副主任、副教授。其间，还兼任山东大学《文史哲》编委、山东省作家协会副主席等职。在山东大学执教40年间，不仅对现代文学研究倾尽毕生精力，更培养出了大批优秀人才。与孙昌熙、韩长经三人组成课题小组，在中文系开设了“鲁迅研究”专题课，共同出版《鲁迅研究》一书，承担了全书大半部分内容的写作，影响较大。论文包括《瞿秋白论文学发展过程》《赵树理的创作在文学史上的意义》等50余篇。

◎外语研究

■ 山大外文的师资队伍也很强大，除了吴富恒、黄嘉德之外，还有专长于西洋文学和戏剧的赵太侔、精通英国文学的梁希彦、英语专家乔裕昌、俄语专家谢震亚以及方未艾、张健、曾宪溥、金诗伯、陆凡等。

黄嘉德（1908.10.15 ~ 1992.4），笔名蓝萍心、默然等，福建晋江人，著名作家、翻译家，萧伯纳研究专家。1931 年毕业于上海圣约翰大学英文系，留校任教。1936 年与其弟黄嘉音、林语堂创办《西风》月刊，任总负责人。1947 年到哥伦比亚大学留学，1948 年获硕士学位后回国。1949 年于上海圣约翰大学工作，历任助教、副教授、教授、文理学院副院长、院长等职务。1951 年在华东大学政治研究院学习，结业后于 1952 年调至国立山东大学外文系任教授，曾任欧美文学教研室主任、外文系主任、图书馆馆长、山东大学学术委员会委员、《文史哲》编委等职。译作有《萧伯纳传》《乡村求爱》《萧伯纳情书》等，一生共出版译著 14 部，发表学术论文 30 余篇。

吴富恒（1911.3.18 ~ 2001.6.25），河北滦县人，著名教育家、学者、杰出的政治活动家，原山东大学校长。在美国文学研究和中外文化交流方面作出巨大贡献，是我国第一位获得哈佛大学荣誉法学博士称号的学者。1935 年毕业于北平师范大学英文系，1940 年获“洛克菲勒基金会奖学金”赴美国哈佛大学进修语义学、文艺评论，同时攻读教育心理学，1941 年 12 月获硕士学位，1942 年初返回祖国，翌年任云南大学英语教授、英语系系主任等职务。1948 年 10 月，华东大学迁至济南，吴富恒任校务委员会委员、教授等职务。1951 年，学校与山东大学合并成新山东大学，吴富恒任文学院院长兼外语系主任、教务长、副校长职务，同年参与创办《文史哲》，兼任《文史哲》副社长。1978 年出任山东大学校长、校党委副书记，为学校的拨乱反正、教学科研秩序的恢复、学校在新时期的发展，做了大量卓有成效的工作。

金诗伯（1914.9.21 ~ 1993.10.4），俄籍犹太人，知名学者，国际友人。幼时随父母到中国，在哈尔滨和上海度过了他的青少年时代。1947 年离开上海，在烟台参加革命，历任烟台英文报社编辑、胶东区外事组教员等职。1948 年到华东大学俄语系任教，1951 年随校并入山东大学任教，历任讲师、副教授、教授，外文系主任，是山东大学外语学院俄语专业的奠基者，为新中国培养了众多的俄语人才。1953 年加入中国国籍，同年加入中国民主同盟。1984 年 11 月，70 岁的金诗伯加入中国共产党。曾任山东省政协第五、六届委员。译著有《共产党宣言一百周年》《诗与真实》《美学中的自然主义》《水浒梗概》《元帅外交家》等。金诗伯教授撰写的自传——《我在中国的六十年》一书，充分表达了他对共产党、对人民、对祖国的一片热忱和无限的爱。

◎“八马同槽”

当时，历史系学术阵容强大，杨向奎、童书业、黄云眉、张维华、陈同燮、郑鹤声、王仲荦、赵俪生八大著名教授共同执教于山东大学，为一时之盛，人称“八马同槽”。八位教授各有专长，学术精深，围绕学界重大话题，例如中国古史分期问题、资本主义萌芽问题、农民战争问题、土地制度问题等提出了一系列创新性的观点，引领了学术潮流，为山东大学在史学界赢得了极高的学术声誉，使之成为当之无愧的史学重镇。

杨向奎（1910.1.10–2000.7.23），字拱辰，河北丰润人，著名史学家、经学家、教育家。山东大学历史系“八大教授”之一。1931年秋进入北大历史系，师从著名历史学家顾颉刚教授，1935年毕业留校任文学研究所助理。1936年赴日本东京帝国大学攻读研究生，次年抗战爆发后回国，先后执教于甘肃学院、西北大学、东北大学等。1946年受聘至国立山东大学担任中文系教授、主任，青岛解放后任历史系主任、文学院院长等职务，1956年调任中国科学历史研究院。杨向奎主持创刊《文史哲》并亲任主编，中华人民共和国诞生后，又是当时山大最先参加中国共产党的专家学者。曾任中国人民政治协商会议第五、六届全国委员会委员，国务院学位委员会历史学科第一届评议组成员。在中国古代史以及中国思想史的研究方面有突出贡献。研究成果主要有《西汉经学与政治》《中国古代社会与古代思想研究》《中国古代史论》《清儒学案新编》《绎史斋学术文集》等11部著作，论文200余篇。

《中国古代社会与古代思想研究》书影

童书业(1908.5.26 ~ 1968.1.8)，字丕绳，号庸安，安徽芜湖人，著名史学家，山东大学历史系“八大教授”之一。早年接受私塾教育，后自学成才。1935 年结识顾颉刚，并担任其私人研究助理，1945 年受杨宽聘请在上海博物馆担任历史部、总务部主任。1949 年 8 月，由杨向奎先生引荐，成为山东大学历史系教授兼文学所研究员，在此期间发表了众多影响深远的作品。他知识广博，兴趣广泛，具有过目成诵的本领，在古史古籍、古代地理、历史理论、古代经济史、先秦思想史等领域都有贡献。著述有《关于中国古代社会性质的问题》《中国古史分期问题的讨论》《唐宋绘画谈丛》《中国瓷器史论丛》《春秋左传考证》和《春秋左传札记》等。

《唐宋绘画谈丛》书影

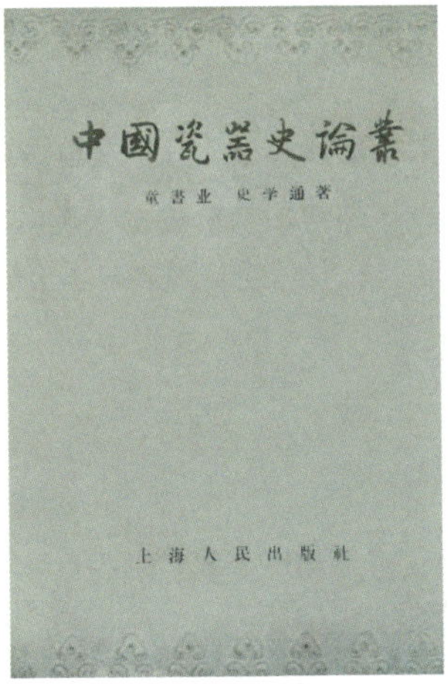

《中国瓷器史论丛》书影

黄云眉(1898 ~ 1977)，原名鍪鍮，字子亭，号半坡，浙江余姚人，著名史学家，明史、清史专家和史学教育家。曾在金陵大学、沪江大学、无锡国学专修馆、上海临时大学任教。1951 年至青岛山东大学，任中文系和历史系教授、历史系主任兼图书馆馆长、中国古代史教研室主任。1958 年跟随山东大学迁校而前往济南。1959 年，曾以特邀代表身份出席山东省文教群英会，赴京参加国庆十周年观礼。1952 年 11 月加入中国民主同盟，1961 年 11 月加入中国共产党，后历任济南市民盟主任委员、山东省民盟副主任、民盟中央候补委员、山东省政协常委、山东省历史学会会长等职。不仅在史学方面成果显著，而且在文学、音韵训诂、版本目录、书法艺术等领域也有颇高造诣。代表性著作有《李卓吾事实辩证》《韩愈柳宗元文学评价》等。

张维华（1902.12.17 ~ 1987），字西山，山东寿光人，著名史学家、中西交通史专家。1928 年毕业于齐鲁大学。后在济南东关济美中学任教。1931 年入燕京大学研究院学习，1933 年获硕士学位，回母校齐鲁大学担任历史系讲师。1936 年在北京禹贡学会工作，协助编辑《禹贡》半月刊。1937 年赴河南参加经世学社，主编《经世》刊物。1938 年到昆明在北平研究院历史考古研究所工作，与顾颉刚、徐旭生一起研究中西交通史。1939 年在成都与顾颉刚创办齐鲁大学国学研究所，并担任研究员。中华人民共和国成立后，返济任齐鲁大学文学院院长兼国学研究所主任。1952 年任山东大学历史系教授。长期从事中外关系和中西交通史的教学与研究工作，富有创见，受到史学界重视。代表性著作有《论汉武帝》《明清之际中西关系简史》等，代表性论文有《论自战国初年至东汉末年是中国历史上由奴隶制过渡到封建制的一个时期》《满族未统治中国前的社会形态》《明代海外贸易简论》等。

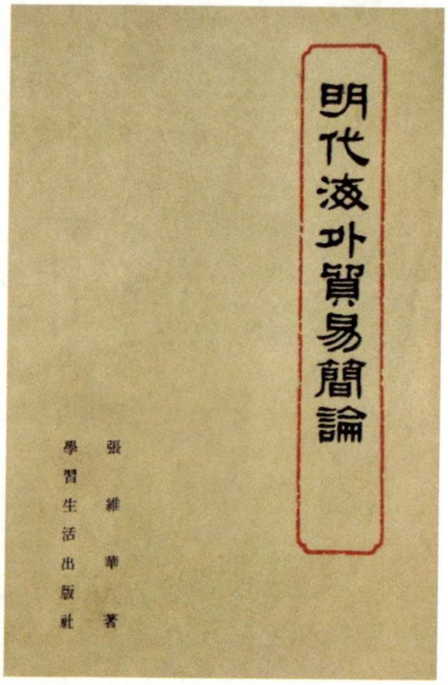

《明代海外贸易简论》书影

陈同燮（1898 ~ 1970），河北武清人，古希腊、罗马史研究专家，我国世界史研究先驱。1913 年进入南开中学读书，与周恩来是同学。1919 年进入刚成立的南开大学学习，1923 年毕业后被聘为南开中学教师。1931 年获美国密歇根大学文学硕士学位。曾先后在东北大学、厦门大学、北京大学、广州学海书院、广东勷勤大学、上海暨南大学和北京师范大学、燕京大学等高校任教，他的学生有齐思和、杨向奎、孙思白等人。1951 年起在山东大学历史系任教，担任世界史教研室主任。精通多种语言，是中国古希腊罗马史研究领域的奠基者，代表性著作有《希腊罗马简史》，代表性论文有《古代罗马奴隶社会概述》等。

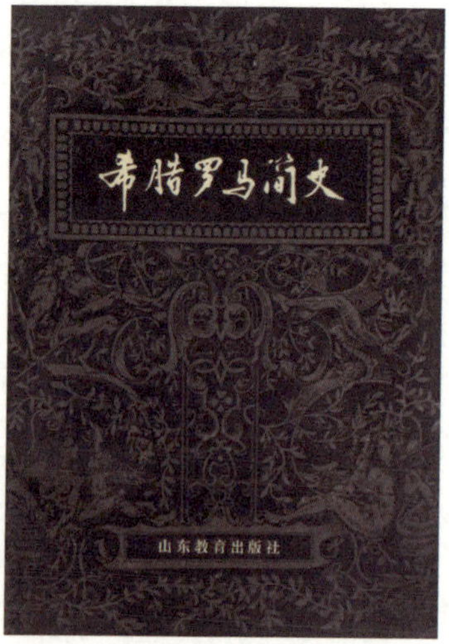

《希腊罗马简史》书影

郑鹤声（1901.5.19 ~ 1989.4.20），原名松表，字萼荪，号鹤皋，后改号萼荪，浙江诸暨人，著名史学家、文献学家。1920 年考入南京高等师范学堂文史地部学习，师从柳诒徵和竺可桢。1925 年毕业后在云南高等师范、东陆大学任教。1929 年任南京国民政府教育部编审处编审、教育部编译馆专任编译兼人文组主任。国立编译馆转为国史馆后，任纂修兼史料处处长。1949 年任中国科学院近代史研究所研究员。1951 年起任山东大学历史系教授，历任中国近代史教研室主任、中西交通史研究室名誉主任、校学术委员会委员等职，为政协山东省第二至五届委员会委员、山东省地方史志编纂委员会委员。在古籍版本目录学、中国史学史、近代史以及中西交通史的研究方面颇有建树，是中国近代史和中外关系史研究的开拓者之一。代表性著作有《中国史部目录学》《司马迁年谱》等，代表性论文有《天王洪秀全状貌考》《论谭嗣同的变法思想及其历史意义》《试论孙中山思想的发展道路》《十五世纪初叶中国与亚非国家间的友谊关系》等。

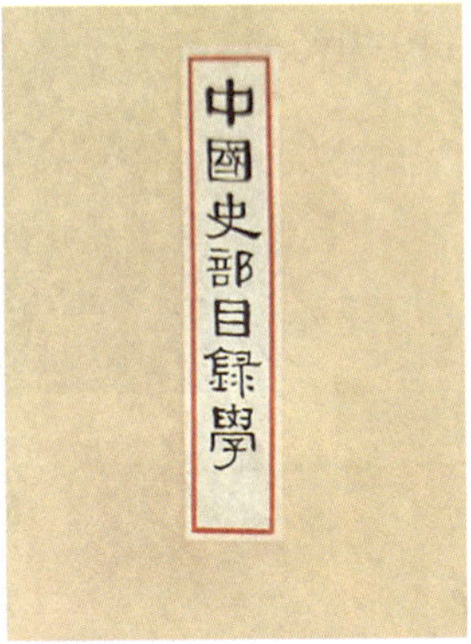

《中国史部目录学》书影

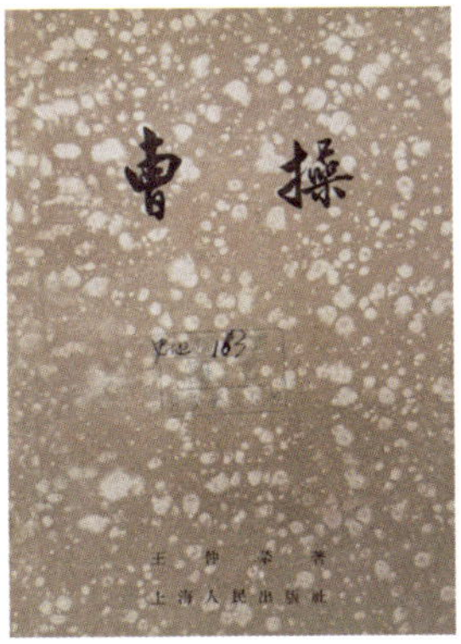

《曹操》书影

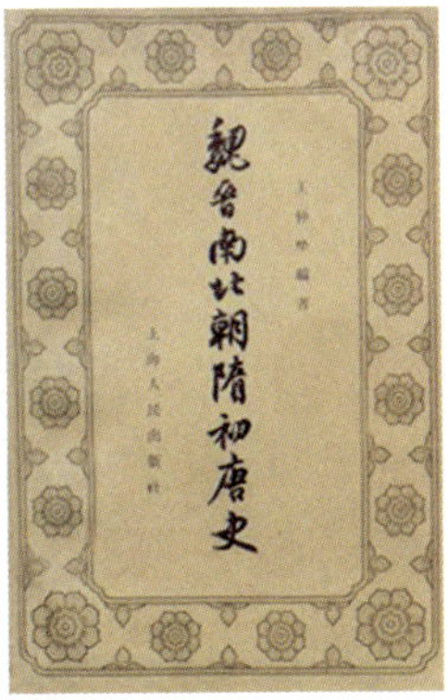

《魏晋南北朝隋初唐史》书影

王仲荦（1913 ~ 1986），浙江余姚人，著名史学家。1937 年毕业于上海正风文学院，师从章太炎。1938 年在上海与进步人士一起创办太炎文学院，任院长秘书室主任兼中国通史教授，讲授“中华三千年历史”。1940 年，赴昆明任云贵监察使秘书。1942 年年底赴重庆任中央大学教授。1947 年任国立山东大学教授，历任历史系主任、古籍研究所副所长、校学术委员会副主任、《文史哲》编委会副主任等。曾任中国唐史学会第一、二届副理事长，山东省史学会第一、二届理事长，国务院古籍整理出版规划小组成员，国务院学位委员会第一届学科评议组成员。致力于我国魏晋南北朝、隋唐五代史研究，在魏晋南北朝史研究领域与武汉大学的唐长孺有“南唐北王”之美誉。代表性著作有《曹操》《隋唐五代史》《关于中国奴隶社会的瓦解及封建社会的形成问题》，代表性论文有《春秋战国之际的村公社制度与休耕制度》等。

赵俪生 (1917.4.25 ~ 2007.11.27)，原名赵甡，字俪生，曾用笔名冯夷，山东安丘人，著名史学家、农民战争史专家，早年从事苏联文学翻译和革命文学创作，后专于历史研究，是中国土地制度史和农民战争史研究的奠基人；晚年致力于先秦文化研究。1934 年进入清华大学外语系，曾参加“一二・九”运动，当时是中华民族解放先锋队队员。曾在河南大学、华北大学、东北师范大学任教。1950 年应华岗校长邀请来山东大学担任历史系教授。1957 年调任兰州大学历史系教授。代表性著作有《中国农民战争史论文集》（与夫人高昭一合著）及《顾炎武传略》《逻辑学教程》《史学新探》等，代表性论文有《北宋末的方腊起义——“中国农民战争史”之一节》《明初的唐赛儿起义——“中国农民战争史”之一节》《北魏末的人民大起义——“中国农民战争史”之一节》等。

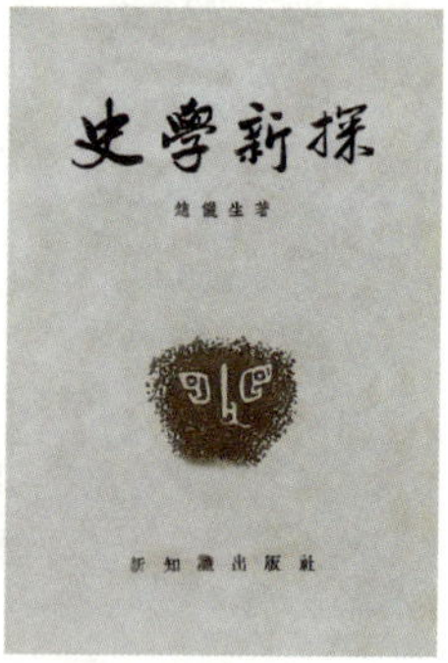

《史学新探》书影

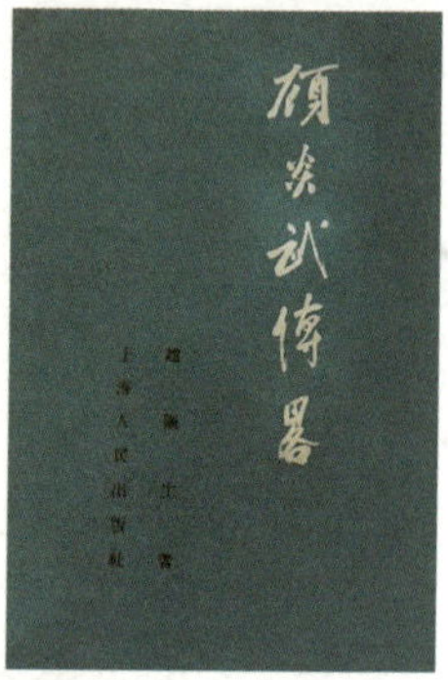

《顾炎武传略》书影

除了八大教授之外，这一时期历史系还云集了吴大琨、许思园、韩连琪、华山、孙思白、徐绪典、丁山、刘敦愿、卢振华、路遥等一大批知名专家学者。有的学者如黄绍湘教授等，虽在山大执教时间不长，但也留下了学术印迹。

黄绍湘 (1915.5.10 ~ 2015.11.28)，湖南临澧人，中国美国史研究奠基人之一，中国以马克思主义观点撰写美国史的第一人。1935 年清华大学“一二・九”运动骨干。1936 年 6 月加入中国共产党。1937 年毕业于清华大学历史系。1943 年 3 月经南方局领导同意并给予部分资助，通过自费留学考试，赴美留学。1946 年 6 月获美国哥伦比亚大学历史学硕士学位。1947 年回国后，先后任台湾台南工学院英文教授、青岛高级商业专科学校英文教师。1950 年任山东大学文史系教授，开始运用马克思主义基本观点撰写和发表有关美国历史的文章。后任人民出版社编审、北京大学历史系教授、中国社会科学院世界历史研究所研究员、中国美国史研究会理事长、中国历史学会理事。

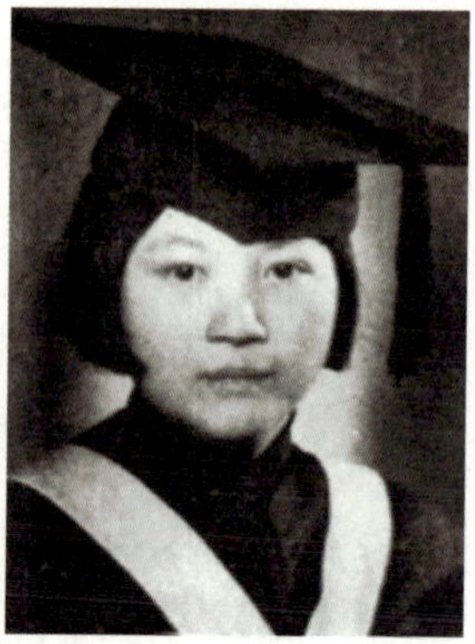

"八马同槽" 群雕

山东大学在20世纪50年代迎来了文史领域的"黄金时代"，形成了"文史见长"的学术特色和传统优势，"冯陆高萧""八马同槽"至今仍是山大人津津乐道的话题。在教授们的言传身教下，校园里学术空气浓厚，思想活跃。学生们见贤思齐，受到了潜移默化的引导和熏陶。

文史系1950届毕业合影

◎加强理科

■ 这一时期，数学系、物理系、化学系师资力量不断增强，一批知名学者回国后也来到青岛，充实了山大理科研究队伍。数学系有李先正、莫叶、刘智白、周怀生、胡昭全、张学铭、谢力同等，在三角级数、复变函数、代数、实变函数、微分方程、运筹学等方面都有研究。物理系有郭贻诚、王普、束星北、张亮、周北屏、王承瑞、杨有楙、刘鸿宾、余寿绵等，在电磁学、相对论、核物理、高能物理等方面都有研究。化学系有刘椽、刘遵宪、徐国宪、阎长泰、尹敬执、邓从豪、杜作栋等，在理论化学、电化学、分析化学、有机硅化学、原子核化学、量子化学等方面都有研究。

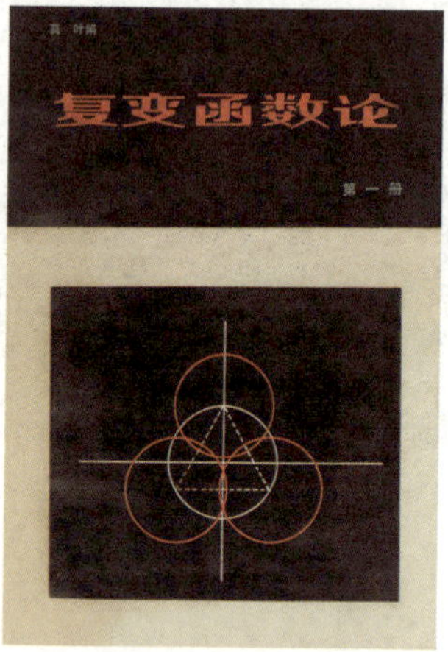

莫叶编《复变函数论》第一册书影

郭贻诚编著《铁磁学》书影

1956 年，王普、束星北、郭贻诚、刘鸿宾等教师与物理系毕业生合影。

张学铭(1919 ~ 1986)，安徽巢县人，著名数学家、控制论专家。1940 年毕业于湖南大学数学系后留校任教，1946 年任国立山东大学数学系副教授，1951 年晋升教授，1956 年在山东大学创立控制论研究室并兼任研究室主任，1977 年任山东大学数学研究所所长、校学术委员会副主任、山东省数学会理事，1980 年调任浙江大学数学系教授、系主任。毕生致力于微分方程和现代控制论等相关方面的研究，编撰有《分布参数系统最优控制过程数学理论》等代表性学术著作，是我国高校中最早倡导最优控制理论研究的学者之一。在山东大学任职期间培养了大批优秀人才，在特征指数稳定性、分布参数系统最佳控制理论等方面取得了一系列科研成果，有利地推动了山东大学控制与运筹学的发展。

束星北（1907 ~ 1983），江苏南通人，著名物理学家，被称为“中国雷达之父”。齐鲁大学肄业，1926 年出国留学，先后在柏林大学、剑桥大学、麻省理工学院等国际著名学府学习。1932 年回国，先后在南京中央大学、浙江大学、齐鲁大学等高校任教。1952 年任山东大学物理系教授、海洋系气象研究室主任，1960 年任青岛医学院教员，1978 年任青岛海洋局第一海洋研究所研究员。毕生致力于理论物理、大气动力学等相关方面的研究，编撰中国版的《狭义相对论》等代表性学术著作。在山大工作期间，取得了一系列重大科研成果，培养了一批优秀人才，有力地推动了山东大学和我国在相关领域的发展。

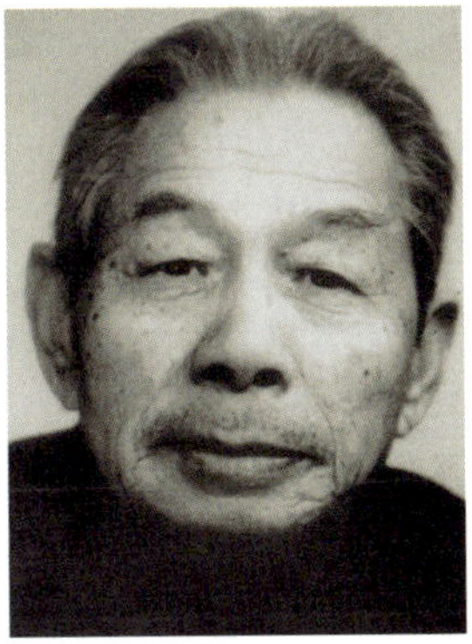

刘遵宪(1904 ~ 1957)，河南封邱人，著名化学家。1925 年清华大学毕业后，先后在美国俄亥俄州立大学、麻省理工学院等国际著名学府深造，1930 年获博士学位。1931 年回国，先后在北京大学、南开大学、浙江大学等高校任教，1936 ~ 1938 年任国立山东大学教授，1940 年赴齐鲁大学工作并任化学系主任，1944 年任理学院院长。1950 年回山东大学任教，1956 年被评为二级教授。毕生致力于理论化学、胶体化学等相关方面的研究，取得了以刘遵宪公式为代表的一系列重大科研成果，是我国早期理论化学三大权威之一。在山东大学工作期间，对电极过程的电化学进行研究，在原子电负性计算方面取得了突破性进展。先后培养出以中国科学院院士朱兆良、著名物理化学家印永嘉等为代表的一批优秀人才，有力地推动了我国化学事业的发展。

◎发展生物

当时，生物学研究队伍阵容整齐，与其他大学相比既有优势，又有特色。除了著名生物学家童第周外，还有专长于植物学的陈机教授、专长于胚胎学的曲漱蕙教授、专长于微生物学的王祖农教授、专长于进化论和遗传学的方宗熙教授、专长于古生物学的周明镇副教授，以及王敏、钟兴正、叶毓芬、黄浙、高哲生、李冠国、李嘉咏、陈惠民等，师资力量在全校也是很强的。

童第周、叶毓芬夫妇在做实验

童第周克隆的金鱼

方宗熙（1912 ~ 1985），又名方少青，福建云霄人，著名生物学家、遗传学家。1936 年于厦门大学毕业后留校任教。1937 年任云霄中学生物学教师。1938 年赴印尼苏门答腊巨港中学任生物学教师兼教务主任。1946 年初赴新加坡华侨中学任教师兼图书馆主任。1947 年赴英国伦敦大学深造，1949 年获博士学位。1950 年赴加拿大多伦多大学做研究工作。1951 年回国，任北京出版总署编审、人民教育出版社生物学编辑室主任。1953 年任山东大学生物系教授，1959 年后曾任山东海洋学院教授、副院长及海洋生物系主任等职，在此期间积极开展科学研究，先后取得了以培育出海青一、二、三号海带新品种、选育出性状优良的单海一号等一系列重要的科研成果，有力地推动了我国海洋事业的发展。曾任第四、五届山东省政协副主席，山东省侨联、科协副主席，中国遗传学会、中国海洋学会副理事长等职务。

周明镇（1918 ~ 1996），上海人，著名古生物学家、地层学家。1946 年毕业于重庆大学。1947 年留学美国，1948 年获美国迈阿密大学硕士学位，1950 年获里海大学博士学位。1951 年回国，任山东大学副教授。1952 年调任中国科学院工作。1980 年当选中国科学院院士。曾任国际古生物协会副主席、中国古生物学会理事长等职。1993 年获得罗美尔 – 辛普森奖。周明镇主导的华南红层考察项目和内蒙古古生物化石研究获得中国科学院自然科学一等奖，多次主持或参与国内辞书、大事典、百科全书等有关专业词条的编写和审定工作，在古生物研究尤其是名词、术语这些基础条件的规范方面作出了突出贡献。编纂有《动物的发展与人类的起源》《脊椎动物进化史》等代表性学术著作，是我国古脊椎动物学和古哺乳动物学重要的奠基人之一。

◎开拓海洋

■ 因天时地利人和，水产系自创办之后发展迅速，全国高校院系调整后，河北水产学校部分师生并入水产系，山大水产系师资力量得到进一步加强。沈汉祥教授是水产养殖和加工方面的专家，薛廷耀教授是水产捕捞和加工方面的专家，邹源琳教授是水产动物捕捞和养殖方面的专家，黄文澧、闵菊初、胡文溶副教授等也在该系执教。

沈汉祥

薛廷耀

水产馆

■ 1952 年全国高校院系调整时，厦门大学海洋学系主任唐世凤教授带着 2 位教师和 18 位理化组学生北上青岛，并入山东大学海洋研究所，成立山东大学海洋学系，设置物理海洋学专业，赫崇本教授任主任。此外，曾呈奎教授、文圣常教授、王彬华教授、牛振义教授等也在这里从事相关研究，物理系的束星北教授还担任海洋学系气象研究室主任，他们在海洋藻类、海洋物理、海洋动力、海浪、海洋气象等方面都有研究。海洋学系的建立谱写了山东大学海洋科学发展的新篇章，该系与水产系一起逐步成为中国海洋科学研究和人才培养的重镇。1958 年，物理海洋学专业更名为海洋水文学专业，还设置了海洋气象学专业。山大主体迁往济南后，留青部分于 1959 年成立山东海洋学院，海洋学系更名为海洋水文气象学系，保留海洋水文学专业和海洋气象学专业。

束星北教授带领学生进行海洋物理教学

山东大学海洋学系学生在进行海水测量实验

赫崇本（1908 ~ 1985），又名赫培之，满族，辽宁凤城人，著名海洋学家，我国物理海洋学奠基人之一。1932 年毕业于清华大学，先后在河北工学院、清华大学和西南联合大学等高校任教。1943 年 11 月，赴美国加州理工学院学习，1947 年获博士学位。1949 年回国，任山东大学教授兼中国科学院水生生物研究所研究员。1952 年任山东大学海洋学系主任。毕生致力于海洋物理化学等相关方面的研究，取得了以黄海冷水团系列研究为代表的重要科研成果。在山大工作期间，先后进行了一系列重大活动，诸如与童第周、朱树屏等人发起成立中国海洋湖沼学会并一直负责学会领导工作，参加我国第一个科学发展长远规划的制定工作，参与全国首次海洋综合调查的领导工作。1959 年参与组建山东海洋学院，并先后任教务长、副院长、河口海岸带研究所所长等职，为山东大学、中国海洋大学的发展和我国海洋科学的进步作出了巨大贡献。

唐世凤（1903 ~ 1971.8.25），江西泰和人，著名海洋学家、教育家，中国现代海洋科学研究和海洋科学教育事业奠基人之一。1932 年毕业于中央大学生物系，1934 ~ 1935 年参加中国近代第一次对南海、渤海大规模考察。1937 年赴英国利物浦大学留学，1939 年毕业后留校任海洋学系研究员。1941 年回国，任中国地理研究所海洋组主任、福建海洋考察团团长。1946 年创建厦门大学海洋学系和中国海洋研究所，任主任兼所长。1951 年参与创办中国海洋湖沼学会。1952 年赴山东大学工作，与赫崇本教授共同筹建山东大学海洋学系。唐世凤创办了我国最早的海洋学系，培养了一批高素质的海洋专业人才，有力推动了我国海洋事业的发展。

唐世凤、王敏教授夫妇在青岛水族馆前合影

王彬华（1914.3.5 ~ 2011.4.13），安徽寿县人，著名海洋气象学家、教育家，中国海洋气象科学研究的开拓者。1934年考入山东大学物理系，抗日战争爆发后进入中央大学复读，1939年毕业。抗战后期在中国战区从事气象预报工作。1945年9月，负责接管青岛观象台并任台长。1950年9月，任中国人民解放军海军青岛基地观象台（青岛观象台）台长。1953年入山东大学物理系气象所任教授，后在海洋学系筹建海洋气象学专业。王彬华在大尺度海、气相互作用、海雾研究方面贡献突出，其《海雾》一书是海洋气象学领域的经典之作。

文圣常（1921.11.1 ~ ），河南光山人，著名物理海洋学家、教育家，中国海浪学科的开拓者和物理海洋学的奠基人之一。1944年毕业于国立武汉大学机械工程系，1946年赴美国航空机械学校进修，1947年回国后在中央工业学校、西南工业专科学校、湖南大学、广西大学等学校任职。1952年调入哈尔滨军事工程学院任教授。1953年应赫崇本教授之邀赴山东大学海洋学系任教。1959年山东海洋学院独立后曾任物理海洋研究所所长、副院长、院长，中国海洋研究委员会主席。1993年当选为中国科学院院士。文圣常长期从事海浪理论与应用研究，取得了一系列重大成果，出版《海浪原理》《海浪理论与计算原理》《海浪学》等著作，为我国海洋科学事业的发展作出了巨大贡献。文圣常长期捐资助学、捐资助乡，多次被评为道德模范。

◎青岛山大医院

山东大学医学院和附属医院会集了一批著名医学家和医生，其医疗水平誉满齐鲁大地。1956 年 9 月，医学院独立建院后更名为青岛医学院附属医院，现在是青岛大学附属医院。至今还有“青岛山大医院”之名流传，青岛人所说的“老山大医院”指的就是这所医院。

1951 年 8 月初，全体师生欢迎抗美援朝志愿医疗队光荣返校。列车停下后，大家都围着医疗队献花。

1951 年暑假，山大医学院学生在农村普及医学知识。

1951 年，山大医学院 3 班师生合影。

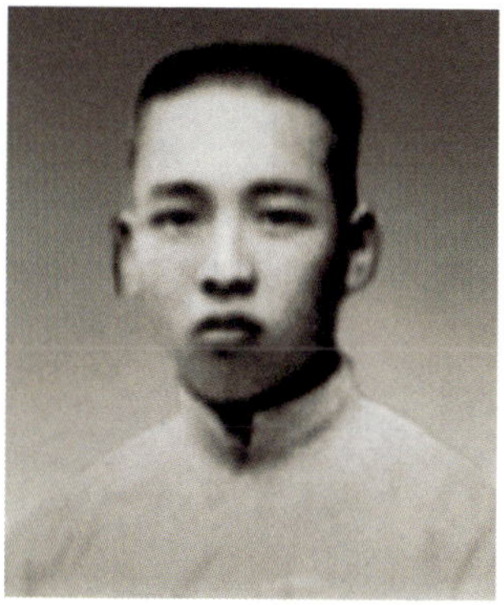

魏一斋（1906～1975），曾用名魏兴谦，山东寿光人。1934年毕业于齐鲁大学医学院，留校任妇产科医师。1936年入协和医院深造，留任妇产科医师。1938年到汉口协和医院任妇产科主任。1938年9月到达延安。毛泽东在所居窑洞里接见了他。在延安，先后任八路军医院医务主任，中央医院医务主任、院长，西北联防司令部卫生部副部长等职。1949年任国立山东大学医学院院长兼青岛市卫生局局长，后调任卫生部医学教育司副司长。在任山东大学医学院院长期间，他充实扩大医教队伍，重视医德培养，组建微生物和卫生学两个研究室，倡导教育与实践结合，被誉为“红色医生”。

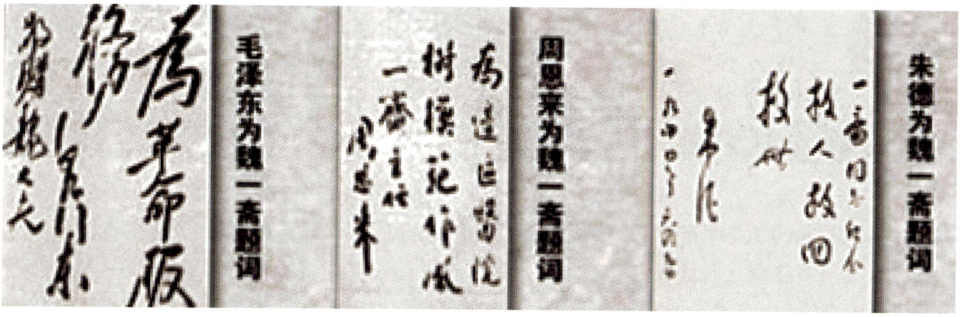

徐佐夏（1893～1971），字益甫，山东广饶人，著名药理学家、医学教育家。1917年毕业于国立北京医学专门学校。1918年到山东公立医学专门学校任教。1920年到德国留学，1924年获博士学位后回国。历任北平大学医学院教授、西北大学医学院教授兼院长、江苏医学院教授。中华人民共和国成立后，徐佐夏精神焕发，工作热情愈加高涨，当他得知山东大学医学院师资不足时，恳切请求去山东工作。1951年任山东大学医学院院长。1951年4月，徐佐夏与童第周、何作霖、吴富恒、郭贻诚、丁履德、陈瑞泰、杨向奎、赫崇本九人组成《山东大学学报》编辑委员会，创办了我国高等学校最早的一份学报。1956年任青岛医学院院长。

穆瑞五（1897.12～1979.10），北京人，著名皮肤病学专家。1925年毕业于北京协和医学院，留校任医师、助教。1929年赴瑞士苏黎世大学医学院皮肤科任研究员。1931年回国后任北京协和医学院讲师、代理系主任，后任协和医学院内科兼皮肤科教授、内科兼皮肤科主任。1949年到国立山东大学医学院任教授、附属医院内科主任兼皮肤科主任。1963年任青岛医学院副院长、医学院学报主编。1964年当选全国第三届人大代表，1978年任第五届全国政协委员。经常带领师生深入厂矿企业对职业性皮肤病进行调查研究与防治。编著有《职业性皮肤病》《皮肤病及性病学》《花柳病》《麻风病学》《内分泌》《变态反应及霉菌药理》《免疫与癌症》《血清反应》等多部教科书和参考书。

◎文艺表演

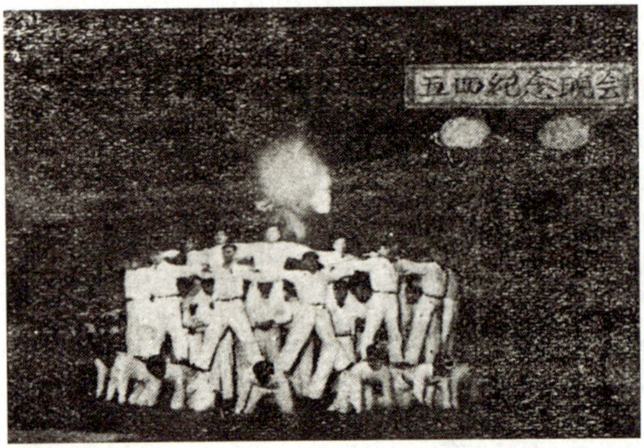

1952 年 5 月，山东大学青年团员和学生们以无比喜悦的心情欢庆“五四”青年节。图为机械系的学生在庆祝晚会上表演叠罗汉的情景。

1952 年 5 月，为庆祝毛主席《在延安文艺座谈会上的讲话》发表十周年，全市文艺界在校礼堂举行庆祝大会，华岗校长在会上作了《关于贯彻毛主席文艺方针的关键》的报告，会后由校艺术系演出了音乐、歌剧节目。图为山大艺术系表演的歌剧《兄妹开荒》。

1955 年 12 月，山大中文系的学生在排演独幕剧《放下你的鞭子》。

1955 年 12 月，山大国乐组正在排练迎接新年的节目。

1956 年 9 月，山大话剧团在迎新晚会上演出独幕话剧《这样的爱情》，受到大家的欢迎。

1956 年，在纪念鲁迅先生的日子里，山大话剧团演出了话剧《阿 Q 正传》。

1957 年元旦汇演，山大历史系演出历史古装剧《大渡河》。

1957 年元旦汇演，山大外文系演唱《妈妈要我出嫁》。

1957 年元旦汇演，山大外文系演出黄梅戏《天仙配》。

山东大学学生的话剧、京剧、舞蹈、国乐、西乐等社团吸引了广大积极爱好者参加，成为全校文娱活动的主干。图为水产系学生在跳扇子舞。

◎体育锻炼

春季体育大会

1953 年 5 月，山东大学春季体育大会上运动员入场式。

1953 年 5 月，在山东大学、青岛工学院春季体育大会上，两校 1700 名同学广播体操大检阅。

1953 年 5 月，山东大学、青岛工学院春季体育大会上山大技巧队在表演。

1953 年 5 月，山东大学、青岛工学院春季体育大会上女子学生组跳高第一名。

1953 年 5 月，山东大学、青岛工学院春季体育大会上山大健身圈虎伏表演。

1954年4月，在山东大学春季体育大会上，大会主席团向检阅队伍热烈鼓掌。

1954年4月，山东大学春季体育大会上的体操表演。

1954年4月，山东大学春季体育大会重量级举重比赛第一名薛济同学。

1955年山东大学春季体育大会于5月8日和9日举行，图为女生组护校与速中的拔河决赛。

1955年山东大学春季体育大会上，男生甲组自由体操比赛第一名医学院淳于孚兴同学。

1955年山东大学春季体育大会上，大学男生组撑杆跳高第一名数学系梁农任同学。

1955 年山东大学春季体育大会上，女生体操比赛高低杠第一名生物系林育真同学。

1955 年山东大学春季体育大会上，大学男生组 200 米低栏比赛。

1956 年山东大学春季体育大会上打破省、市纪录的同学（自左至右：王福荣、张泰康、李志敏、马学义）。

1956 年山东大学春季体育大会上，海洋系学生进行团体操表演。

1956 年山东大学春季体育大会上，男子撑杆跳高比赛第一名杨宗篪同学。

多样的体育活动

“象征性”长跑在山东大学逐渐开展起来。海洋系二年级学生在期末考试期间，为了坚持锻炼，全班以半个月的时间跑到北京。当时物理系、历史系部分学生也已经开展长跑锻炼。图为海洋系二年级学生正在长跑。

1951 年夏，参加青岛市游泳比赛的山东大学运动健儿荣获水上冠军。

1954 年 4 月，山大医学院与化学系正在进行系级排球比赛。

1954 年 10 月，山东大学女子技巧队正在锻炼。

1955 年 12 月，该学期重点推行“劳卫制”（“准备劳动与卫国”的体育制度）的山大数学系的白孝温锻炼小组正在进行锻炼。

◎课外活动

1951 年 10 月早晨，山大学生在操场上开始做健身体操。

1951 年，课外活动时山大学生在校园里跳集体舞。

“发展体育运动，增强人民体质。”山东大学教职员工积极响应号召，组织开展了各种体育活动。图为 1952 年在海水浴场游泳前做广播体操的情形。

1953 年，山大学生在进行跳箱活动。

山东大学学生在青岛度过了幸福愉快的暑期生活。图为 1953 年 9 月山大美术组的学生正在海滨写生。

1953 年 9 月，山东大学教职员工刚离开水面就愉快地在沙滩上托排球。

1954 年春，山东大学教职员工响应政务院号召，普遍开展工间操。图为校领导正在练广播体操。

1954 年 7 月暑期，山东大学大部分学生留在学校里，到海滨尽情地游泳。图为医学院的学生向着大海奔去。

1954 年 7 月，山大部分师生员工结束了一学期的工作与学习，到海滨放松身心。图为他们在表演燕式跳水。

1955 年寒假期间，山大物理系主办了一次天文晚会，来自不同系科的学生和留学生用天体望远镜观察了月亮表面。

1955 年 4 月春假期间，朝鲜留学生与中国学生一起爬到崂山顶。

1955 年 4 月春假期间，山大生物系的学生在中山公园后山坡朗诵诗歌。

1955 年，课余活动时间，山大的学生们进行各种锻炼。

1955 年 11 月，山大历史系二年级学生利用课余时间进行公益劳动，帮助体育室修建手榴弹、标枪场地。

1955 年 12 月，山大中文系学生的“诗社”在活动，他们经常刊印习作，开展诗歌理论学习。

山大小口径步枪训练班的学员在活动

◎服务社会

1951年8月初，山东大学热烈欢迎治淮山大工作队光荣返校。治淮学生获得了潢川专区治淮指挥部的表彰，有的还立了功。

1951年初夏，棉蚜虫对农作物损害严重，病虫害系李传隆副教授协助山东省农林厅创制了“新型固体油泥乳剂”，并进行了示范推广，对农业贡献很大。

1952年3月，美机撒布细菌毒虫的滔天罪行激起全校师生员工无比愤怒。学生们一边参加扑灭，一边进行防御宣传。图为医学院同学在向劳动村的工人家属进行宣传的情形。

掌握科学技术，使用机械耕作，是农业生产集体化的重要条件。农学院学生在麦收后学会了拖拉机驾驶技术，掌握了新式工具，准备好为农民服务。图为 1952 年 7 月山大学生驾驶拖拉机在田间耕作的情形。

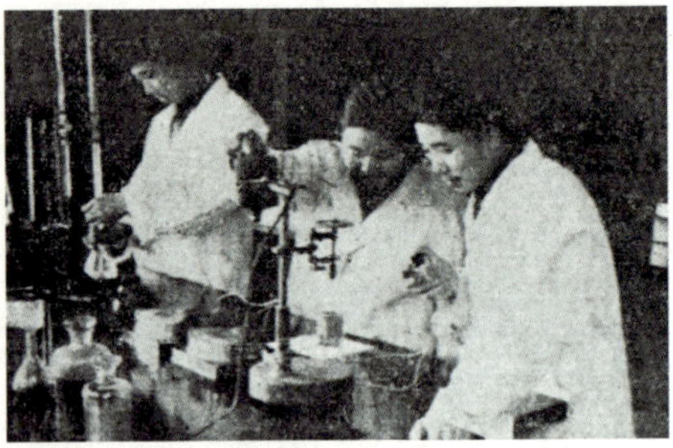

山东大学有关院系经常与工厂企业联系，协助解决生产中存在的问题。图为 1952 年化学系师生为工厂做化验的情形。

1956 年春，山大物理系、海洋系师生帮助光明农庄测量土地。

1956 年春，在下乡支援农业合作化活动中，历史系学生正在进行扫盲工作。

1956 年春，“除四害”工作在山东大学取得一定成果。图为职校赵本友突击小队在田野里挖鼠的情景。

1957 年 10 月，为支援农村战胜旱灾，山大中文系教职工在浇水锄地。

第六篇 曲折中探索

正当山东大学蒸蒸日上、快速发展之时，接二连三的政治运动干扰和破坏了学校的良好发展势头。“反胡风运动”、反右派斗争严重扩大化、“大跃进”和人民公社化运动使“左”倾思潮蔓延开来，山东大学的一些领导干部、知名教授受到错误批判，教学秩序被打乱。

山东大学奉命迁校济南后，在经济困难时期苦心营建自己的校园，同时根据科学发展和国家建设事业的需要，结合自身实际重新谋划发展蓝图：在保持文史见长的优势的同时，向社会科学领域开拓；在理科的扬长避短中，突出数学、磁学、晶体、微生物、量子化学等学科方向，以图为学校发展打下良好基础。

正当山东大学经过调整再次呈现出良好发展势头之时，1966年5月开始的“文化大革命”又使山东大学遭受了巨大冲击与波折，教学科研设施遭到破坏，一些教师员工被批斗迫害，刊物停办，教学研究机构被撤销，正常的教学和科研活动陷入停顿状态。其间山东大学还受到改名、分校、外迁等的影响，因而元气大伤。

然而，山大人在逆境中的坚守与不懈探索和斗争也从未停止，山大人铸就的山大精神是维系山大屹立不倒并持续开拓进取的澎湃动力。

◎探索中的曲折

『三驾马车』离散

山东大学在取得辉煌成就的过程中，也遇到了一些曲折和挫折。继批评俞平伯“红学”研究观点和方法以及批判胡适唯心主义思想之后，全国思想文化领域又开始了对文艺理论家胡风的一些观点和主张的批评和争论。但是，与对俞平伯的批判不同，对胡风的批判演变成了对胡风资产阶级文艺思想的批判，最后成了一场全国性的揭露、批判、清查“胡风反革命集团”的政治运动。在反胡风运动中，山东大学的一些学者受到牵连。1955 年 8 月，华岗因受“胡风反革命集团”和“向明反党集团”案牵连被捕入狱。他在狱中忍冤明志，坚持理论研究，先后写出《美学论要》《规律论》等百万余字的著述，对美的本质、艺术与政治的关系、检验真理的标准、违反自然规律和经济规律的现象、阶级矛盾扩大化等问题进行了深入研究和探索，践行了他的“知识无涯天地宽，须行即骑莫迟惶。双膝未膑当知足，可酬热血换文章”的誓言。1980 年 3 月，中共中央为华岗同志平反昭雪，恢复名誉。中共山东省委在济南英雄山烈士陵园为华岗同志举行了隆重的平反昭雪追悼大会。

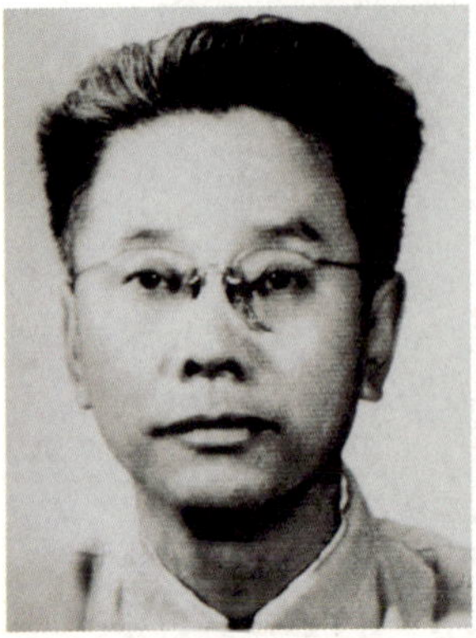

华岗

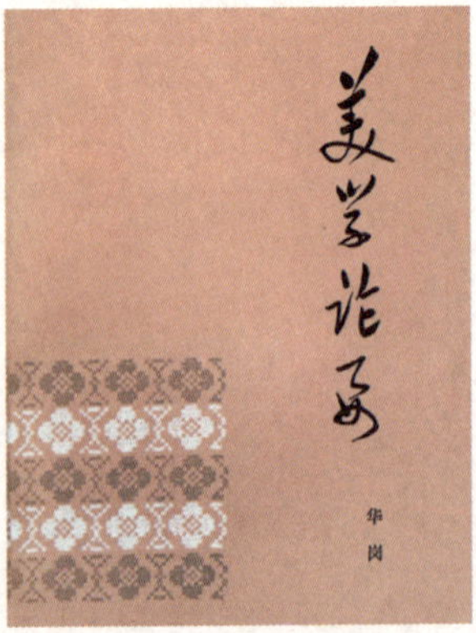

《美学论要》书影

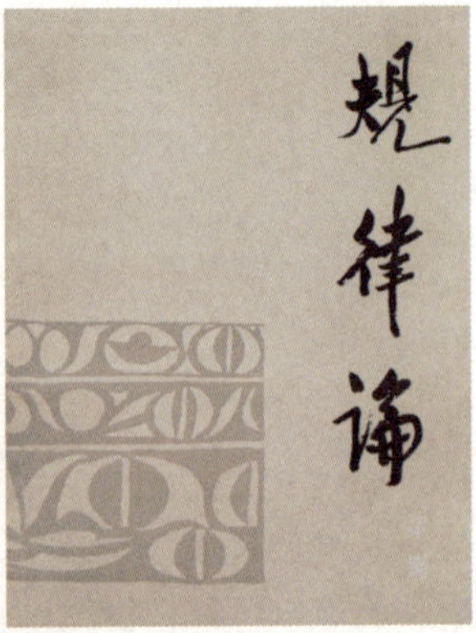

《规律论》书影

1957年4月，中共中央下发《关于整风运动的指示》，决定在全党进行一次反对官僚主义、宗派主义和主观主义的整风运动。在“鸣放”过程中，极少数资产阶级右派分子跳出来攻击党的领导和社会主义制度。于是，中共中央于6月8日发出组织力量反击右派分子进攻的指示。对在整风运动中出现的极少数右派分子进行反击是完全必要的，但是随着反右派斗争严重扩大化，不少著名学者被错划为右派，给教育和科研事业造成了很大损失。到7月上旬，山大有204人被划定为右派分子，其中包括副校长陆侃如、团委书记沈为霞、学生会主席乔幼梅。曾经被爱因斯坦邀请到家中讨论问题的许思园教授也被划为右派分子。后来，做过爱因斯坦助手的束星北教授甚至被定为“极右分子”和“历史反革命分子”，被强制劳动。已经形成制度的校庆科学讨论会被迫中断，创办7年的《文史哲》杂志也被迫停办。

人民日报

整风的主题——正确处理人民内部矛盾

中国共产党中央委员会关于整风运动的指示

1957年5月1日，《人民日报》刊发《关于整风运动的指示》。

“鸣放”中的大字报

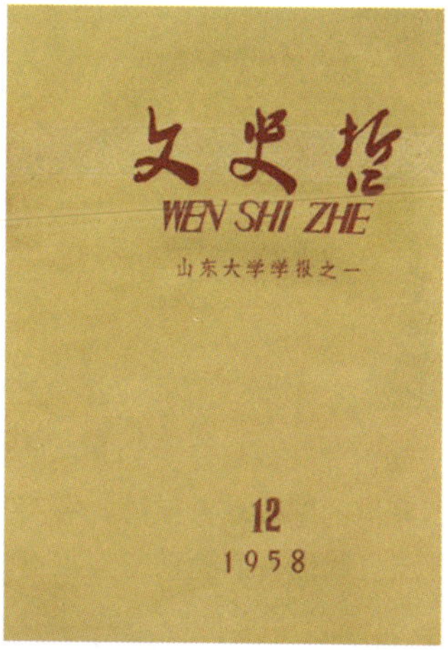

1959年停刊前的最后一期《文史哲》

山大中文系街头宣传队在饭厅门前演出

下放干部在农业社参加劳动

20 世纪 70 年代初的陆侃如、冯沅君夫妇。陆侃如和冯沅君夫妇都是一级教授，生活却十分节俭。冯友兰在去其妹妹家作客时，他看到室内的陈设非常简陋，书架几乎是用几根棍子支起来的，像是住旅馆，有明天就要搬家的感觉。陆侃如病逝前将其藏书和近 3 万元存款都捐给了山东大学。

晚年的束星北（左二）仍在坚持工作

束星北（左一）与好友王淦昌在一起

1960 年，束星北转到青岛医学院任教员，继续被强制劳动。1979 年得到彻底平反，完全恢复名誉。他病逝前留下遗嘱，将自己的遗体捐献给医学院用于医学研究。

童第周（前排左二）等人在中国科学院海洋研究所门口合影

1957 年，童第周副校长调任中国科学院海洋生物研究所所长，后又任中国科学院海洋研究所所长、中国科学院生物学部主任、中国科学院副院长等职。

随着校长华岗入狱、副校长陆侃如被打成右派、副校长童第周调离山大，20 世纪 50 年代由著名马克思主义理论家华岗为校长兼党委书记，著名科学家童第周、著名文学史专家陆侃如为副校长所组成的领导班子，就这样解散了。

参加『大跃进』和人民公社化运动

1958年开始的“大跃进”和人民公社化运动是我国在探索建设社会主义道路中的一次严重挫折，国民经济遭到巨大破坏。山东大学的师生也参与到运动当中，自建小高炉大炼钢铁，大办工厂，成立民兵组织，亦学、亦工、亦农、亦商、亦兵，最后建立起山东大学人民公社，这些运动都影响了学校教学科研的正常开展。

山东大学开展“大跃进”运动

山东大学历史系学生正在兴建炼铁厂

山东大学师生自建小高炉大炼钢铁

数学系新建的造纸厂正式开工

中文系印刷厂正在印制校刊

历史系水泥厂正在生产水泥

生物系微生物制品厂正在制造人造棉

化学系电镀厂建成并投入生产

山东大学勤工俭学代表会议召开

1958 年 9 月 20 日，成仿吾校长等检阅山东大学民兵队伍。

山东大学民兵正在进行军事演练

1965 年初，山东大学举行民兵大比武活动。

1958 年 9 月 20 日，山东大学人民公社成立。

◎迁校济南

成仿吾

为充分发挥高校服务经济社会发展的职能，1958 年 4 月，中共中央发布下放高等学校和中等技术学校的意见，决定将一批原属教育部和其他部委的高等学校下放至所在省区市。1958 年 7 月，教育部根据这一精神决定将山东大学划归地方领导。同月，晁哲甫调回山东省政府任副省长，国务院任命成仿吾为山东大学校长兼党委书记。自 1958 年 9 月至 1961 年，山东大学归属山东省教育厅（后为山东省高教局）直接领导。

1958 年秋，中共山东省委在研究了全省高等教育的布局后，决定将山东大学主体由青岛迁至济南，先入驻济南东郊洪家楼山东农学院校舍（山东农学院迁至泰安），以便就近领导和扩展学校发展空间。9 月 23 日，全校召开动员大会，各部门表示要以实际行动完成迁校任务。根据计划，学校分三批开始迁校工作。最先一批是中文系、历史系的 600 名学生，先行到达山东农学院校舍，目的是到济南接受炼铁任务。除了海洋、水产以及正在筹建的地质系留在青岛外，数学系、物理系、化学系、生物系和校领导机关，至 10 月 24 日全部到达济南，历时 20 多天的迁校任务圆满完成。

山东大学学生参加建设校园劳动

新同学游览济南大明湖

新建四系

根据综合性高校发展的需要，1959年夏，山东大学恢复了外文系。同年冬，留在青岛的海洋、水产、地质三系独立，建成山东海洋学院（即现在的中国海洋大学）。1960年春，重新设立政治系，以培养理论人才和宣传干部。同年秋，物理系的电子和原子核专业分出来组建了电子系和原子能系（后并入复旦大学）。学校由迁济时的6个系发展为10个系。由于反右扩大化，一些岗位的负责人出现空缺，学校进行了调整和补充。当时，教师达到368人，职工425人，学生3640人。同时，学校还招收研究生、业余大学生、函授生、留学生等。

1960年3月6日，山东大学召开政治系成立大会。

◎老校与新校

■ 学校迁济后的最初几年只有洪家楼山东农学院旧址一处办学场地。当时，农学院有 9 座楼、3 处宿舍区，这与发展计划中学生规模达到 6000 人对生活学习设施的要求相去甚远。由于校舍短缺，需另选新址。为此，山东省、济南市相关部门和山大校方经过多次寻找踏勘，在经过大量考察比较后，最终于 1959 年 3 月底决定把原本用于建造山东农业展览馆的 1080 亩土地划拨给山东大学建新校舍。这块地位于东郊利农庄，离洪家楼校园很近，地理环境比较理想。校址选定后，学校基本建设委员会立即筹划建设工作。起步较顺利，但在三年经济困难时期，学校建设处于半停顿状态。经过数年苦心营建，到 1966 年"文化大革命"前，先后建成 6 栋学生宿舍楼、13 栋教工宿舍楼、3 座食堂以及文史楼（1961 年建成）和化学楼（1965 年建成）等。由于新建校区不能容纳全部师生，上级决定农学院校舍由山大留用。这样，学校 9 个系就分驻两地，校部机关、外文系、物理系、电子系、生物系留在原处，成为老校；政治系、中文系、历史系、数学系、化学系入驻新校址，成为新校。至此，山东大学形成了老校（洪家楼校区）、新校（中心校区）两处办学的格局。

济南建校工地

政治、中文、外文三系同学在参加建校劳动

学生在搬砖

第六篇 曲折中探索

◎加强管理，稳定秩序

■ 随着中共中央对“大跃进”和人民公社化运动中一些过火行为的纠正，特别是对国民经济实行“调整、巩固、充实、提高”的八字方针，召开“七千人大会”后，国民经济开始得到比较顺利的恢复和发展，学校各项工作也得以调整和逐步恢复正常秩序。

由于搬迁、大炼钢铁、各种活动和劳动严重影响了教学科研工作，学校办公会议决定着手恢复正常的教学和科研秩序。成仿吾校长果敢决断，采取得力措施，努力让学校工作步入正轨。他在1958年11月16日向全校师生作了《全面贯彻党的教育方针》的报告。他在讲话中强调，从长远看，教学工作是学校的中心，必须做到以教学为主，学生也要以学习为主，否则，将贻误未来。此后，复课工作加速进行，12月初全校开始正式上课。

成仿吾校长在作报告

成仿吾校长正在审查生物系预展室里的展品

教育部韦悫副部长参观学校展览室

1958年底，成仿吾校长又提出了“有秩序、上轨道、抓重点、收实效”的工作方针，以教学为主，合理安排生产劳动。从1959年初开始，经由校长办公会议和校委会讨论，提出每学期的方针任务，确定工作重点，制订工作计划；学期中间要对计划执行情况进行检查，期末进行总结，这种工作制度有效提高了学校管理职能。学校还陆续制定了《山东大学规程》《山东大学学则》以及关于教学工作、科研工作、研究生工作、师资培养工作、系的工作、教研室工作等条例。在成仿吾校长的带领下，在全体师生的团结和努力下，学校逐渐步入正轨，并且在教学、科研、师资及行政机构改革等各个方面都取得了一定的成绩。

1961年，山东大学复归教育部领导，是全国64所直属重点大学之一。《高校六十条》出台后，学校实行了党委领导下的以校长为首的校务委员会负责的体制，党政分工，党委负责党的方针政策的贯彻落实、党建、重大人事任免、全校的思想政治工作等，校长负责全校的业务管理等。

■ 党委机构一览图

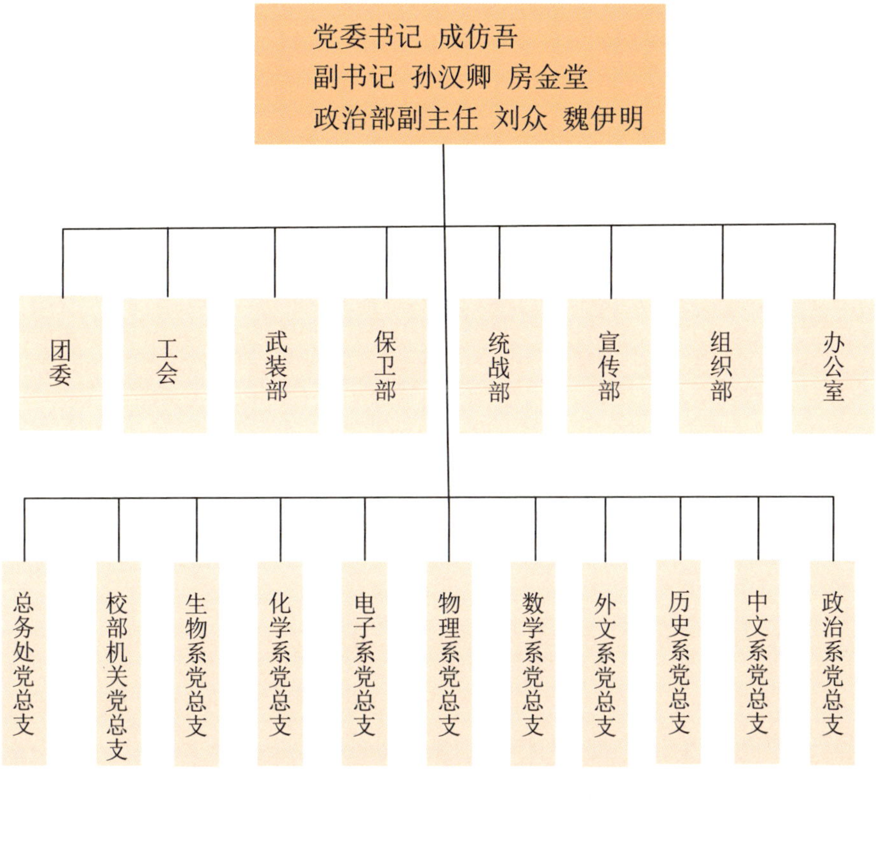

成仿吾一生对教育情有独钟，毛泽东曾征询成仿吾，全国解放以后打算搞政权还是搞教育。成仿吾毫不犹豫地回答搞教育。成仿吾在山东大学工作16年，对学校怀有很深的情感。他在工作中坚持科学的领导方法，强调工作效率和质量，要求各级干部要深入基层，掌握第一手材料；对学生培养强调德智体全面发展。学校迁济后，他根据实际情况，积极拓展新领域，支持马列主义理论、数学、电子计算机、无线电子学、晶体材料、微生物等学科建设，使学校形成了自己的新特色。

成仿吾校长在给政治系学生讲课

行政机构一览图

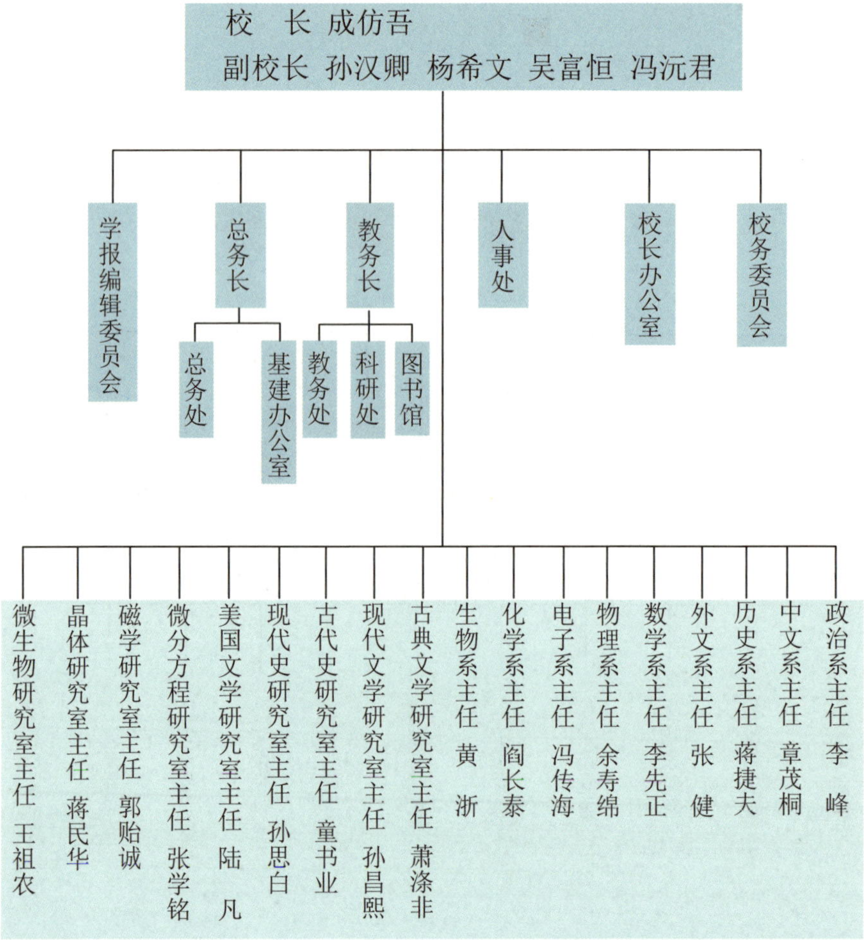

◎党群活动

1959 年，中国共产党山东大学第三次代表大会召开。

1959 年 7 月 1 日，山东大学举行新党员入党宣誓仪式。

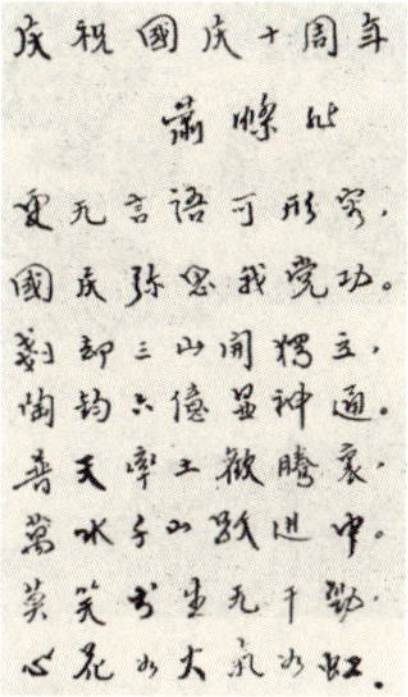

萧涤非教授国庆赋诗一首

1959 年 3 月，东郊公社党委书记向全校师生介绍公社情况。

山东大学团日活动一瞥

◎重视教学和思想政治教育

在教学上，学校要求有经验的教师上教学第一线，通过自编教材来解决教材缺乏的问题，召开大型教学方法讨论会，交流经验和制定教学规章制度，进一步提高了教学质量。新设 4 个专业，开出 40 多门新课。

1959 年，山东大学物理系教师在讨论教学改革。

1960 年 2 月，山东大学中文系师生正在编写《中国大文学史》。

1960 年 4 月，山东大学物理系师生在讨论教学问题。

1961年6月，山东大学举行教学经验交流会。

1965年4月，张琳教务长在山东大学教学改革经验交流会上作总结报告。

学校高度重视学生的思想政治理论教育，1960年秋对思政课教学组织进行了调整，由学校领导兼任各教研室主任：

辩证唯物论和历史唯物论教研室　吴富恒

政治经济学教研室　张琳

科学社会主义教研室　成仿吾

中共党史教研室　刘岐云

辩证唯物论和历史唯物论、政治经济学、科学社会主义、中共党史这四门课定为必修课，每学期还结合党的路线方针政策和国内外重大问题，由学校领导及校外党政领导向全校师生作专题报告。由于校领导重视，任课教师在各个教学环节都能认真负责，并注重理论联系实际，结合学生的思想认识问题，不断提高教学质量和实效。

成仿吾（1897.8.24 ~ 1984.5.17），湖南新化人，无产阶级革命家、著名教育家和社会科学家。早年留学日本，与郭沫若、郁达夫等人共建创造社。1928年在巴黎加入中国共产党，并编辑由周恩来创办的中共柏林、巴黎支部机关刊物《赤光》。1934年10月，随部队长征。到达延安后，创办陕北公学和华北联大，培养了大批革命人才。曾担任中国人民大学校长和东北师范大学校长兼党委书记，建树颇丰。1958年任山东大学校长兼党委书记。虽困难重重，但仍以得力的措施使学校工作步入正轨，形成学校的新特色，留下了宝贵的精神财富。他关爱学生，有“校长妈妈”的美名。著作丰实，五次翻译《共产党宣言》，有《战火中的大学》《长征回忆录》等力作。

■ 学校还开展评选“五好(政治觉悟好、思想作风好、业务学习好、生产劳动好、体育卫生好)学生”和“五好班级”活动，进一步激发学生的学习热情。

1965 年 4 月 10 日，学校召开学习毛泽东思想经验交流大会。

■ 据学校有关部门统计，从 1959 年到 1966 年，山东大学共毕业学生 7202 人(包括研究生和留学生。由于从 1959 年改为五年制，1963 年无毕业生)。社会对山东大学毕业生的评价是：基础扎实，作风朴实，吃苦肯干，并有创见。

欢送毕业生离校

◎加强科研

山东大学历来重视科学研究，不仅鼓励全体师生积极参与科研，而且还通盘谋划，制定全校的科研计划和发展战略。学校迁济后，为了恢复科学研究在学校工作中的地位，1959 年初的学校办公会议决定恢复已中断四年的校庆科学讨论会，以后每年一次，一直坚持到“文化大革命”前。学校还设立了科学研究办公室（后改为科研处），专门负责全校科研工作的规划和管理。科学研究工作要做到“五定三结合两照顾”：确定科学研究计划要做到五定即定方向，定课题，定人员，定措施，定时间；在方向上要实现三个结合，即结合教学，结合社会主义建设，结合科学的发展；在选题上要做到两个照顾，即照顾国家需要，照顾个人专长。

1959 年 3 月 17 日，山东大学举行第四次校庆科学讨论会。

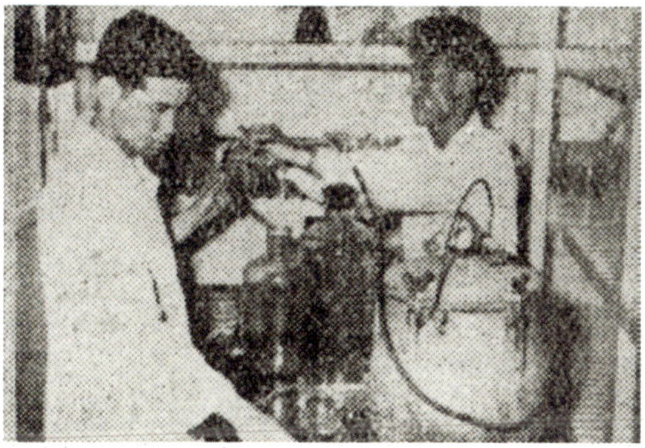

生物系教师试制沼气成功

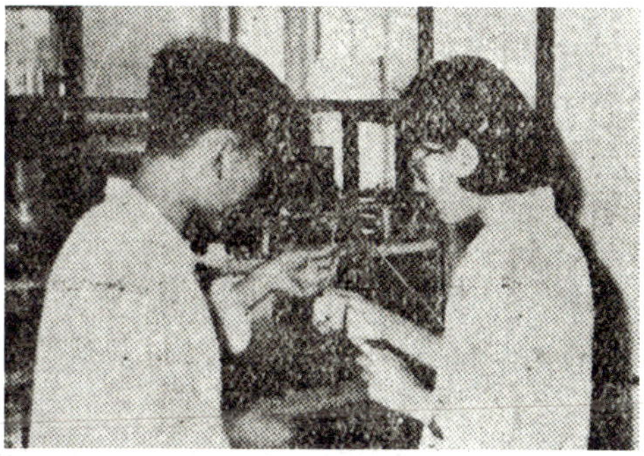

化学系在做培养晶体实验

学生们正在做实验

《文史哲》复刊

1961年8月，山东大学为了推进人文社会科学领域的研究，恢复“文科的科学研究园地”，经过种种努力，冲破困难，使已停刊两年的《文史哲》得以复刊，并改为双月刊，至“文化大革命”再停刊前，总出版28期。在《文史哲》上经常发论文的作者有陆侃如、冯沅君、高亨、童书业、萧涤非、杨向奎、王仲荦、黄嘉德、吴富恒、孙昌熙、刘泮溪、车载、吕振羽、田仲济、严薇青、孙思白、韩长经、袁世硕、庞朴、牟世金、董治安等知名学者和我校教师。另外，《山东大学学报》是理科的研究园地，为季刊，潘承洞、邓从豪、张学铭、王祖农、郭贻诚、杜作栋、谢去病、郭大钧、雷啸霖、蒋民华等教师在其上发表了一批高水平的论文。

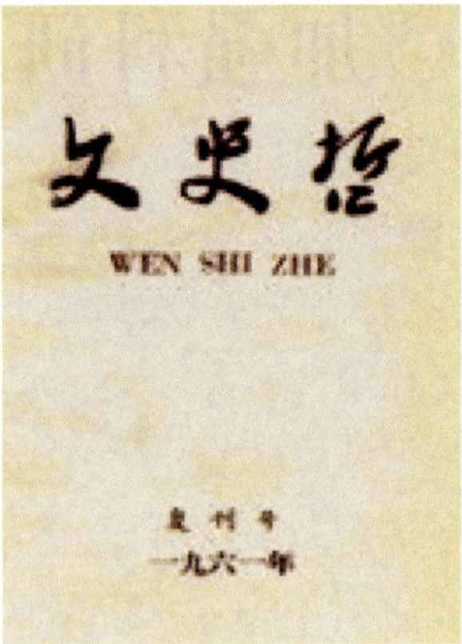

《文史哲》1961年复刊号书影

学术交流

学校认真贯彻“百花齐放，百家争鸣”的方针，开展了一系列学术交流活动。成仿吾校长提出：“文科都要办讨论班，以提高教师的科研和教学水平。”由此举办了“辛亥革命五十周年”“鲁迅诞辰八十周年”学术报告会。各系也召开学术研讨会，如中文系的“文学上现实主义和浪漫主义问题”“文学遗产中的批判与继承问题”、历史系的“农民战争问题”“有无业绩皇帝问题”等。据统计，仅1962年全校就举行中小型学术讨论会370余场。1965年，学校还举行了全校性的“五四”科学报告会。与此同时，学校还加强与校外的学术交流，邀请知名专家学者来校讲学。

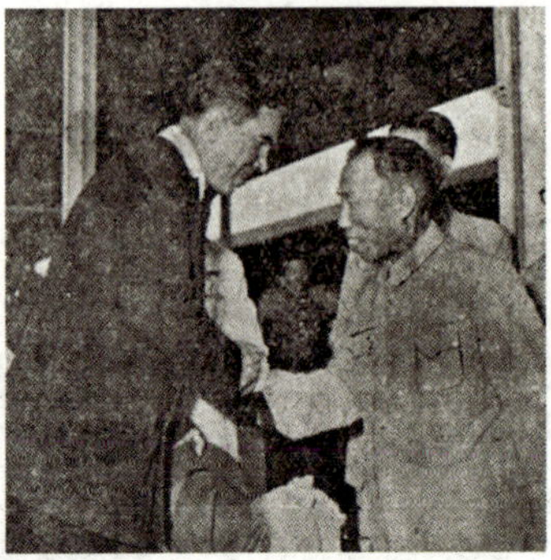

苏联列宁格勒大学数学专家巴索夫来校讲学

1959年8月27日，钱学森来校访问，参观了数学系自制的模拟电子计算机。

1960 年，山东大学历史系举行义和团运动 60 周年学术讨论会。

1960 年，山东大学举行中国古史分期问题讨论会。

据有关部门统计，从 1958 年到 1966 年，全校共出版学术专著 19 部，发表学术论文 400 余篇，完成国家重点科研项目 37 个，创造新技术或新产品 70 余种，解决工农业生产上关键问题近 500 个。

1958 年 12 月，数学系成功研制模拟电子计算机。

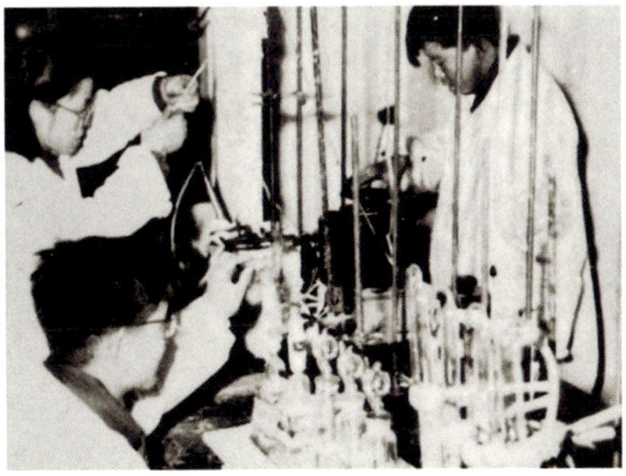

1960 年 2 月 9 日，山东大学化学系提纯硅试制成功。

海底养殖海带实验成功

高亨著《墨经校诠》书影

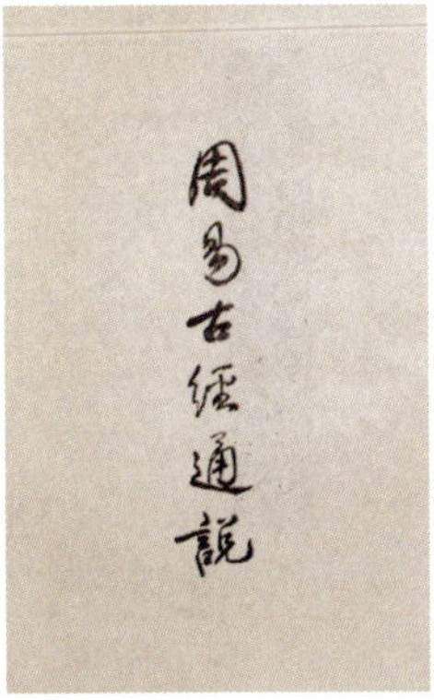

高亨著《周易古经通说》书影

高亨著《诸子新笺》书影

高亨、董治安著《上古神话》书影

陆侃如、牟世金著《刘勰论创作》书影

陆侃如、牟世金译注《文心雕龙选译》书影

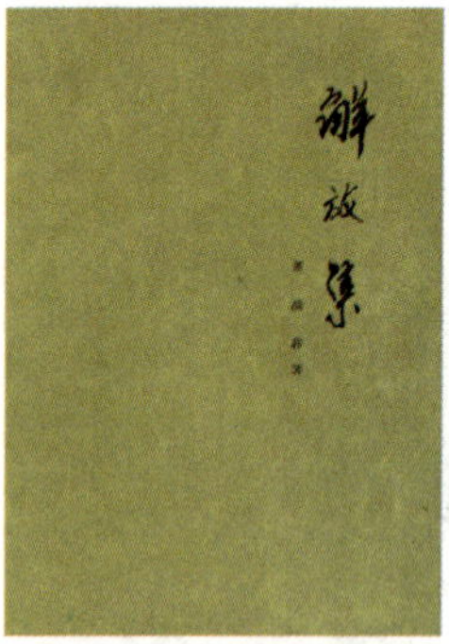

萧涤非著《解放集》书影

萧涤非、郑庆笃校点的《皮子文薮》书影

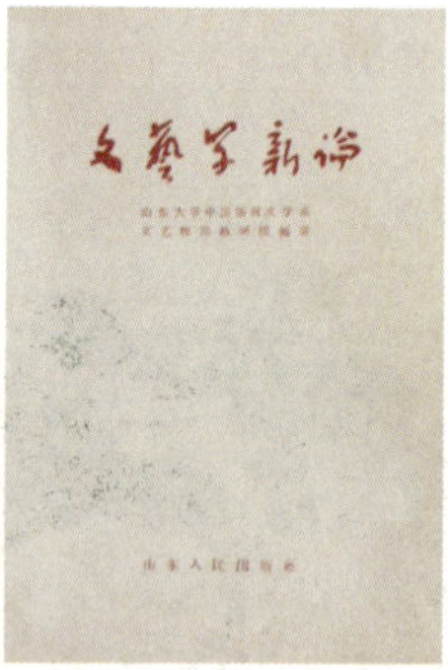

山东大学中文系文艺理论教研组编著的《文艺学新论》书影

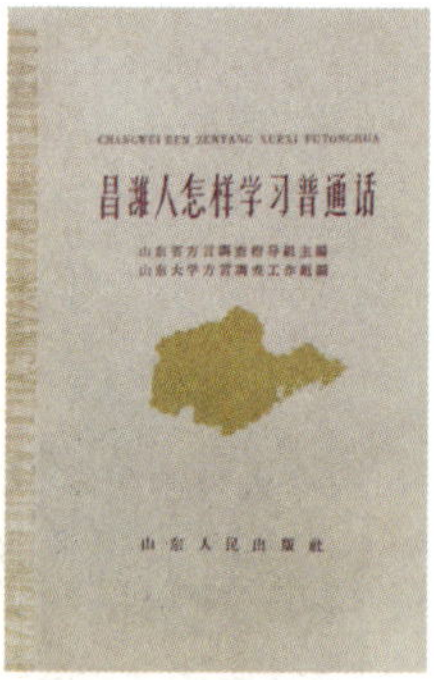

山东大学方言调查工作组编写的《昌潍人怎样学习普通话》书影

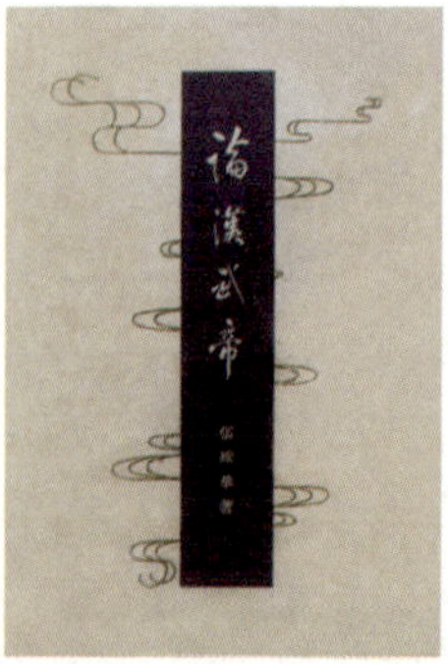

张维华著《论汉武帝》书影

丁山著《中国古代宗教与神话考》书影

黄云眉著《史学杂稿订存》书影

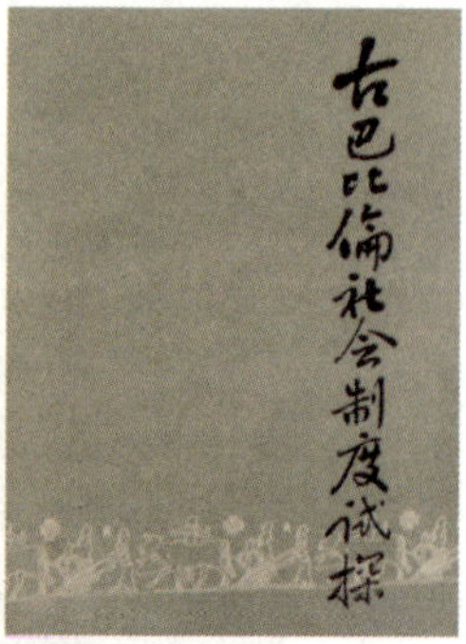

童书业著《古巴比伦社会制度试探》书影

◎重新谋划发展方向

新中国成立后，在华岗校长的筹划下，山东大学确定了“文史见长，加强理科，发展生物，开拓海洋”的发展战略并顺利实施，取得了显著成效，为山东大学的发展打下了重要基础。学校迁济后，生物系师生分流两地，水产、海洋等涉海专业独立成校，“开拓海洋”几无可能，山大原来的办学特色失去近半。因此，重新谋划山东大学的发展方向和学科特色便成为迁校之后的一项急务。在成仿吾校长的筹划下，经过深入调研和分析研判，结合学校自身实际，确定了学校的重点发展方向，即在继续保持“文史见长”的传统优势下，逐步向社会科学领域拓展，着力发展数学、晶体、微生物、磁学、量子化学等学科，发挥特长，努力打造新特色，为此成立了相应的研究室，以集中师资力量，尽快取得突破。这一时期共成立了中国古典文学研究室、中国现代文学研究室、美国文学研究室、中国古代史研究室、中国现代史研究室、微分方程（也称“控制论”）研究室、磁学研究室、晶体研究室、微生物研究室 9 个校属研究室。

发展战略极大带动了这一时期山大的科研和教学工作。站在 60 多年后的今天回顾这段历史，可以清晰发现：如今山东大学国家重点实验室（晶体材料国家重点实验室、微生物技术国家重点实验室）、世界一流学科（数学、化学、中国语言文学）、全国重点马克思主义学院正是在这一时期奠基并发展起来的。

殷孟伦（1908 ~ 1988），字石臞，四川郫县人，语言学家。1932 年毕业于中央大学中国文学系。1935 年赴日本留学。1937 年回国后历任四川大学中文系教授、系主任，中央大学中文系副教授。1953 年到山东大学中文系任教授，曾任古汉语教研室主任、语言教研室主任、校学术委员会委员、《文史哲》编委、山东省语言学会理事长、中国语言学会理事、中国音韵学研究会顾问等。著有《汉魏六朝百三家集题辞注》《谢灵运诗》《中国语言学概说》《训诂学概论》等。

《汉魏六朝百三家集题辞注》书影

蒋维崧(1915 ~ 2006.7.25)，字峻斋，江苏常州人，著名语言文字学家、书法家、篆刻家。1938 年毕业于中央大学中文系。1952 年到山东大学中文系任教，历任副教授、教授、中文系副主任、文史哲研究所副所长。曾任山东省文史馆馆员、西泠印社顾问、山东省语言学会副会长、山东省书法家协会主席等职务。退休后，于 2001 年被山东大学特聘为汉语言专业文字学（书法学）博士生导师。与魏启后、陈左黄、高小岩、宗惟成一起被称为“山东五老”。著有《汉字浅说》《汉字》以及语言文字学专著、论文多部（篇），主编出版了《学习字典》《汉语大词典》等，还出版了《蒋维崧印存》《蒋维崧临商周金文》《蒋维崧书迹》《蒋维崧书法集》等作品集。

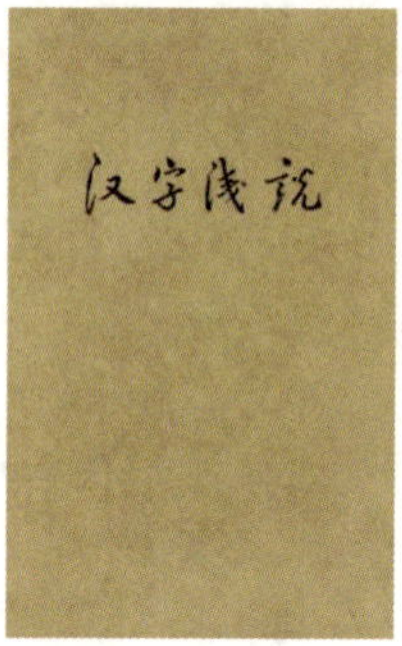

《汉字浅说》书影

《汉字》书影

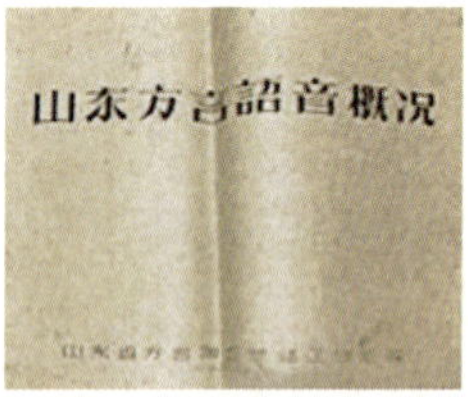

在山东省教育厅的组织下，唐捷和蒋维崧负责对语音普查材料进行整理总结，由钱曾怡、高文达、张志静编写出《山东方言语音概况》（1960 年油印本）。

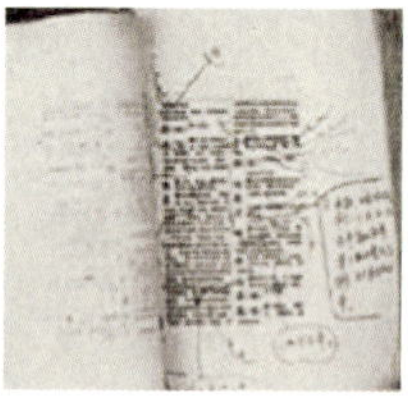

1971 年，蒋维崧主持编写《学习字典》，图为书籍样稿批注。

许思园（1907.8 ~ 1974.3），原名寿康，号思玄，江苏无锡人，著名文化学者、科学哲学研究者。1923 年考入上海大同大学，1927 年毕业后任南京中央大学哲学系助教，用英文撰写《人性与人之使命》一书，引起国内外学者注意。从 1937 年开始，先后赴伦敦、巴黎游学，1939 年获法国巴黎大学博士学位。后又去了葡萄牙、美国。第二次世界大战结束后回国，先后任中央大学、江南大学教授。中华人民共和国成立后，他在中国人民大学学习一年后，到山东大学历史系任教。1957 年被错划为“右派”，1963 年兼教外文系英文，1964 年以后被禁止授课，只好给工厂企业翻译外文资料。1973 年译出《加蓬共和国史略》一书。许思园文理皆通，曾发表《相对论驳议》《从一种新的观点论几何学基础》《与爱因斯坦教授讨论两个问题》《波动力学的基础及其哲学含义》等论著，足见其自然科学功底之深。许思园为人低调，病危时仍然不忘未完成的学术研究工作。其遗稿结集为《中西文化回眸》出版。

《中西文化回眸》书影

蒋捷夫（1917.6.19 ~ 1999），湖南长德人，哲学家。1938年到延安参加革命，在抗大学习后，先后任八路军一一五师三四四旅文化教员、连指导员、营指导员，新四军第三师和苏北区党委文工团团长。后转到地方工作，1948年调至华东大学工作，任社会科学院一部副主任。1951年华东大学与山东大学合并后，长期在山大工作，任校属马列主义教研室副主任、哲学教研室主任、校党委委员、党委常委。1953年被聘为副教授，1958年任历史系主任兼总支书记，1974年任政治系总支书记。后调任山东省社会科学院院长兼党委书记。蒋捷夫注重调查研究，组织了大规模的义和团运动调查，先后派出教师、学员40余人分赴鲁西南、鲁西北等十余县做田野调查，前后调查6次，收集了大量珍贵的第一手调查材料，在此基础上形成了一批研究成果，在国内外产生了很大影响，确立了山大义和团运动研究学术重镇的地位，也培养了路遥等一批专家学者。他还组织了中国思想史讨论班和经济史讨论班，参加思想史讨论班的有童书业、华山、孙思白、葛懋春、庞朴、路遥、陈之安等人，其学术活动在校内外产生了很大的影响。蒋捷夫的代表作有《马克思主义哲学问题》等。

蒋捷夫（中）与臧乐源（左）、陈景仲合影

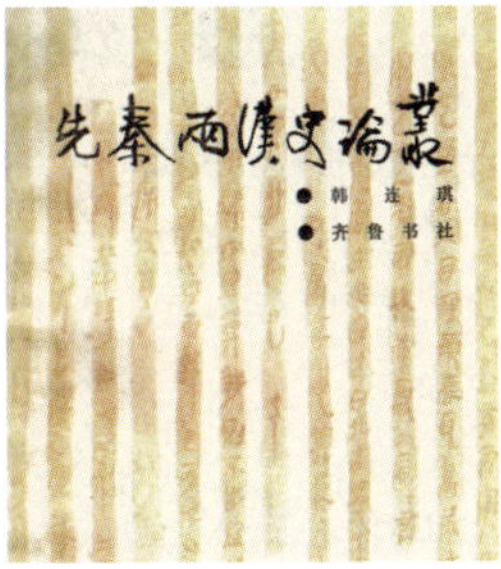

《先秦两汉史论丛》书影

韩连琪(1909 ~ 1990)，山东安丘人，著名历史学家。1931年考入国立青岛大学国文系，受教于闻一多、梁实秋等名师大家。抗日战争爆发后，韩连琪积极投身抗日洪流，以《阵中日报》总编辑的身份，进行抗日宣传活动。1947年后历任山东师范学院、华东大学、齐鲁大学等校讲师。1951年随院系调整由齐鲁大学转入山东大学历史系，历任历史系副主任、校学术委员会委员、《文史哲》编委、山东地方史学会副会长等职。他热爱教学事业，为国家培育了一大批栋梁之才。他爱校如家，向学校捐赠珍藏多年的字画，设立“韩连琪基金”，奖励中青年教师和学子。其主要学术成果结集为《先秦两汉史论丛》一书出版，影响广泛。

刘敦愿、葛懋春、韩连琪、王仲荦、郑鹤声、张维华（左起）在鉴定古画

华山（1910.11.12 ~ 1971.11.21），原名华芷荪，江苏省无锡人，著名宋史研究专家、中国思想史研究专家。1928 年高中毕业后考入中国公学中国文学系，次年考入清华大学中国文学系，后转入政治经济系。1933 年毕业后先后任教于无锡私立锡光中学、无锡县立女子中学。在中学任教时，治学兴趣渐由文学转向历史，开始钻研中国历史典籍，并发表关于中国古代经济史的论文。1956 年调任山东大学《文史哲》编辑部，后到历史系任教授，开宋史课程，着手编写《宋辽金史讲义》，连续发表关于宋、辽、金史的论文多篇，代表性论文有《从茶叶经济看宋代社会》《宋代的矿冶工业》等，具有较高的学术价值。

卢振华（1911 ~ 1979），湖北黄冈人，著名历史学家。1937 年毕业于北平师范大学国文系，之后相继执教于湖北随县列山中学、恩施高中，后又到重庆北碚编译馆工作。1946 年执教于山东大学历史系，历任副教授、教授，亚洲史教研室及中国古代史教研室主任。卢振华一生不畏艰难，拼搏进取，即使疾病缠身仍不忘工作，用坚强的意志克服病痛，完成了《梁书》和《南史》的点校工作。他还致力于山东古代科技人物研究，撰写了《山东古代科技人物论集》一书，学术价值极大。

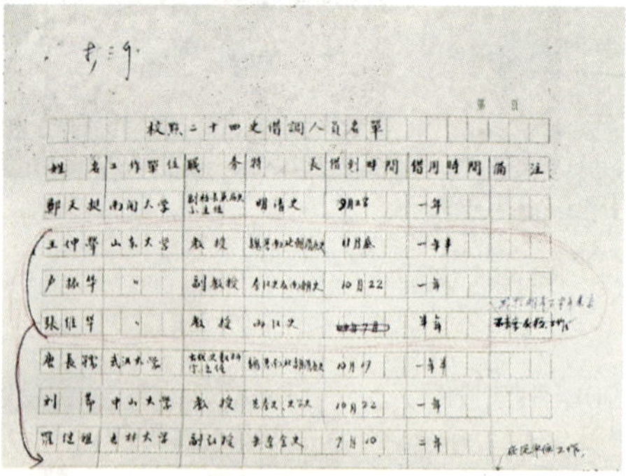

校點二十四史借調人員名單

姓名	工作單位	職務	特長	借到時間	借用時間	備注
鄭天挺	南開大學	副校長兼歷史系主任	明清史	[illegible]	一年	
王仲犖	山東大學	教授	[illegible]	[illegible]	一年半	
盧振華	〃	副教授	[illegible]	10月22	一年	
張維華	〃	教授	[illegible]	[illegible]	半年	[illegible]
唐長孺	武漢大學	[illegible]	[illegible]	10月17	一年半	
劉節	中山大學	教授	[illegible]	10月22	一年	
羅繼祖	吉林大學	副教授	[illegible]	7月10	二年	[illegible]

1963 年 10 月 28 日，国家古籍整理出版规划小组《校点“二十四史”借调人员名单》草稿。

孙思白（1913 ~ 2002），原名孙兴诗，山东历城人，著名历史学家、民国史研究专家。1934 年考入北京大学史学系，翌年参加中华民族解放先锋队。全面抗战开始后回山东参加抗战。1938 年加入中国共产党。1940 年到昆明西南联大复学，毕业后赴重庆从事地下工作。1946 年任国立山东大学中国通史讲师，继续从事革命活动。此后，历任山东大学历史系副教授、系副主任、校长办公室副主任、校工会副主席兼宣传部部长。1973 年春调入中国社会科学院中国近代史所任研究员、民国史研究室主任。曾任中国现代史学会副会长。与人合编《新民主主义革命时期通史》《民国人物传》等，其文章收入《孙思白史论集》。

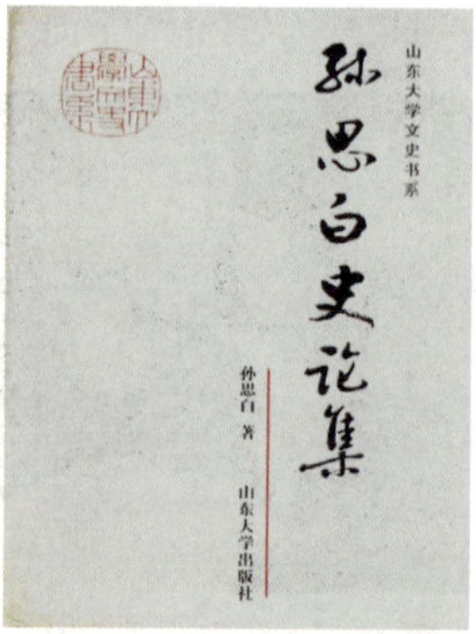

《孙思白史论集》书影

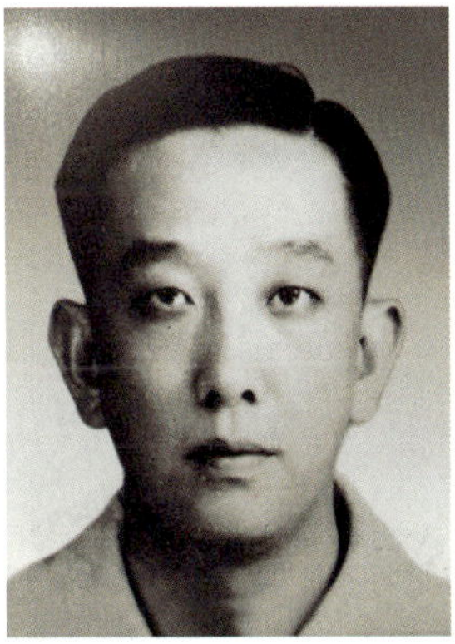

徐绪典（1914～1996），天津人，著名清史、近代史专家。先后毕业于燕京大学历史系和美国纽约大学文学院。1951年调入山东大学历史系，历任讲师、副教授、教授。徐绪典在历史系从教近30年，培养了多名优秀学子。他著述颇多，参与编写教材《中国近代史》和《义和团运动史》，主编《义和团运动史研究论丛》《义和团时期报刊资料汇编》《义和团源流刍议》。曾任中国义和团运动研究会副理事长、中国圆明园学术研究会理事、九三学社山东省常委、山东大学九三学社主委、山东省政协委员。

刘敦愿（1918～1997），湖北汉阳人，著名历史学家、美术理论家、考古学家。1944年毕业于国立艺术专科学校西画系，曾在四川省图书馆工作。抗日战争时期随著名历史学家丁山先生共同研究学习上古史，1947年随丁山先生受聘于国立山东大学，先后在中文系、历史系执教，历任讲师、副教授、教授。于20世纪50年代开设了“考古学通论”等课程。1972年创建山东大学考古专业。他注重实践，做了大量的田野考古调查和发掘工作，对于建立山东早期考古学文化序列作出了重要贡献。晚年专注于美术考古研究，是我国美术考古学领域早期的开拓者与奠基人之一。曾任考古教研室主任、校学术委员会委员、太平洋历史学会理事、山东省考古学会副理事长、山东古国史研究会会长等。

刘敦愿在修复文物

莫叶（1914～1997），湖南新邵人，著名数学家。1936年毕业于交通大学数学系，后留校任教。1947年赴美国华盛顿大学深造，1949年获博士学位。1950年回国任交通大学教授，1952年任山东大学数学系教授。在山东大学任职期间，在哈德玛特积、收敛椭圆等研究领域先后取得了一系列重大突破。他创建了函数论教研室，致力于复变函数等相关领域的教学和研究，编著有《复变函数论》等。曾任美国数学协会会员。

王承瑞（1923 ~ 2009），天津人，著名物理学家。1945 年毕业于北平辅仁大学物理系，1946 年赴国立山东大学物理系工作，历任讲师、副教授、教授、物理系副主任。1958 年创建原子核物理专业。1978 年创建高能物理专业。1981 年被批准为高能物理专业博士生导师。终生致力于原子核物理等相关方面的研究，是我国高能物理等相关领域的重要奠基人之一。1985 ~ 1997 年任国务院学位委员会学科评议组成员。曾任山东省物理学会副理事长、理事长，国际宇宙线委员会乳胶室专门委员会委员等职，多次参加宇宙线和加速器高能物理实验国际大型合作项目，培养了大批专业人才，为我国高能物理研究作出了重要贡献。

黄浙（1916 ~ 2005），字景杭，上海人，著名动物学家。1939 年毕业于清华大学，先后在清华大学、西南联大等高校任教。1946 年任国立山东大学动物系讲师。1948 年赴比利时布鲁塞尔大学进修。1949 年回国，历任山东大学生物系副教授、教授、主任，毕生致力于鸟类胚胎学、发育生物学等相关方面的研究。编撰有《动物胚胎学》等著作。在山大任职期间，培养了一批优秀的青年人才，有力推动了山大生物学研究。曾任山东省动物学会理事长、中国民主同盟盟员。

1958 年，海军要研制声纳装置，急需一种人造晶体。国外卡我们的脖子，国内又不能制造。刚从山东大学化学系毕业的助教蒋民华等几位青年教师，勇敢地接受了这项试验任务。成仿吾校长和分管科研的吴富恒副校长，把这项任务看作发展新学科的机遇，于是给予大力扶植，即使在经济困难时期也没减弱支持力度，反而拍板决定购买大型制晶设备。蒋民华等人也不负重托，终于在 1964 年成功研制出用于水声探测的 ADP 晶体，并建立晶体生长研究室，后发展成为国家重点实验室。

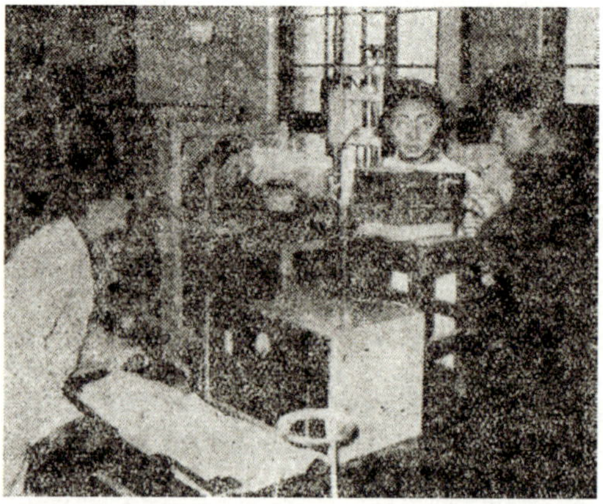

化学系师生在培养晶体

潘承洞在研究

潘承洞与王元、陈景润在一起

潘承洞与夫人李淑英在一起

1961 年 3 月，在北京大学想方设法也没有留下潘承洞的情况下，研究生毕业的潘承洞被分配到山东大学数学系任教。潘承洞一边上课，一边投入对哥德巴赫猜想的研究。哥德巴赫猜想是世界著名数学难题，被誉为“科学皇冠上的一颗明珠”。1742 年，哥德巴赫给当时大数学家欧拉写了一封信，信中提到一个猜想，即每一个不小于 6 的偶数一定是两个素数的和。几百年过去了，哥德巴赫猜想一直被数学家们探索着。在这个过程中，中国数学家作出了独特贡献，而潘承洞在其中起了关键作用。

刚到山大不久，潘承洞就证明了每一个充分大的偶数都可以表示成一个素数与一个素因子个数不超过 5 的奇数之和，即 {1，5} 这一命题成立。这是哥德巴赫猜想研究史上的一个重大进展。1963 年，潘承洞又进一步证明了 {1，4}，两次在这一世界数学难题的研究中居于领先地位。1966 年，陈景润在潘承洞等人研究成果的基础上，证明了 {1，2}，即陈氏定理。

在对哥德巴赫猜想研究的过程中，潘承洞通宵达旦，废寝忘食。王元教授回忆说：“潘承洞给我写了很多信，将他的结果不断告诉我，我每每给予反驳，承洞再加以解释，彼此的信都写得很长，最后在无可争辩的情况下，我还是承认了承洞的。这段时间，承洞总共给我写了六十几封信，而他给在北大的未婚妻淑英只写了两封信，可见其拼搏得激烈。” 潘承洞与著名数学家华罗庚、王元、陈景润被国际数学界公认为中国数论学派的四大杰出代表。

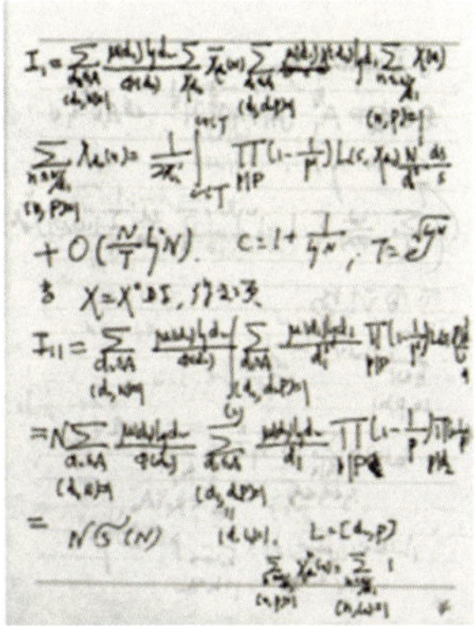

潘承洞计算手稿

◎体育活动

■ 山东大学向来重视师生的体育锻炼，不仅将体育课列入必修课，而且规定体育课不合格者不能毕业。学校的体育活动很丰富，不仅有春季运动会、各种球类的系际比赛，还积极组织学生参加全省大学生运动会、全国大学生运动会。除了竞技比赛外，学校还规定学生每天要做早操、课间操，学生自发组织的课外活动也丰富多彩。

1965年冬，成仿吾校长与山东大学男女乒乓球队员合影。

傅宝瑞(1907～1979)，辽宁大连人，体育专家。1932年从东北大学毕业后任教于青岛国立山东大学体育系。1948年任国立山东大学体育系主任、教授。曾参与第10、11届奥运会中国体育代表团的组织与培训工作。1954年任青岛市体育运动委员会副主任。

◎风云变幻中的山东大学

《海瑞罢官》的作者、北京市副市长、明史研究专家吴晗

■ “文化大革命”期间，山东大学遭到严重挫折和重创。

1965 年 11 月 10 日，姚文元在上海《文汇报》上发表《评新编历史剧〈海瑞罢官〉》一文，这是引发“文化大革命”的导火线。1965 年底至 1966 年初，山东大学文科的部分教师参加了省内组织的讨论会。这些讨论仅限于《海瑞罢官》所涉及的学术问题，几乎不与现实政治关联。

一九六五年十二月二十一日　星期二　DAZHONG RIBAO

《海瑞罢官》到底宣扬了什么？

本省高等院校文科师生展开热烈讨论

1965 年 12 月 21 日，《大众日报》刊发了《〈海瑞罢官〉到底宣扬了什么——本省高等院校文科师生展开热烈讨论》一文。

■ 但是，在“左”倾思潮的影响下，在“以阶级斗争为纲”思想的支配下，对《海瑞罢官》的批判也演变成政治批判，波及的范围迅速扩大。分管教学的副校长吴富恒以及历史系的领导和蒋捷夫、孙思白、华山、庞朴、路遥、葛懋春、陈之安等思想史讨论班的教师受到了冲击，学术活动被迫终止。

庞朴

“文化大革命”运动开始后，大字报贴满校园，批判会遍及全校，包括成仿吾校长在内的部分领导干部和老教师被停职、遭到批判，部分领导干部和教师被揪斗，一些标本、挂图、实验仪器被破坏。山东大学的十几个“红卫兵”组织之间因观点不同也出现派性争斗。他们到处“串连”，学校的各项正常工作基本停顿。1967年2月3日，山东省造反派夺权后成立“山东省革命委员会”。1967年4月19日，在“山东省革命委员会”的支持下，山大“红卫兵”组织夺权后成立“鲁迅大学革命委员会”。随后，各系及校部各机关也成立了“革命委员会”。至此，“红卫兵”组织掌握了学校的大权，山东大学也被改名为“鲁迅大学”。此后，各派系之间争斗不断，学校也遭到多次围攻，许多师生被抓被打，学校财产遭到严重破坏。

“文化大革命”中，成仿吾校长受到迫害，他多次被批斗，但他对党仍充满信心，用写《长征回忆录》的方式与“四人帮”进行斗争。他在《长征回忆录》中，再现了毛泽东长征诗中描写的那些崇高壮烈的战斗场面。1974年8月，根据毛泽东的批示，成仿吾离开山东大学，到中央党校从事经典原著的翻译和校注工作。

《长征回忆录》书影

王普在德国威廉皇家科学院化学研究所攻读博士时，所长哈恩和副所长迈特纳在研究核裂变，王普进行热中子作用的研究，他的研究成果为核裂变反应堆的建造和原子能的和平利用铺平了道路。不久，经迈特纳推荐，他到美国工作。1939年1月，第五届国际理论物理学讨论会在华盛顿召开，会议议题是“低温物理”，可是当玻尔在会上把哈恩告诉他的铀核裂变情况透露出来时，会议议题马上改为“核裂变”。会议主持人深感此事重大，赶快将原来在场的记者支走。当时参加会议的王普正在卡耐基学院担任客座研究员。为证实研究结果，他在会议结束的当晚就与罗伯茨进行了实验，首次在美国完成核裂变实验，并于会后在美国的《物理学评论》杂志上发表了相关文章，此后他蜚声国际学术界。他一生从事中子物理学和核裂变物理学研究，两次赴美工作，但浓烈的家国情怀使他选择回归故里。1956年8月，王普借赴欧洲参加学术会议的机会，避开美方阻挠，绕道苏联回国。他婉拒了许多单位的邀请，却先后三次来山大物理系任教。他不仅奠基了山大物理学科，还培养了一批高水平的学生。在山大物理系，他重视基础课教学，强调物理学要与生产实际相联系，多次有先见之明地指出原子核物理应用的前景。他讲课生动有趣，引人入胜，要求学生学会独立思考，反对死记硬背。他经常提醒学生不要出现以下类似情况：“学过应用电学者，不知‘电表’之构造；名无线电家教出的学生，不认识真空管。”“文化大革命”期间，王普先生受到迫害。

◎山东大学一分为三

1970 年 6 月 24 日，“山东省革命委员会”核心领导小组批转《山东省高等学校布局和专业调整方案》。该方案决定：山东大学理科（数学、物理、化学、无线电电子学）改建为山东科学技术大学，由省国防工办管理，校址设在济南原校址，下设数学（自控）、物理、光学、电子、化学五个大队；生物系并入山东农学院，由省农业局管理，校址设在泰安；山东大学文科（政治、历史、中文、外文）和曲阜师范学院合并，组建山东大学，由省革命委员会政治部管理，校址设在曲阜师范学院，下设政治、中文、外文、数学、物理、化学六个大队。在学校被拆分之际，驻校“工、军宣队”临时党委和校革命委员会核心领导小组联合宣布，学校名称恢复为山东大学。在搬迁之前，1964 级和 1965 级学生同时毕业离校，因“文化大革命”开始后学校未再招生，此时学校已无在读学生。学校从 1970 年 7 月开始部署搬迁工作，到 9 月 24 日完成搬迁任务。这次搬迁给学校造成了巨大损失。1971 年，重新组建的三所大学开始招生，招生采取“群众推荐，领导批准，学校复审”相结合的办法，招收的学生称为“工农兵学员”。这一时期高校中许多学科、课程被取消，系、教研室被裁撤，取而代之的是大队、专业连队、教育革命小分队等，广大师生的主要任务是进行阶级斗争和劳动锻炼，正常的教学秩序被打乱，教学水平大幅下降。

在山东大学（曲阜）校门前留影

1973 年 7 月 30 日，山东大学政治系 1971 级一班毕业合影。

1973 年 7 月 24 日，山东大学政治系 1971 级二班毕业合影。

山大被一分为三，不仅瓦解了这所综合大学的整体结构，也给广大师生员工带来了一系列困难。在此期间，历史系的陈同燮、许思园两先生卒于此地，华山教授带着伤残的身心也于此地去世。冯沅君患重病后，只得沿途奔波回济南治疗。山大教师员工也用各种方式表达不满。对山大始终怀有深情的政史系教师臧乐源还编了不少顺口溜。其一道：“山东大学一拆三，济南曲阜与泰安，理工文史乱了套……”自学校被拆分之日起，一些教师、干部和校友就通过各种途径向上级部门反映意见，要求恢复山东大学。为了能使山大尽快复合，一些教师，如田玉良、曾繁仁、臧乐源、钱新民、刘光裕、胡汶本、唐海、张泰兴等还赴济南、北京“上访”。在人民日报社担任领导职务的山大毕业生李希凡、原山大校领导何匡以及校内外众多人士的共同努力下，中央领导同意了山东省委关于恢复原山东大学建制的意见。

最后一课

在“清队”运动中，本已是右派分子的陆侃如被关入监狱，直到 1971 年冬才获释。冯沅君患病回济南治疗期间，陆侃如在医院附近的招待所定了个床位，他白天在医院精心陪伴沅君，夜晚到招待所睡觉，夫妻深情令人感动。冯先生在病重期间仍然不忘传道授业的职责。一次，她恍惚中来到护士办公室，让护士们坐下，从书包中拿出课本，滔滔不绝地讲起“中国戏曲史”。护士们劝她回病房休息，她却叫大家注意课堂纪律。在弥留之际，她还在病床上连续呓语高深的古典文学。冯先生在护士办公室的“最后一课”，后来在山大百年校庆文艺演出中被搬上舞台，在场观众无不动容落泪。

冯沅君与陆侃如

◎恢复原山东大学建制

■ 1973年11月，周恩来总理在病中得悉山东大学一分为三、困难重重的情况，立即签署同意恢复原山东大学建制的批示。1974年2月4日，“山东省革命委员会”下达《关于恢复原山东大学、曲阜师范学院的通知》。根据中共中央和中共山东省委、“省革命委员会”的通知和部署，原山东大学迁至曲阜和泰安的五个系全部回到济南，与留在济南改建的山东科学技术大学恢复为山东大学。同年3月7日，在济南召开恢复原山东大学建制的大会，山东大学一分为三的局面结束。

1974年冬，山东大学1972届毕业生合影。

◎动乱中的探索

■ “文化大革命”给山东大学造成的损失是难以估量的。“文化大革命”中，学校的师生员工同“左”倾错误进行了不同形式的斗争，也坚守岗位从事力所能及的工作，还有许多教师冒着风险，想尽各种办法开展科学研究。九一三事件发生后，极“左”思潮受到质疑，一些方面的工作有了转机。1975年1月，邓小平开始主持中央和国务院日常工作，着手对各方面进行整顿，形势有了明显好转。然而，在1975年底“批邓、反击右倾翻案风”运动开始后，师生员工的积极性又受到了打击。

1974年，山东大学毕业生合影。

在艰难的条件下，学校先后毕业了5000余名学生。1972年3月，历史系成立考古专业，4月招收了第一届考古专业学生。此后，刘敦愿、蔡凤书、李肇年、李发林、许玉琪、宋百川、马良民、于海广等教师带领学生先后对泗水尹家城遗址、泰安大汶口遗址、日照东海峪遗址、临淄齐国故城遗址进行发掘工作，为山东省考古事业的跨越式发展及山东大学在日后成为中国考古的前沿重镇奠定了基础。

刘敦愿师生外出工作时合影

《文史哲》停刊后于1973年初夏复刊，暂定为季刊，在吴富恒、刘光裕等人的精心谋划下，1973年10月出了“复刊号”，当期征订数高达70多万份，但因纸张紧张等原因，只印了20万份，致使出现了清退预定款的窘境。

1973年《文史哲》复刊号书影

据有关部门统计，学校教师克服各种困难，在大偶数理论、气象统计预报、地下水计算、船体数学放样、ADP晶片、DKDP晶体生长、0.1微伏数字电压表、硫化铅光敏电阻、高能离子注入机、高强度抗撕裂有机硅橡胶、轻油加压水蒸汽转化制氢催化剂、用微生物分解磷矿粉、纤维蛋白饲料、钻井用泥浆处理剂及配方、稠油降黏、超高性能干电池复合隔膜、数字指重表、火车轴温测试仪、五公分锗平面隧道二级管、三公分微带环行器、压电送受话器配料、JL-4计算机、DJL-1计算机、低频滤波器等研究和研制方面均取得了重要成果，为我国的工业、农业、国防等建设作出了很大贡献。

1964年，蒋民华课题组培养的ADP单晶体获国家工业新产品二等奖。

1972 年，山东大学成功研制 DJL-1 计算机，其综合性能排全国第三位。

山东大学中文系迁址曲阜后，关德栋在中文大队，他爱人随生物系去了泰安山东农学院，孩子则上山下乡不在身边，于是他住进了单身教职工宿舍。据舍友黄清源回忆，关先生生活十分俭朴，床上铺的是大布袋，身上盖的是打补丁的薄被，冬天用报纸挡挡风，很冷时再盖上雨衣。他把所有心思都用在学术和满文上，对生活几乎没有要求。他足不出户，成年累月地用烟盒纸做卡片，积累着一条条满文词汇。关先生常说，连德国都有德满词典，中国却没有汉满词典。他下决心编一部汉满词典，以弥补这一缺憾。教师们都称他是“发誓要坐烂几把椅子的人”。这就是山大精神基因的生动表现。这种流淌在山大人血脉中的精神基因一代代传承着，感染、激励着每位山大人。高晨阳在病床头上课的情景，张颖清深夜钻研而不熄的灯光，赵明义“站着干，死了算”的豪情，马来平“小车不倒只管推”的壮语，周向军风雨无阻蹬着自行车上课的敬业，费利群坐着马扎在小树林刻苦学习的执着等，都精彩地诠释了山大精神。

第七篇 恢复与振兴

随着改革开放和科学春天的到来，山东大学迎来了发展和振兴的机遇。1977年，随着全国恢复高考，山东大学重新开始正常招生。

这一时期，山东大学敢为人先，率先召开了文科理论讨论会，近千名知识分子重新聚在一起展开学术争鸣，明辨是非，理清思绪再出发。在拨乱反正中，学校通过落实政策，调动师生员工的积极性，使教学、科研、管理等工作很快走上正轨，山东大学重新恢复了活力，迎来了快速发展的新时期。从本科到博士的培养体系逐步形成，文史和理科的研究机构快速恢复，社会科学领域新系所不断建立，国内外学术交流活跃，学校进入“211工程”建设行列。学校在基础研究领域取得突破的同时，适应经济社会发展的需要，加强应用研究，取得丰硕成果，全校呈现出蒸蒸日上的良好势头。

从全国科技大会上获奖的振奋到威海异地办学的开先，从影响广泛的“双心”活动到教室里学子孜孜不倦的求学，从小树林“英语角”的互动交流到讲坛上教师的意气风发，山东大学沐浴着科学的春风，在改革开放的大潮中开拓创新，奋发有为的形象跃然纸上。

◎恢复高考

学校在“文化大革命”中遭到巨大的冲击，教育领域的拨乱反正成为人民群众、知识分子和广大学子的强烈要求。

1977 年 8 月 4 日至 8 日，刚复出工作的邓小平主持召开了科学和教育工作座谈会。在充分听取教育工作者和科学家的意见后，表示当年就要下决心恢复高考招生制度。在邓小平的推动下，教育部在北京召开了全国高校招生工作会议，通过了《关于一九七七年高等学校招生工作的意见》。10 月 5 日，中央政治局讨论并通过了这一意见。10 月 12 日，国务院批转了这一意见和《关于高等学校招收研究生的意见》，正式决定从当年起恢复高考，采取“自愿报名、统一考试、择优录取”的办法。自此，中断了 11 年的高考招生制度重新恢复。

以上两份意见如同一声响雷，迎来了教育界拨乱反正的春天。被“文化大革命”耽误的广大学子异常兴奋，他们带着希望走进考场。全国约有 570 多万名年龄参差不齐的青年参加了考试，各大专院校共择优录取了 27.3 万名学生。1978 年 2 月，1977 级大学生意气风发地走进了大学校园。他们十分珍惜通过公平竞争获得的接受高等教育的机会，学习刻苦，积极上进，社会上重新出现了学习科学文化知识的热潮，尊重知识、尊重人才蔚然成风。

考生步入考场

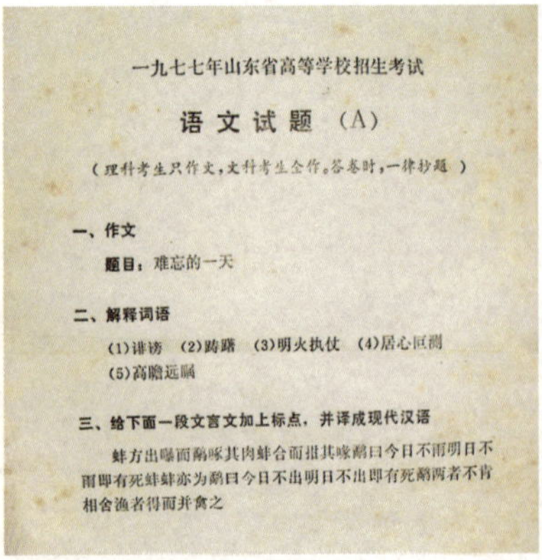

一九七七年山东省高等学校招生考试

语文试题 （A）

（理科考生只作文，文科考生全作。答卷时，一律抄题）

一、作文

题目：难忘的一天

二、解释词语

（1）诽谤 （2）踌躇 （3）明火执仗 （4）居心叵测
（5）高瞻远瞩

三、给下面一段文言文加上标点，并译成现代汉语

蚌方出曝而鹬啄其肉蚌合而拑其喙鹬曰今日不雨明日不雨即有死蚌蚌亦为鹬曰今日不出明日不出即有死鹬两者不肯相舍渔者得而并禽之

山东省 1977 年高考语文试题（A）

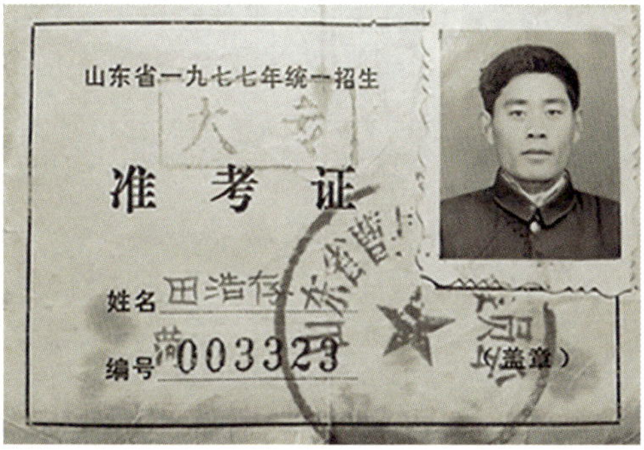

田浩存 1977 年的高考准考证

山东大学历史系 1977 级毕业主题班会

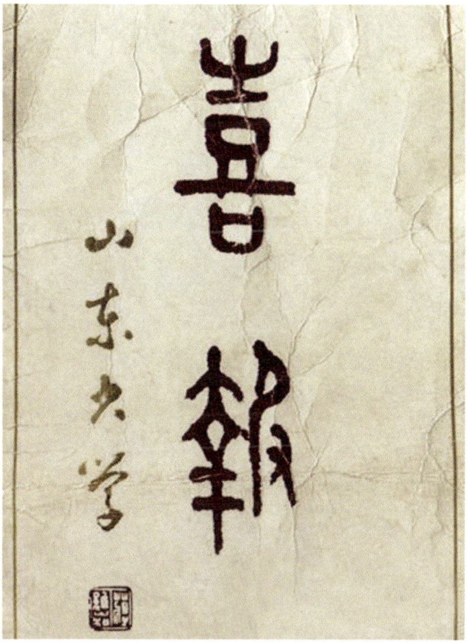

1988 年山东大学发给田霖一家的录取喜报

1977 年 12 月 9 日，已中学毕业 12 年的 29 岁的中学教师田浩存在家人、同事和学生的支持鼓励下，带着这张准考证和妻子准备好的干粮，骑着自行车到离家 10 公里远的曹县第八中学考场参加高考，当年的语文作文题目是《难忘的一天》，他作文的开头是：“一九七六年十月六日，是我终生难忘的一天。”田浩存最终以菏泽地区文科最高分被山大历史系录取。读小学一年级的儿子田霖首先从广播喇叭中听到了爸爸被录取的消息。等在教室门口的中学校长把山东大学的录取通知书交给刚下课的田浩存时，高兴地喊道：“考上山东大学，你是咱公社的第一个。”田浩存的学生全跑过来，都想看一看老师的录取通知书。10 年后的 1988 年，田浩存的儿子田霖又以曹县文科状元的成绩被山大法律系录取。而田霖的姑姑田浩梅在合校后也成了山大校友。

山东大学哲学系 1977 级毕业留念

◎组建领导班子

■ “文化大革命”结束后，根据党中央重新确立的组织路线，对学校领导班子进行了调整和充实。1978年2月，中共山东省委决定孙汉卿同志任中共山东大学党委书记，吴富恒同志任中共山东大学党委副书记、革委会主任，李镇同志任山东大学革委会副主任。1978年8月，山东大学复归教育部直接领导。1979年12月，党中央批准孙汉卿同志任中共山东大学党委书记，吴富恒同志任山东大学校长、党委副书记，云光同志任中共山东大学党委副书记、副校长，戈平同志任中共山东大学党委副书记，徐迅、邓从豪、王祖农同志任山东大学副校长，程世忠同志任中共山东大学党委副书记，房金堂、魏伊明同志任山东大学顾问。

孙汉卿书记在讲话

吴富恒校长在讲话

1981年4月20日，中国教育工会山东大学第十二次代表大会召开，选举戈平同志兼任工会主席。1984年11月29日，山东大学首届教职工代表大会召开。这届校领导班子任期届满后，经民意测验、多方酝酿，并报中央同意，教育部党组于1984年6月19日发出通知：邓从豪同志任山东大学校长，戈平同志任中共山东大学党委副书记（主持党委工作），乔幼梅同志任中共山东大学党委副书记，潘承洞、杨孔章同志任山东大学副校长（任期四年），陈之安同志任山东大学副校长，陈力行同志任山东大学副校长（任期四年），吴富恒同志任山东大学顾问。不久，徐豫龙同志调来学校任党委副书记。1986年1月11日，中共山东大学第九次代表大会召开，选举徐豫龙同志为党委书记，乔幼梅同志为党委副书记，刘清前同志为党委副书记兼纪律检查委员会书记。学校实行党委领导下的校长负责制。

1983 年 9 月成仿吾回校合影留念

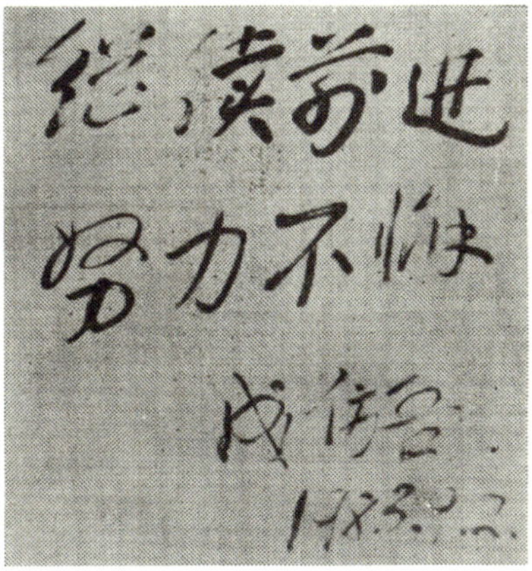

成仿吾题词

成仿吾和夫人张琳在吴富恒、孙汉卿等人的陪同下视察新校

1983 年 9 月，老校友、前校长成仿吾同志重返山东大学看望师生，对学校发展寄予厚望。他为学校题词：“继续前进，努力不懈。”他还以泰山打比方，鼓励大家：“泰山是高大的，我们的学校也要像泰山那样高大（质量高，成绩大）。希望山东大学的同志们向着这个大目标前进。”

1985 年 2 月 2 日成立山东大学校务委员会，邓从豪任主任，徐豫龙、潘承洞任副主任，吴富恒任顾问。

邓从豪校长在讲话

徐豫龙同志在中共山东大学第九次代表大会上致开幕词

潘承洞校长在讲话

陈之安书记在讲话

1999 年元旦曾繁仁校长向全校师生致新年祝福

张乐岭书记在讲话

1986 年年底，潘承洞被任命为山东大学校长。1988 年，陈之安任山东大学党委书记。1991 年 1 月 31 日，中共山东大学第十次代表大会召开，选举陈之安为党委书记，刘清前、张乐岭、徐广生为党委副书记。1995 年 6 月 15 日，国家教委发布校领导班子调整文件，曾繁仁任山东大学党委书记。1998 年 3 月 16 日，国家教委副主任、党组成员周远清代表国家教委在全校干部会议上宣布，张乐岭任山东大学党委书记，曾繁仁任山东大学校长。

◎文科理论讨论会

1978 年 10 月 21 ～ 30 日，山东大学以巨大的学术担当和勇气，在全国范围内率先召开了以“实践是检验真理的唯一标准”为主要议题的文科理论讨论会，为进一步解放思想、探索真理、活跃学术添薪助力。在济南军区招待所礼堂拉开帷幕的文科理论讨论会共吸引了 20 个省、市的 50 余所高等院校和山东省委省政府以及相关部门代表，共千余人出席开幕式。与会代表积极认真贯彻落实“百花齐放，百家争鸣”的方针，本着“不划框子，不定调子，不戴帽子”的高度负责的科研原则，采用大、中、小三类会议相结合的方式，对实践标准与理论指导之间的辩证统一关系、真理是否具有阶级性的问题、社会主义商品生产的性质、科学社会主义的对象和地位等理论界关注的焦点问题进行了深层次、多维度、全方位的辩论和交流，甚至有部分学者针对诸如“一月风暴”“二月逆流”“五·一六通知”等理论研究“禁区”勇敢地表达了自己的学术见解和思考。在这种追求思想解放和宽松活泼的讨论氛围中，各位与会代表各抒己见，形成了一批前沿性、高质量的学术成果，有效助推了社会科学研究的恢复和繁荣，成为山东大学发展史上具有深远意义的学术盛会，也进一步提高了山东大学的学术影响力和知名度。

文科理论讨论会开幕式

吴富恒校长在开幕式上发表讲话

人民日报社理论部主任何匡讲话

科学社会主义组讨论交流

政治经济学组讨论交流

历史组讨论交流

哲学组讨论交流

中文组讨论交流

百字令
山东大学一九七八年文科理论讨论会赞

上海古籍出版社社长　李俊民

济南佳胜，
新描画——
一派湖光山色。
齐鲁青青青未了，
喜煞人才辈出。
珠落泉涌，
金声玉振，
多士真如栉，
千秋功业，
而今一室争说。

犹忆鬼蜮当年，
齐喑万马。
芳径成砂碛。
遍地禁区碰不得，
到处牢笼深设。
普庆昭甦，
三春再见，
群丑灰烟灭。
长征迈步，
重关于此飞越！

诗二首

周振甫

文科盛会百方来，
扫荡阴霾玉宇开。
辟伪崇真听宏论，
禁区轰破仰群才。

试看实践如神箭，
一发能令荆棘开。
实事辨明真理出，
天惊石破震灵台。

周振甫（中）等人在讨论

文科理论讨论会后，学校热情地邀请与会校友们参加座谈会。

◎拨乱反正

■ 针对“文化大革命”遗留的问题，学校根据中共中央的部署，落实政策，平反冤假错案，给“右派”分子摘掉帽子，对在“文化大革命”中蒙受不白之冤的同志进行平反，恢复其名誉和工作待遇，消除不良影响。学校还为在十年浩劫中被迫害致死的王普教授、陈云章教授、陈倬讲师等人开了追悼会，以寄托哀思，挽回影响。中共山东省委为华岗同志举行了追悼大会，党和国家领导人送了花圈。

从理论上深入批判“四人帮”大会

1980 年 7 月 5 日，华岗同志平反昭雪追悼大会在济南市英雄山革命烈士陵园礼堂隆重举行。

根据中共中央落实知识分子的政策，按照上级要求，山东大学主动作为，推动职务晋升，调整工资，提高待遇，解决夫妻两地分居、分配住房和改善居住环境以及解决知识分子入党难的问题，创造良好的教学科研条件，解决好教职工及其子女的学习、生活、医疗、就业问题，以实际行动为教师分忧解难，极大地调动了广大教职工的工作积极性。

1980 年 12 月 4 日，召集校、系两级学生干部开会，听取他们对教学工作的意见和建议。

1981 年 11 月 26 日，校学术委员会召开全体会议，研究讨论生产、总务等部门业务人员的职称问题。

1982 年 1 月，中共中央发出《关于检查一次知识分子工作的通知》。图为 1982 年 5 月孙汉卿同志参加学校全面检查落实知识分子政策的会议场面。

◎党政工作恢复和健全

党的十一届三中全会决定把全党的工作重点转移到社会主义现代化建设上来。学校认真贯彻党的十一届三中全会精神，从思想上充分认识了这种转变，在工作中把重点转移到教学和科研上来，积极做好各项工作。党的十一届三中全会以来，在马列主义、毛泽东思想、邓小平理论、“三个代表”重要思想的指导下，在教育部、山东省委省政府的正确领导和关怀下，学校坚持解放思想、实事求是的思想路线，在党的建设方面取得了显著成绩：健全了民主集中制，坚持了党的群众路线，加强了学校各级领导班子建设，巩固了基层党组织建设，党员规模持续扩大。

1981年，潘承洞同志光荣地加入中国共产党。

1983年2月，现代著名诗人高兰教授申请加入中国共产党。这是他在党支部大会上宣读入党申请书。

1984年，公共外语教研室的党员们热烈欢迎金诗伯教授入党。

1985年初，数学系主任、数学家郭大钧教授光荣加入中国共产党。图为郭大钧同志在数学系党支部大会上宣读入党申请书的场景。

1991 年 1 月 31 日，中共山东大学第十次代表大会隆重召开。

学校各院系重视加强党的基层组织建设。图为 1991 年历史系中国近现代史党支部开展组织生活会。

1991 年 6 月 29 日，学校隆重举行庆祝中国共产党成立 70 周年大会，1500 多人参加会议。

1996 年 12 月 26 日，中共山东大学第十一次代表大会在科学会堂开幕。

1999 年 4 月 14 日，学校召开了全校领导班子、领导干部“三讲”教育动员大会。曾繁仁校长主持会议，张乐岭书记作动员报告，巡视组副组长王建国出席并讲话。

1984年2月29日上午，中共山东省委书记苏毅然等省市领导来校视察，并与师生一起参加了文明礼貌月公益活动。这是领导听取汇报后在讲话。

1984年3月16日下午，中共山东省委副书记陆懋曾等领导来到山东大学进行调研，讨论山大建设和发展问题。

1985年11月22日，中共山东省委副书记、省长李昌安来校给学生们宣讲形势，解答问题。

著名数学家华罗庚来校访问

1988年5月28日，全国政协副主席、民盟中央副主席、著名科学家钱伟长教授来校与部分专家学者进行了座谈。这是徐豫龙、潘承洞与钱伟长同志在亲切交谈。

1989年12月20日，国家教委主任李铁映、国务院办公厅副秘书长李昌安等领导在中共山东省委书记姜春云、省长赵志浩等领导和校长潘承洞、书记陈之安等人的陪同下视察山东大学。

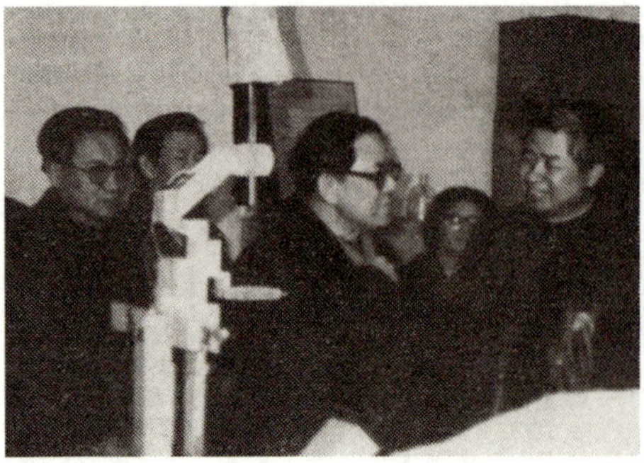

1990 年 2 月 3 日，国务委员兼国家科委主任宋健一行 8 人在赵志浩、高昌礼等省领导陪同下来校晶体所视察。

1990 年 7 月 23 日，香港著名实业家、知名爱国人士邵逸夫一行 25 人来山东大学访问。这是潘承洞校长、陈之安书记等校领导在陪同邵逸夫先生参观学校建设规划沙盘。

1994 年 2 月 22 日，国家教委主任朱开轩在山东省领导陪同下在山东大学会见了山东省部分高校负责人并作了重要讲话。

1994 年 5 月 6 日，中共山东省委副书记、省长赵志浩等一行来学校看望师生员工，还与校领导就山东省如何与国家教委共建山东大学、进军“211 工程”等问题交流了意见。

1995 年 4 月 17 日，中共山东省委副书记、省长李春亭来校视察工作，讨论了共建山东大学、进入“211 工程”以及当前高校改革等问题。

统战工作

1979 年 9 月 21 日，山东大学民盟、九三学社召开恢复基层组织全体成员会议。这次会议是落实中央统一战线政策的成果。

为加强民主党派的统一战线工作，学校党委在 1981 年 6 月发出了《关于推动我校各民主党派进一步开展活动的意见》，让民主党派大胆独立地开展工作，更好地发挥他们的作用。1981 年 12 月 3 日，校党委邀请各民主党派和无党派人士召开了民主协商会，与各部、处、室负责同志一起就如何办好山东大学进行了深入商讨和研究。

团体活动

1982 年 11 月 13 日，校团委号召全校团员青年向张海迪学习。图为“模范共青团员”张海迪同志在济南郊区体育馆向山大和山东轻工业学院的师生作报告的情景。

1983 年 4 月 2 日，校党委学生工作部、团委联合召开了“学习张海迪同学座谈会”，交流了学习活动情况，介绍了学习中涌现的好人好事，讨论部署了深入开展学习活动的工作。

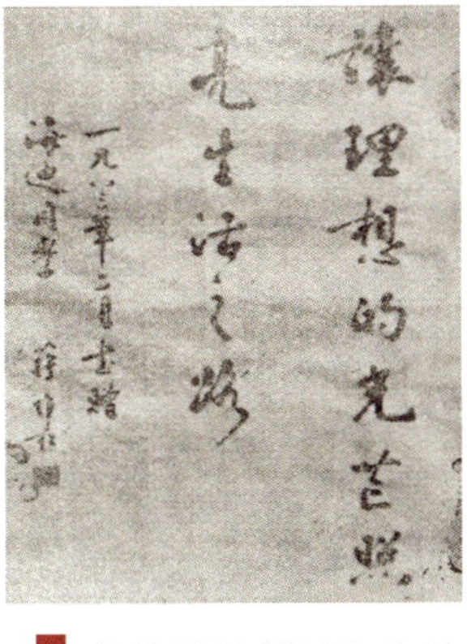

蒋维崧教授给张海迪的题词

1984 年 12 月 28 日，共青团山东大学第十一届代表大会在老校大礼堂召开。

1984 年 11 月 29 日至 12 月 17 日，山东大学召开首届教职工代表大会。

1988 年 9 月，学校召开教师节座谈会。

1985 年 5 月 23 日下午，共青团中央、中国人民解放军总政治部联合组织的“保边疆、献青春”演讲团，在老校操场举行了演讲。

1987 年 5 月 24 日，共青团山东大学第十二届代表大会在新校科学会堂胜利召开，大会选举产生了共青团山大第十二届委员会。

1995 年 9 月 26 日，团委在科学会堂举行“山东大学 1995 年成人仪式”，500 多名青年在红旗下宣誓。

山东大学工会合唱队合影（在 1990 年全国群众歌咏比赛中，该合唱队获优胜奖）

1994 年 8 月 19 日，山东大学威海分校召开了首届教职工代表大会暨首届工会会员代表大会。

1996 年 10 月 26 日，山东大学第 27 次学生代表大会、第 9 次研究生代表大会在科学会堂举行，学校领导、各有关部门、各院系党委负责人参加了大会。

山东大学第五届教职工暨第十七届工会会员代表大会

1984 年，一多诗社举办庆祝国庆 35 周年诗歌朗诵大会，师生在台上朗诵。

1987 年，山大文协成员交流讨论。

1998 年 12 月 10 日，山东大学法学社举办模拟法庭庭审。

1999 年，山东大学京剧社成立 20 周年联欢晚会场面。

◎思想政治工作

在思想政治工作方面，学校党委从培养合格的社会主义建设者和接班人的根本任务出发，紧跟党中央和国务院的决策部署，坚决落实党的方针政策，不断加强思想教育和政治理论学习，思想政治工作取得了显著成就。1985 年，在团中央召开的思想政治工作会议上，山东大学团委被授予“青年思想政治工作先进集体”。1993 年，学校荣获山东省“党的建设和思想组织工作先进高度学校”称号，1995 年被山东省授予“德育工作先进高校”称号。

1981 年 3 月 26 日，校党委宣传部召开了专门研究学校宣传教育工作的会议。

1982 年 9 月 20 日下午，校党委举办科级以上党员干部报告会，学习宣传贯彻十二大精神。图为中共十二大代表孙汉卿同志在党员干部会议上传达报告精神。

1983 年 3 月 14 日，纪念马克思逝世 100 周年报告会在老校大礼堂隆重举行。

1983 年 3 月 29 日，学校召开学习马列著作座谈会，学生、职工学习马列主义小组及政治教师和各单位负责人等参加座谈会。

1984 年 3 月 17 日，学校召开由全校各系学生代表参加的学习华山抢险战斗集体先进事迹的座谈会。

1985 年 11 月 29 日，山大举办纪念一二·九运动五十周年报告会，来自中国社会科学院近代史研究所山大校友孙思白教授为学校中层干部作报告。

1987 年 11 月 20 日至 23 日，学校为深入学习十三大文件，召开了社会主义初级阶段理论讨论会。图为在新校科学会堂召开大会的会场。

为切实提高干部、教师的马克思主义理论水平，学校第一期中层干部、教师读书班于 1990 年 3 月 12 日正式开学。图为陈之安书记在讲党课。

1990年5月，吴富恒教授与外语系师生一起学习江泽民“五四讲话”。

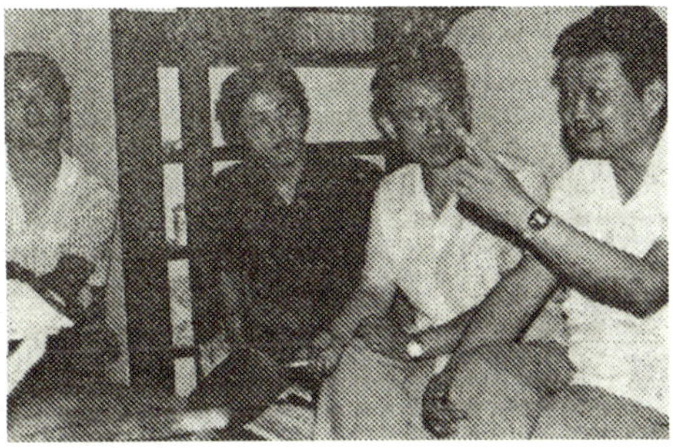

1990年，学校各院系进一步加强了对学生的思想政治教育。图为数学系主任袁益让同志和支部书记刘绍刚同志在学生宿舍与同学谈心，进行思想政治教育。

1990年6月1日，数学系王世墉老师带病与研究生进行交谈，并对学生进行了一次爱国主义教育。

为进一步加强山东大学党的建设和思想政治工作，学校于1991年5月聘请了25位思想政治工作顾问。

1993年11月10日，山大首期中层干部《邓小平文选》(第三卷)读书班在图书馆一楼举行开学典礼，校领导及有关部门负责同志出席了会议。

1994 年《爱国主义教育实施纲要》颁布后，学校组织开展了关于纲要的座谈会。图为学生们正在谈学习纲要的体会。

1995 年 6 月 30 日，机关总支组织校机关干部到省博物馆参观孔繁森同志事迹展览。

1997 年 9 月 12 日，中国共产党第十五次全国代表大会召开，全校师生在学校几十个收看点观看了十五大的开幕盛况。

党的十五大胜利召开后，在全校师生中掀起了学习“十五大”文件的热潮。图为山大文学院学生在宿舍内争相阅读载有“十五大”消息的报纸。

1996 年 1 月 26 日，山东大学在邵逸夫科学馆报告厅举行学习邓小平建设有中国特色社会主义理论交流会。校党委书记曾繁仁同志在会上强调要进一步提高理论学习的自觉性。

为加强干部队伍思想政治建设，学校于 1996 年 4 月 23 日举办了党政主要负责人学习班，深入学习江泽民总书记关于“领导干部一定要讲政治”的重要讲话，重温了邓小平同志的“到什么时候都得讲政治”等有关重要论述。

1998 年 10 月 21 日下午，学校在科学会堂隆重举行弘扬抗洪精神报告会。

山东大学一直重视马克思主义理论的学习工作。图为 1998 年哲学系中国哲学专业师生正在结合本专业实际，认真学习邓小平理论。

1999 年 12 月 24 日，学工部举行了“山东大学学生学习邓小平理论研讨会暨‘我与改革开放同行’征文颁奖仪式”，获奖的 13 位同学围绕学习邓小平理论的体会作了发言。

2000 年 5 月 22 日，校党委中心学习组成员在第六会议室认真学习了江泽民关于“三个代表”的讲话精神。

◎“双心”活动

■ 对越自卫反击战期间，1985 年 2 月 3 日，山大生物系八四级郭琳、吴平英、刘红、蔡雪梅、孙杰、舒东、何彩姑、许梅 8 位女同学出于对前线战士的崇敬与热爱之情，连夜精心绣制了象征胜利的锦旗，同时连带着写的信件，一起寄给了云南老山前线的战士，以表达“战士在我心中”之意。前线部队反响强烈，以“祖国在我心中”作为积极回应。学校党团组织充分利用这一典型，在全校发起“战士在我心中”的爱国主义教育活动，引导师生树立正确的人生观、价值观、苦乐观和纪律意识。这一活动在国内引发了重大影响，获得一致好评与认可，掀起了在当时被称为军地“双心”的共建活动。“双心”活动充分展现了我校师生浓厚的爱国热情与高度的社会责任感。

生物系 1984 级 8 位女同学在绣制“战士在我心中”锦旗

生物系 1984 级 8 位女同学在阅读前线战士的来信

前线部队向学校回赠“心心相连”牌匾

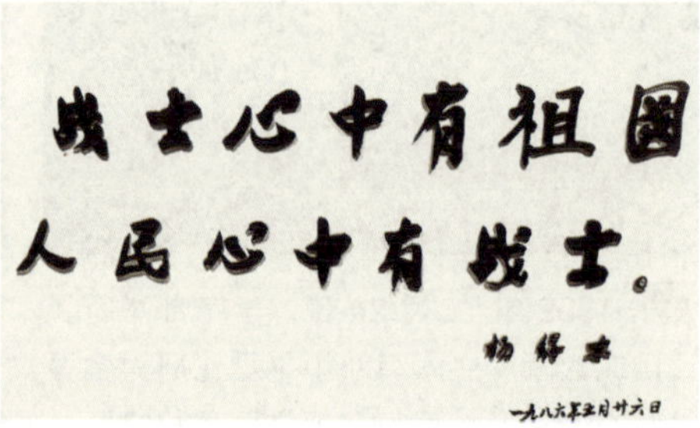

杨得志题字——“战士心中有祖国，人民心中有战士”

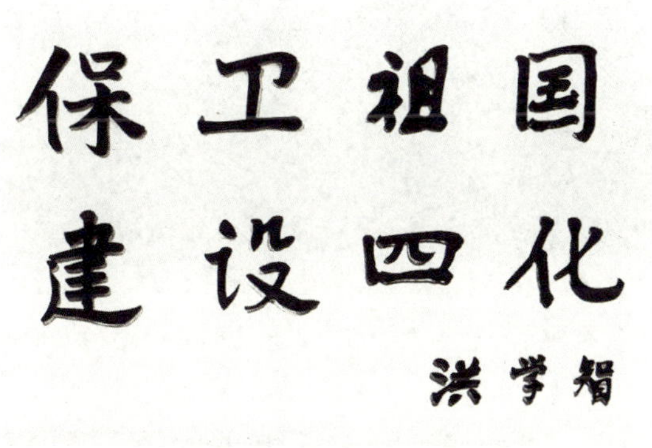

洪学智题字——“保卫祖国，建设四化”

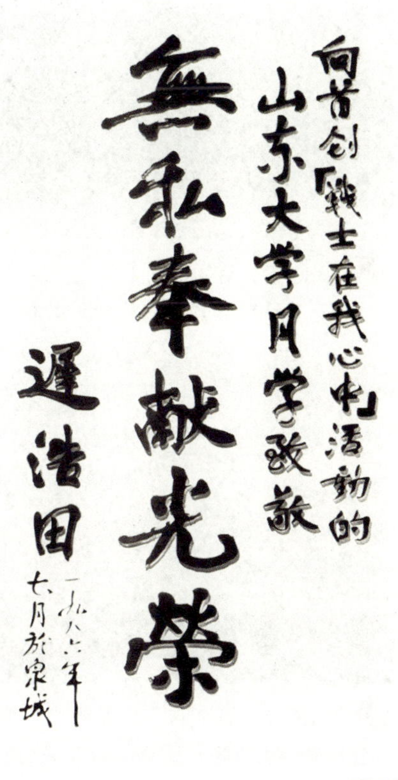

科社系 1981 级团支部在研究如何开展“战士在我心中”活动

迟浩田题字——“无私奉献光荣”

1985 年 11 月，学校学生把礼物献给“最可爱的人”。

战士们与生物系的 8 位女同学畅谈

1986 年 2 月，中共山东省委、山东省政府领导在省委大院接见山东大学慰问团和山东省大学生艺术团的部分同志并合影留念。

1986 年 3 月 7 日，山东大学 12000 名师生云集老校大操场，认真听取赴老山慰问团同志的汇报。

山东大学赴老山前线慰问团和省大学生艺术团于 1986 年 1 月 25 日从济南启程，对前线将士进行了 12 天的慰问活动。这是前线战士和学校 8 名女大学生手拿共同书写的“春节好”大型条幅在老山山巅向全国人民拜年。

“双心”活动的宣传现场

◎文明礼貌月

■ 改革开放后，山东大学坚持开展“学雷锋，创三好”“学雷锋，树新风”“五讲四美三热爱”“文明礼貌月”等精神文明建设活动，取得了显著效果，学校师生的精神面貌更加积极向上，校园环境更加清洁美丽，公共场合更加文明有序。

1982 年 3 月 5 日，学校开展“全民文明礼貌月”活动动员大会。

1981 年，在“学雷锋，树新风，建设文明礼貌之校”活动中，中文系 1978 级徐海斌等同学，主动到餐厅打扫卫生。

1982 年，在“全民文明礼貌月”活动中，吴富恒校长同机关干部在打扫街道。

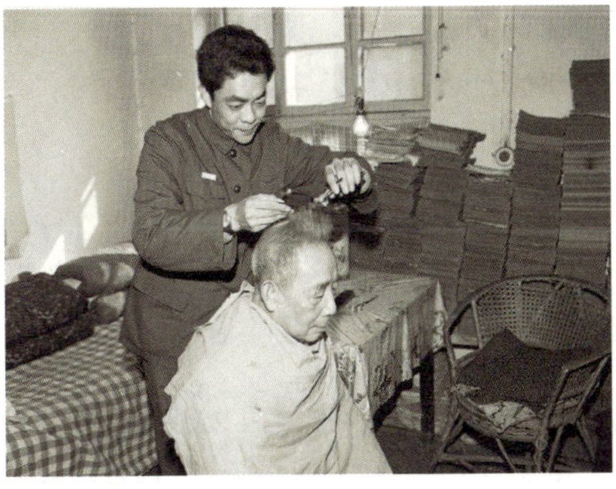

1983 年，在“全民文明礼貌月”活动中，学生在给老教授理发。

1984 年，在“全民文明礼貌月”活动中，同学们正在为群众修理收音机。

1990 年，在“学雷锋精神，做四有新人”活动中，社会学系同学帮忙解答社会家庭等方面的问题。

在 1995 年 3 月 5 日开展的“学雷锋志愿者奉献日”活动中，法学院的同学在提供咨询服务。

1996 年 4 月 3 日，学校在科学会堂召开校园文明建设大会并传达“两会”精神，校领导对大学生参与校园文明建设作了动员。

1997 年 9 月 2 日，学校 400 余名学生参加“讲文明，树新风”活动签名仪式。

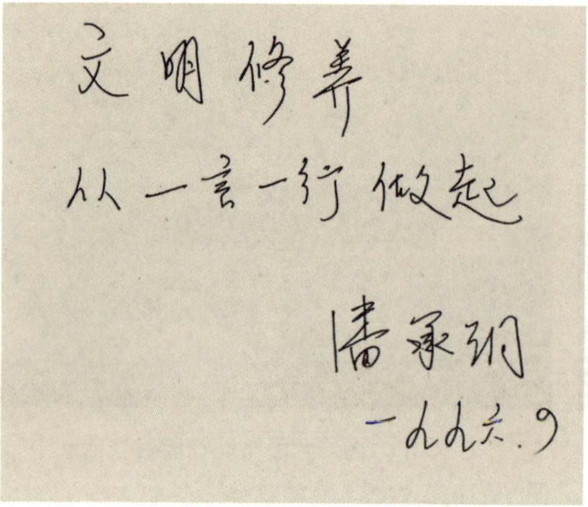

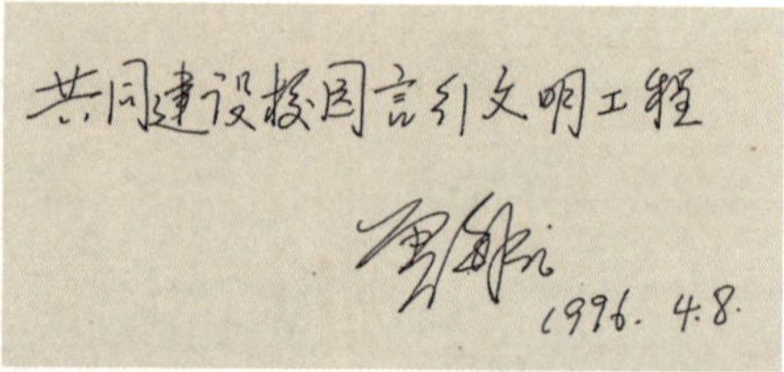

为进一步搞好校园文明建设，1996 年 4 月中旬学校全面启动“校园言行文明工程”，校长潘承洞和党委书记曾繁仁分别题词鼓励。

◎威海分校

20世纪80年代初，在国家教委和国家计委提出要加快高等教育发展以与经济社会发展相适应的要求下，山东大学开始了对于自身发展出路的新考量。在深思熟虑后，学校领导提出了要在山东沿海选择一个经济较发达的城市建立分校以谋求可持续发展的想法。这一时期的威海是我国14个沿海开放城市之一，而且当地政府也有寻找名牌大学共建高等学府以加快自身发展的想法，这与山东大学的规划和想法一拍即合，所以建设山东大学威海分校的工作进展得十分顺利。

1984年9月，潘承洞副校长、教育部基建局局长王尽仁及学校的其他领导先后赴威海进行了选址考察，最终将威海市玛珈山南麓定为山东大学威海分校的校址。此后，教育部领导还到威海校区进行了参观视察，并且对这种学校与地方联合办校的模式给予充分肯定。11月1日，邓从豪校长与威海市市长李同轩签署了《关于建立山东大学威海分校的协议书》，并对办学宗旨、规模、专业设置、学制、人员编制及教职工来源、招生与分配、校址、双方责任与义务等作出了详细的规定和说明。11月16日，教育部下发了（84）教基字333号文件《关于建立山东大学威海分校的批复》，同意山东大学与威海市人民政府在威海联合建立山东大学威海分校。1987年，山东大学威海分校迎来了第一批学生，从最开始满是荒原和农田的玛珈山，到现在设施现代化、充满生机活力的校园，这当中倾注了无数山大人的心血。山东大学威海分校的诞生开创了国内高校异地办学的先河。

1984年11月1日，山东大学与威海市政府签订《关于建立山东大学威海分校的协议书》。

1987年9月28日，威海分校建成并正式启用，在新落成的文学楼前隆重举行了首届新生开学典礼。图为领导正在剪彩。

庆祝山东大学威海分校建成并正式启用典礼现场，山东省委、济南军区、山大总校、威海市等领导出席并向威海分校全体师生表示祝贺。

山东大学威海分校坐落于美丽的滨海城市威海的西北郊玛珈山下，现占地1600余亩，是世界上海岸线最长的大学校区之一。校园依山傍海，松林映衬，校舍新颖，风格别致。

威海分校全貌

◎进入“211 工程”

“211 工程”是中国政府面向 21 世纪，重点建设 100 所左右的高等学校和一批重点学科的建设工程。为进一步适应 21 世纪国家经济建设和社会发展对高素质专门人才和高水平科研成果的需求，1991 年全国七届人大四次会议提出，要有重点地办好一批大学，加强一批重点学科的建设。1991 年 12 月，国家教委、国家计委和财政部共同向国务院报送了《关于落实建设好一批重点大学和重点学科的实施方案的报告》。1993 年 2 月，中共中央 、国务院印发的《 中国教育改革和发展纲要 》及国务院《关于 < 中国教育改革和发展纲要 > 的实施意见》指出，要集中中央和地方各方面的力量，分期分批地重点建设 100 所左右的高等学校和一批重点学科 、专业，力争在 21 世纪初有一批高等学校和学科、专业接近或达到国际一流大学的水平。1995 年 11 月，经国务院批准，国家计委、国家教委和财政部联合下发了《 “211 工程” 总体建设规划》，并被列入 “九五” 计划。

1993 年 9 月 10 日，学校领导在工会厅召开会议，通报学校进军 “211 工程” 工作情况，并要求大家团结起来共同努力。

1995 年 6 月 29 日，山东省委、省政府领导来校现场办公，强调全力以赴支持山东大学进入 “211 工程”。图为山东省委书记赵志浩等领导在参观历史系最新考古成果。

1996年1月9日，学校"211工程"部门预审开幕式在邵馆报告厅隆重举行，山东省委书记赵志浩，省委副书记、省长李春亭等领导参加了开幕式。

1996年1月9日至10日，专家组在"211工程"部门预审过程中听取各院系汇报和重点实地考察。

1996年1月11日上午，专家组组长母国光院士宣读了专家组评审意见，山东大学通过"211工程"部门预审。

1997年6月1日，以刘应明教授为组长的七人专家组对山东大学"211工程"建设项目可行性研究报告进行了论证和审核等工作，最后一致同意审核通过。

1998年4月24日，国家计划发展委员会作出正式批复，同意山东大学作为"211工程"项目院校在"九五"期间进行建设。至此，山东大学"211工程"建设进入正式实施阶段。在建设期间，山东大学在教育质量、学科建设、科学研究、管理水平、办学效益等方面均得到明显提高，整体办学水平居于国内重点大学先进行列，为到21世纪初把山东大学建成具有一定国际影响和有中国特色的社会主义大学奠定了坚实的基础。

2000年，教育部专家组来山东大学验收"211工程""九五"期间建设项目。

◎多层次办学体系形成

随着高考的恢复，学校的研究生招生工作也于1978年9月恢复。1979年4月，学校恢复了函授教育。1980年9月，学校又恢复了招收外国留学生的工作。同年开设了干部专修班。随后，又开办了高校干部进修班、脱产电视大学班、夜大及助教进修班等。1981年11月，山东大学经国务院批准成为首批博士、硕士授予权单位，共设立8个博士学位授权点、21个硕士学位授权点。1984年1月、1986年7月，国务院又分别批准了第二批、第三批硕士和博士学位授权专业，学校共新增22个硕士学位授权专业、5个博士学位授权专业。为了做好学位管理工作，经教育部批准，学校于1982年2月5日成立了学位评定委员会，由吴富恒任主席，邓从豪、王祖农、萧涤非、王仲荦、潘承洞任副主席。

1983年，潘承洞教授正在指导博士生于秀源修改论文。于秀源成为我国首批授予学位的18名博士之一。

1981年4月2日下午，校学术委员会召开会议，研究申请学位点工作。

山东省文委、山东省教育厅委托山东大学举办的山东高等学校干部进修班于1982年10月6日正式开班。

1986年5月28日，山东大学科社系举办的“当代世界社会主义问题讲习班”在济南军区第二招待所礼堂开班。

1987年11月19日，校长潘承洞、副校长王忠烈及济宁市市长韩寓群等看望学校济宁大专班的学生并加以勉励。

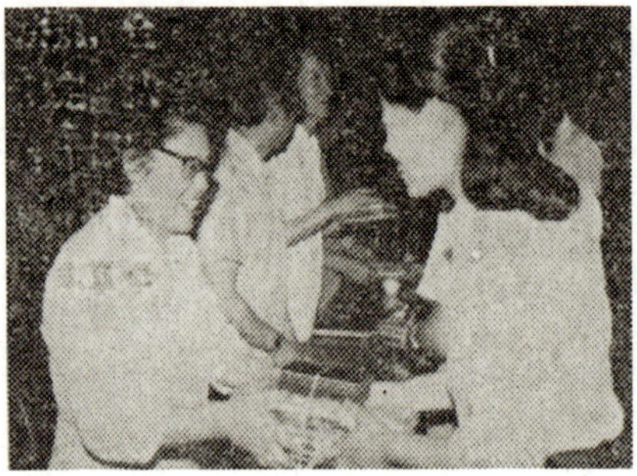

1990 年 5 月 15 日，学校成人教育处为 1987 级夜大毕业生举行了毕业典礼，并颁发毕业证书。

1991 年 3 月 12 日，山东省高校第二期党员教授培训班在学校举行开学典礼。

1997 年 5 月 30 日，学校成立金融高级人才培养基地。

1999 年 10 月 1 日，学校法学院举行首批在职攻读法律硕士专业学位人员开学典礼。

1999 年，学校举行山东大学首届经贸 MBA 开学典礼，并成立山东省经济管理研究基地。

物理系基地班学生在实验室做实验

山东大学硕士学位授权点一览表

时间	专业名称
1981年（21个专业）	文艺学、中国现代文学、中国古代文学、中国文学批评史、现代汉语、汉语史、英语语言文学、中国古代史、专门史(中外关系史、中外交通史)、基础数学、计算数学、运筹学与控制论、高能物理、固体物理、磁学、分析化学、物理化学、高分子化学、植物学、动物学、微生物学
1984年（9个专业）	辩证唯物主义与历史唯物主义、史学理论、中国近代史、专门史(中国经济史)、理论物理、无线电物理和无线电电子学、无机化学、发育生物学、军用光学
1986年（13个专业）	中国哲学史、外国哲学史、政治经济学、外国经济思想史、科学社会主义、国际共产主义运动史、中国古典文献学、考古学、应用数学、半导体物理与半导体器件物理、有机化学、生态学、计算机软件

山东大学博士学位授权点一览表

时间	专业名称	导师
1981年（8个专业）	中国古代文学	萧涤非
	中国古代史	王仲荦
	基础数学	郭大钧　潘承洞
	运筹学与控制论	管梅谷
	高能物理	王承瑞
	磁　学	郭贻诚
	物理化学	邓从豪
	微生物学	王祖农
1986年（5个专业）	文艺学	周来祥
	计算数学	袁益让
	固体物理	蒋民华
	发育生物学	黄　浙
	军用光学	陈继述

山东大学系所组织一览表

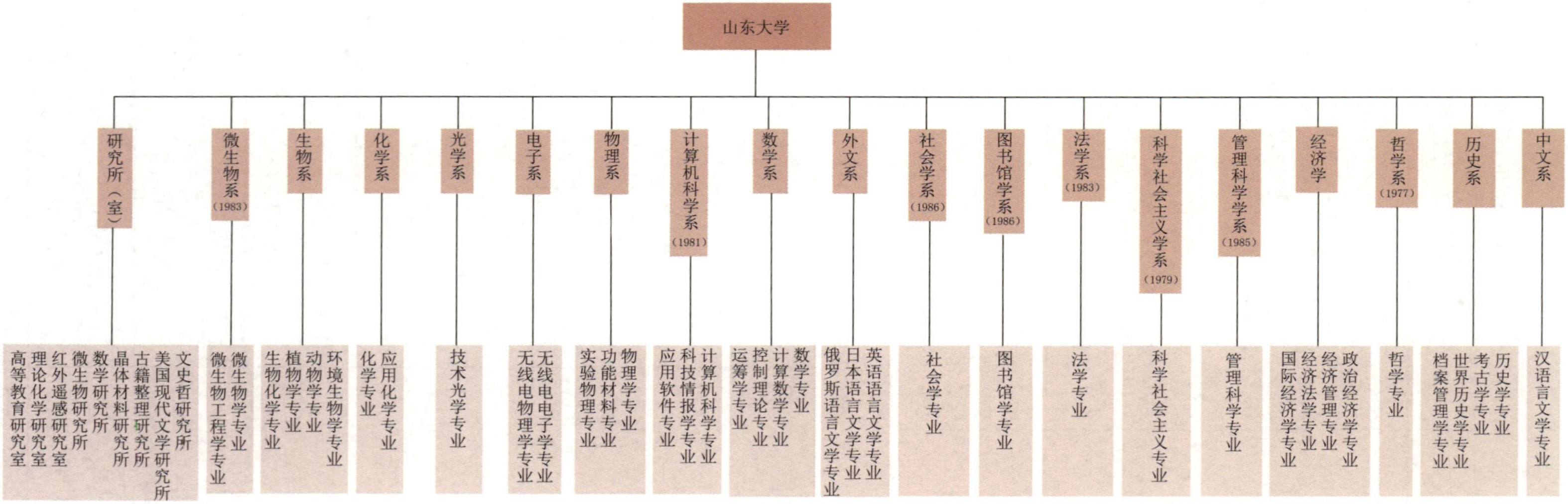

◎恢复教学秩序

1978 年 4 月，我国召开了全国教育工作会议，为高校整顿教学秩序、进行教学改革提供了行动指南。会后，山东大学积极开展教学改革，并颁布了《关于整顿教学秩序的几点意见》《山东大学教师工作量试行办法》《山东大学教师考核试行办法》《山东大学关于加强基础课教学的决定》《山东大学加强师资培养工作的几点做法》等一系列文件，修订了《山东大学学则》《教研室工作条例》《课堂守则》《实验室管理办法》《考试暂行办法》《接受教师进修办法》等一系列规章制度，对整顿教学秩序起到了很大作用。同时，恢复和新建实验室，组织教师编写教材，引进和培训教师，积极开展体育活动，并从 1985 年开始新生军训，教学工作也逐步走上正轨。

◎开学典礼

1981 年 9 月，学校隆重举行 1981 级新生开学典礼。

1986 年 9 月，学校隆重举行 1986 级新生开学典礼。

1990 年 9 月，学校隆重举行 1990 级新生开学典礼。

军训

军训活动是根据教育部关于重点大学的教育计划要求，结合学校的教学安排，对入学新生进行的一次培训。1985年，教育部、劳动人事部、财政部和解放军总参谋部、总政治部、总后勤部将山东大学正式列入高等学校学生军训试点单位。为此，学校专门成立了军事教研室。1985年9月15日，开始对1985级新生进行军训。军训期间，同学们要了解和学习毛泽东的建军思想和建军路线，接受关于我军光荣传统的政治教育和内务、纪律、队列三大条令的训练，以此增强新入校学生的爱国主义精神以及国防意识，培养他们团结互助、严格自律、艰苦奋斗、刻苦耐劳的优秀品质。

1986年8月，科社系军训中教官正在指导学生练习瞄准射击。

1987年10月11日，学校隆重举行军训阅兵仪式，国家教委发来贺电，省市、济南军区党政负责人及学校领导在检阅台上观看了学生军事科目表演。

1987年军训之列队训练

1993 年 9 月 20 日，山东大学 1993 级新生开学暨 1992、1993 级军训阅兵典礼正在进行。

1995 年 9 月 29 日，在老校大操场上举行 1995 级新生开学典礼暨军训阅兵式。

1998 年 9 月，社会学与信息传播学院学生利用军训休息时间为大家表演节目。

教学

1979 年，黄冕堂老师正在认真地备课。

1980 年 12 月 12 日至 14 日，学校留学生赴曲阜、邹县开展实地教学。图为留学生正在聆听董治安老师讲授《论语》中关于颜渊的某些章节。

1982 年 11 月 4 日，张海迪成为我校“名誉学生”。

1983 年 5 月 30 日，程世忠等同志与张海迪一起探讨学习问题。

1990 年 3 月 15 日，黄进老师正在给留学生讲解绘画技艺。

1990 年，学校马列教学部的老师正在给学生上课。

1993 年 11 月，印永嘉教授正在给化学系学生上基础课。

1998 年，威海分校的学生在机房上微机课。

外教正在与学生进行交流

中文系高兰教授与学生探讨诗歌创作方面的问题

潘承洞教授正在指导学生

郭大钧教授正在指导学生

开学第一堂课前，哲学系于惠堂老师与学生亲切交谈。

1999 年，邓小平理论概论教研室的教师正在集体备课。

张健老师在辅导研究生

1986 年 9 月 12 日，学校召开庆祝教师节暨教师聘任大会，1254 名教师接受了聘书。

实验课

1978 年，微生物系王祖农教授正在指导学生做实验。

1998 年，老师正在讲解物理实验课。

学生正在实验室做实验

1985 年，物理系王承瑞教授在指导研究生做实验。

学生在光学实验室做实验

班级活动

1980 年 4 月 7 日，哲学系同学正在开展关于人生观的讨论。

1982 年，中文系 1980 级学生以“高山下的花环”为主题开展学术活动。

学校召开师生座谈会

1989 级数学系学生陈晓华在班级工作交流研讨会上进行工作汇报。

哲学系学生召开讨论会，探讨“九十年代大学生称号意味着什么”问题。

日常自习

学生在新校图书馆阅览室上自习

学生在小树林看书学习

1982 年 3 月，学生在老校图书馆阅览室学习。

学生在草地上讨论问题

中文系课外学习小组在进行学术讨论

学生在自习室学习

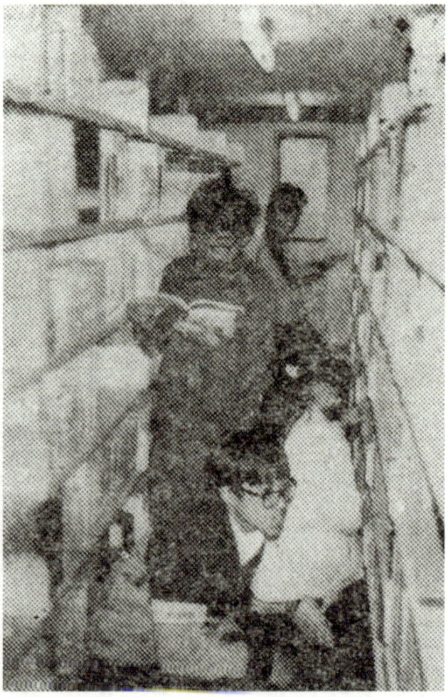

书库开架后学生在书架前找书

学校正在进行期末考试

研究生入学后，学校组织进行思想教育课考试。

保送读研的学生正在参加考试

◎教学管理与改革

1990 年 9 月 23 日至 24 日，学校召开文科研究生培养工作会议。

1990 年 9 月 27 日，学校召开山东大学师资工作会议。

1992 年 2 月 17 日，学校召开全校各行政单位负责人会议，对 1992 年度工作要点进行了部署，讨论如何贯彻国家教委“24 字工作方针”及深化教学改革。

1996 年 9 月 26 日，山东大学召开第二届博士生导师座谈会。

1998 年 10 月 8 日，学校召开山东大学教学工作会议。

1998年10月8日，教育部高教司副司长刘凤秦、省教委副主任齐涛参加山东大学在邵馆报告厅召开的教学工作会议，会议主要研讨了学校的教学改革问题。

1999年1月14日至15日，学校在新校工会厅召开了“1998年度山东大学学生教育与管理工作研讨会”，会议就学生工作评价体系的建设、提高学生的综合素质等议题进行了热烈讨论。

学校举行山东省优秀教学成果表彰大会

1999年3月31日，学校召开山东大学学科建设工作研讨会。

1999年，山东大学召开“国家理科基础科学研究和教学人才培养基地验收评估和中期检查”工作会议。

2000年6月30日，山东大学研究生院成立。

◎体育活动

■ 重视体育工作一直是山东大学的优良传统。1978 年以来，为培养德、智、体全面发展的“四化”建设人才，根据教育部要求，学校规定体育是学生的必修课，要坚持开展体育活动，建立学生健康卡片，定期体检。全校师生对体育活动一直葆有高度的热情，无论是正规的体育比赛、开学时的新生军训还是课余时间自发的身体锻炼，都留下了他们的身影。体育活动大大丰富了学生的校园生活，同时也增强了其体质和毅力，愉悦了其身心，促使其养成良好的生活习惯。不仅如此，学校的运动健儿也踊跃参加国家和省里组织的多项比赛，并取得了优异的成绩，充分展现了山大学子敢于拼搏、努力向上的精神面貌。

1978 年春季，山东大学田径运动大会开幕。

1979 年春季田径运动会上的接力赛跑

1980 年 9 月 17 日，学校举行秋季田径运动会。

1981 年春季田径运动会上，男子十项全能校纪录保持者龙世立在投掷标枪。

1981 年春季田径运动会上，女子五项全能校纪录保持者裘珊正在跳高。

1981 年 11 月，山东大学系际篮球比赛正在进行。

1982 年，山东大学 5 名运动员入选山东省田径代表队，参加中华人民共和国第一届大学生运动会。

1982 年 5 月，校领导接见学校功勋运动员。

1981 年，校领导与在全国重点大专院校田径通讯赛中获得佳绩的运动员合影。

1984年，山大男排在青岛参加山东省高校排球赛。

1985 年学校春季运动会开幕式

1985 年学校春季运动会开幕式中的方队

1985 年学校春季运动会上的接力赛

1993 年校学生会组织的春季拔河比赛

1995 年活跃在校园里的武术队

1997 年 3 月，学校女教工进行拔河比赛。

1998 年 5 月 7 日至 8 日，山东大学威海分校第十一届田径运动会举行。

◎社会实践

■ 学校不仅重视理论知识学习，还十分注重引导学生们将知识运用于实践之中，以不断增强学生们运用知识解决实际问题的能力。为此，学校经常组织学生参加与其专业相关的社会实践活动。例如，“三下乡”活动的开展，让学生通过切身实践深入地了解了民情和国情，同时也响应了党和国家的号召，将科学技术和文化知识带到广大农村地区，既使学生得到锻炼，又激发了他们强烈的社会责任感与担当意识，为国家培养了合格的社会主义接班人。值得一提的是，学校历史系考古专业的同学，在老师的指导下，发掘出不少珍贵的文物，多次取得重大成果，为我国的历史研究和中华传统文化的发展作出了贡献。

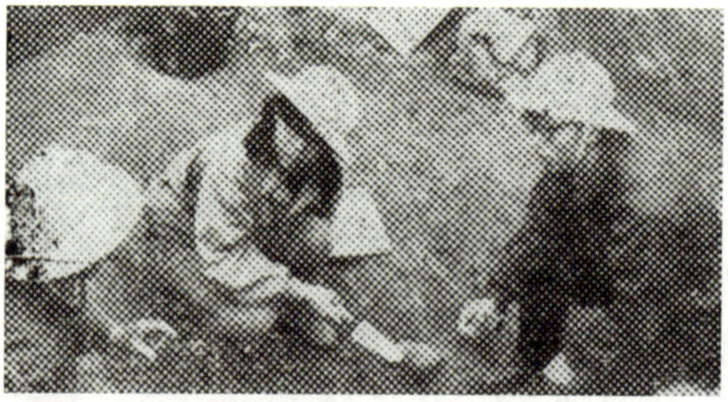

1981 年，历史系 1977 级、1980 级考古专业同学在老师指导下进行考古发掘。

1982 年，学校留学生在郊区人民公社参观时，同社员一起刨地瓜。

1982 年，学校哲学系 1979 级部分学生到鲁西南了解农村生产责任制的情况。

1983 年，“社会实践周”活动期间电子系学生义务为群众修理收音机、电视机。

1987 年，16 名研究生赴临沂，在农村进行社会调查。

1988 年，物理系学生在参加东营市的社会实践活动中，为中学生讲课。

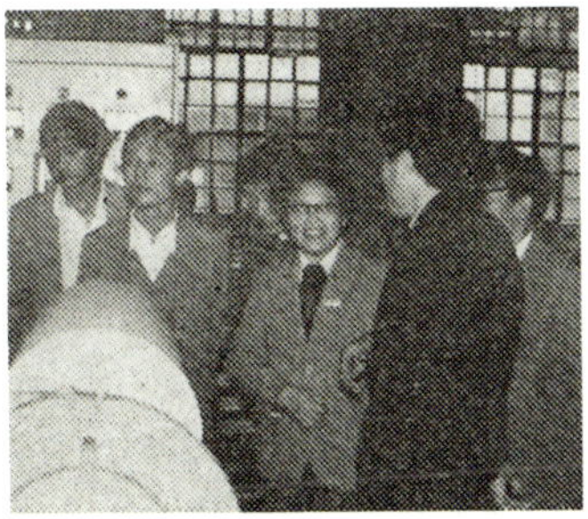

山东大学副校长乔幼梅深入基层了解学校 1989 级文科研究生的实践情况。

1990 年 5 月 20 日至 22 日，为了配合教学内容，学校组织外国专家、留学生赴淄博、青州等地参观考察。

1991 年，光学系同学在沂蒙山区访问红嫂。

1994 年 7 月，学生下乡调查了解农村的教育情况。

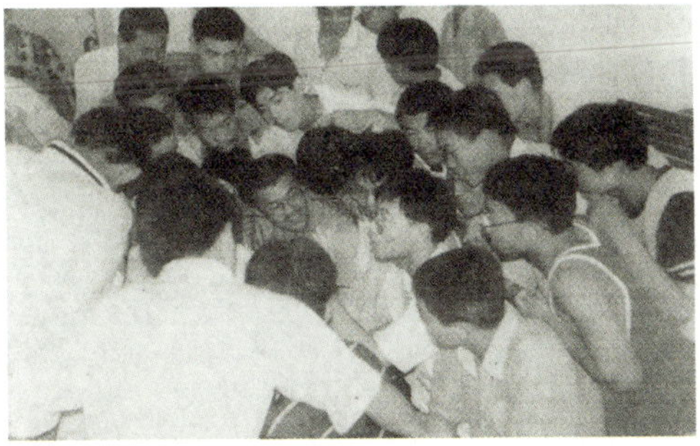

1998 年“大学生科技、文化、卫生三下乡”活动中，生命科学学院 1997 级学生与农村中学生座谈的热烈场面。

1999 年，在暑假“三下乡”活动中，环境工程系学生实地参观黄河防汛工程。

◎文艺活动

■ 与今天丰富的物质条件相比，20 世纪八九十年代的舞台装扮比较简单，学生的穿着也比较朴素，但他们在舞台上尽情地展示自己的才华，朝气蓬勃，自信开朗。一场场文艺晚会、舞会、音乐会、歌唱比赛，既陶冶和美化了学生的心灵，满足了师生的精神文化需求，也极大地促进了校园文化建设。

1979 年，在庆祝五四运动 60 周年的文艺晚会上，化学系女学生正在表演小合唱。

1980 年，山东大学首届音乐会上的歌咏比赛。

1982 年六一儿童节，山大幼儿园的小朋友在合唱《社会主义好》。

1983 年，学校举行迎新年文娱晚会，同学们正在猜谜语。

1984 年中秋赏月会上，新同学放声歌唱。

1985 年纪念一二・九运动 50 周年晚会上，学生在进行舞蹈表演。

1987 年 9 月，学校举办了庆祝第三个教师节和欢迎 1987 级新生的“迎新暨祝贺教师节文艺晚会”。图为历史系教授合唱团在合唱《没有共产党就没有新中国》。

1989 年，法律系学生在本系举办的艺术节上表演节目。

1989 年 5 月 3 日，学校师生在科学会堂举办纪念五四运动 70 周年联欢会。图为由学生组成的时装表演队首次登台亮相。

1990 年，校工会举办首届“女教工青年韵律操和中老年迪斯科”比赛。图为参赛队员正在表演。

1990年五一节期间，学校举办交谊舞会。

1991年5月，山东大学为庆祝建党70周年举办全校合唱比赛。

为庆祝建国45周年，1994年学校组织了歌咏会。

1995年，山东大学夕阳红艺术团在迎新晚会上表演。

1997年5月31日，山东大学第六届学生艺术节文艺汇报暨庆祝香港回归倒计时30天晚会上，山大模特队的同学进行了美轮美奂的时装表演。

为喜迎澳门回归，山大文学院于1999年12月2日举办了驻济高校大学生“卡拉OK”大赛。

◎校庆

1981 年 3 月 15 日，学校举行校庆大会。

1986 年 5 月 6 日，全校 12000 多名师生员工在老校大操场举行隆重的校庆大会，大家欢聚一堂，共同庆祝建校 85 周年。省市领导、各地校友等 200 多位来宾参加了大会。

1991 年 10 月 15 日，山东大学隆重召开建校 90 周年庆祝大会。

1996 年 10 月 15 日，山东大学庆祝建校 95 周年大会在科学会堂隆重举行。

1999 年 10 月 15 日，学校在邵逸夫科学馆报告厅召开建校 98 周年大会暨百年校庆动员大会。

◎课外活动

学校经常开展丰富多彩的课外活动，如知识竞赛、朗诵比赛、演讲比赛、举办画展、植树活动等。多种多样的课外活动，有益于学生扩大视野、陶冶情操、增长见识、锻炼能力、提高素质，培养学生的创造力与想象力，从而促进其身心健康发展。

1980 年 5 月，山东大学举办学生书法美术展览，图为学生们正在参观展览作品。

1980 年，数学系举行爬山竞赛，同学们积极参加。

1981 年 5 月 4 日，学校一千余名学生去烈士陵园扫墓。

三位女同学正在进行体操练习

学生们在大明湖组织坐船游湖活动

文艺会演中，同学们正在表演大合唱。

1987 年，威海分校为纪念一二·九运动举办演讲比赛。

1987 年，学生们正在晨练。

1988 年，各系利用图书馆两侧的画廊办起了图片、绘画展览，宣传本系教学、科研和学习生活。图为同学们在观看展览。

中文系学生利用业余时间练习书法

1988 年，广大师生积极参加植树造林、绿化校园活动。

1990 年，中文系学生开展“迎亚运，讲文明，做好事”活动。

1990 年，学校校工会、人事处、伙食办公室联合举办首届烹饪知识竞赛。

山东大学举办首届教工交谊舞比赛，图为参赛的老师们正在跳舞。

1992 年，山东大学举办“成才杯”学习竞赛。

1992 年 3 月，学校举办职工围棋比赛。

校团委和经济系团总支共同创办模拟证券交易社

纪念毛主席诞辰 100 周年书画展览的剪彩现场

1994 年，学生模特队在表演。

1995 年 5 月 4 早晨，哲学系全体学生为纪念五四运动 76 周年举行了庄重的升旗仪式。

1994 年 5 月，山东大学首届辩论赛正在进行中。

1995 年泉城大专辩论赛上，山大队正在进行激烈辩论。

1998 年，学生在图书馆内读书看报。

2000 年，生命科学学院举行卡拉 OK 大赛。

第七篇 恢复与振兴

◎小树林“英语角”

随着中国与世界的联系越来越密切，英语逐渐成为连接中国与世界的重要“桥梁”。学校也在不断加强英语教学，加上四六级考试、出国深造的需要，借助实时场景学好英语就成了许多学生的愿望。1993 年开学伊始，小树林“英语角”格外热闹，学生们会在每周三或周四下午聚集在此用英语开展各种各样的话题讨论。在举办主体和形式方面，也不断出现新的变化，除了经管系、贸易系及研究生会等举办的活动外，还出现了一些由学生自发组织的英语学习活动。英语角的举办形式也越来越丰富，如英语沙龙、外籍专家举行的专题讲座等。

1994 年，在小树林“英语角”，外教正在与学生进行交流。

◎奖学金和助学金

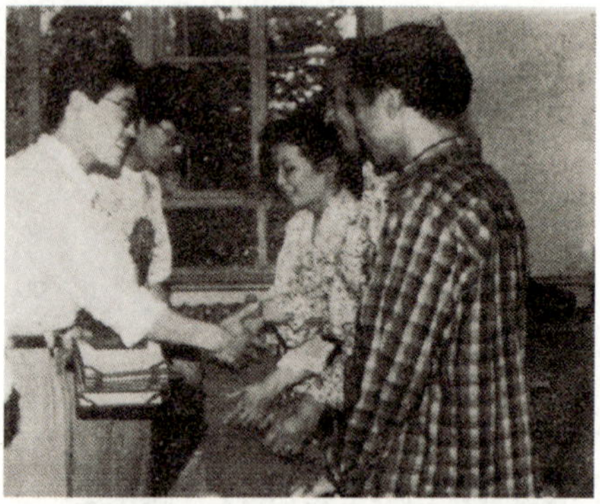

1994 年 5 月 24 日，学校举行韩连琪基金会第四次颁奖大会，图为韩连琪子女为获奖者颁奖。

1997 年，鲁光奖学金设立典礼在山东大学举行。

学校举行校长奖学金颁奖大会

◎毕业

毕业论文指导

1978 级物理系学生正在进行毕业实习

1978 年，林佩丽老师正在指导学生做实验。

潘承洞教授正在指导他的博士研究生

邓从豪教授正在指导学生

毕业论文答辩

1984 年 10 月 26 日，博士研究生孙经先在进行学位论文答辩。

山东大学硕士研究生正在进行学位论文答辩

山东大学博士研究生在进行论文答辩

1985 年 11 月 19 日，山东大学博士研究生在进行学位论文答辩。

山东大学博士研究生在进行学位论文答辩

山东大学博士后出站成果汇报会

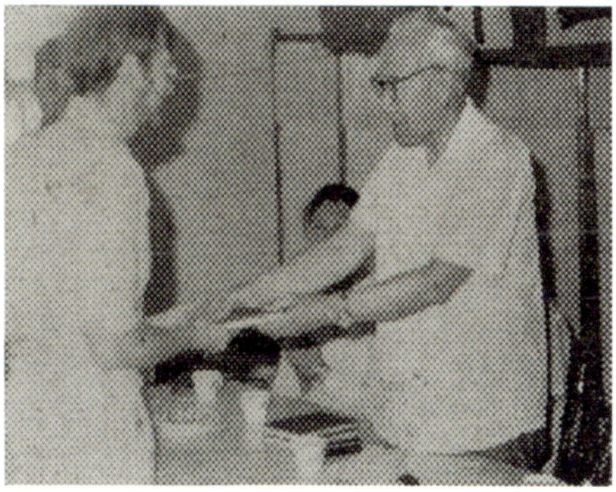

1982 年 6 月 26 日，吴富恒校长给外国留学生颁发毕业证书。

1982 年 12 月 20 日，山东大学隆重举行首届研究生毕业典礼。

1985 年，学校举行 1984 ~ 1985 学年外国留学生结业典礼。

1991 年，学校举行 1987 级干部专修科学生毕业典礼。

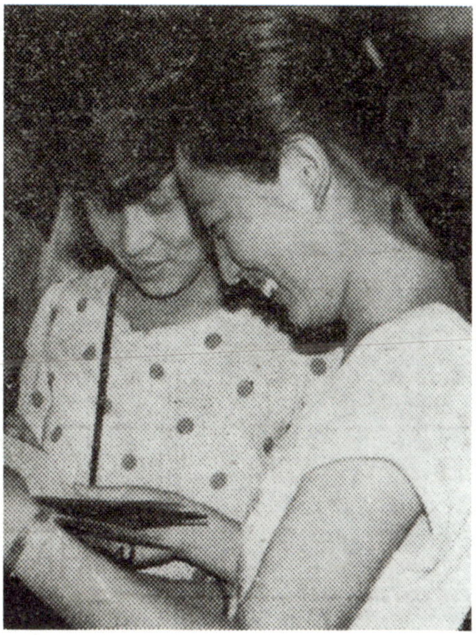

1988 年，学校 1985 级夜大毕业生领取毕业证书。

2000 年 2 月 23 日，山东大学举行 2000 届毕业生就业供需见面会。

2000 年 6 月 30 日，山东大学隆重举行 2000 届本科生毕业典礼并颁发证书。

◎科研管理工作

■ “文化大革命”结束后，山东大学应时而动、顺势而为，适时转移学校的工作重心，将加强科学研究工作视为助力学术繁荣发展的重要抓手，一以贯之地坚持抓下去。尤其是在学校创造性地召开文科理论讨论会之后，师生的思想得到进一步解放，研究视域不断拓展，各学科的科研工作和对外交流合作工作实现了新突破。与此同时，山东大学通过深化科研体制改革助推科研工作迈上新台阶，召开科研工作会议，落实各科系科研工作计划，把科学研究工作开展得有声有色、蒸蒸日上。学校还注重把对外交流合作作为促进学术发展的重要平台，搭建起校内外、海内外学者交流学术、碰撞思想的重要桥梁，为营造宽松活跃、生动活泼的科研氛围提供了重要渠道。

1978 年 4 月，山东大学校领导与部分在全国科学技术大会上获奖的单位和个人合影。

1988 年 4 月 22 日，山东大学举行首次科技工作会议。

山东大学科学研究工作授奖大会顺利召开

1988 年 11 月 4 日至 5 日，山东大学召开了文科科研工作会议。

潘承洞校长与文科教师代表参加了文科科研工作会议

1991 年 6 月 4 日至 7 日，国家教委直属高校科技成果管理工作会议在山东大学顺利召开。

2000 年 5 月 13 日，学校召开了对外合作与交流工作会议，旨在进一步推进对外交流工作。

◎国内学术交流

■ 广泛开展学术交流是科学研究永葆生机活力的重要途径。改革开放后，山东大学认真贯彻落实“百花齐放，百家争鸣”的方针，以各类学术交流为契机，不断推动各学科、各领域、各方向的学术活动，不但与省内其他高等院校、科研单位保持密切的学术互动，还与省外的高校加强交流，为开阔科研视野、掌握研究动态、了解学术前沿、分享科研成果提供了重要的机遇和平台。

■ 改革开放后，山东大学以各种方式积极筹备和举办各类学术会议。特别是依托文史见长的深厚底蕴，成功举办了《红楼梦》学术讨论会、臧克家学术讨论会、首届海峡两岸《周易》学术讨论会等，为科学的春天增绿添彩。

1981 年 10 月 5 日至 10 日，由山东大学和全国《红楼梦》学会联合举办的第二次全国《红楼梦》学术讨论会在济南成功召开。此次会议以《红楼梦》的艺术成就为主要议题，中共山东省委常委王众音，著名红学家周汝昌、张毕来、李希凡以及众多红学研究者参会。各位与会学者本着发扬学术民主的原则，以良好的学风、会风讨论学术问题，在宽松活泼的争论氛围中推动红学研究向纵深发展。著名红学家俞平伯先生虽未到场参会，但为此次大会赋诗，以表祝贺。

1982 年 3 月 30 日至 4 月 3 日，全国首届老舍学术研讨会在济南召开，山大领导、师生、校友及老舍先生的夫人胡絜青、儿子舒乙参会。

1985 年 10 月 29 日至 11 月 1 日，第二届胶体与界面科学学术讨论会在山东大学顺利举办。

1986 年 4 月 22 日，学校与山东师范大学、山东省出版总局、山东省社会科学院等单位联合举办了臧克家学术讨论会，其间著名校友臧克家到场参会。

1993 年 8 月 3 日至 7 日，由山东大学主办的首届海峡两岸《周易》学术讨论会在中心校区邵逸夫科学馆成功举行。

1994 年 11 月 8 日至 11 日，第二次全国日语教育工作研讨会在山东大学举行。

1997 年 10 月，第六届全国青年材料科学研讨会在山东大学顺利举办。

■ 山东大学重视发挥地缘优势和带头作用，不断深化与省内其他高校和科研单位的学术交流，通过牵头举办多维深层的学术活动，更好地助力省内高校形成沟通学术观点、拓宽学术思维、创新学术观点、打造学术优势的共同体。

1981 年 1 月 15 日，山东省自然辩证法研究会成立。

1988 年 5 月 20 日，学校举办华岗学术讨论会，全国校友和华岗生前好友前来参加。

1989 年 3 月 15 日至 17 日，学校举办了纪念五四运动 70 周年学术讨论会，旨在弘扬“五四精神”。

1990 年 4 月 19 日，山东大学召开纪念列宁诞辰 120 周年理论讨论会。

1994 年 12 月 6 日，山东大学召开了以“社会主义市场经济条件下应该确立哪些道德规范”为中心议题的社会主义新道德建设学术讨论会。

科学研究工作的繁荣发展也离不开形式多样、丰富多彩、主题鲜明的校内学术交流活动。山东大学鼓励和支持广大师生自发组织开展学术交流、专题报告等活动，在活跃校园文化的过程中提升学生的科研素养和能力。

1981 年 9 月 29 日，山东大学中文系在中心校区小树林主办了纪念鲁迅诞辰 100 周年专题报告会。

1982 年 12 月 15 日，山东大学公共外语教研室举办了“纪念柴门霍夫诞生 123 周年、世界语方案发表 95 周年报告会”。

1986 年 6 月 10 日至 11 日，山东大学《文史哲》编辑部与山大青协联合举办了纪念《文史哲》创刊 35 周年暨中国传统文化思想学术讨论会。

山东大学邀请学有所专、研有所长的校友前来讲学，积极发挥校友在学界的影响力，不仅深化了校友与山大之间的联系，而且也进一步促进了校友与在校学生之间的情感交流。

1981 年 3 月，庄孝僡、张致一、曾弥白等老校友在生物系与教师一起座谈。

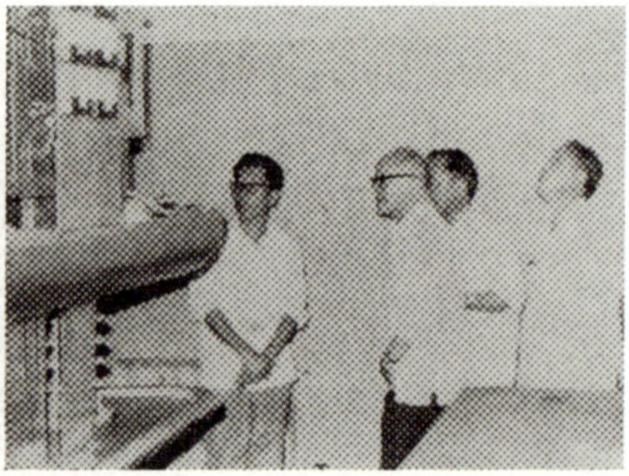

1981 年 9 月 23 日，王淦昌院士在访问山东大学期间参观山东大学离子束实验室。

◎国际学术交流与合作

山东大学历来重视与国际学术界开展交流活动，而这也为与国外高校和科研机构的学术交流与合作工作迈进新阶段提供了机遇。山东大学顺应时代发展潮流，以开放的态度，通过承办国际性学术会议、赴海外高校参观学习和出席会议、邀请海外高校考察团以及著名学者到校访问讲学等方式，进一步扩大了学术活动交流圈，开阔了全体师生的学术视野，为启迪新思想、寻找新思路、实现新发展搭建了广阔的平台。

1987 年 6 月 28 日，由山东大学主办的国际多粒子产生学术讨论会在济南顺利召开。

1987 年 10 月 20 日至 23 日，由山东大学、复旦大学和北京师范大学联合举办的国际加速器离子束应用学术会议在济南成功召开。

1987 年 12 月 5 日至 9 日，由山东大学哲学系《周易》研究室筹备发起、山东大学主办的全国首届国际《周易》学术讨论会在济南举行，周立升、刘大钧等专家学者出席会议。

1990 年 10 月 15 日，由山东大学辞赋研究所和山东省社科联、四川大学等 15 个单位联合举办的首届国际赋学术讨论会在济南开幕。

1991 年 10 月 18 日，由山东大学、山东省文化厅和淄博市人民政府联合承办的首届国际聊斋学讨论会在蒲松龄的故乡淄博市成功召开。

1992 年 10 月 5 日至 10 日，由山东大学与滕州市联合主办的首届墨学国际研讨会在滕州市召开。

1985 年 5 月 20 日，以邓从豪为团长的学术交流团赴日本山口大学进行学术交流。

1988 年 9 月 20 日，以粟屋和彦校长为团长的山口大学学术交流代表团来山东大学开展学术交流与合作。

1989 年 6 月，潘承洞校长访问英国，并与牛津大学校长深入交谈。

1995 年 11 月 1 日至 8 日，由法学巴黎第七大学校长杜东德（Jean-Pierre Dedonder）带领的访问团来山东大学考察，并与潘承洞校长签订了两校交流合作协议。

1997 年 6 月 4 日，潘承洞校长代表学校与德国弗里德里希－亚里山大大学签订了学术合作协议。

1999 年 7 月 20 日，山东大学与韩国东西大学签订了学术交流与合作协议。

1978 年 12 月 25 日，美国匹兹堡大学教授访华团来山东大学考察交流。

1979 年 5 月，英国著名学者理查兹教授以英语学习方法为题与外语系师生交流互动。

1982 年 3 月 15 日，美国哈佛大学克劳吉欧·吉连教授来山东大学访问讲学。

1981 年 3 月，加拿大里贾纳大学校长巴伯博士在山大经济学系作学术报告。

1982 年 3 月 25 日，美国哈佛大学荣誉教授哈利·莱文携夫人来山东大学考察并作学术报告。

1987 年 5 月，著名数学家陈省身教授来山大数学系讲学。

1994 年 10 月 24 日，著名物理学家、诺贝尔物理学奖获得者丁肇中教授到山东大学访问讲学，并被授予“山东大学名誉教授”称号。

1998 年 11 月 14 日，世界著名物理学家、欧洲粒子物理研究中心主任克里斯托夫·卢埃林·史密斯应曾繁仁校长之邀来学校访问讲学，并被授予名誉理学博士学位。

1999 年 6 月 15 日，学校外语学院举办了以世界著名语言学家、翻译家、翻译理论家尤金·奈达博士为主讲嘉宾的“奈达语言·文化·翻译学术研讨会”。

1999 年，山东大学聘任甘布林为山东大学名誉教授并颁发聘书。

2000 年 4 月 10 日，欧盟轮值主席国葡萄牙驻华大使佩德罗·卡塔里诺率众来山东大学访问。

◎人文社科研究

改革开放以来，山东大学在人文社会科学领域产出了诸多高水平、高层次、高质量的学术成果，多项学术成果获得山东省社会科学研究成果最高奖项——山东省社会科学优秀成果奖，在全省高校中拔得头筹，这一时期共有《科学社会主义（增订本）》《汉赋研究》《蒲松龄事迹著述新考》《生存权论》等45部优秀作品荣获山东省社会科学优秀成果奖一等奖，含35部著作、10篇文章，占该时期一等奖总数的25%以上。

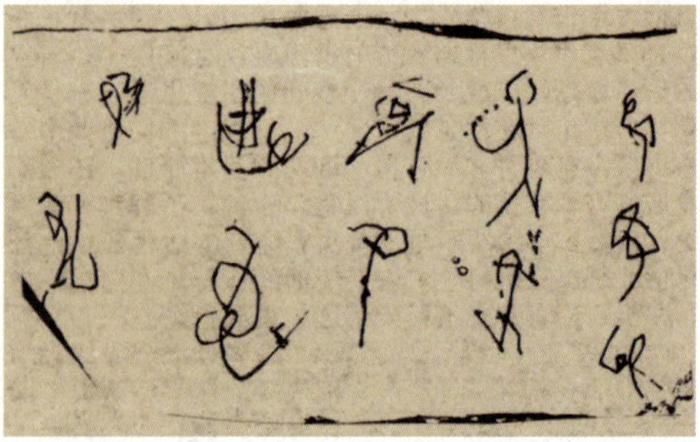

1993年12月，学校考古实习队发掘的“龙山文化陶文”。

1999年10月，由山东大学出版社和山东省远大网络多媒体有限公司等单位联合制作的大型百科全书式多媒体光盘《孔子》正式发行。

田昌五(1925.7.13 ~ 2001.10.6)，河南郾城人，著名历史学家。1945年参加抗日远征军赴印、缅抗击日军。1947年考入北京大学历史系，1951年毕业后留校任团委副书记等职。1956年调入中国科学院历史研究所，1986年成为博士生导师。1987年调入山东大学，任历史系教授、博士生导师、历史研究所所长，兼任中国社会科学院研究生院博士生导师、中国社会科学院古代文明研究中心学术顾问等职务。他提出的“亚细亚生产方式问题”曾在学术界引起很大反响，晚年提出的“中国历史体系新论”更是反响强烈。曾任中国殷商文化学会会长、中国农民战争史研究会会长等。

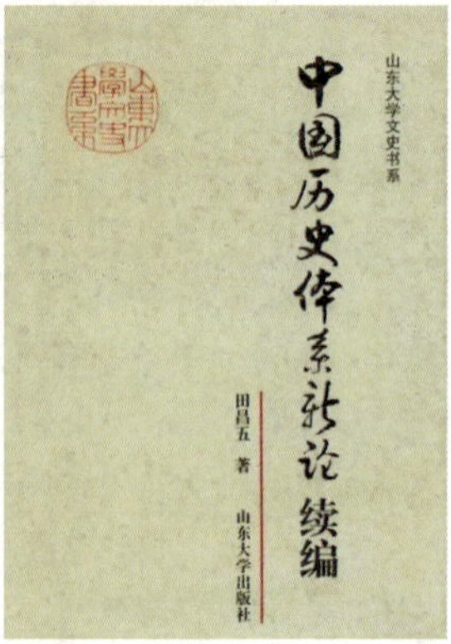

《中国历史体系新论续编》书影

路遥（1927 ~ ），著名历史学家。1951 年毕业于山东大学，长期对义和团运动进行田野调查，以义和团运动史与民间宗教史的研究而享誉学界。曾任山东大学义和团运动与近代中国社会研究中心主任、教授、中国义和团研究会顾问。2010 年被评为山东大学终身教授。出版《义和拳运动起源探索》《义和拳教钩沉》《义和团运动史研究》《山东民间秘密教门》《山东大学义和团调查资料汇编》等著作。他认为历史学研究应该实事求是，用证据说话；主张设置通史教育，以开阔学生思维。他笃志科研，勇于探索，畅游在义和团研究的海洋里著书立说，取得了丰硕成果。

《义和团运动史研究》书影

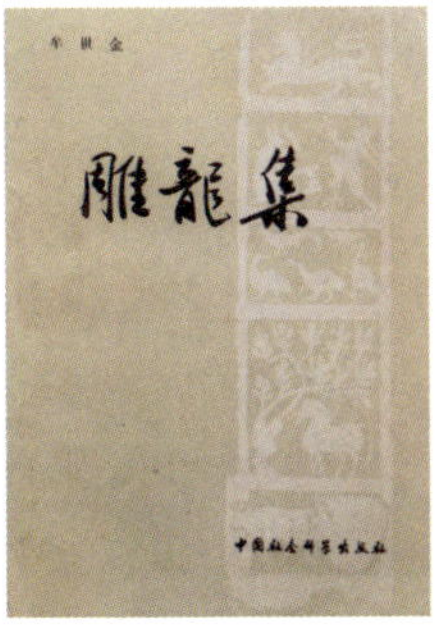

《雕龙集》书影

牟世金(1928 ~ 1989)，四川忠县人，《文心雕龙》和古代文学理论研究专家。1950 年参军，先后在青岛海军基地、山东省供销合作总社工作。1956 年考入山东大学中文系，1960 年毕业后留校任教，历任讲师、副教授、教授，1988 年任系主任，被选拔为山东省专业技术拔尖人才。曾兼任《文心雕龙》研究室主任，中国古代文论学会第二届常务理事，中国《文心雕龙》学会第一届常务理事、秘书长。研究《文心雕龙》和中国古代文学理论近三十年，硕果累累，著有《雕龙集》《文学艺术民族特色试探》《台湾文心雕龙研究鸟瞰》及《文心雕龙译注》（与陆侃如合作）等。

周来祥（1929.8.12 ~ 2011.6.30），山东青城人，著名美学家。1953 年毕业于山东大学中文系并留校任教，历任助教、讲师、副教授，1983 年晋升教授，兼任北京师范大学博士生导师。1987 年创立了山东大学美学研究所并任所长，兼任山东省美学学会会长。1988 年获首届山东省专业技术拔尖人才称号，为中国美学走向世界作出了贡献。2000 年任教育部人文社科研究基地山东大学文艺美学研究中心名誉主任。2010 年被评为山东大学终身教授。著有《马列主义的美学原则》《美学问题论稿》《论美是和谐》等。其和谐美学为中国当代美学贡献了一个极具理论价值和学术特色的美学思想体系。

《美学问题论稿》书影

袁世硕（1929～），山东兖州人，著名文学家。1953年毕业于山东大学中文系并留校任教，曾担任中国作家协会山东分会副主席、全国古籍整理出版社规划领导小组成员、全国哲学社会科学规划评议专家、山东省古典文学学会会长等职。2010年被评为山东大学终身教授。专注于中国古代文学研究，兼重国学传统训诂考证与现代文学批评，尤以蒲松龄及《聊斋志异》研究而名扬学林，代表作品主要有《孔尚任年谱》《文学史学的明清小说研究》《蒲松龄事迹著述新考》《中国古代文学史》（主编）等。

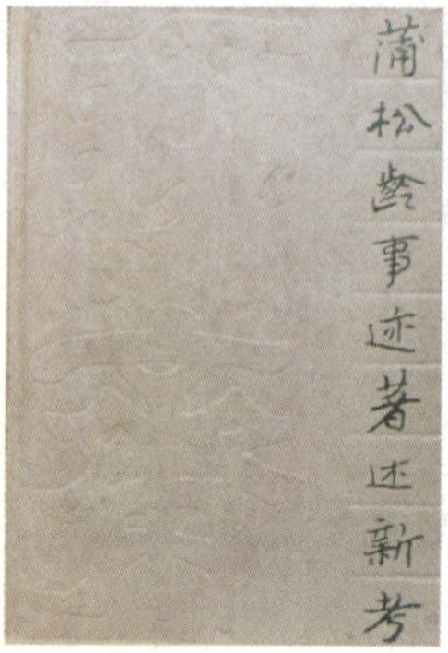

《蒲松龄事迹著述新考》书影

《中国法律制度史》书影

乔伟(1932.1～1997.9)，又名乔木青，黑龙江林甸人，著名法学家。1948年参加工作。1951年考入东北人民大学法律系，1955年毕业后留校任校长秘书、法律系讲师、副教授。1983年应聘来山东大学创建法律系并任系主任，1985年晋升教授。乔伟是山东大学法学学科奠基人，曾任中国法制史研究会会长、山东法学会及经济研究会副会长、山东省政府首席法律顾问等职，对山东省的法治建设和理论研究作出了贡献。论文有《关于法学理论研究的反思》《论人权》等，其撰写的《独立审判，只服从法律》一文，直接推动了独立审判原则入宪。曾获国家授予的“有突出贡献的中青年专家”称号，是享誉海内外的法律史学家。

赵明义（1932.9～2018.7），河北景县人，马克思主义理论家、政治学家。1960年毕业于中国人民大学国际共运史专业并留校任教，1962年任职于山东大学，2010年被评为山东大学终身教授。历任全国社科规划评议组成员、中国科学社会主义学会常务理事、中国当代世界社会主义研究会副会长、山东省科学社会主义学会会长等职。他创立了山东大学科学社会主义专业，创办《当代世界社会主义问题》杂志，主持申请科社与共运专业的硕博授予权，使本专业成为国内唯一一个本硕博三级学位体系完整的学科。著有《科学社会主义》《社会主义的历史使命》《科学社会主义中国化问题研究》等，获国家级有突出贡献的中青年专家、山东省专业技术拔尖人才、山东省社会科学突出贡献奖等荣誉称号。

《科学社会主义》书影

获奖年份	成果类别	经济学			管理学			政治学			法学			哲学社会学			文学语言学			文化学			教育学			历史学			智库研究成果、应用与普及		
		一	二	三	一	二	三	一	二	三	一	二	三	一	二	三	一	二	三	一	二	三	一	二	三	一	二	三	一	二	三
1999	文章	1	1	2			3		3	2			2		2	5		1	2						3						
	著作								1			1	1					1	2						4	1	2				
1998	文章	1	1	1			2		1	1			1		1	1		2	2								1	1			
	著作	1		1			1	1		2		2			1	3	1	2	6							2		1			
1997	文章		1	2			3		1	4	1	1				1			1												
	著作						1		1								1	3	2							1	1				
1996	文章		1	1	1	1	1		1	3			1					2	1		1	1						2			
	著作		2				1			1			1	1	1		1		1			3				2		1			
1995	文章						3			1				1	1	3	1	1	2								2				
	著作			2				1		1				1	1	4	1	4	4								1	1			
1994	文章		1												2	1		1	1									2			
	著作			1		1		1		2		1		1		3	1	5	2								1				
1993	文章		1												2	1		1	1									2			
	著作					1	1	1		2		1		1		3	1	5	2								1				
1992	文章	1		2					1	1					1				2									1			
	著作						1		1						2	2			2							1	3	2			
1991	文章		1	2		1			2	2									3									2			
	著作		1	2											2	1	1	4	5								2	1			
1990	文章		3	1					2	1			1			1			2								1	1			
	著作								1	1					2	2	1	3	1							1	1				
1989	文章		1	1						1					1			1	1								2	1			
	著作		1											1			2	3	2									1			
1987	文章			1					2						2	3		2	5									1			
	著作			1					1						1		1	3								1					
1985	文章			1					1						1	1			6									2			
	著作									1					1	1	2	3	1								1				
1983	文章			1											3			2	3								3	1			
	著作							1			1			1	1		2	4									1				

注：表中数据为不完全统计

◎自然科学研究

■ 改革开放后，山东大学的自然科学研究迎来了明媚的春天，通过把握世界科技发展的脉络，致力于国家经济社会发展最需要的领域，艰苦拼搏，勇于探索，产出了一批具有重大影响的科研成果，为我国科技事业的进步和经济社会的发展作出了重要贡献。

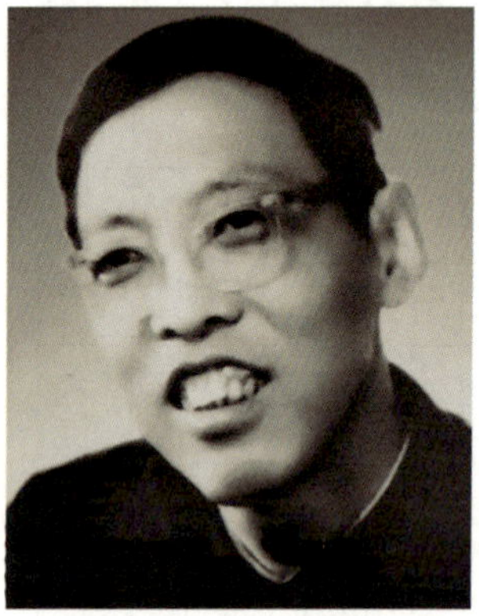

潘承洞(1934 ~ 1997)，江苏苏州人，著名数学家、教育家。1956 年毕业于北京大学数学系，1957 年考取研究生，1961 年毕业后被分配至山东大学任教，历任助教、讲师、教授及数学系主任、数学研究所所长、副校长、校长，1991 年当选为中国科学院学部委员（院士），曾任第五、六、七、八届全国人大代表及山东省科协主席、中国数学会副理事长等职。长期致力于解析数论相关领域的研究，因成功证明“1+5”和“1+4”命题成立两次使中国在哥德巴赫猜想的研究中居于世界领先地位。他在山大的杰出工作，为山东大学数学学科在 21 世纪的蓬勃发展打下了坚实的基础，有力推动了山东大学在新世纪的腾飞。

潘承洞院士在工作

潘承洞与华罗庚在讨论问题

證書

为表彰在自然科学方面取得突出成果，作出重要贡献者，特颁发此证书，以资鼓励。

项目名称：哥德巴赫猜想研究

主要作者：陈景润、王　元（中国科学院数学研究所），潘承洞（山东大学）

奖励等级：一等

奖章号码：00014

中华人民共和国
国家科学技术委员会主任　方毅

一九八二年七月

1982 年 7 月，潘承洞、陈景润、王元因在哥德巴赫猜想研究方面取得优异成绩，获国家自然科学一等奖。

潘承洞教授在上课

潘承洞在打乒乓球

潘承洞校长在数学系指导工作

蒋民华（1935.8.16 ~ 2011.5.6），浙江临海人，著名晶体材料科学家、教育家。1956 年毕业于山东大学化学系并留校任教。先后任山东大学晶体生长研究室主任、晶体材料研究所所长、晶体材料国家重点实验室主任、山东大学材料科学与工程学院院长、山东大学副校长。1991 年当选为中国科学院院士。曾任第九届全国政协委员、中国材料研究学会副理事长、国际晶体生长组织理事等职。长期致力于功能晶体材料的研发和制造，是我国在该领域的先驱者和带头人之一，取得了以DKDP晶体的亚稳相生长理论和方法、生长出“中国牌”LAP 晶体等为代表的一系列卓越科研成果，先后获得以国家发明一等奖、国家教委科技进步一等奖、全国五一劳动奖章为代表的数十项国家级荣誉和奖励，培养了一大批卓越的人才，为我国乃至世界晶体事业的发展作出了重要贡献。

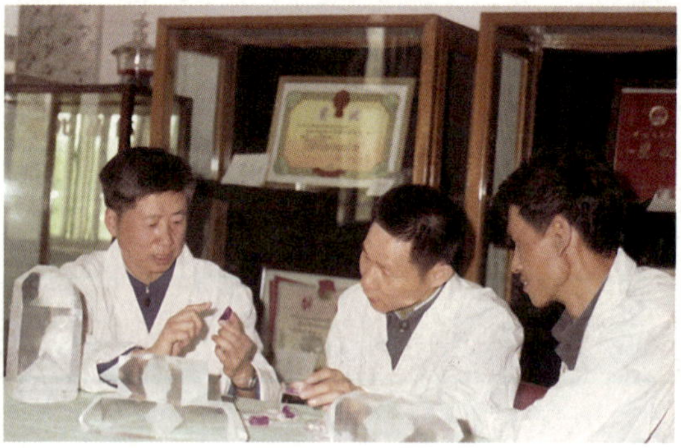

蒋民华教授与科研人员正在探讨问题

1978 年，山东大学晶体生长研究室水溶液组的工作人员正在研究晶体的生长情况。

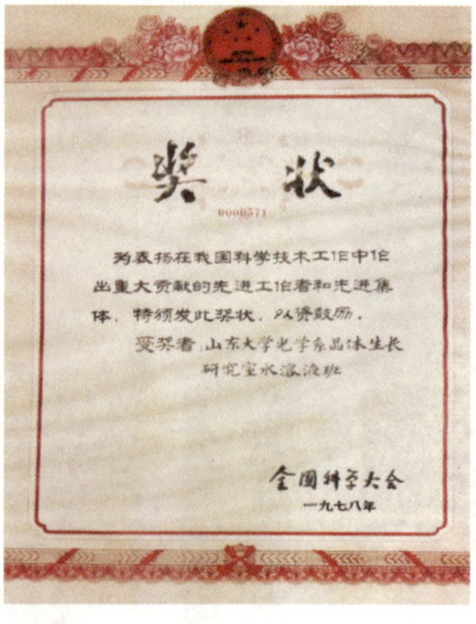

奖状

为表扬在我国科学技术工作中作出重大贡献的先进工作者和先进集体，特颁发此奖状，以资鼓励。

受奖者：山东大学光学系晶体生长研究室水溶液班

全国科学大会
一九七八年

1978 年，山东大学光学系晶体生长研究室获得了由全国科学大会授予的“先进工作者和先进集体”荣誉称号。

1990 年 6 月 11 日，山东大学研制的选极功率晶体管顺利通过了由山东省科技厅组织的专家组的验收。

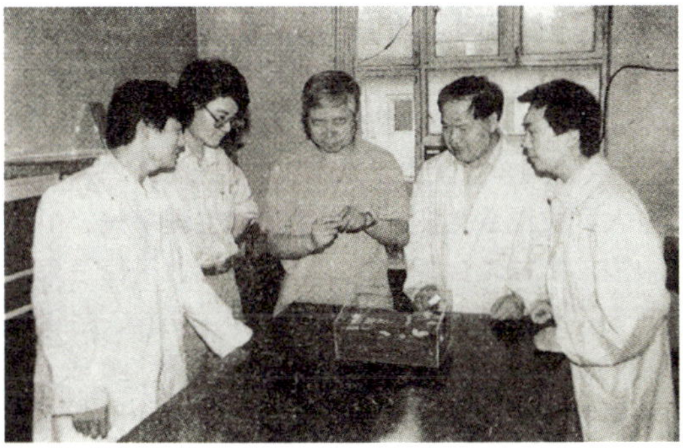

1996 年，山东大学晶体材料研究所的科研人员以及他们发明的新型频外倍频晶体。

1995 年，中国科学院院士、人大常委会委员林兰英研究员在山东大学晶体材料研究所参观时询问晶体生长情况。

1998 年，蒋民华院士向朱丽兰（时任国家科委副主任）汇报山东大学晶体研究工作情况。

1997 年 4 月 21 日至 22 日，国家自然科学基金委员会组织专家对山东大学晶体材料国家重点实验室进行评估。

王克明（1939.3.2 ~ 2013.7.20），浙江乐清人，中国著名材料物理学家。1961 年毕业于山东大学物理系，1980 ~ 1982 年访问美国纽约州立大学（奥尔贝尼分校）和加拿大蒙德利尔大学。2007 年当选为中国科学院院士，2010 年被评为山东大学终身教授。曾任山东大学物理系主任、山东物理学会理事长、中国物理学会理事、中国核物理学会理事等职。长期致力于离子束光电晶体材料改性研究，在离子注入光电晶体波导的结构、射程、损伤以及 KTP 晶体稀土元素的掺杂领域有独创性贡献，发表 SCI 论文 180 多篇，主持并参与国家自然科学基金项目 7 项，获国家自然科学二等奖、教育部高校科学技术奖（自然科学）一等奖、山东省科学技术进步奖一等奖等奖项，获国家级有突出贡献的中青年专家、山东省专业技术拔尖人才、全国优秀博士学位论文指导教师等荣誉称号。

王克明院士与科研团队在一起

1979 年，物理系打破常规，通过采用先分析后加速的方案研制出 60KeV 离子注入机（左图）和 400KeV 离子注入机（右图）。

苗庆海教授等人研制的具有国际先进水平的选极晶体管

物理系的科研人员研制的波导型 NLO 材料半导体激光倍频器

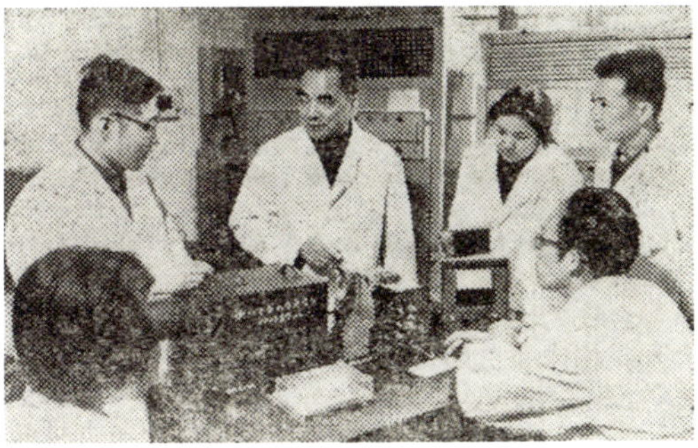

红外遥感实验室的工作人员正在讨论红外器件的性能并探讨改进性能的途径

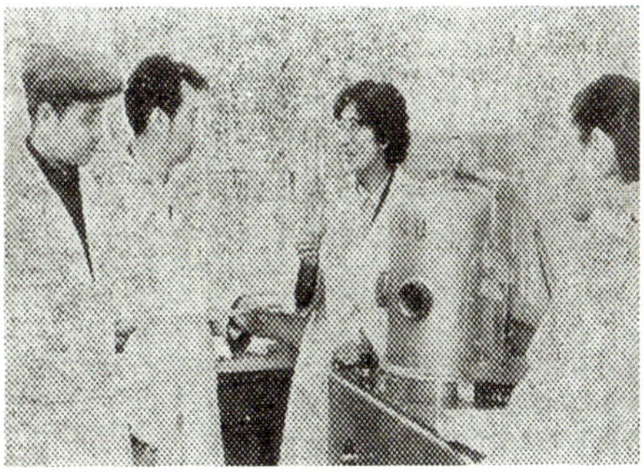

物理系半导体研究室研制成功具有国际领先水平的透明导电抗反射膜

邓从豪(1920 ~ 1998)，江西临川人，著名理论化学家、教育家。1945 年毕业于厦门大学化学系，1948 年赴国立山东大学化学系任教，历任助教、讲师、副教授、教授及化学系副主任、光学系副主任和主任、副校长、校长等职，1993 年当选中科院院士。毕生致力于化学基础理论和微观反应动力学理论等相关方面的研究，取得了以配位场理论计算标准化、证明了 Eyring 公式等为代表的一系列重大科研成果，编撰有《分子反应动力学理论研究》等代表性学术著作。获得以国家自然科学一等奖、国家教委科技进步二等奖、全国先进工作者为代表的重大奖励和荣誉数十项，为山东大学的发展壮大和我国理论化学的进步作出了重要贡献。

邓从豪教授和青年教师在一起

邓从豪教授在指导科研工作

邓从豪院士在工作

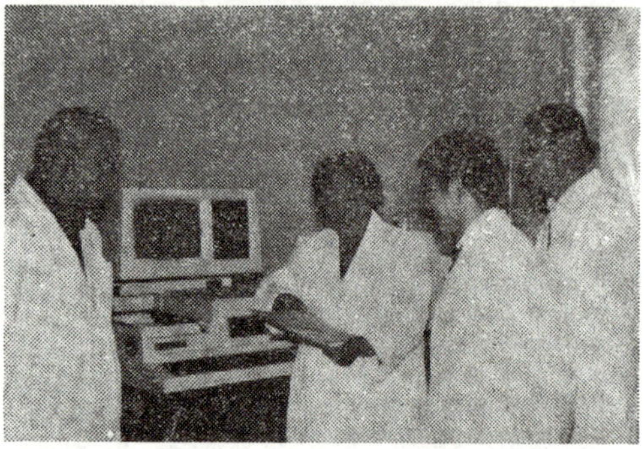

1986 年 12 月 25 日，由山东大学杜剑华、杜作栋、于淑岐、王浩等人研制成功的 SD-3 改性氧化镁粉顺利通过专家组的验收，从而改变了我国电热材料长期依赖进口的局面。

王祖农（1916 ~ 2008），江苏南京人，著名微生物学家、教育家，我国综合性大学微生物专业教育的开拓者。1937 年考入浙江大学生物系，1941 年到蚕桑研究所从事蚕病研究，1946 年赴巴黎大学进修，1949 年获理学博士学位。1950 年回国，赴山东大学任教，历任山东大学副教授、教授、生物系主任、微生物研究所所长、科研处处长、副校长，山东省微生物学会理事长，山东省政协第六、七届副主席等职。毕生致力于自生固氮菌、纤维素降解微生物等相关方面的研究，取得了以“一种利用固氮菌测定土壤中有效元素的新方法”“一种崭新的纤维素细菌的分离方法”为代表的重要学术成果，在山东大学创建了全国综合性大学中第一个微生物专业，带领山东大学微生物学科在教育部直属高校中创造多个领先或唯一，培养了大批微生物学专业人才，有力地推动了我国生物科学的发展。

王祖农教授在指导科研人员进行微生物实验

1994 年，为满足微生物系发酵研究的需要，山东大学利用世界银行提供的贷款共引进 6 套当时国际上最先进的计算机控制自动发酵罐。

山东大学微生物降解木质纤维素机理研究顺利通过专家组的验收，被鉴定为具有国际先进水平。

1998 年 9 月 9 日，山东省省长李春亭在山东大学视察期间，赴山东大学微生物技术国家重点实验室参观考察。

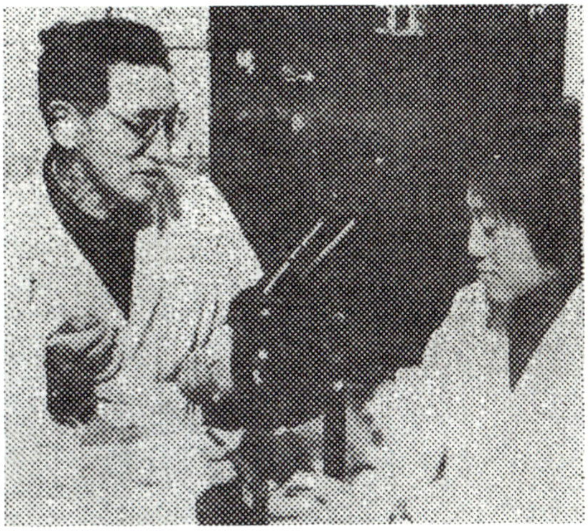

生物系黄浙教授在进行科研探讨

微生物系曲音波教授在做实验

生物系陈惠民教授及其课题小组成员在植物细胞工程实验室进行科学研讨

■ 改革开放以来，学校全体科研人员结合自身的实际情况，齐心协力，奋勇攻坚，在科学技术研究领域取得了一系列重要成果。比如，1991 年，共斩获理科类各级别科研奖励 37 项。其中，应用化学系的刘德信参与完成的“BF_3 气体在 C_9 石油树脂聚合中的应用”获得国家星火奖二等奖，晶体所孟宪林、徐炳超、孙友轩研制的“钽酸锂晶体极化方法和装置”获得国家发明奖二等奖。除此之外，还获得了国家教委科技进步奖 8 项、山东省科技进步奖 10 项、山东省高等学校科技进步奖 17 项等。

据《科学引文索引》(*Science Citation Index*，简称 SCI）统计数据，十多年来，物理学院王克明教授年发表论文总数曾在全国排名第一、第五和第九，化学院金文睿教授年发表论文总数曾在全国排名第一和第三，物理学院胡季帆教授年发表论文总数曾在全国排名第三，这些排名充分显示了山大在科研方面的雄厚实力。

■山东大学《SCI》检索论文总数及引用数全国排名

年份	论文总数	论文引用数
1993	9	9
1994	8	10
1995	全国前十	全国前十
1996	13	10
1997	9	9
1998	10	10

◎服务社会

山东大学坚持把服务国家和社会作为办校的重要宗旨，主动担负起高等教育参与社会经济发展、服务社会的光荣使命。无论是山大学子参与的“自愿奔赴边疆工作”“积极地无偿献血”“支持希望工程”“义务参加修路”等活动，还是学校与企业合作建立协作关系，将研究成果投入生产、造福社会，都充分展现了山东大学浓厚的家国情怀。

1978 年，山东大学电子系工厂的一角。

1983 年，学校 1979 级应届毕业生、共青团员陈胜功、韩庆仁、李健强自愿报名赴边疆工作。

1986 年 9 月 15 日，《信息处理用现代汉语三万词语集》通过鉴定。

1987 年，光学系谭强等研制的激光防护镜已在省内外一些工厂投产。

1987 年 11 月，山东大学与济宁市建立经济、科技、文化教育协作关系，图为潘承洞校长和济宁市市长韩寓群在协议书上签字。

1987 年，学校领导在齐鲁石化公司商谈协作事宜。

1988 年 12 月 12 日，学校领导会见荣获国家发明奖的科研人员并与其合影。

1990 年，由山东大学研制的 GYQ － A 型光学符号阅读器分别运往贵州等 6 省，用于该年度的高考阅卷。

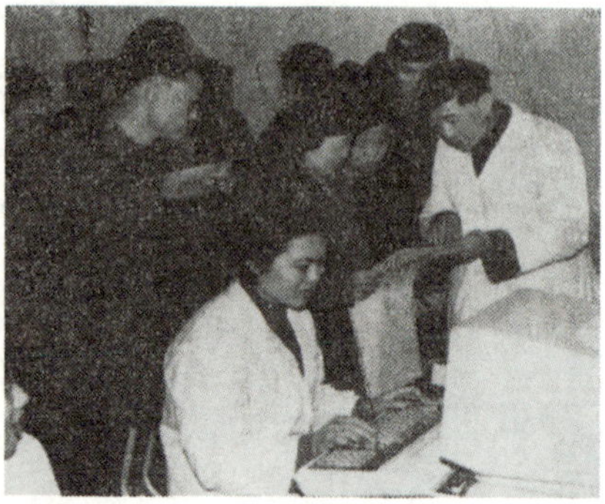

人们在争相传看由山东大学研制的自动阅卷系统打出的学生成绩单

山东大学研制的 HJCK-60 型程控交换机顺利通过专家组的技术鉴定。

1990 年五四青年节下午，科社系 40 多名同学来到汽车站义务劳动。

1990 年暑假，山东大学师生参加济青公路建设。

1994 年 9 月 3 日，山东大学济南科贝尔生物工程有限公司向农民赠送杀虫剂。

1995 年 3 月 29 日，山东大学工商管理学院与济南铁路公司经济开发总公司签署共建协议。

1995 年 4 月 7 日，山东省环保局与山东大学共建的环境工程系正式成立。

1996 年 10 月 25 日，山东大学化学院学生在拍卖手工艺品并拟将拍卖所得捐献希望工程。

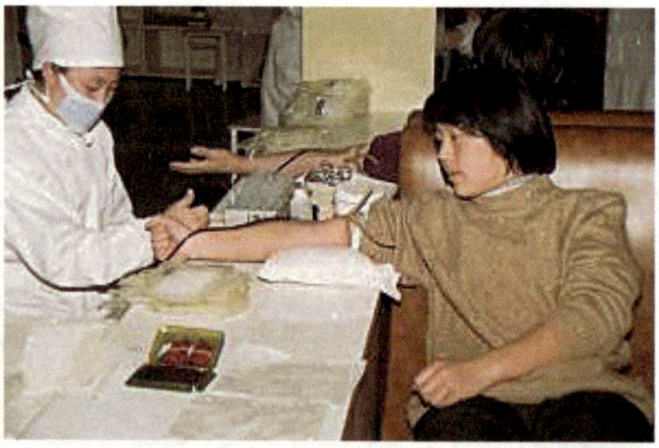

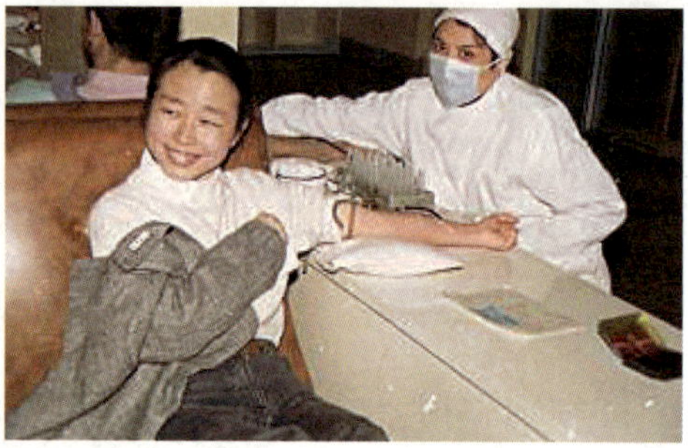

1999 年 3 月 8 日，山东大学学生积极参加无偿献血活动。

山东大学、浪潮集团举行全面合作协议签字仪式

2000 年 4 月 29 日，山东大学团委、济南交警历城团总支举行警学共建活动启动仪式。

2000 年 4 月 14 日，山东大学潍坊蓄电池厂实验基地正式成立。

◎山东医科大学

1932年8月，国民政府教育部和山东省教育厅成立山东省立医学专科学校，学制5年（后改为4年），首任校长为尹莘农。校址设在济南市趵突泉前街，并在学校隔壁设附属医院。抗日战争爆发后，山东省立医学专科学校先后迁到湖北汉口、四川云阳县和万县，附属医院被国民政府改编为军政医院。抗战胜利后，山东省立医学专科学校于1946年10月从万县迁回济南，次年与山东省立医院合并。1948年8月18日，学校改名为山东省立医学院，院长由山东省立医院院长王宝楹担任。1948年9月济南解放后，山东省立医学院被中国人民解放军华东军区济南特别市军事管制委员会接管，同年11月并入华东白求恩医学院。

尹莘农

山东省立医学专科学校旧址

王宝楹

华东白求恩医学院的前身是1944年10月16日创建的新四军军医学校，这是一所战地医院，首任校长为江上峰，次年由华东军区卫生部副部长宫乃泉兼任校长。1946年12月，为争取国际援助，新四军卫生部直属医院更名为华东国际和平医院，成为军医学校的教学医院。1947年1月，为纪念加拿大著名外科大夫诺尔曼·白求恩，学校改名为华东白求恩医学院。1949年5月，华东白求恩医学院划归山东省人民政府领导，改名为山东省立医学院。

江上峰

新四军军医学校临沂旧址

1946 年，宫乃泉为学员讲课。

华东白求恩医学院附设化验学校的学员在实习

1950 年 7 月 20 日，山东省立医学院药科八期毕业留影。

1950 年 11 月，华东白求恩医学院、山东省立医学院四届轮训班结业合影。

1950 年 12 月，山东省立医学院改名为山东医学院。1952 年院系调整中，齐鲁大学医学院并入山东医学院，组建新的山东医学院，校址设在原齐鲁大学。合并后的学校设有医学、卫生、医药三个系，院长由山东省卫生厅厅长白备伍兼任，共有教职工 889 人，在校学生 2057 人。

白备伍

1950 年，受卫生部委托山东医学院举办全国麻风病防治学习班。

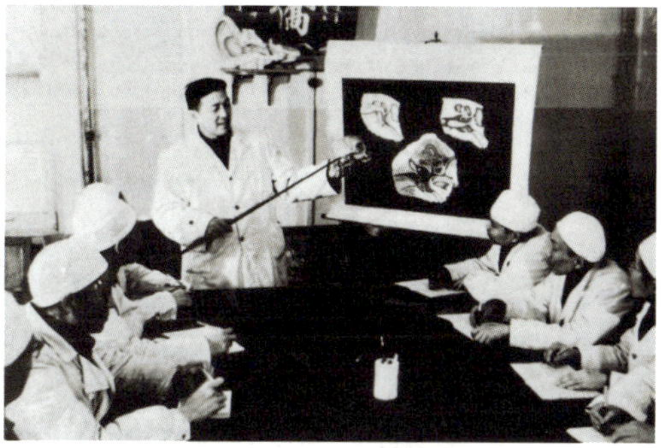

1951 年，受卫生部委托山东医学院举办耳鼻喉科学高级师资培训班。

1951 年 3 月，参加抗美援朝的学生合影。

1951 年，医学院教师编写的全国首套医士专用教材。

1952 年 5 月 19 日，山东医学院第一届党代会全体代表合影。

1952 年 10 月 8 日，山东医学院庆祝院系调整胜利完成大会会场。

1953 年 9 月 21 日，山东医学院召开第一届教学会议，在学苏联的基础上进行教学改革。

从1953年到1954年，宫乃泉、周廷冲、黄翠芬、沈霁春等教授前去上海筹建军事医学科学院。1955年，公共卫生系学生及部分教师调到同济医学院和山西医学院，药学系师生调到四川医学院，中级药剂士班调到东北药学院附属中级药剂学校，药剂学教研组调到北京医学院药学系。1956年以后，山东医学院又抽调师资先后支援新疆医学院、内蒙古医学院、济宁医学院、山东中医学院、潍坊医学院。1955年，学校成立科学研究科；1956年，《山东医学院学报》创刊；1958年杨仁中研制成功人工喉。

“文化大革命”期间学校的教学和科研秩序遭到严重破坏。1970年7月，山东医学院与山东中医学院合并后搬迁到泰安地区新泰县楼德镇办学，下设4个大队：一大队在枣庄市，二大队在曲阜县，三大队在新汶县，四大队与院本部在楼德镇，恢复已中断5年的招生。1972年11月，学校撤销4个大队，设药学系、中医系、基础部、临床部和进修部。后因办学困难，中医系、药学系于1973年迁回济南上课。1975年山东中医学院恢复建制并迁回原址，同年山东医学院在楼德成立分院。1979年楼德分院搬到泰安，1981年独立，并改名为泰山医学院。

1963年，山东医学院党政领导与研究生论文答辩专家、学生合影。

楼德分院1974级同学毕业合影

“文化大革命”结束后全国恢复高考招生，山东医学院增设卫生、口腔专业。1978年6月，山东医学院归属卫生部和山东省双重领导，成为全国13所部属医学院校之一。1985年5月，经卫生部批准，山东医学院更名为山东医科大学，方春望任校长，设有临床医学、预防医学、口腔医学、药学、护理学5个专业。此后，学校在教学、科研、管理等各方面的水平和实力不断提升，逐渐发展成为一所多学科、多层次、多形式的综合性医学院校。至合校时，学校共设有基础医学院、临床医学院、药学院、公共卫生学院、口腔医学院、护理学院、研究生部、社会科学部、成人教育学院以及3所附属医院、2个卫生部重点实验室、5个省级重点学科，博士点14个、硕士点43个，正副教授928人，在校生10355人。2000年7月22日，山东医科大学与山东大学合并，原山东医科大学所在校区现为山东大学趵突泉校区。

方春望

1985年首届六年制英语医学班毕业合影

1986年，山东医科大学召开第一届教职工代表大会。

1991年9月16日，山东医科大学举行建校80周年庆典。

心脏内科学重点学科的专家们

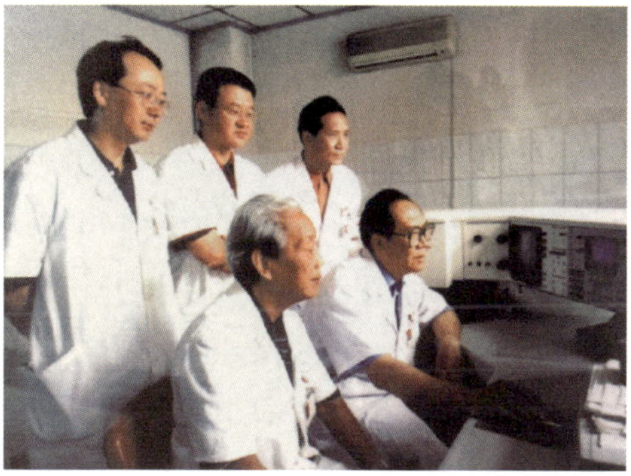

血液学重点学科的专家们

妇产科学重点学科的专家们

1999 年，张运教授在美国杜克大学主持超声心电图全球卫星电视学术大会。

山东医科大学院系设置

山东医科大学

- 成人教育学院
- 研究生部
- 社会科学部
- 护理学院
- 口腔医学院
- 公共卫生学院
- 药学院
- 临床医学院
- 基础医学院

◎山东工业大学

1949年11月1日，山东省专科学校管理委员会决定将华东交通专科学校（1947年3月成立，下设徐州分校）、华东高级工业学校（1948年9月成立）、山东省人民政府生产部工业学校（1949年1月成立）、华东财办工矿部济南工业学校（源于1929年6月）、生产部青岛高级工业学校（1946年7月成立）合并，成立山东省立工业专科学校，总部设在济南，潍坊、青岛设分校，机械专家张协和任校长兼党组负责人。

张协和

山东省立工业专科学校济南校舍一角

山东省立工业专科学校潍坊分校校门

山东省立工业专科学校青岛分校师生合影

■ 1950 年 11 月 14 日，中央人民政府教育部批复华东军政委员会教育部，将山东省立工业专科学校改为山东工学院。1951 年 6 月 13 日，山东省人民政府委员会第六次会议通过改名决议，并任命工业厅厅长冯平为山东工学院院长，张协和任党组书记兼副院长。同年 7 月 9 日，学校举行了隆重的庆祝大会。当时学校设有机械工程系、土木工程系、电机工程系、自动车工程系、化学工程系、纺织工程系，教职工 342 人，学生 1213 人。

山东工学院校门

1951 年 7 月 9 日，山东工学院补行命名典礼纪念留影。

■ 1952 年院系调整时，学校的土木工程系、纺织工程系调至青岛工学院，山东大学工学院的机械系和电机系并入山东工学院。1953 年，无线电通讯广播本科调入南京工学院，有线电工程专修科调入上海交通大学，化工系调入上海华东化工学院，上海华东交通专科学校机械科调入山东工学院，调整后的山东工学院设有电机工程系、自动车系、机械工程系。1955 年，自动车系调入长春汽车拖拉机学院，苏南工业专科学校铸工专修科调入山东工学院。截至 1956 年，学院共设两个系，7 个本科专业，并于同年成立了夜大学部。

1952 年 5 月，学校成立政治辅导处。1952 年 12 月成立院务委员会。1953 年 1 月成立共青团山东工学院委员会。1953 年 1 月开始出版《山工校刊》。1953 年 11 月成立中共山东工学院委员会，王夷黎任党委书记。1954 年 12 月，丁履德任山东工学院院长。1956 年 4 月成立科学研究部，10 月出版《山东工学院学报》。

师生参与校园建设

1952 年建成的一号教学楼

50 年代的师生食堂

1955 年 2 月，丁履德院长和系处负责人与来讲学的苏联专家合影。

学院经历了整风反右运动和“教育大跃进”，到 1959 年底共有 6 个系 32 个专业，包括第一机械系、第二机械系、电机系、无线电电子学系、数学力学系、理化系。1960 年 10 月又撤并为 26 个专业，年底全院教职工达到 901 人，在校学生 3839 人。在贯彻“调整、巩固、充实、提高”的八字方针过程中，学院办学规模不断缩减。1963 年 9 月，济南工学院的农田水利工程系并入山东工学院。1965 年暑假，艾兴、孟繁杰、侯博渊等导师开始招收研究生。到 1966 年学院建成 7 座教学楼、3 座实验楼、7 座宿舍楼，共有第一机械系、第二机械系、电机系、水利系 4 个系 13 个专业，教职工 1269 人，在校生 2443 人。

开学典礼

学生在校办工厂实习

1956 年 5 月 19 日，山东工学院第一届党员代表大会召开。

1960 年 5 ~ 6 月，山东工学院举办全国、省劳模及先进工作者学习班。

著名力学家刘先志在研究

时任党委书记张国中

“文化大革命”结束后，山东工学院经过恢复整顿进入快速发展时期，1977 年恢复高考招生，1978 年 9 月增设机械设计、计算机、继电保护、数学专业，1978 年 10 月恢复招收研究生，1978 年 12 月成立学术委员会，1981 年 3 月被省政府确定为省属重点院校，1983 年 9 月改名为山东工业大学，1985 年 9 月成立马列主义理论教学部，1986 年创刊《山东工业大学学报（社会科学版）》，1986 年 7 月机械制造专业获得博士学位授予权（艾兴教授为博士研究生导师）。到 1989 年，全校共有机械工程系、材料工程系、自动化工程系、水利及土建工程系、电力工程系、电子工程系、动力工程系、计算机工程系、管理工程系、社会科学系、基础课教学部 11 个系部 32 个专业，教职工 2666 人，在校生 8154 人。

艾兴在作报告

“八五”期间，学校获国家发明奖 12 项，居全国高校前列。

进入 90 年代，学校把科研提升到与教学同等重要的地位，产出了一系列有影响的成果，建立了一批省级重点学科和重点实验室，机械制造及其自动化、材料加工工程、材料学、电力系统及其自动化具有博士学位授予权，硕士学位授权点有 25 个。学校高度重视思想政治工作和党建工作，在教学管理、人事制度、行政管理体制、分配制度、后勤管理改革以及校园建设、对外交流合作、校办产业等方面都取得了很大进步，并于 1996 年 12 月 28 日顺利通过“211 工程”部门预审，成为国家“211 工程”重点建设的综合性工科大学。截至 2000 年 7 月，学校有机械工程学院、材料科学与工程学院、电力工程学院、土建与水利工程学院、环境与化学工程学院、管理学院等院系，教师 1130 人，在校生 11500 余人。学校于 2000 年 7 月 22 日与山东大学合并，原山东工业大学所在校区现为山东大学千佛山校区。

1994年10月，山东工业大学新校门落成。

1996 年 5 月 31 日，山东省省长李春亭视察山东工业大学碳纤维实验室。

山东工业大学邹增大校长向“211 工程”预审专家汇报

1996 年 11 月 28 日，山东工业大学通过“211 工程”部门预审。

1997 年 1 月 17 日，山东工业大学召开第二次科技工作会议。

学生在做化学实验

学校风洞实验室

1997 年 8 月 2 日，山东工业大学代表队在第五届全国大学生田径锦标赛上荣获普通高校组团体总分第一名、女子团体第一名。

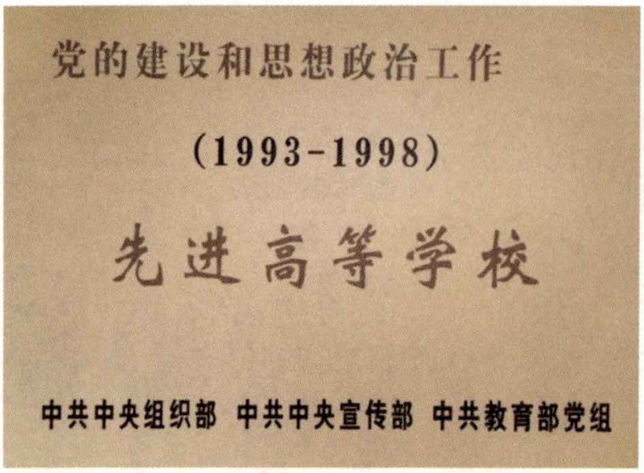

1998 年山东工业大学获评“党的建设和思想政治工作先进高等学校”荣誉称号

1999 年 4 月 8 日，济南高新区山东工业大学创业园签字仪式举行。

山东工业大学校长刘玉柱教授向外籍专家颁发聘书

1999 年 11 月 1 日，山东工业大学建校 50 周年庆祝大会举行。

山东工业大学院系设置

山东工业大学

- 研究生部
- 体育教学部
- 社会科学系
- 外语系
- 数理系
- 管理科学与工程系
- 化学工程系
- 动力工程系
- 土木工程系
- 计算机科学技术系
- 电子工程系
- 电力工程系
- 自动化工程系
- 材料科学与工程学院
- 机械工程学院

第八篇　走向新辉煌

伴随新世纪的到来，山东大学也实现了跨世纪的飞跃式发展。2000年，山东大学、山东医科大学、山东工业大学合并成新山东大学。三校合并之后的新山东大学实现了强强联合，学科门类齐全，学科优势突出，奠定了如今山东大学“一校三地八校区”的办学格局，形成独具特色的“山大系统”。

百廿名校山东大学重回青岛办学，创建了青岛校区。学校创新人才培养模式，成立泰山学堂、尼山学堂，实施人才卓越计划和学术振兴计划，致力于培养中国最优秀的本科生和最具创造力的研究生；内改外联，兼容并包，营建一流教学和科研条件，成立新的科学研究中心，推动学科交叉融合，一流成果不断涌现；全球汉籍合璧，山大“双创”谱写新篇章；承办国际大会，打造高峰论坛，加大“走出去，引进来”力度，山大人更是频繁地亮相国际学坛，学校影响力再创新高，综合实力显著增强，先后进入“985工程”和“双一流”建设。

百廿山大，强校兴国。站在新的起点，在党和国家领导人及社会各界人士的支持与帮助下，全体山大人将继续保持“为天下储人材，为国家图富强”的办学初心，推进人才培养，力做高深学问，坚持回报社会，争创世界一流，再接再厉，继往开来，在奋力实现“由大到强”、加快推进中国特色世界一流大学建设的征途上，力争再创山大新辉煌，为实现中华民族伟大复兴作出山大贡献。

◎三校合并组建新山东大学

■ 山东大学办学历史悠久、底蕴深厚，以文史见长，且在国内外都有一定的影响力，具备建设国家一流大学的条件。但是，也存在短板，比如，学科门类不齐整、工科薄弱、医科则完全没有。在深入调研山东省内各高校的情况以及综合考察全国其他城市办学情况的基础之上，并征得国务院、教育部领导的同意，中共山东省委在2000年1月10日召开的中共山东省委七届三十六次常委会议上宣布将分属教育部、卫生部和山东省政府的山东大学、山东医科大学、山东工业大学合并，组建形成新的山东大学，以集中全部力量发展新山东大学，增强新山东大学的综合实力，将其建设成为国内一流大学，以改变山东省高等教育的现状。

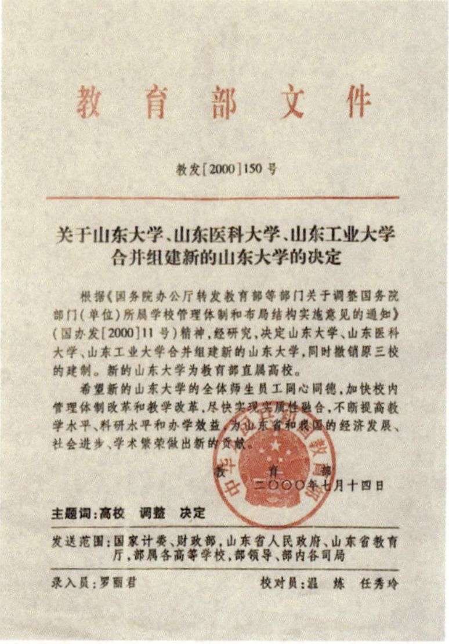

教育部文件

教发[2000]150号

关于山东大学、山东医科大学、山东工业大学合并组建新的山东大学的决定

根据《国务院办公厅转发教育部等部门关于调整国务院部门(单位)所属学校管理体制和布局结构实施意见的通知》(国办发[2000]11号)精神，经研究，决定山东大学、山东医科大学、山东工业大学合并组建新的山东大学，同时撤销原三校的建制。新的山东大学为教育部直属高校。

希望新的山东大学的全体师生员工同心同德，加快校内管理体制改革和教学改革，尽快实现实质性融合，不断提高教学水平、科研水平和办学效益，为山东省和我国的经济发展、社会进步、学术繁荣做出新的贡献。

教育部

二〇〇〇年七月十四日

主题词：高校 调整 决定

发送范围：国家计委、财政部，山东省人民政府、山东省教育厅，部属各高等学校，部领导、部内各司局

录入员：罗丽君　　校对员：温炼 任秀玲

■ 教育部同意合并山东大学、山东医科大学、山东工业大学的文件。

2000年7月22日，山东大学、山东医科大学、山东工业大学合并大会在原山大新校科学会堂举行。时任教育部党组书记、部长陈至立出席了会议，并在会上宣布了教育部关于三校合并组建新山东大学的决定和新山东大学党政领导班子的成员名单，决定由朱正昌任新山东大学党委书记，赵明顺、尹薇、刘珂为副书记，胡家臣为纪委书记；展涛任新山东大学校长，徐显明、张华、李承俊、于修平、张体勤、韩金远任副校长。时任中央政治局委员、中共山东省委书记吴官正以及有关部门领导也出席会议并发表重要讲话，对三校合并表示肯定，对新山东大学的未来发展寄予厚望。

2000 年 7 月 22 日，山东大学、山东医科大学、山东工业大学合并，新山东大学宣告成立。

教育部、卫生部和中共山东省委、省政府领导与新山东大学领导班子合影。

2002 年 8 月 15 日下午，教育部副部长周济在山东大学中层以上干部大会上代表教育部党组宣布邵桂芳同志任山东大学党委书记。2005 年 3 月 8 日下午，山东大学中层以上干部会议召开，中共中央组织部宣布山东省人大常委会副主任朱正昌同志任山东大学党委书记。2008 年 11 月 7 日上午，中共中央组织部有关负责人在全校教师干部大会上宣布中共中央、国务院关于山东大学校长职务变动的决定，徐显明同志任山东大学校长。2011 年 10 月 18 日下午，中共中央组织部干部三局副局长赵凡在全校教师干部大会上宣读了中共中央关于山东大学党委书记职务任免的决定，朱正昌同志不再担任山东大学党委书记职务，李守信同志担任山东大学党委书记（副部长级）。2013 年 10 月 22 日下午，中共中央组织部干部三局局长喻云林在全校教师干部大会上宣布中共中央、国务院关于山东大学校长职务调整的决定，因另有任用，徐显明同志不再担任山东大学校长职务，张荣同志任山东大学校长（副部长级）。2017 年 7 月 19 日，中共中央组织部在山东大学宣布了中共中央、国务院的任免决定，郭新立担任山东大学党委书记（副部长级），樊丽明担任山东大学校长（副部长级）；李守信同志不再担任山东大学党委书记职务，张荣同志不再担任山东大学校长职务。2018 年 6 月 28 日，中共山东大学第十四次代表大会召开，大会选举郭新立为党委书记。

朱正昌书记在讲话

展涛校长在讲话

邵桂芳书记在发言

徐显明校长在讲话

李守信书记在讲话

张荣校长在讲话

郭新立书记在讲话

樊丽明校长在讲话

山东大学三任校长合影

◎进入“985工程”

1998年5月4日，江泽民同志在庆祝北京大学建校100周年大会上提出：“为了实现现代化，我国要有若干所具有世界先进水平的一流大学。”1998年12月24日，教育部制定了《面向21世纪教育振兴行动计划》，决定重点支持部分高校创建世界一流大学和高水平大学，简称“985工程”。1999年，国务院批转教育部《面向21世纪教育振兴行动计划》，“985工程”正式启动建设。山东大学被列入“985工程”重点建设的高水平研究型大学，开启了创建世界一流大学的新征程。

2001年2月，教育部和山东省人民政府签订重点共建山东大学协议，从2002年到2004年三年内，教育部和山东省人民政府共计投入8亿元人民币用于支持山东大学建设成为国内外知名的高水平大学。为顺利推动“985工程”建设，山东大学多次召开专门工作会议，就“985工程”一期、二期、三期等建设情况进行整体规划和战略部署，各个学院也积极进行“985工程”规划工作，通力协作、紧抓落实，集中资源、发挥优势，走上了中国特色的建设世界一流大学之路。

教育部和山东省人民政府签订重点共建山东大学协议

◎党建引领

合校以来，在党的正确领导下，山东大学始终坚持社会主义办学方向。在马列主义、毛泽东思想、邓小平理论、“三个代表”重要思想、科学发展观和习近平新时代中国特色社会主义思想的指导下，学校围绕改革发展稳定大局，切实加强党对学校的全面领导，在部省共建的历史机遇下，不断加强团结协作，开拓创新，各方面工作取得了引人瞩目的成就。

2004 年 11 月 30 日，山东大学党建工作会议在邵逸夫科学馆报告厅隆重举行。这是加强领导班子思想政治建设和贯彻落实党的十六届四中全会和高校党建会议精神的一次重要会议。

2004 年 12 月 10 日至 11 日，学校机关党委召开支部工作交流暨党建工作研讨会，认真传达学习贯彻学校党建工作会议精神，总结交流机关支部工作经验，研讨新时期机关党的基层组织如何为学校“三个提升”提供有力的思想和组织保证。

2005 年 1 月 15 日，学校召开领导班子民主生活会。

2005 年 8 月 22 日，山东大学保持共产党员先进性教育活动动员大会在东校区科学会堂隆重召开。

2005 年 12 月 19 日，中共山东大学第十二次代表大会隆重召开。

2006 年 6 月，山东大学被评为“全国先进基层党组织”。

2009 年 3 月 16 日，山东大学召开深入学习实践科学发展观活动动员大会。

山东大学领导班子始终坚持党委中心组理论学习制度和领导班子暑期读书班制度，图为领导班子成员在 2009 年暑假进行读书学习。

2009 年 8 月，学校领导班子召开加强党性党风建设专题会议。

2012 年 11 月 17 日，山东大学在中心校区知新楼 A 座三层报告厅召开大会，传达学习贯彻党的十八大精神。党的十八大代表、山东大学党委书记李守信在会上传达了党的十八大会议精神。

2013 年 6 月 21 日至 22 日，中国共产党山东大学第十三次代表大会胜利召开。

2013 年 11 月 24 日，学校党委常委班子在中心校区知新楼召开党的群众路线教育实践活动专题民主生活会。

2014 年 9 月 30 日，山东大学学习贯彻习近平总书记教师节重要讲话精神座谈会在中心校区举行。

2016 年 11 月 30 日，《山东大学－中共山东省委党校战略合作协议》签署仪式在中心校区举行。

2017 年 11 月 3 日，中共山东省委书记刘家义同志来到山东大学宣讲党的十九大精神，并与师生交流学习体会。

2020 年 11 月 26 日，中共山东大学党委书记郭新立为师生医务员工作了党的十九届五中全会精神宣讲报告，带领学校全体师生医务员工深入学习习近平总书记在党的十九届五中全会上的重要讲话精神。

2019 年暑假，山东大学校领导“不忘初心，牢记使命”暑期专题读书班启动会在中心校区举行。

2020 年 3 月 19 日下午，山东大学援湖北医疗队成员“火线入党”，图为山东大学齐鲁医院第四批援鄂医疗队在武汉驻地举行的入党宣誓仪式。

◎部门协同

2003 年 1 月 18 日，山东大学第一届教职工代表大会第一次会议在东校区科学会堂隆重举行。

2006 年 4 月 24 日，共青团山东大学第十五次代表大会在东校区科学会堂隆重举行，共有 400 多人出席了会议。

2006 年 10 月 15 日，山东大学第一届校董会成立并召开第一次会议。

2009 年 12 月 17 日，学校第二届教职工代表大会第一次会议在中心校区科学会堂隆重开幕。

2016 年 11 月 26 日，山东大学第三十四次学生代表大会暨第十六次研究生代表大会胜利召开。

◎战略统筹

山东大学尊重教育教学以及科学研究规律，适应社会经济发展需要，把握高等教育发展大势，主动应变，积极作为，注重顶层设计，根据时代特点，先后制定了发展战略规划，有力地推动了学校的发展。

新山东大学成立后，学校出台了《山东大学“十五”学科建设规划》和《山东大学创建国内外知名高水平大学 2002 ~ 2005 年发展规划》，提出实施全方位开放式发展战略、人才战略和教育创新三大战略。

2009 年 3 月，山东大学开始实施《山东大学学术振兴行动计划》，确立了“山大特色，中国一流，世界水平”的办学新目标，形成了“学术立校，人才强校，特色兴校，依法治校”的发展战略。

为积极推进具有山大特色的世界一流大学建设，做强学科，依据《山东大学世界一流大学建设方案》，学校全力实施学科“三大计划”，即学科高峰计划、学科激励计划、学科调整整合计划，目的是通过强化优势，突出特色，整合弱化老化学科，优化学科布局，实现学科更新换代，打造学科高峰，推动学科现代化建设。

2018 年 6 月 29 日，中共山东大学第十四次代表大会隆重开幕，郭新立同志代表中共山东大学第十三届委员会作了题为《追求卓越　只争朝夕　奋力开创中国特色世界一流大学建设新局面》的工作报告。报告提出，大力实施人才强校战略、学术兴校战略、服务山东战略、文化引领战略、国际化战略和一体发展战略，着力解决发展不平衡不充分问题，扎实推动内涵式发展，切实提升办学质量和办学效益，加快实现“由大到强”的历史性转变。

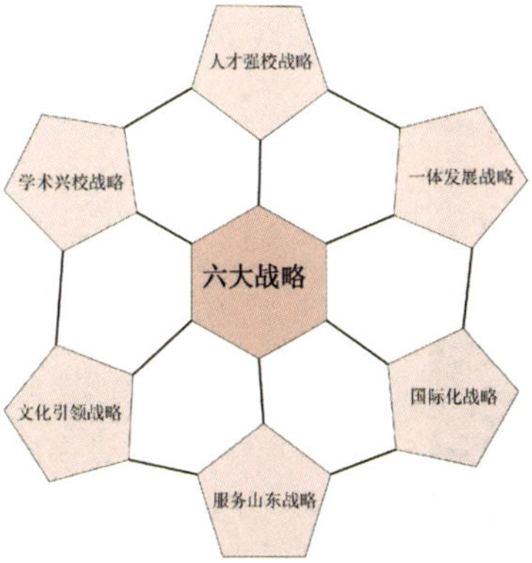

充分发挥党的领导最大优势

做强学科

瞄准建设一流学科的目标，一要推进学术方向现代化；二要推进人才队伍现代化；三要推进创新平台现代化；四要推进学科生态现代化。

做强学院

实施强院兴校行动计划，通过夯实学院主体地位、支持学院做强学科、完善学院内部治理、实施综合预算改革,推动管理重心下移,激发学院办学活力、内生动力、发展潜力，使学院成为拥有办学自主权的责任实体。

聚焦提升学术核心竞争力这一关键

2018 年 6 月 29 日上午，中国共产党山东大学第十四次代表大会在中心校区隆重开幕。

郭新立书记在中共山东大学第十四次代表大会上讲话

樊丽明校长在中共山东大学第十四次代表大会上讲话

2018 年 11 月 18 日，山东大学发展战略咨询委员会成立暨第一次会议在山东大学中心校区成功举办。

◎科学治校

合校后，学校从大局出发、细处入手，通过改革创新、合并重组，调整理顺了关系，办学治校能力不断增强。

2003年12月10日，山东大学大学生素质拓展基地挂牌成立。

2003年12月，山东大学中层领导班子换届动员大会召开。

2004年，山东大学学生管理干部培训班开班。

山东大学召开工作会议

2006年8月13日，学校召开了山东大学“三种经历”人才培养模式研讨会。

2006年9月23日，学校召开以“构建人文社会科学研究创新体系，探索具有山大特色的人文社会科学研究创新发展道路”为主题的文科科研工作会议。

2007 年 11 月 16 日至 17 日，山东大学召开了国际合作与交流工作会议，旨在进一步拓展国际合作交流渠道，推动学科建设、科研合作、人才培养等方面工作的发展。

2009 年 3 月 7 日，学校举办了学术工作会议，会间就《山东大学学术振兴行动计划（征求意见稿）》进行讨论和研判。

2010 年 3 月 26 日，学校召开了以“文科发展人才问题”为焦点的文科学者座谈会。

2011 年 9 月 6 日，校领导深入教学一线了解教学情况。

2013 年，学校举行专业建设论证会。

2018 年 11 月 2 日，山东大学党建工作会议在山东大学第二医院召开，学校中层领导班子《任期目标责任书》签订仪式同时举行。

◎创办齐鲁软件学院

为了贯彻落实“科教兴鲁”发展战略，济南市委、市政府及高新技术开发区与山东大学发挥各自优势，合作创办了齐鲁软件学院。这是山东大学为地方经济建设和社会发展服务，充分发挥自身优势，积极探索办学新模式的一次大胆尝试，有利于推动全省的高等教育改革和发展。齐鲁软件学院于2001年创立，是山东大学的一个分校区——软件园校区，2002年9月正式投入使用，共设有软件学院、微电子学院及中加合作办学项目，致力于为国家培养高层次、实用型、国际化的软件人才。该校区设有“国家软件人才国际培训(济南)基地”“山东省高性能计算中心”“山东大学IBM软件人才培训基地”，并于齐鲁软件学院新生开学典礼同日揭牌。

2001年7月，山东大学与济南高新区创办山东大学齐鲁软件学院签字暨成立仪式。

2002年9月26日，齐鲁软件学院隆重举行新生开学典礼。

第八篇 走向新辉煌

◎创建青岛校区

2008年11月，徐显明校长在向教育部和中共山东省委领导汇报工作时就提出了恢复山东大学在青岛办学的建议。在此之后，学校多次同山东省委、省政府及青岛市、即墨市领导探讨关于建设山东大学青岛校区的诸多细节。在即将迎来建校120周年的重要节点，为了扎实推进和如期实现“把山东大学初步建成世界一流大学”的目标，学校采取了各种政策和手段、制定了一系列战略规划。其中，在青岛建设新校区，构建山东大学系统便是重要的战略之一。青岛校区位于崂山脚下、鳌山湾畔，是“蓝色硅谷”核心区。校区分三期进行建设，2016年9月如期顺利完成了一期工程，并于9月24日下午在博物馆北门广场举行了青岛校区启用暨2016年新生开学典礼。

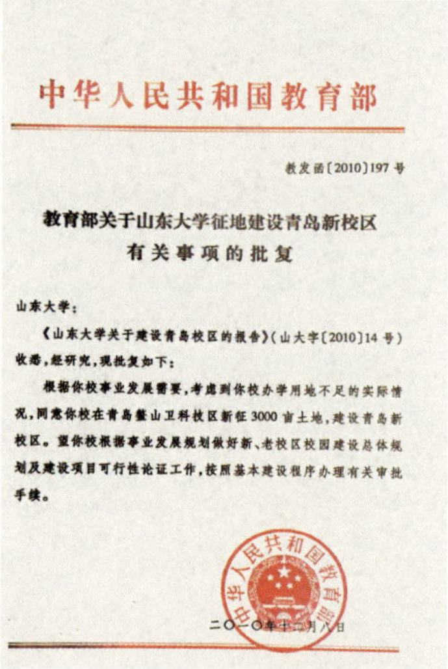

中华人民共和国教育部

教发函〔2010〕197号

教育部关于山东大学征地建设青岛新校区有关事项的批复

山东大学：

《山东大学关于建设青岛校区的报告》（山大字〔2010〕14号）收悉，经研究，现批复如下：

根据你校事业发展需要，考虑到你校办学用地不足的实际情况，同意你校在青岛鳌山卫科技区新征3000亩土地，建设青岛新校区。望你校根据事业发展规划做好新、老校区校园建设总体规划及建设项目可行性论证工作，按照基本建设程序办理有关审批手续。

二〇一〇年十二月八日

2010年12月8日教育部批复同意山东大学在青岛市鳌山卫科技区择地3000亩建设新校区的函件

2011年8月16日，山东大学与青岛市人民政府共建山东大学青岛校区协议签字仪式在济南山东大厦青岛厅举行。

2012 年 3 月 17 日，山东大学青岛校区奠基典礼在青岛即墨鳌山湾畔举行。

2014 年 3 月 14 日，中共山东省委常委、青岛市委书记李群来山东大学调研，听取了关于青岛校区建设情况汇报并讲话。

2016 年 9 月 24 日下午，山东大学青岛校区启用暨 2016 年新生开学典礼在博物馆北门广场举行。

青岛校区一览

◎人才强校

山东大学高度重视人才培养和引进工作，出台政策措施，大力营造“尊重人才、爱护人才、服务人才、成就人才”的良好生态环境，打造一支高水平的人才队伍。

为了奖励那些为学校发展做出突出贡献的人，学校于 2010 年设立了终身教授职位。首批获此殊荣的有王文兴、王克明、艾兴、刘大钧、张运、庞朴、周来祥、赵明义、袁世硕、钱逸泰、蒋民华、彭实戈、曾繁仁、路遥。2010 年 4 月 9 日，学校隆重举行首批终身教授聘任仪式，并为 14 名终身教授颁发聘书。

国家和省部级人才情况（2019）

项目级别	人才项目	数量（人）
国家级	两院院士	18
	长江学者特聘教授	35
	国家杰出青年基金获得者	48
	海外特聘专家	33
	万人计划领军人物	26
	长江学者青年项目	9
	国家优秀青年基金获得者	38
	海外青年专家	41
	万人计划青年拔尖人才	12
	国家百千万人才工程入选者	34
省级	泰山学者攀登计划入选	15
	泰山学者特聘教授	105
	泰山学者青年专家	109
	山东省有突出贡献的中青年专家	73
合计		596

教职工规模情况（2019）

教工类别	济南校区	青岛校区	威海校区	合计
专任教师	2974	736	820	4530
行政人员	891	121	221	1233
教辅人员	918	115	160	1193
工勤人员	232	5	38	275
科研机构人员	227	159	13	399
校办企业职员	89	0	0	89
其他附设机构人员	306	0	4	310
合计	5637	1136	1256	8029

曾繁仁（1941.1 ～），安徽泾县人，著名美学家，当代中国生态美学的先驱者之一。1964 年毕业于山东大学中文系并留校任教，2010 年被评为山东大学终身教授。曾任山东大学党委书记、校长、高教美育研究会会长、中华美学学会副会长、中外文论学会副会长等职。他专注生态美学研究，着力构建富有中国特色的生态美学理论体系；倡导审美教育，出版系列专著，推动审美学科的发展与进步；组织开展丰富多彩的文艺美学学术活动，打造文艺美学研究新阵地；坚持西方美学与文论研究，三十年如一日，取得了骄人的研究成果，获全国百篇优秀博士论文指导教师奖、山东省优秀博士生指导教师奖、山东省社科一等奖等荣誉。他勤奋踏实、刻苦钻研、追求真理、勇于创新，用实际行动塑造了山东大学的亮丽形象，是深受推崇的名师大家。

庞朴（1928.10 ～ 2015.1），字若木，江苏淮阴人，著名哲学家、历史学家、文化史专家。1954 年毕业于中国人民大学哲学系，获硕士学位。曾任《历史研究》主编、国际简帛研究中心主任以及山东大学儒学高等研究院理事会副理事长、学术委员会主任等职。2010 年被评为山东大学终身教授。他学识广博，成就斐然，发现并提出了被人们遗忘的、著名的“火历”说，获得了天文学界的一致肯定；提出了中庸的四种形态及“一分为三”的研究方法，蕴含了丰富的辩证法思想，推动了传统儒学的创新性发展；热爱文化研究，是“文化热”的积极推动者；倾心简帛文献研究，揭开了思孟五行之谜，充分肯定郭店楚简的重要意义，填补了孔孟关系研究的学术空白。庞朴一生致力于学术研究，其代表作品有《说“无”》《相马之相》《解牛之解》，成果突出，赢得了众人的尊敬和推崇。

刘大钧（1943.1.3 ～），山东邹平人，国际知名易学家。曾任全国政协委员、中央文史研究馆馆员、中国周易学会会长、山东大学易学与中国古代哲学研究中心主任、《周易研究》学刊主编等职，2010 年被评为山东大学终身教授。长期以来专注于易学研究，尤其在象数易学领域造诣颇深。在山东大学建立“周易研究中心”，创办了周易研究的第一份报纸，对传统易学进行现代化研究，以弘扬中华优秀传统文化；成功打开了海峡两岸学术交流的大门，凝聚了学术力量；推动中国易学迈出国门，走向世界，成就未来。学术成果丰硕，在国内重要刊物《中国社会科学》《哲学研究》等发表论文 40 余篇，出版多部专著（如《周易概论》《周易经传白话解》《今、帛、竹书〈周易〉综考》等），承担多项国家或教育部重大科研项目（如“百年易学研究菁华集成”等），为中国易学的发展作出了突出贡献。

彭实戈（1947.12.8～）山东滨县人，著名数学家。1971年就读于山东大学物理系，1990年执教于山东大学数学学院，2005年当选为中国科学院院士，2010年被评为山东大学终身教授。他致力于金融数学和控制理论的研究，提出了彭实戈公式，建立了非线性数学期望理论的基本框架；开辟了倒向随机微分方程研究的新领域，从而使“两封信挽救大量国有资产”的美谈传颂至今；参加国际数学大会，并发表一小时演讲，向世界展示了中国数学家的风采与魅力；教学谨严，惜才爱才，为我国培养了一大批金融数学人才。他贡献突出，荣誉众多，获首届中国青年科学家提名奖、首届苏步青应用数学奖、求是杰出科学家、全国创新争先奖、2020未来科学大奖数学与计算机科学奖等荣誉。

钱逸泰（1941.1.3～），江苏无锡人，著名无机材料化学家。1962年毕业于山东大学化学系，1997年当选为中国科学院院士，2005年任职于山东大学化学与化工学院，担任胶体与界面化学教育部重点实验室学术委员会主任，2008年任山东大学化学与化工学院院长，2010年被评为山东大学终身教授。曾任中国化学会理事会副理事长、中国化学会顾问、中国科学院化学部常委、安徽省化学会理事长等职。他专注于纳米材料研究，发现了纳米材料制造的新方法，创造性地发展了相关电极材料的简单合成技术，贡献卓著；培养了一批杰出人才，如谢毅院士、陈仙辉院士等；发表文章800余篇，多次获中国科学院自然科学奖一、二、三等奖及安徽省自然科学二等奖，教育部自然科学一等奖等。

佟振合（1937.9.1～），山东梁山人，中国知名化学家。1963年毕业于中国科学技术大学，1983年获美国哥伦比亚大学博士学位，1999年当选为中国科学院院士，2012年倾情加盟山大，为山东大学化学事业贡献智慧和能量。曾任中国化学会光化学委员会主任、中国科学院理化技术研究所研究员、学术委员会主任、亚洲光化学会副主席等职。长期以来潜心于有机光化学研究，提出了“疏脂性”概念并验证其存在的真实性，指出了在烯烃光敏氧化过程中获得单一种类氧化物的新方法，研究了能量传递和电子转移的基本原理，贡献卓著。学术成果众多，在国内外核心期刊发表论文400多篇，获专利5项，出版《分子光化学与光功能材料科学》《现代物理有机化学》等著作。获中国科学院自然科学奖二等奖、何梁何利基金科学与技术进步奖、亚洲及大洋洲光化学学会成就奖等。佟振合学识渊博，品德高尚，勤勉耕耘，为后人树立了良好的学习榜样。

李玉良（1949.10 ~ ），山东青岛人，著名无机化学家。1975 年毕业于北京化工学院，1988 年、1998 年、1999 年分别访学于荷兰阿姆斯特丹大学化学系、香港大学化学系、美国圣母大学放射实验室，2015 年当选为中国科学院院士，现为山东大学讲席教授、博士生导师。长期致力于以无机化学为基础的交叉科学研究，首次成功合成二维碳石墨炔，发现多方面的新性能，开辟研究新领域；建立半导体异质结共生长方法学和富勒烯低维结构生长方法学，在国际上影响力较大。学术成果丰硕，发表论文 600 余篇，获国家自然科学二等奖三次、北京市科学技术奖（自然科学）一等奖两次、中国科学院自然科学二等奖一次，同时还荣获首届全国创新争先奖以及何梁何利基金科学与技术进步奖。李玉良院士善于思考，不断探索，历经无数挫折与失败，最终成就了石墨炔的研究，为国家化学事业作出了卓越贡献。

赵国屏（1948.8.15 ~ ），上海人，著名分子微生物学家。1982 年毕业于复旦大学生物系，1990 年获美国普渡大学博士学位，2005 年当选为中国科学院院士，2020 年受聘于山东大学。曾任国家人类基因组南方研究中心执行主任、上海生物工程学会理事长、中国微生物学会理事长等职。长期致力于微生物基因组学、合成生物学的研究，在人类遗传病基因进化、代谢以及生物信息学、芯片等方面作出开创性的贡献。领导并主持中国科学院有关人类基因组的重大项目，为国家科学事业贡献力量。近 5 年来发表 SCI 论文 50 多篇，出版专著《生物信息学》；获国际发明专利 1 项，国内发明专利 20 项；获国家自然科学二等奖、国家科技进步二等奖、何梁何利基金科学与技术进步奖，以及上海市科技进步奖一、二等奖等荣誉。在 SARS 病毒分子流行病学及起源进化的研究方面作出了突出贡献。

王文兴（1927.11.17 ~ ），安徽萧县人，著名环境化学家。1952 年毕业于山东大学化学系，2003 年任职于山东大学环境研究院。1999 年当选为中国工程院院士，2010 年被评为山东大学终身教授。曾任国家环境咨询委员会委员、中华环境奖评委会主任、《中国环境科学》杂志主编、国际 ASAAQ 组织委员等职。致力于大气环境化学研究，编著了我国第一部有关工业催化方面的著作《工业催化》，意义重大。领导并承担我国“六五”至“九五”多项重要科研项目，发表了数百篇文章，曾获国家科技进步奖一、二等奖及省部级奖多项。首次发现并详细阐述了光化学烟雾的形成原理，并提出应对之策；阐明了酸雨形成的原因及其带来的相关危害，为减少国家经济损失提供了理论依据。王文兴院士勇攀科研高峰，坚守创新之路，为后人树立了前行的榜样，荣获“环境科学终身成就奖”。

张明高（1937.12.17 ～ ），湖北京山人，无线电波传播专家。1957 年毕业于武汉大学数学系，1981 ～ 1983 年进修于英国卢瑟福 · 阿普尔顿实验室，1999 年当选为中国工程院院士。2012 年 9 月正式加盟山东大学信息科学与工程学院。长期致力于无线电波传播研究，提出了世界通用的对流层散射传输损耗统计预算方法，取代了美国和法国方法；提出 ITU-R P.680-3 建议，取代了日本方法；改进 Hata 模式的使用距离，其成果被纳入 ITU-R P.529-2 建议；ITU-R P.676-3 建议吸纳气衰减简易预测的改进方法，取代了英国方法。其代表性著作有《雷达电波传播手册》《对流层散射传播》等，获机电部科技进步奖、国防科技进步奖等奖项。张明高坚持实践出真知的原则，夏天在电闪雷鸣中，冬天在天寒地冻中，一步步走向山头，用勤奋和汗水攀登了一座又一座科研高峰。

方家熊（1939.10.22 ～ ），安徽黄山人，光传感技术专家。1962 年毕业于南京大学物理系，1966 年获中国科学院半导体研究所硕士学位。2001 年当选为中国工程院院士，2011 年任山东大学光学高等研究中心主任。曾任中国光学学会红外、光电器件专业委员会主任及上海市人大代表等职。方家熊长期致力于光传感研究，尤其精通红外传感器的研究，为我国科学事业作出了卓越贡献。出版专著两部，撰写论文百余篇，荣获国家科学技术进步奖一等奖、二等奖、三等奖及上海市科学技术奖等。方家熊院士用勤勉和严谨、求实和创新书写了光学领域的辉煌。

艾兴（1924.8.24 ～ 2018.4.7），江西东乡人，知名教育家，切削加工研究领域的开拓者。1948 年毕业于厦门大学并留校任教。自 1953 年起，先后任职于山东工学院、山东大学机械工程学院，同时兼任中国高校切削和先进制造技术研究会名誉理事长，中国机械工程学会理事、特邀理事，山东机械工程学会副理事长等职。1999 年当选为中国工程院院士，2010 年被评为山东大学终身教授。终生致力于切削加工领域理论与技术的研究，创新了理论体系，首创了 3 种陶瓷刀具及复杂表面分解重构理论，研制了专用数控机床等。主编了我国第一部切削领域的论著《切削用量简明手册》，发表论文 360 余篇。艾兴教授勤奋耕耘，始终奋战在教科研一线；治学严谨，要求严格，将学生及格的分数线提高至 75 分；关爱学生，顶着酷暑看望生病的学生，送去温暖和爱心；一生节俭，却在汶川大地震中捐献了自己唯一的一件军大衣，缴纳了 5000 元的特殊党费，以援助灾区。种种感人事迹彰显了先生之崇高品质，令人敬佩不已。

张运（1952.9.28～），山东阳谷人，内科学心血管病学专家。1976 年毕业于山东医学院，1978 年留校继续攻读硕士学位，1983 年获挪威奥斯陆大学博士学位。他废寝忘食，刻苦钻研，仅用两年时间就拿到了博士学位，令国外同行刮目相看。2001 年当选为中国工程院院士，2004 年任山东大学医学院院长，2008 年当选为美国心脏病学院院士，2010 年被评为山东大学终身教授。曾任山东大学副校长。张运专注于超声心动图技术的研究，大大缩减了多普勒检查的时间，开无创性诊断之先河；推广多普勒技术的应用，促进了心脏病诊断技术的根本性变革，贡献卓异。发表论文 900 多篇，主编专著 10 部，多项成果获国家、山东省奖励，入选首批国家百千万人才工程，获国家级有突出贡献的中青年专家、首届中国医师奖等 20 多项荣誉。

陈子江（1959.10～），湖北武汉人，妇产科学与生殖医学家。1984 年毕业于山东医学院，1989 年获山东医科大学医学博士学位并留校任教，是山东医学院第一批两名博士研究生之一，师从著名妇产科专家苏应宽教授。2006 年兼任山东大学医学院副院长，2013 年任山东大学副校长，2015 年兼任山东大学齐鲁医学部部长，2019 年当选为中国科学院院士。她从零开始，踏实研究，谨慎实验，成功解决出生问题，打开科研的大门；快马加鞭，创立优生筛查平台，从源头上遏制了出生缺陷的发生，为病人撑起了希望的天空；牵头制定了我国生殖领域的多项行业标准，如《不孕症诊断指南》《多囊卵巢综合征诊断》等。重视创新，努力创设良好条件，提高学生综合素质和创新能力。在知名期刊发表论文 200 余篇，获首届山东省自然科学最高奖、霍英东研究奖、何梁何利基金科学与技术进步奖等，获卫生部有突出贡献中青年专家、全国优秀博士学位论文指导教师等荣誉称号。

李术才（1965.12～），河北涞水人。1983 年就读于山东矿业学院土木系，获工学学士和硕士学位，1996 年获博士学位并工作于武汉岩土所，2001 年担任山东大学土建与水利学院院长，2015 年 7 月任山东大学党委常委、副校长，2019 年当选为中国工程院院士。作为一名地下空间的探索者，李术才重实践，勤思考，聚英才，攻难题，带领学生攀登科研最高峰；潜心于隧道与地下工程突水突泥灾害防控研究，为我国灾害的防控作出了卓越贡献。科研能力卓著，发表高质量论文 200 多篇，出版专著 6 部，承担国家重大工程科研项目 30 余项，是国家杰出青年基金获得者、山东省具有突出贡献的中青年专家、新世纪百千万人才工程国家级入选者、第九届中国青年科技奖获得者以及山东省科技最高奖和光华工程科技奖的获得者。

李椿萱（1939.11.9 ~ ），广东新会人，空气动力学与飞行器设计专家。1963 年毕业于台湾成功大学，1972 年获美国纽约州立大学博士学位，1997 年当选为中国工程院院士。曾任全国政协委员、中国航空学会理事、中国空气动力学会理事、国家国防科技工业局科技委航空专业组委员等职。他倾心于国家航空航天事业，在动力学、计算力学、飞行器的动态特性及推进系统方面造诣颇深；精心培育人才，不断提升学生独立思考和求实创新的能力；学术成果突出，著有论文《超燃冲压发动机燃烧室内湍流燃烧流场的数值模拟研究》《基于 Favre 平均的高超声速可压缩转捩预测模型》等。获全国有突出贡献中青年专家、全国优秀教师、航空航天工业部劳动模范等荣誉称号。2019 年 6 月受聘为山东大学双聘院士，为山东大学科学研究、人才培养及学科建设等方面贡献了自己的才智和力量。

宋微波（1958.12 ~ ），江苏睢宁人，国内知名原生动物学家。1982 年和 1985 年分别获山东海洋学院学士、硕士学位，1989 年获德国波恩大学博士学位。2015 年当选为中国科学院院士。2020 年成为山东大学双聘院士。曾任国务院学位委员会生命学科专家组成员、国际原生生物学会常务执委、中国原生动物学会副理事长等职。长期致力于纤毛虫原生动物分类学、系统学以及细胞学研究。在纤毛虫的多样性、DNA 库的构建、分子系统学以及凯毛虫个体发育模式方面造诣颇深，贡献卓异。科研成果丰实，在国内外主流刊物发表论文 460 余篇，出版专著 4 部，主持多个重大项目，推动了全球海洋纤毛虫学研究的发展与进步。研究成果获高校自然科学成果一等奖、教育部科技进步成果一等奖、国家海洋局科技进步一等奖等，获“全国模范教师”“全国劳动模范”“山东省十大杰出青年”“山东省十大优秀教师”等荣誉称号。

王小云（1966.8 ~ ），山东诸城人，中国著名密码学家。1983 年考入山东大学数学系，开始了本、硕、博的学习生涯，师从著名数学家潘承洞院士，1993 年博士毕业后留校任教，2017 年当选为中国科学院院士。王小云醉心密码研究，十年磨一剑，不怕艰辛，勤于探索，用“手算”的方式破译了传统条件下巨型计算机才能破译的 MD5 和 SHA-1 两大加密密码，产生了很大影响。她设计的密码系统为国家的重要领域和信息系统安全提供了重要保障，为国家安全事业作出了重要贡献。曾荣获陈嘉庚科学奖、求是杰出科学家奖、中国青年女科学家奖、中国密码学会密码创新奖特等奖、网络安全优秀人才奖、数学与计算机科学奖等奖项，被评为“2019 十大女性人物”。

2003 年 6 月 5 日，山东大学聘任宋健同志为山东大学名誉教授并颁发聘书。

2005 年，山东大学聘任姚期智为山东大学名誉教授并颁发聘书。

2009 年 5 月 22 日，山东大学聘任杨利伟为山东大学学生德育指导教师并颁发聘书。

2012 年 5 月 11 日，山东大学聘任彼特 · 格伦伯格（Peter Grünberg）为山东大学教授并颁发聘书。

2013 年 12 月 13 日，山东大学向约瑟夫 · 奈颁发山东大学名誉博士学位证书。

2020 年 11 月 7 日，山东大学聘任中国工程院院士尚红为兼职讲席教授并颁发聘书。

◎兴院、强院和学科交叉

三校合并之后，学校发展很快，在诸多领域都取得了骄人的成绩。在学院建设方面也取得了新突破，学院办学活力和自主性逐步增强，许多新兴学院和交叉学科的建设为学校的发展增添了新的动力。据统计，山东大学是全国学科门类最齐全的大学之一。

2009 年 6 月 10 日至 11 日，山东大学承办了“中国的绿色发展道路——节能·减排·循环经济专家论坛”，与会代表就山东省的节能减排过程中取得的成就和出现的问题进行了研究和分析，倪维斗、钱易等多位专家作了多场高水准的学术报告。

2011 年 6 月 3 日，山东大学高等研究院成立 。

2012 年 12 月 6 日，山东大学儒学与中华文化复兴协同创新中心建设进展情况汇报会召开。

2016 年 2 月 23 日，山东大学马克思主义学院获评全国重点马克思主义学院。

2017 年 7 月 13 日，山东大学公共治理研究院揭牌仪式在青岛校区举行。

2018 年 11 月 10 日，山东大学数学与交叉科学研究中心成立大会在青岛校区举行。

学科建设情况（2019）

博士学位授权一级学科	44个
硕士学位授权一级学科	51个
博士后科研流动站	42个
博士专业学位授权类别	9个
硕士专业学位授权类别	34个
本科招生专业 58个国家级一流本科专业建设点 13个战略新兴专业	95个

战略新兴专业	
供应链管理	生物医学科学
机器人工程	材料科学与工程
智能制造工程	数据科学与大数据技术
密码科学与技术	新能源科学与工程
人工智能	土木、水利与海洋工程
网络空间安全	智能医学工程
储能科学与工程	

学科优势

- ESI排名
  - 5个学科全球前1‰
    - 材料科学
    - 工程学
    - 临床医学
    - 药理学与毒理学
    - 化学
  - 18个学科全球前1%
    - 地球科学
    - 神经科学与行为学
    - 微生物学
    - 药理学与毒理学
    - 社会科学综合
    - 分子生物学与遗传学
    - 农业科学
    - 工程学
    - 计算机科学
    - 生物学与生物化学
    - 动植物科学
    - 材料科学
    - 环境与生态学
    - 临床医学
    - 免疫学
    - 物理
    - 数学
    - 化学
- 第四轮学科评估
  - A+学科
    - 数学
  - A学科
    - 中国语言文学
    - 马克思主义理论
  - A-学科
    - 应用经济学
    - 外国语言文学
    - 控制科学与工程
    - 药学
    - 工商管理

◎学术兴校

学校把学术振兴放在突出的战略位置，把学术卓越作为核心价值追求，大力营造崇尚学术、尊重学者、提倡创新的学术生态，加快高水平大学建设进程，实现学术跨越式发展。

教育部高等学校科学研究优秀成果奖统计（人文社会科学）

获奖时间	一等奖	二等奖	三等奖	普及奖	青年成果奖
1995 年	2	8			
1998 年		1	7		
2002 年	2	6	7		
2006 年		2	8		
2009 年	1	5	8		
2012 年		7	6	1	
2015 年	2		8	1	
2020 年	1	13	2		4

注：自 2006 年至 2020 年，山东大学共有 14 部作品入选《国家哲学社会科学成果文库》（含《国家社科基金成果文库》）。

2000 年 9 月 21 日至 23 日，山东大学成功举办了新山大成立后规模最大的一次学术会议——“中国传热传质学术年会”。

2001 年 5 月 10 日，教育部人文社会科学重点研究基地——文艺美学研究中心正式揭牌成立。

2001 年 5 月 19 日，学校在北京举办了《文史哲》创刊 50 周年纪念会暨人文精神与现代化学术研讨会。

2001 年 6 月 25 日，山东大学经济研究中心成立大会暨学术研讨会召开。

2004 年，成立于 2003 年的山东大学犹太教与跨宗教研究中心被教育部评审为“中国高校人文社会科学重点研究基地”。

2010 年 4 月 2 日，山东大学举行了盛大的活动，庆祝参与研制、生产和测试的世界最高能量的大型强子对撞机实验成功。

2012 年 4 月 7 日，中国科学院空间目标与碎片观测研究中心山东大学威海联合观测站揭牌仪式在山东大学威海天文台举行。

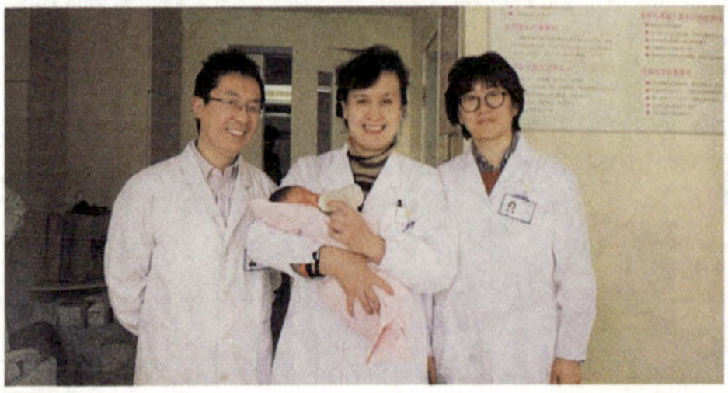

2013 年 12 月 31 日，山东大学生殖课题攻关项目组部分成员与国内首例耳聋基因 PGD 检测后健康试管婴儿合影。

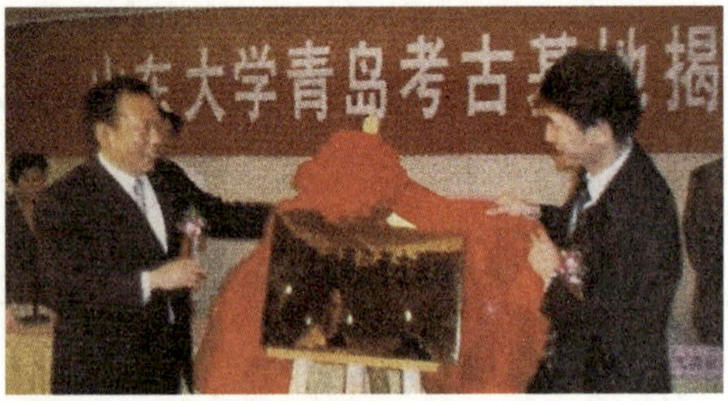

2007 年，山东大学青岛考古基地揭牌。

2010 年 6 月 15 日，首届晶体成核与生长国际研讨会在山东大学顺利举办。

2013 年 8 月 14 日，山东大学彭实戈院士被邀请在 ICIAM 大会上作一小时报告。

2017 年 11 月 6 日，在芝加哥举办的美国焊接学会年会上，山东大学材料科学与工程学院的武传松教授当选为美国焊接学会会士。

山东大学兼职教授、诺贝尔奖获得者莫言（前右）与贺立华教授（前左）及他们在山东大学培养的研究生

山东大学物理学院兼职教授、诺贝尔奖获得者 Peter Gr ü nberg 与学生一起做实验

2019 年 8 月 28 日，山东大学兼职讲席教授、诺贝尔奖获得者亚利耶·瓦谢尔为学校师生作报告。

欧洲科学院院士、德国国家工程院院士、微生物技术国家重点实验室主任张友明教授在做实验

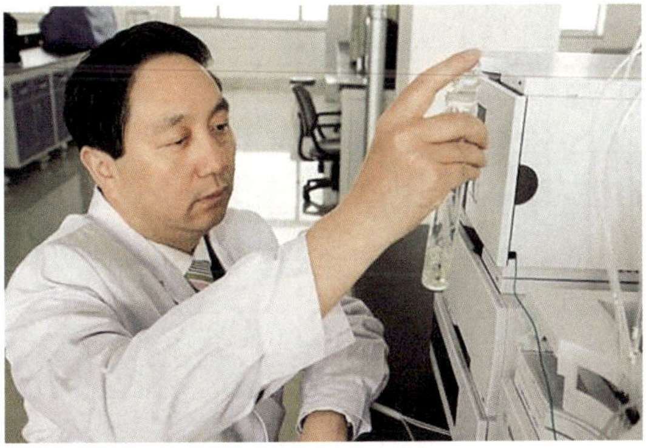

山东大学国家糖工程技术研究中心主任、国际欧亚科学院院士凌沛学教授在做实验

英国物理学会会士、英国皇家化学学会会士、物理学院郝晓涛教授在做实验

2000 ~ 2020 年山东大学教师获山东省社会科学优秀成果奖情况

学科/级别/时间	经济学			管理学			政治学			法学			哲学社会学			文学语言学			文化学			教育学			历史学			智库研究成果、应用与普及		
	一	二	三	一	二	三	一	二	三	一	二	三	一	二	三	一	二	三	一	二	三	一	二	三	一	二	三	一	二	三
2020	3	3	3		2			1	1	2	3	3	1	4	3	1	5	3		3				1	2	4	1		1	
2019	1	4	3		2	1	2	1	3	1	2	2		6	2	1	5	4		1	1		1		1	1	4	1		
2018	2	2	2		4	2		1	1	1	3	2	1	2	6	2	3	2		1	1		1		3		2			
2017	1	5	2	1	4	3	1		2		3	2	1	4	4		5	4	1	3	2					2	3		1	
2016	2	4	1	3		4		1			4	1	1	2	2		3	3		1				2	1	5	1		1	1
2015	2	2	1		1	1		1	1			3		3	4	1	2	2		1	4					4	2		1	
2014	1	4	2	1	2	3		1	2	1	2	1	3	2	3	2	2	2								4	2		1	1
2013		4	3		3	4	1		2	2		2		1	2	1	2	3		3					1	3	3			
2012	2	4	1	1	2	4		3	4		1	1	1		1	1	2	4			1					1	2		1	
2011	1	5	1			1		1	1	1		3	2			1	1	2		1	2					2				1
2010	2	4			2		1		1	1	1	4	1	1	2	1	3	3	1		1				1	1	1			1
2009		2	1	1	2	1	1	1	1	1	1	1		2	1	1	2	4			1				2	1	2			
2008		3	5	1		1		2	1			1		1	1		3	3								2	3			
2007	2		2			1	1	2	1		1	1		1	2	1	4	7		1				1	1	4	2			
2006	1	4	3	1	1	1			2		5	4	1	1		1	6	3			1					3	4			
2005		3	3	1	1			1	4			1			2	2	2	7							2	1	2		2	
2004	2	2	1			3			2		1	1		1	2	1	5	7			1				1	4	3		2	
2002	1	4	7		1	2		3	3	1	1	2	1	1	4	1	2	10							1	2	3			
2001	2		2	1		2	1	2	3	2		1		2		1	4	5								4	5			
2000	1	2	4	1	1	2	1	1	5	1	1		3	2	2	1	3	7							1	1	2			

注：表中数据为不完全统计

2000～2020年山东大学教师获自然科学奖情况

奖项 / 级别 / 时间	国家自然科学奖			国家科技进步奖			国家技术发明奖			教育部高校自然科学奖			教育部高校科技进步奖			教育部高校技术发明奖			山东省自然科学奖			山东省科技进步奖			山东省技术发明奖			山东省最高科学技术奖
	特	一	二	特	一	二	特	一	二	特	一	二	特	一	二	特	一	二	一	二	三	一	二	三	一	二	三	
2000						2			1		6	4										3	23	33				
2001						1			1		1	5			4			1				3	24	30				
2002						3														4	5	5	18	36		5	3	1
2003						1													1	3	6	1	22	39		1		1
2004						1													1	2	5		22	23		2		
2005			1			2															7	3	22	30				
2006						1			1		2	1		3	2				1	1	2	1	19	29		4		
2007											1	1								2	5	4	17	40		1	1	
2008			4								2	1		2	2			1	1	3	1	4	18	19		2	1	1
2009						1						2			1		1				2	5	19	16	1	2	2	
2010				1		3					2	1		1	2				1	3	2	3	20	17			1	
2011						3			2		1	1			3					3	4	7	22	15				
2012						1			1		2	2			6					2		5	21	16	2			1
2013						2			1			2		1	3			2		2		4	23	16	1	1	1	
2014			1			2						3			2		1			2	2	5	17	5		3		
2015			2			4					1	5		1	3			1		5		1	5	5	1			2
2016					1	3			1		2	1			1			1		1	1	3	4	5	1	1		
2017											2	2			4				2	4		4	8	3	1			
2018			1									4		1	1		1		2	6		7	10	2				
2019												2		1			1		2	4		6	14	4				
2020					1	5			1										2	7		6	15	2	1			

注：表中数据为不完全统计

◎山大参与 AMS 项目

进入 21 世纪之后，为推动我国在外太空研究领域的进步，2004 年 3 月，山东大学正式参加了阿尔法磁谱仪（*Alpha Magnetic Spectrometer*，AMS）项目，并由山东大学的程林教授担任 AMS 热系统总负责人，全面负责 AMS 热系统的研究、设计、制造与实验。在科研攻关的过程中，以程林教授为首的山大科研人员为太空粒子探测等关键工程问题的解决作出了巨大贡献。

2004 年，山东大学正式加盟由欧洲核子中心组织的 ATLAS 项目和诺贝尔物理学奖获得者丁肇中教授（右一）领导的 AMS 项目等大型国际合作科研项目，并取得重要进展。

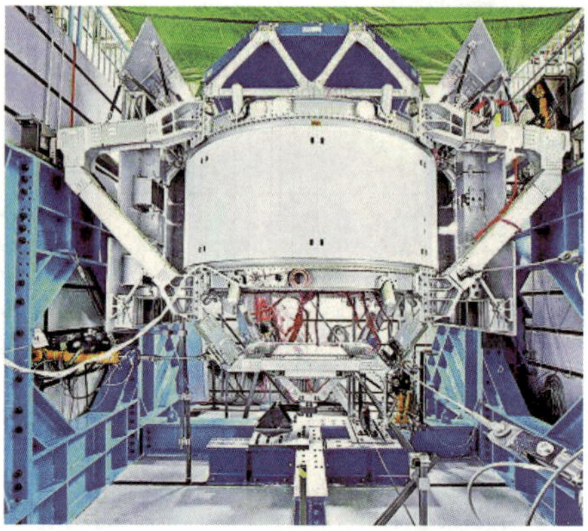

2008 年 12 月 12 日，程林教授主持的国际重大研究项目“AMS02 热系统研究与设计”顺利通过专家组的鉴定。

阿尔法磁谱仪安装在国际空间站之后，山东大学 AMS 中心通过数据中继卫星同步接收来自国际空间站发回的 AMS 热控制系统数据。数据表明，山东大学负责研究和设计的 AMS 热控制系统在太空环境中工作一切正常，显示出极高的稳定性和可靠性，为 AMS 各个部件的正常运行提供了有效的保证。

2011 年 10 月 16 日，丁肇中教授在山东大学作国际空间站 AMS 实验学术报告。

◎山大考古成就

考古学是一门探索古代世界、与古人对话的学科，也是山东大学的优长专业。这一时期，随着考古科学技术的创新发展以及与海外考古专业团队开展联合考古，山东大学的考古成就斐然，在全国占有重要的地位。

从 2003 年 3 月 17 日起，考古系将多项新考古方法运用于济南大辛庄遗址挖掘现场，出土了带文字的甲骨等新成果。

李学勤与方辉对卜甲上的甲骨文进行仔细研究

于海广教授在考古现场为学生讲解

刻有甲骨文的卜甲

2007 年 5 月，栾丰实教授带领的考古实习队在青岛北阡遗址发掘中有重要发现，图为考古现场。

2008 年，开展田野考古工作的师生合影。

2008 年，两城镇遗址出土文物一览。

2018 年 4 月 9 日至 10 日，历史文化学院考古与博物馆系发掘的“济南章丘区焦家新石器时代遗址”成功入选“2017 年度全国十大考古新发现”。

济南章丘区焦家新石器时代遗址现场

出土器物一览

◎文献集成

山东大学在《子海》整理和研究、杜甫研究、考古发掘等领域不断取得一个又一个喜人的丰硕成果的过程中淬炼山大精品、锻造山大特色、提出山大方案、作出山大贡献，全校哲学社会科学研究工作呈现出一片欣欣向荣、蓬勃向上的发展态势，也为促进全省、全国哲学社会科学事业的发展贡献了“山大力量”。

2011年10月11日，山东大学召开学术研讨会，庆祝由文史哲研究院负责的山东省政府特批重大文化成果——《山东文献集成》的编纂工作完成。

2012年3月25日，山东大学儒学高等研究院举办了《十三经注疏》整理与研究工程启动仪式，标志着山东大学古籍整理浩大工程正式开始。

2013年11月30日，山东大学召开了《子海》首批重大成果发布会、两岸古籍珍本合璧工程论证会、《子海精华编》整理质量与进度讨论会。

《山东文献集成》书影

2014年4月20日，山东大学承担的《杜甫全集校注》首发式在北京举行。

2017年3月，《子海珍本编·大陆卷》第二辑共70册正式出版发行。

◎全球汉籍合璧工程

■ 素以文史见长的山东大学，在注重中国古代典籍研究方面有着一以贯之的优良传统。新时代，山大学者承担起全球汉籍合璧工程，致力于将散落于世界各地的汉籍经典进行回归，并紧紧围绕该工程开展了一系列研讨和交流活动。山东大学于 2013 年 11 月设计并提出了合璧工程的学术设想和基本构建，历经近四年的筹谋和准备，2017 年 4 月 19 日正式启动“全球汉籍合璧工程”。2018 年 7 月，经过文化和旅游部、教育部、财政部等相关国家部委几个月的协调论证，该工程顺利入选国家重点文化工程，同年年底被列入“中华古籍保护计划”。此外，“全球汉籍合璧工程”得到国家领导人和山东省委、省政府的高度重视。李克强总理到山东大学考察时，对该工程作出重要批示。同时，从 2018 年起，国家每年将向合璧工程拨款人民币 2700 万元，连续支持 10 年，资助总金额达 2.7 亿元，成为学校获得国家资助最多的社科类重点项目。时任中共山东省委书记刘家义前后四次对合璧工程进行专门批示，并亲自召开专题会议，研究和推进工程的顺利开展。

2016年11月25日，为推动全球汉学联动、促进汉学研究纵深发展，山东大学召开了全球汉籍与汉学合作研究研讨会。

全球汉籍合璧工程首席专家郑杰文讲话，郑杰文教授对全球汉学联盟筹备情况作介绍。

张荣校长与台湾大学朱云汉教授就全球汉籍合璧等事宜进行深入交流

“全球汉籍合璧工程”启动仪式参会代表合影

2017 年 4 月 19 日，中共山东省委宣传部和山东大学联合启动了“全球汉籍合璧工程”暨第一次工作会议，旨在推动中华优秀典籍回归，弘扬中华优秀传统文化。

时任中共山东省委常委、宣传部部长孙守刚出席开幕式并讲话

时任山东大学校长张荣发言

“全球汉籍合璧工程”专家座谈会

2019 年 11 月 29 日，“全球汉籍合璧工程”推进研讨会在山东大学召开。其间，中国社会科学院孙晓教授向山东大学捐赠了价值 20 余万元的图书。

2020 年 4 月 8 日，学校召开了“全球汉籍合璧工程”协调推进会，部署工作的新计划。

◎既要大师，也要大楼

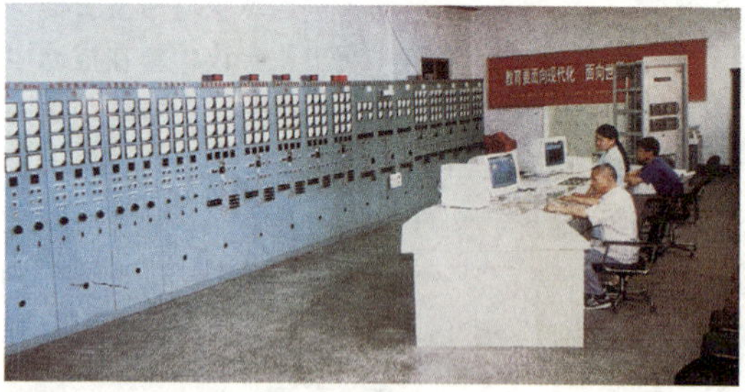

电力学院动态模拟实验室对模拟发电机组、输电线路和负荷机组实现了微机监控，居全国领先水平。图为主控室的微机监控主站。

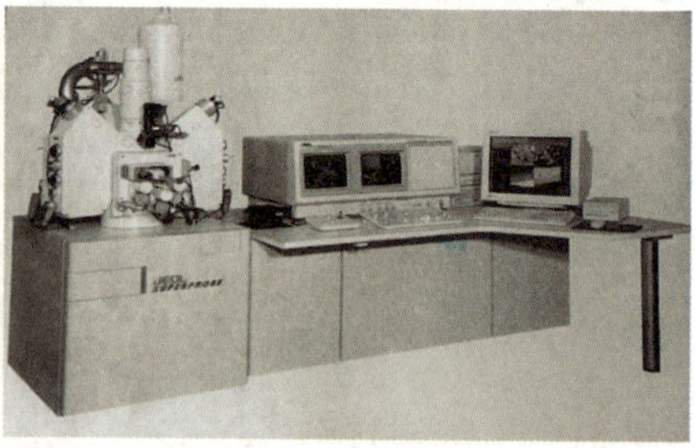

山东大学新引进的日本生产的 JAX-8800R 电子探针

山东大学利用自主研制的 50 毫米白光冕仪观测到白光日冕像，属国内首例。

山东大学研制的 120KW 海浪发电装置

山东大学中心校区知新楼

威海校区图书馆内景

蒋震图书馆电子图书阅览室

兴隆山校区图书馆

蒋震图书馆智能图书馆员助理

蒋震图书馆朗读亭

多媒体大教室

智慧教室

研讨教室

特色教室

数字媒体技术教育部工程研究中心

计算中心一角

◎一体化战略

30 多年来，因受历史因素、地方经济社会发展需要等方面的影响，山东大学形成了济南、威海、青岛“一校三地”的办学格局。虽然扩展了学校办学空间和辐射地域范围，但是如何推动三地校区既能保持自身特色、扬长避短，又能构建起协同发展的命运共同体成为亟须破解的发展难题。山东大学群策群力，开拓办学思路，召开一系列促进“一校三地”一体发展的战略会议，制定了一系列旨在加快“一校三地”一体管理的政策措施，实施了一系列有利于“一校三地”一体建设的活动举措。例如，2009 年、2012 年、2013 年、2017 年，学校提出了“大山东大学”发展战略，构建“统分结合、优势互补、各具特色、一体发展”的山东大学系统，坚持“统筹布局，一体发展”的办学体制，将“统筹布局、一体发展”作为激发各校区办学活力的重要方针。2018 年 4 月，学校专门召开了研讨“一校三地”一体发展的专题战略会议，并在同年 6 月把“一体发展战略”正式列为学校未来发展的六大战略之一。学校先后出台了《中共山东大学委员会关于深化一校三地管理体制机制改革的意见》《山东大学（威海）管理体制机制改革实施方案》《山东大学（青岛）管理体制机制改革实施方案》等文件，通过召开“一校三地”全民运动会、实施招生培养一体化、开展师资等教学资源共享和共建科研机构等方式，有力推动“同一个山大”建设，将“一校三地”一体化发展的办学管理模式打造成为破除地域分割劣势和充分发挥各校区特色优势的重要路径。

山东大学“一校三地”上万名学生参与 2019 年暑期学校。为了实现“精品化、国际化、创新型、开放式”的人才培养目标，山东大学推出了国际暑期项目、暑假精品项目和未来山大人项目，并首次实现了山东大学济南校区、威海校区及青岛校区线上同步选课，实现了“一校三地”教育资源的共建共享。

2019 年 11 月 29 日至 30 日，学校召开“一校三地”本科人才培养方案修订专题会议。

◎开放式发展

为创建世界一流大学，山东大学实施了全方位开放式发展战略，一方面加强校级、校企、校地合作，另一方面加强国内、国际交流与合作。学校在举办国际学术会议、国际科研合作、汉语国际推广、孔子学院建设等方面成绩突出。

2001 年 7 月 16 日，以“弘扬墨学军事思想，促进世界和平发展”为主题的第五届墨学国际研讨会在北京人民大会堂隆重召开。

2005 年 5 月 25 日，诺贝尔经济学奖获得者、“欧元之父”罗伯特·蒙代尔应邀来校访问讲学。

2009 年 4 月 13 日，英国牛津大学国王学院理查德·特尔博士来访，并在学校开展的“人文纵横”报告会上围绕英国的人权法律问题与师生们进行了交流和探讨。

2011 年 10 月 13 日，由山东大学与哈佛大学费正清中国研究中心联合举办的哈佛与中国研究国际学术论坛在邵逸夫科学馆报告厅正式开幕。

2019 年 10 月 20 日，山东大学联合新加坡南洋理工大学、清华大学主办的第四届众智科学与工程国际会议在济南顺利举办。

国际化战略规划（2018 ～ 2025）

- 师资国际化能力提升计划
- 国际科研合作种子基金计划
- 职员海外培训计划
- 海外一流学科伙伴计划
- 引智品牌建设计划
- “一带一路”教育行动计划
- 国际化校园建设及外宣工作计划
- 课程国际化计划
- 国际学分计划
- 高水平学历留学生培养计划

2005 年，山东大学与英国巴斯大学签订校际合作协议。

2012 年 5 月 31 日，山东大学与耶鲁大学签订校际合作协议。

2008 年，由山东大学与耶鲁大学人类学系、芝加哥菲尔德自然历史博物馆组成的联合考古队在野外开展田野考古工作。

◎论坛与平台

新时代，山东大学以开放办学的姿态，不断和省内外各大高校等单位通力合作，打造了一批具有学科特色的科学研究平台和学术研究基地，主持和承办了多主题的学术论坛活动，推动全校科学研究工作取得实际成效。

国家级科研平台	12个
国家“111创新引智计划项目”基地	9个
教育部重点实验室	14个
教育部（工程）技术研究中心	6个
国家级人才培养基地	6个
教育部人文社会科学重点研究基地	4个
省部级平台（自然科学类）	112个

2005年9月16日至18日，山东大学举行了“儒学全球论坛（2005）暨山东大学儒学研究中心成立大会”。

2009年5月17日至18日，山大首届“南山论坛”在邵逸夫科学馆和舜耕山庄举行。图为山东大学首届南山论坛——量子信息材料与器件会议。

2013年12月8日，由山东大学法学院等承办的以“繁荣社会主义法治文化”为主题的第八届中国法学家论坛成功召开。

2014年10月27日，山东大学艺术学院名誉院长范曾先生来校讲学，为广大师生作了题为《佛学——圆融无漏的哲学》的学术报告。

2018 年 9 月 26 日，学校顺利举办全球能源互联网与大学创新发展论坛，宣告了全球能源互联网大学联盟、山东大学全球能源互联网战略技术研究院的成立。

“全球能源互联网大学联盟”揭牌

山东大学孔子学院研究中心揭牌

2018 年 11 月 11 日，由山东大学主办，山东大学孔子学院研究中心、山东大学中华传统文化研究与体验基地承办的孔子学院研究与智库建设高峰论坛在山东大学中心校区成功举办。

2019 年 11 月 23 日，山东大学－特拉维夫大学犹太与以色列联合研究所成立。

2020 年 12 月 13 日，山东大学主办了首届黄河发展论坛，并由经济研究院承办了“新旧动能转换与黄河流域协同发展”分论坛。

2021 年 4 月 13 日，以“后疫情时代的文化传承创新与文明交流互鉴”为主题的国际儒学联合会专家座谈会在山东大学成功举行。同时，国际儒学联合会山东大学研究基地正式揭牌。国际儒学联合会会长刘延东出席活动并讲话，山东大学校长樊丽明和国际儒联副会长王念宁代表双方为国际儒学联合会山东大学研究基地揭牌。

2021 年 6 月 5 日，山东大学马克思主义学院承办第十届中国政党研究论坛暨中国共产党百年建设的理论与实践学术研讨会。

◎孔子学院

山东大学是国内首批建设孔子学院的高校之一。孔子学院是山东大学实施国际化战略的重点拓展领域，是延揽优质学术与教育资源的重要途径，也是师生干部提升国际综合素质的重要平台。学校高度重视孔子学院的建设工作，出台了《山东大学关于加强孔子学院建设工作的意见》《山东大学关于进一步加强孔子学院建设提质增效的意见》等文件。经过多年探索，学校已经在海外实践、人才培养、学科建设、理论研究等方面多措并举，形成了孔子学院、学科体系、中华传统文化研究与体验基地及孔子学院研究中心（智库）相互支撑、相互促进的“四位一体”孔子学院建设山大模式，在推动中华文化走向世界、加强文化交流合作方面发挥了巨大作用。2013 年 5 月 9 日，《人民日报》以《蒙古国中国文化热升温》为题专门报道了山东大学承办的蒙古国立大学孔子学院在蒙古国推广中国文化的突出贡献。截至 2018 年底，山东大学已在 7 个国家建立了 8 所孔子学院并下设 12 所孔子课堂，在泰国建有 1 个独立孔子课堂。如今，在“双一流”建设中，学校正以“服务大局、稳中求进、提质增效、办出特色”为指导方针，着力提升孔子学院的发展质量。

2005 年 12 月 16 日至 18 日，由中国国家汉语国际推广领导小组办公室主办的全球孔子学院院长研修班中华文化体验（山东）暨首届孔子思想与中华文化论坛在山东大学国际教育学院报告厅成功举办。

2018 年 11 月 11 日，孔子学院研究与智库建设高峰论坛在山东大学中心校区举行。本次论坛由山东大学主办，山东大学孔子学院研究中心、国家汉办/山东大学中华传统文化研究与体验基地承办，孔子学院总部/国家汉办为论坛指导单位。

◎尼山世界文明论坛

■ 为推动世界不同文明之间的碰撞和交流、推动中外文化互动、弘扬中华优秀传统文化，由全国人大常委会原副委员长、中华文化标志城专家咨询委员会主任许嘉璐倡议发起的尼山世界文明论坛得到了党和国家的高度关注，并且在国家有关部委、省市有关部门的支持下，论坛活动顺利开展。自 2010 年首届尼山世界文明论坛成功举办后，至今共成功举办七届，成为山东省推动国际文化学术交流的重要品牌活动。其中，第三届尼山世界文明论坛在山东大学举办。这是该论坛首次由高校主办。

2010 年 9 月，在孔子出生地曲阜尼山举办了以“和而不同与和谐世界”为主题的首届尼山世界文明论坛。

2012 年 5 月 21 日，第二届尼山世界文明论坛在山东曲阜尼山圣源书院盛大开幕。本次论坛以“信仰，道德，尊重，友爱”为主题。

2014 年 5 月 20 日，以“不同信仰下的人类共同伦理”为主题的第三届尼山世界文明论坛在山东大学圣昆仑音乐厅盛大开幕，这是尼山世界文明论坛首次在高校举办。

“尼山礼赞”音乐会暨第三届尼山世界文明论坛开幕式现场

“孔学天下行”交流会

明湖高端对话

与会学者进行院部讲座活动

“多元信仰与共同伦理”主题演讲活动

第三届尼山世界文明论坛闭幕式现场

2016 年 11 月 15 日至 17 日，以“传统文化与生态文明”为主题的第四届尼山世界文明论坛在山东曲阜举行，作为主办单位之一的山东大学承担了本届论坛的学术支撑与部分会务工作。

2018 年 9 月 26 日，由山东大学参与承办的 2018 年中国（曲阜）国际孔子文化节暨第五届尼山世界文明论坛在曲阜盛大开幕，尼山世界文明论坛理事会副主席、山东大学校长樊丽明出席开幕式并讲话。

2020 年 9 月 27 日至 28 日，以“文明照鉴未来”为主题的 2020 中国（曲阜）国际孔子文化节暨第六届尼山世界文明论坛在曲阜成功举办。山东大学贝淡宁教授、王新春教授、马来平教授、黄玉顺教授、翟奎凤教授、蔡祥元教授、郭萍副教授、西山尚志副教授以及以部分博士研究生为代表的青年学者出席了分论坛等活动，作出了前沿性学术思考和发表了创新性学术见解，发出了“山大声音”。

2021 年 9 月 27 日，由山东大学参与承办的 2021 中国（曲阜）国际孔子文化节暨第七届尼山世界文明论坛在曲阜成功开幕，山东大学校长樊丽明等人围绕“文明对话与全球合作”大会主题进行发言和交流。

◎第 22 届国际历史科学大会

始办于 1900 年的国际历史科学大会是当今影响力最大的历史学国际盛会，素有“史学奥林匹克”的美誉，是全世界史学专家学者齐聚一堂的学术盛宴，先后共举办了 22 届。第 22 届国际历史科学大会于 2015 年 8 月 23 日在山东济南隆重开幕。大会首次走出欧美，在亚洲国家举办，主办单位是以文史见长的山东大学。本次大会以“儒家文明与当代世界”为主要议题，共吸引了来自世界 90 个国家和地区的 2600 名代表参加，成为史学界“规格最高、规模最大、参与人数最多”的国际学术盛会。

2015 年 1 月 21 日，第 22 届国际历史科学大会新闻发布会在山东大学中心校区召开。

第 22 届国际历史科学大会会徽

2015 年 8 月 23 日，国际历史科学大会在山东大厦隆重开幕。

第 22 届国际历史科学大会开幕式现场

时任中国社会科学院院长王伟光出席开幕式并致辞

时任山东省省长郭树清出席开幕式并讲话

时任国际历史学会主席玛丽亚塔·希耶塔拉在开幕式上致辞

时任中国史学会会长张海鹏出席开幕式并讲话

2015 年 8 月 26 日至 27 日，为更好地推动学者交流互动，本届大会设置了 18 场不同主题的圆桌会议，以促进观点碰撞、思想沟通。

圆桌会议现场

2015 年 8 月 26 日，在积家历史学奖颁奖典礼上，山东歌舞剧院民族乐团表演《孔府乐舞》。

CISH- 山东大学最佳墙报奖获得者（左二、左三）

2015 年 8 月 29 日，历时 7 天，组织召开了 175 场学术讨论的国际历史科学大会成功落下帷幕。

◎第八届世界儒学大会

世界儒学大会是由文化部与山东省人民政府联合主办的世界性儒学专门研究、交流会议，为弘扬传承中华优秀传统文化以推动其创造性转化和创新性发展、助力世界各国对儒学深入研究提供了重要平台。自 2007 年 9 月成功发起世界儒学大会，并在 2008 年 9 月 27 日举办了首届世界儒学大会，至今已走过了十余年的历程。2017 年 9 月 20 日，在文化部、山东省人民政府、山东省文化厅等部门的支持下，山东大学儒学高等研究院承办了以“儒家思想与人类命运共同体”为主题的第八届世界儒学大会，这是大会首次交由山东大学承办。

2017 年 7 月 10 日，作为第八届世界儒学大会承办方之一的山东大学在中心校区召开筹备会议，讨论审议了《第八届世界儒学大会活动方案》，并对大会进行统筹安排和整体部署，以确保会议顺利开幕和举办。

2017 年 9 月 11 日，第八届世界儒学大会的主要承办单位山东大学、山东省文化厅等单位联合召开新闻发布会，就会议的大致流程进行了介绍，回答了部分记者的提问。

2017 年 9 月 20 日，第八届世界儒学大会在曲阜的孔子研究院辟雍广场隆重开幕。本届儒学大会以“儒家思想与人类命运共同体”为主题，共吸引了来自海内外 33 个国家和地区的 253 位儒学专家、学者参加。

全国人大常委会副委员长王胜俊出席开幕式并讲话

时任中共山东省委书记、省人大常委会主任刘家义出席开幕式并讲话

时任中共山东省委常委、宣传部部长孙守刚出席开幕式并讲话

山东大学校长樊丽明出席开幕式并致辞

孔子第七十九代嫡长孙、至圣孔子基金会会长孔垂长出席开幕式并致辞

美国哈佛燕京学社原社长、北京大学高等人文研究院院长杜维明出席开幕式并讲话

2017 年度“世界儒学研究杰出人物”蔡仁厚教授出席开幕式并发言

2017 年度“世界儒学研究杰出人物”郭齐勇教授出席开幕式并发言

主旨演讲系列

第八届世界儒学大会开幕式结束后，举行了以“儒学与人类命运共同体”为中心议题的多场主题演讲，由杜维明、大卫·普里斯特兰、刘梦溪、贝淡宁和时任文化部部长雒树刚以及陈来、帕特里克·孟迪斯、曾繁仁、苏黛瑞、安德列·欧斯特洛夫斯基等多位海内外儒学研究专家带来了一场场精彩纷呈的学术盛宴，为推动以儒学研究为切入点的中华文化研究和各文明之间的互动、碰撞、交流提供了重要的契机和平台。

美国哈佛大学亚洲中心资深研究员、北京大学人文高等研究院院长杜维明深入分析了儒学中蕴含的“精神人文主义”，把其归结为自我、社群、自然、天道四个维度。

英国牛津大学大卫·普里斯特兰教授以《儒家思想、社会主义与共产主义》为题，对政治意识形态和儒家的大公无私、天下大公、克己等思想进行了较为详细的阐述和说明。

中国艺术研究院刘梦溪研究员作了题为《六经的价值伦理是中国文化贡献给人类的普世价值》的演讲，从个人、家庭、国家三个层面论述了六经的价值伦理。

山东大学政治学与公共管理学院院长贝淡宁演讲的题目是《贤能政治：人类共同价值观还是中国特色？》，其对民主和政治建设中的问题进行了理论上的解读和阐释。

2017年9月21日，时任文化部部长雒树刚围绕第八届世界儒学大会的主题——儒家思想与人类命运共同体作主题演讲。

陈来教授以《早期儒家的德行论——以郭店楚简〈六德〉篇为中心的讨论》为题，对《六德》与儒家德性伦理之间的关系进行了深入分析。

帕特里克·孟迪斯研究员从儒家文化对西方社会的影响入手，深度阐析了儒家文化对美国等西方国家的影响。

孔子研究院院长杨朝明主持主题演讲

苏黛瑞教授作了题为《三种福利模式与当代中国社会救助：儒家正义，灵活应变》的演讲，主张儒学价值观应与社会救助相结合。

圆桌论坛系列

2017年9月20日至21日，第八届世界儒学大会圆桌论坛顺利进行，与会专家紧紧围绕以下主题展开深入的学术交流与研讨，即多维视野下的儒家文化，儒学与宗教，“一带一路”与儒学，儒家思想与人类命运，礼乐文明与当代社会的价值重构，儒学与西学，儒家思想与个体价值，儒家思想与国民政治，儒家思想与德化教育，儒家思想的全球解读，儒家伦理与人类的共同价值，传统文化传承发展的现代路径，儒学源流与展开，孟子、荀子及其思想研究，儒家观念的现代诠释，儒家经学与经典，宋明理学——儒家发展的新形态，儒家思想及其价值等。

“儒学与宗教”讨论现场

“儒家思想与人类命运”讨论现场

“儒学与西学”讨论现场

“儒家思想的全球解读”讨论现场

“儒家伦理与人类的共同价值”讨论现场

“儒家观念的现代诠释”讨论现场

2017年9月21日，第八届世界儒学大会在曲阜落下帷幕。

◎培养最优秀的本科生

■ 在本科生教育上，山东大学坚持以“本”为本，致力于培养最优秀的本科生，造就具有高度的社会责任感、良好的人文素养、宽厚的专业基础、开阔的国际视野，富有创新创业精神和能力，人格健全发展的高素质人才。

2004 年，丁肇中教授查看山东大学学生的实验报告。

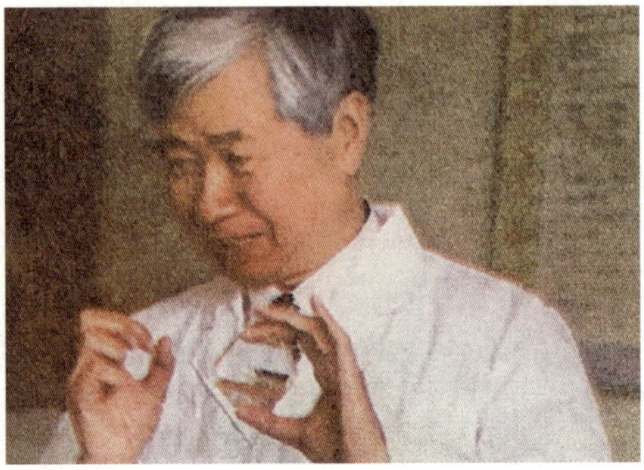

2004 年，蒋民华教授在给学生讲解问题。

2004 年，土建与水利学院李术才教授在教室与学生进行交流。

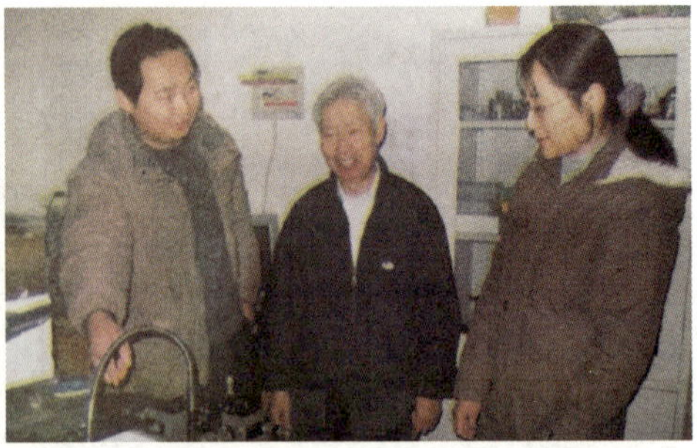

2008 年，王克明教授与学生讨论问题。

2005 年，彭实戈教授与学生讨论问题。

计算中心主任郝兴伟教授正进行《计算思维》课程翻转课堂教学

■ 在校生规模（2019）

学生类别	济南校区（本部）	青岛校区	威海校区	合计
本科生	21768	4410	14859	41037
全日制硕士	11170	2802	1233	15205
非全日制硕士	3609	311	246	4166
全日制博士	4079	953	173	5205
非全日制博士	7	0	0	7
学历留学生	951	177	432	1560
合计	41584	8653	16943	67180

■ 特色培养设置（2019）

基地班	潘承洞数学基地班	童第周生物基地班
	王淦昌物理基地班	闻一多文学基地班
	邓从豪化学基地班	曾呈奎生命基地班
拔尖班	泰山学堂	尼山学堂
	齐鲁医学堂	崇新学堂
卓越班	培养卓越工程师	培养卓越医生
	培养卓越法律人才	培养卓越新闻传播人才
菁英班	华罗庚班	王淦昌班
	严济慈班	黄昆班
	戴芳澜班	王应睐班
	环境与健康菁英班	天文与空间科学菁英班
	技术物理英才班	计算机菁英班
	尚光英才班	
实验班	新文科实验班	新工科实验班
	新医科实验班	
强基班	强基计划	本硕博衔接培养

◎泰山学堂

■ 2009年，教育部启动了“基础学科拔尖学生培养试验计划”。2009年9月，山东大学成功入选该计划。为了贯彻实施该计划，积极探索拔尖学生培养模式，学校制定了《山东大学基础学科拔尖学生培养试验计划实施方案》，并于2010年3月31日上报教育部。同年5月5日，学校决定成立“山东大学泰山学堂”，并正式启动山东大学“基础学科拔尖学生培养计划”。7月1日，学校召开泰山学堂建设协调会，明确了学堂的定位、组织架构、师资队伍等基本条件，并将拔尖学生培养纳入学校的“985工程”建设项目。7月26日，学校下发了《关于成立山东大学泰山学堂的通知》，学堂的建设工作正式启动。11月17日，“泰山学堂”正式揭牌，标志着拔尖学生培养计划正式进入实施阶段。泰山学堂采用“通专结合、文理交融、学研并重、强化创新、多种经历、三个相跨”的培养模式，为学生制定个性化的培养方案，实施弹性管理及学院住宿制、游学制和导师制相结合的学习和管理模式，改革教学方法，创新教学模式，实行小班授课，加强研究性和研讨式教学，力争让每个学生都能在学习期间拥有在世界一流大学学习和研究的经历。

2010 年 11 月 17 日，山东大学举行泰山学堂揭牌仪式。

◎尼山学堂

为了充分发挥孔孟故里的地理优势与山大“文史见长”的办学特色，培养更多能够传承、研究、传播中国古典学术的高水平专门人才，2012 年 6 月，学校经研究决定设立“山东大学古典学术人才培养实验班”，并将其命名为“尼山学堂”。“尼山学堂”每年招收 20 人左右，主要是从在校的大二学生中进行选拔，并采用“1+3+3”本硕贯通的培养方式。在本科阶段不分专业，充分尊重学生的兴趣爱好，让学生在哲学、文学、历史三个专业中自行选择一个专业毕业并授予其学位证书。硕士阶段则根据学生的主修方向并颁发相应的学位证书。

第一届“尼山学堂”全体师生合影

◎成仿吾英才班

成仿吾英才班是一个教授非马克思主义专业优秀本科生马克思主义基本理论和实践技能培育的校级特色人才培养试验班，是学校为推动“全国重点马克思主义学院”建设和“青年马克思主义者培养工程”采取的一项重要举措。培养方式除了邀请国内外知名专家学者为学员授课外，还有社会实践、基层锻炼、访学交流等学习形式，让学生充分认识和了解社会。一个学年为一个集中培育周期，学员结业后还会对其进行跟踪培育。学员经考核全部合格后将获得相应学分，同时还会被授予马克思主义理论专业辅修证书。

2017 年 7 月 7 日，成仿吾英才班第一期正式开班。

◎暑期学校

为了探索多样化的人才培养模式，学校整合开发校内优质教学资源，发挥自身综合优势和办学特色，为学生量身打造了暑期学校，即在暑期开设系列课程，以满足学生多样化的学习需求。暑期学校将通识教育、专业教育、学术交流及创新创业教育相结合，全面提升学生的综合素质。从 2004 年至 2019 年，学校已累计开设 15 类 4000 余项暑期课程，参与人数累计在 15 万人次以上。

2004 年，学校率先举办暑期学校。图为物理学院学生参加暑期学校的场景。

◎创新创业大赛

创新是驱动发展的第一动力。响应时代的召唤，山东大学积极探索新的教学模式，更新教学理念，带领学生走出课堂，搭建高校社会联合平台，开展大学生创新创业活动。为了提高学生的参与度，学校专门举行了国家级、校级、院级大学生创新创业大赛，设置了科技创新学分，鼓励学生积极参加各种竞赛活动。以“互联网+”“挑战杯”“优胜杯”“iCAN国际创新创业大赛”“英特尔杯”等为代表的层出不穷、丰富多彩的创新创业活动，不仅丰富了大学生的课余生活，也为大学生学习新知识、积累社会经验开辟了新的途径。在升学、就业时，那些积极参加创新创业活动、积累科研经验和成果的山大学子的竞争力更加突出，也更受青睐。

2008 年 11 月，山大学子获第六届“挑战杯”创业计划竞赛金奖。

2009 年 11 月，山东大学学生参加全国大学生数学建模竞赛并荣获本科组最高奖——“高教社杯”。

山东大学代表队——石玉峰团队在 2016 中美创客论坛暨中美创新创业大赛的决赛现场

在 2017 年 11 月 25 日至 26 日举办的 iCAN 国际创新创业大赛中，山东大学派出的 13 支代表队收获奖牌若干，取得了骄人成绩。

2017 年 5 月 6 日，山东大学第二届创新创业大赛暨山东大学第十三届大学生科技创新大赛作为山东大学“双创文化节”的特色活动之一，在山东大学兴隆山校区隆重开幕。

2018 年 10 月 12 日至 15 日，在第四届中国“互联网 +”大学生创新创业大赛暨全国总决赛中，山东大学荣获一金一银四铜，并获得先进集体奖。

2018年10月18日，在2018全国高性能计算学术年会上，山东大学代表队获得第二届国产CPU并行应用挑战赛（简称“CPC”）和第六届“英特尔杯”全国并行应用挑战赛（简称“PAC”）两项赛事的金奖和特等奖。

2020年12月9日，以“青春磨砺出彩，挑战成就未来”为主题的第十二届“挑战杯”中国大学生创业计划竞赛顺利结束，经过激烈角逐，山东大学荣获“优胜杯”。

2020年12月25日至27日，山东大学在第十四届iCAN国际创新创业大赛中国总决赛中夺得一等奖，并包揽二等奖5项。

◎培养最具创造力的研究生

在研究生教育上，学校以全面提升研究生培养质量为核心目标，坚持走内涵式发展道路，致力于培养最具有创造力的研究生。

艾兴院士在指导博士生

张运院士在指导研究生

2009 年 4 月 11 日，山东大学“海右”全国博士生学术论坛——自旋电子学专题研讨会在功能晶体材料大楼报告厅揭开序幕。

全国优秀博士学位论文获得者王德胜与导师曾繁仁教授

全国优秀博士学位论文获得者王新强与导师许东教授

全国优秀博士学位论文获得者彭军与导师张茂宏教授

◎三跨四经历

2002 年，学校推出“三种经历”办学模式，即学生要具备第二校园经历、海外学习经历、社会实践经历三种经历，对提高学生综合素质起到了重要作用。在此基础上，2008 年学校又提出了“三个相跨，四种经历”。“三个相跨”即学生可以跨学科、跨学校、跨国境进行学习；“四种经历”即除了第二校园经历、海外学习经历、社会实践经历外，还强调在本学校的学习经历。这种人才培养模式已经成为山东大学的一大特色和亮点，受到了社会各界的认可和高度评价。

2003 年 2 月 17 日，山东大学学生赴厦门大学开展“第二校园”学习。

2003 年 11 月 12 日，学校开展在校博士生公共课的社会实践教学环节。

2005 年，山东大学与中国科学院签订合作协议，启动研究生访学。

2005 年 4 月，山东大学与武汉大学签署第二期本科生联合培养协议。

2006 年 7 月，学校举行国际暑期学校开学典礼。

2011 年 6 月 22 日，学校举行 2011 年度“海外学习经历”“第二校园经历”启动仪式。

◎文化建设

■ 学校高度重视文化建设，制订了《山东大学文化引领战略实施纲要》，明确指出要牢记为国育贤初心，弘扬新时代山大精神，涵养浓厚制度文化，坚守学术兴校理念，塑造生态文明校园，营造追求卓越氛围，承担服务社会使命，践行和培育社会主义核心价值观，打造山大人的共同精神家园，建设传承创新中华优秀传统文化的最具代表性大学。

2003 年初，由校妇委会、工会主办的山东大学首届“十大女杰”评选活动揭晓。

山东大学建校 100 周年庆祝大会

2003 年 6 月 8 日，学校隆重举行华岗校长诞辰 100 周年纪念大会。

2005 年 11 月 19 日，山东大学与山东省文联、省书法家协会联合举办了蒋维崧教授九十华诞暨执教六十六周年学术研讨会。

2006 年 3 月 12 日，第六届大学生社团文化节文艺晚会在新校科学会堂举行。

2006 年 12 月 15 日，学校研究生校园歌手大赛正式拉开帷幕。

2004 年 10 月 17 日，“山东大学星”命名仪式在南新区举行。

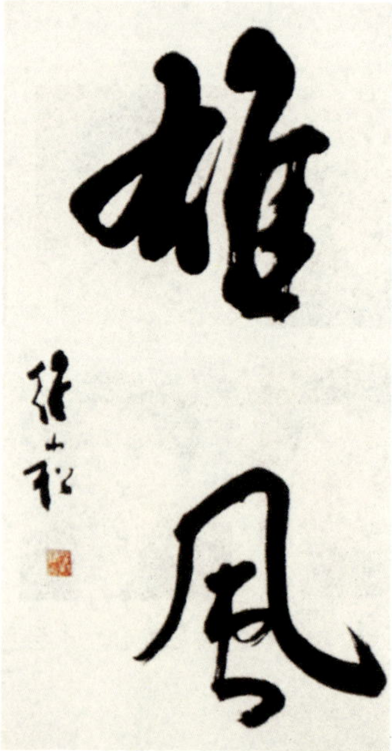

蒋维崧书

2011 年 6 月 2 日，为庆祝建党 90 周年和建校 110 周年，山东大学青年交响乐团和山东大学艺术学院合唱团联袂在济南市百花剧院演出大型交响清唱剧《江姐》。

2011 年 10 月 15 日山东大学建校 110 周年庆祝大会现场

庆祝山东大学建校 110 周年文艺晚会在体育馆隆重举行，晚会分《家》《国》《天下》三个篇章，完整展现了山大“家园”感、“强国”愿、“天下”观。

2014 年 9 月 27 日，学校在中心校区隆重举行 2014 级新生开学典礼。

2015 年，为纪念抗日战争暨世界反法西斯战争胜利 70 周年，山东大学夕阳红艺术团表演大合唱《在太行山上》。

2015 年 10 月 14 日晚，山东大学首届国际音乐节在中心校区圣昆仑音乐厅开幕。

2016 年 5 月 14 日，山东大学第五届合唱文化艺术节在中心校区举行。

庆祝山东大学建校 115 周年、校友会成立 30 周年文艺晚会现场

2017 年 5 月 4 日下午，青岛校区举行纪念五四运动 98 周年主题分享会，邀请师生代表讲述奋斗的青春故事。

2017 年 6 月 23 日，学校举行本科生毕业典礼并颁发学位证书。

2018 年 5 月 25 日，山东大学召开第一届全民运动会。

2018 年 9 月 29 日，学校在中心校区举行 2018 级新生军训汇报表演。

2019 年 4 月，“芝兰三月三·传统文化季”特色品牌活动在山东大学青岛校区举行。

2019 年 5 月 11 日至 13 日，山东大学首届美育文化日系列活动在各校区举行。

文学生活馆一角

2019 年 9 月 19 日，山东大学庆祝中华人民共和国成立 70 周年教职医务员工合唱比赛决赛在中心校区音乐厅举行。

◎小树林文化论坛

■ 为了丰富学生的课余生活、促进学生之间的交流、加强校园文化建设，山东大学团委于 2003 年 5 月 27 日下午在山东大学中心校区的小树林举行了第一期小树林文化论坛，山东大学校长展涛及校团委书记韩明涛出席了论坛。此后小树林文化论坛由各个学院承办，每周举行一次，学生们在这里各抒己见，既有思想的交锋，也有观点的碰撞，为学生们的校园生活奉上了一道道文化大餐。小树林文化论坛也逐渐成为学校校园文化建设的名牌栏目。

2003 年 5 月 27 日，学校举行第 1 期“小树林文化论坛”。

2003 年 6 月 12 日，学校举行第 3 期“小树林文化论坛”，图为论坛现场展涛校长即兴朗诵。

第 14 期“小树林文化论坛”：我的创业生活——2004 年山大校友活动周专场。

2005 年 4 月 22 日，学校举行第 32 期“小树林文化论坛”，主题是“我们的老舍先生”。

2005年4月28日，学校举行第33期“小树林文化论坛”，主题是“外国友人看山大”。

第35期“小树林文化论坛”：相聚母校，感念情怀——北京医学校友专场。

2005年6月1日，学校举行第36期“小树林文化论坛”。

2005年10月6日，学校举行第42期“小树林文化论坛”，主题是“我的山大情缘”。

2005年10月9日，“世纪诗魂”——纪念臧克家先生百年诞辰专场“小树林文化论坛”举行。

2008年3月21日，学校举行“小树林文化论坛”，主题是“山大师生共话‘两会’”。

2008年6月23日，学校举行“小树林文化论坛”，主题是“共同的校园，共同的山大”。

2012年2月16日下午，山东大学第123期“小树林文化论坛”：中国的保尔，时代的楷模——学习马俊欣校友先进事迹专场在洪家楼校区举行。

◎奋战在脱贫、抗疫第一线

学校全体师生医务员工谨记习近平总书记的嘱托，按照学校周密部署，以高度的责任感和担当精神，积极投入脱贫攻坚和抗击疫情第一线，用真情传递爱心，以使命护卫生命，为全面建成小康社会和服务“健康中国”贡献山大力量。

“从大山到山大”游学活动

山东大学组织教职医务员工购买确山县农产品，为老区人民送去一份温暖。

山东大学“‘梦想导师’计划”“心巢计划”“情感树洞”“薪书计划”“信疆游”“爱的奇遇记”“乡望课堂”等志愿活动正在进行中。

2017年7月8日至11日，确山县中小学校长培训班在山东大学中心校区知新楼举行。

第一书记在确山县开展扶贫工作

山东大学选派第一书记到郯城县泉源乡泉南村扶贫

山东大学基础教育集团与确山县第五中学、第七小学建立帮扶关系。

学校与郯城县签订山东大学科技支撑郯城产业发展框架协议，加快郯城县新旧动能转换。

学校在确山建立学生暑期社会实践基地

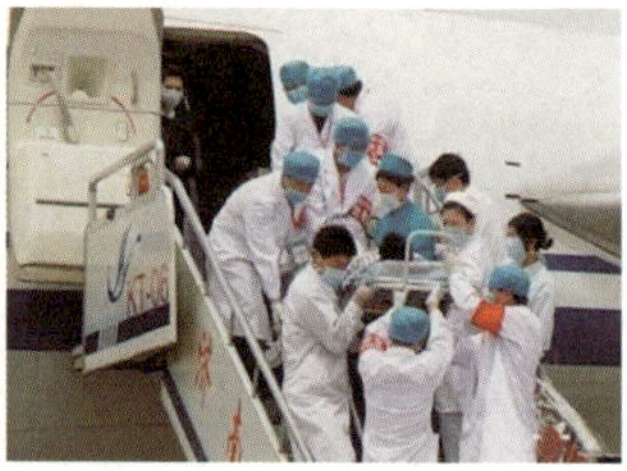

山东大学第二医院医护人员在机场接走汶川灾区受伤者

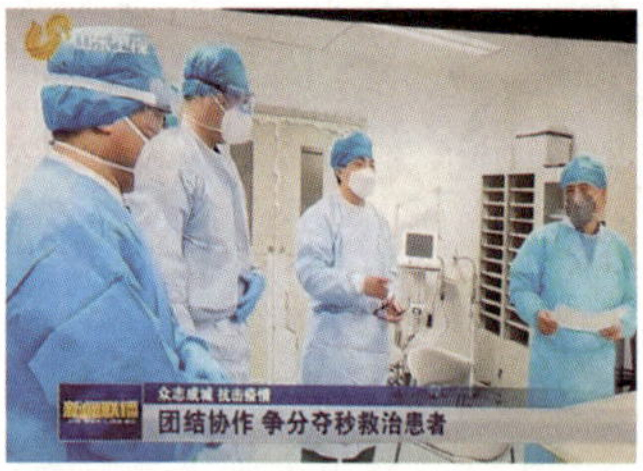

山东大学齐鲁医院第四批国家援鄂医疗队员在武汉大学人民医院东院区危重症病区工作情景

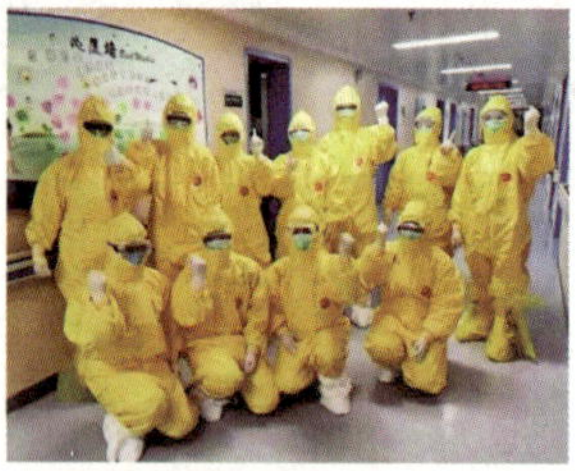

山大二院援鄂抗疫国家医疗队员发挥共产党员先锋模范作用，接管华中科技大学同济医学院附属同济医院光谷院区重症病房。

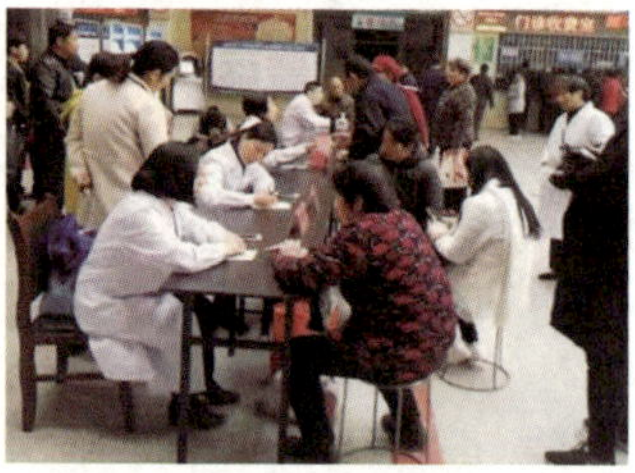

学校附属医院与确山县医院结成“一对一”帮扶对子

山东大学齐鲁医院、四川大学华西医院会师武汉

◎新文科建设

新时代，以新文科建设为代表的“四新”建设成为推动高等教育全面升级和提质增效的重要举措。山东大学主动识变，积极应变，创新求变，以敏锐的学术眼光、宽阔的学术思维、坚定的学术勇气承担起助力新文科建设的重任。近年来，召开了多场以“新文科”为主题的座谈会和研讨会，为培养新时代文科人才和助推哲学社会科学新格局的构建和发展提供山大方案、作出山大贡献。

2019年8月20日，高等学校“新文科”建设座谈会在山东大学威海校区举办，为推动新文科建设出谋划策。

2019年9月20日，山东大学在威海校区举办了新文科建设研讨会，教育部新文科建设工作组组长、山东大学校长樊丽明发表讲话。

2019年11月10日，山东大学和山东省高等学校教务与教学管理学会共同主办了“新文科建设高峰论坛：从理念到行动”，为推动新文科建设向纵深发展提供了良好契机。

2020 年 11 月 3 日，新文科建设工作会议在山东大学威海校区成功召开。本次会议由教育部高等教育司指导、教育部新文科建设工作组共同主办，不仅深入探究了推动新时代中国高等文科教育创新发展的新路径、新方法、新举措，而且发布了《新文科建设宣言》，搭建起新文科建设和发展的四梁八柱，绘就出新文科建设的“施工图”，标志着新文科建设进入全面启动和发展的新阶段。

全国新文科教育研究中心正式揭牌

山东大学校长樊丽明发表讲话

2021 年 4 月 9 日，为推动教育部新文科建设工作会议精神的落地实施，由教育部高等教育司、山东省教育厅指导，山东大学和全国新文科教育研究中心、山东省高等学校教务与教学管理学会等单位在济南共同主办了“新文科建设高峰论坛 2021：迈入新阶段”会议。

◎《文史哲》创刊 70 周年

哲学社会科学事业的繁荣和发展离不开学术刊物的支撑。创刊于 1951 年的《文史哲》是以华岗校长为代表的山大人本着高度的学术热情、强烈的学术担当、巨大的学术勇气而创办的、至今已享誉海内外的学术刊物。历经 70 年的沧桑变迁与创新发展，《文史哲》始终坚持以质量立刊，扶植小人物，发掘学术新生力量，成为学术界公认的具有较高影响力和知名度的学术刊物，是山东大学一张特色鲜明、名气响当当的学术名片。

2021 年 4 月 24 日，山东大学举办了“《文史哲》创刊 70 周年纪念会暨共和国人文学术历程的回顾与展望学术研讨会”，并联合《中华读书报》发布了 2019 ~ 2020 年度“中国人文学术十大热点”。会后，《文史哲》编辑部出版了“创刊七十周年纪念专号”。开幕式由中共山东省委常委、宣传部部长于杰主持，时任中共山东省委书记刘家义出席活动并致辞表示祝贺。

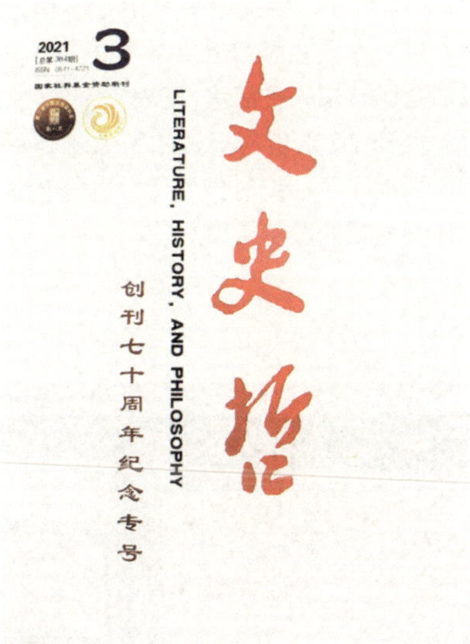

《文史哲·创刊七十周年纪念专号》书影

纪念会开幕式上发布了 2019 ~ 2020 年度“中国人文学术十大热点”

习近平给《文史哲》编辑部全体编辑人员的回信

《文史哲》编辑部的同志们：

你们好！来信收悉。《文史哲》创刊70年来，在党的领导下，几代编辑人员守正创新、薪火相传，在弘扬中华文明、繁荣学术研究等方面做了大量工作，在国内外赢得一定声誉，你们付出的努力值得肯定。

增强做中国人的骨气和底气，让世界更好认识中国、了解中国，需要深入理解中华文明，从历史和现实、理论和实践相结合的角度深入阐释如何更好坚持中国道路、弘扬中国精神、凝聚中国力量。回答好这一重大课题，需要广大哲学社会科学工作者共同努力，在新的时代条件下推动中华优秀传统文化创造性转化、创新性发展。高品质的学术期刊就是要坚守初心、引领创新，展示高水平研究成果，支持优秀学术人才成长，促进中外学术交流。希望你们再接再厉，把刊物办得更好。

习近平

2021年5月9日

2021年5月9日，在《文史哲》创刊70周年之际，中共中央总书记、国家主席、中央军委主席习近平给《文史哲》编辑部全体编辑人员回信，既表示了对《文史哲》创刊70周年的祝贺和所做工作的肯定，又提出了在新时代要努力办好哲学社会科学期刊的殷切希望。

2021年5月20日，由山东大学人文社科研究院、全国新文科教育研究中心、《文史哲》编辑部联合举办了深入学习习近平总书记在5月9日给《文史哲》编辑部重要回信精神研讨会。在此次讨论会上，参会人员勇于承担时代赋予人文社科期刊的重要历史使命，着力推动中国特色哲学社会科学的建构和发展，为进一步推进“人文社会科学振兴计划”的落地实施添薪助力。本次研讨会在济南、威海、青岛三校区同步举行，在威海和青岛两地设置了视频分会场并进行网上直播。

◎服务山东

扎根齐鲁大地，为山东乃至全国的发展作出属于自己的贡献，是山东大学一直以来的不懈追求。全校师生员工贯彻落实“服务山东战略就是服务国家战略，服务山东发展就是服务国家发展，扎根齐鲁大地就是扎根中国大地”的发展理念，积极投入服务“六个山东”的活动。

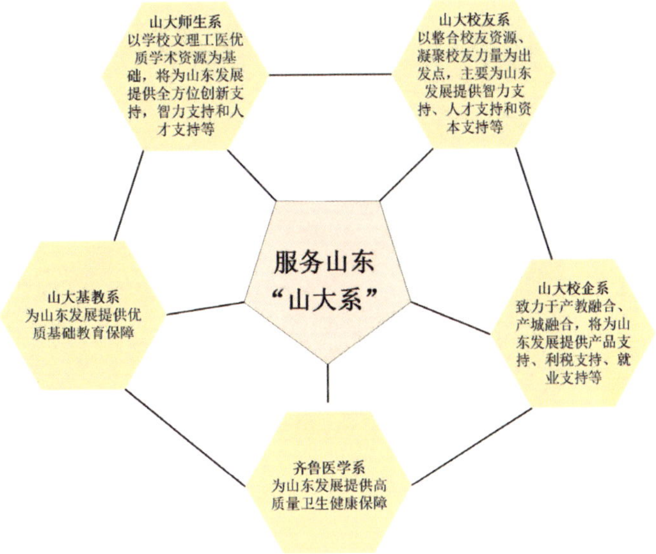

2007 年，学校举办的中国人民银行济南分行“现代银行理论与管理”培训班正式开班。

2007 年，学校举行农村医师培训班结业典礼。

2017 年 8 月 20 日至 24 日，山东高校思想政治理论课骨干教师培训班（第三十期）在烟台顺利举行，来自全省 54 所院校的 120 多位思政课骨干教师参加了此次培训。

2019 年 7 月 28 日，学校组织“服务山东·山大方案”山东大学 2019 年暑期社会实践硕博服务团赴临沂展开社会实践。

2018年7月12日，山东省新旧动能转换重大工程精品旅游产业专家智库暨山东大学旅游产业研究院成立大会举行。

2018年7月，山大基础教育集团与历下区合作办学签约仪式举行。

2019年5月，山东大学产业服务山东表彰会举行。

2019 年 9 月 12 日，山东大学举办科技成果发布会暨重大项目签约仪式。

2019 年 12 月，山东大学发布了《打造“山大系”品牌　服务青岛高质量发展行动方案》。

2020 年 3 月 18 日，山东大学与济南市人民政府深化校地合作签约活动暨《打造“山大系”品牌　服务济南高质量发展工作方案》发布会举行。

2021 年 9 月 28 日，山东大学马来平教授被聘为麒麟文化研究院顾问，并为麒麟文化研究院揭牌。

百廿山大，成就斐然！作为中国近代高等教育的起源性大学和中国第一所按章程办学的大学，山东大学自诞生之日起，踔厉奋发，薪火相传，为国家与社会经济的繁荣发展作出了重要贡献。学校第十四次党代会召开以来，山东大学坚持社会主义办学方向，落实立德树人根本任务，把“四个服务”作为根本要求，旗帜鲜明讲政治，一心一意谋发展，团结带领全校党员和师生医务员工，凝心聚力，攻坚克难，统筹推进“人才强校、学术兴校、服务山东、文化引领、国际化及一体发展”六大战略和“强化学科龙头地位，着力建设一流学科”等十大任务，各项事业取得显著成绩，为推动建成世界一流大学迈出了坚实步伐。

2021 年 6 月 16 日上午，在距离山东大学 120 周年校庆 120 天之际，学校同时在济南、威海、青岛三地举办倒计时活动，启用校庆倒计时牌。图为山东大学党委书记郭新立、校长樊丽明共同为校庆倒计时牌揭幕。

百廿辉煌，基因传承！120 年来，山东大学坚守为民育才、为国育贤的办学初心，取得了令世界瞩目的成就，这些成就的取得离不开各级党委的坚强领导与大力支持，离不开全体山大人的共同努力。在此过程中，形成了“家国情怀、崇实品格、担当精神、创新素养”的“山大基因”，山东大学得以站在历史的厚重积淀上，不忘初心，砥砺前行，在世界一流大学建设的征途中不断夺取新的更大的胜利。

百廿起点，奋楫扬帆！2021 年是中国共产党成立 100 周年，也是“十四五”规划开局之年，又是山东大学建校 120 周年，这是“由大到强”转变的历史新起点，这是“强校兴国”践行的发展新机遇。新时代，新征程，新作为！山东大学将继续高举习近平新时代中国特色社会主义思想伟大旗帜，不断增强担当中华民族复兴大任、建设世界一流大学的自信、自省、自觉，以追求卓越、只争朝夕的精神状态，服务山东，立足中国，走向世界，奋力续写山东大学“为天下储人材，为国家图富强”的锦绣华章，努力把新时代的山东大学建成一所中国特色、山大风格的世界一流大学，建成一所有担当、有底气、有温度的世界一流大学，建成一所彰显综合性、创新性、国际性、引领性的世界一流大学，为建成社会主义现代化强国、实现中华民族伟大复兴的中国梦发出“山大声音”、贡献“山大力量”！

后记

2021年是中国共产党成立100周年，全国各族人民都沉浸在庆祝党的百年华诞的喜悦之中。对于山东大学而言，2021年也是一个非常特殊的年份。作为中国近代高等教育起源性大学和中国第一所按章程办学的大学，山东大学已经走过了120个年头了。在这漫长的岁月里，山东大学的足迹从济南的山东大学堂到青岛的国立山东大学，再到今天在济南、威海、青岛三地办学，有过辉煌与荣光，也经历过曲折与变迁，这些传奇故事构成一幕幕动人的画卷，倾诉着120年的光荣与沧桑。

本书通过大量的图片梳理了山东大学120年的发展历程，细数各个时期在人才培养、学术研究、建设管理、校园生活等方面的表现与成果，旨在用山大120年发展过程中一幕幕的图景讲述山大故事，重温过去荣光和创业之艰辛，着眼当下奋斗目标，再创新的辉煌，向山东大学成立120周年献礼！

在本书编辑过程中，得到了学校各级领导和相关部门及诸多师生的大力支持和帮助，特别是山东大学报社、山东大学档案馆以及相关部门和个人提供了大量图片，在此表示衷心的感谢！有一些图片没有查到出处和拍摄者，在此，也向他们表示诚挚的感谢！在使用这些图片的过程中，根据本书的体例和编排情况，对有些图片和说明进行了相应的加工处理，在此特作说明。

由于编者时间和水平有限，本书又需要处理大量的材料，时间紧，任务重，难免存在不妥之处，敬请广大读者批评指正，以便日后改正。

本书编写组

2021年9月